广州市轨道交通三号线
土建施工技术研究

主　审　竺维彬　鞠世健　曾耀昌
主　编　林志元　孔少波　陈乔松　王文锋
副主编　许少辉　张宗贵　朱六兵

Guangzhoushi
guidao jiaotong sanhaoxian
tujian shigong jishu yanjiu

暨南大學出版社
JINAN UNIVERSITY PRESS
中国·广州

图书在版编目（CIP）数据

广州市轨道交通三号线土建施工技术研究/林志元，孔少波，陈乔松，王文锋主编；许少辉，张宗贵，朱六兵副主编．—广州：暨南大学出版社，2010.11
ISBN 978-7-81135-659-5

Ⅰ．①广…　Ⅱ．①林… ②孔… ③陈… ④王… ⑤许… ⑥张… ⑦朱…　Ⅲ．①城市铁路—铁路工程：土木工程—工程施工—研究—广州市　Ⅳ．①U239.5

中国版本图书馆 CIP 数据核字（2010）第 194212 号

出版发行：暨南大学出版社

地　址：中国广州暨南大学
电　话：总编室（8620）85221601
营销部（8620）85225284　85228291　85228292（邮购）
传　真：（8620）85221583（办公室）　85223774（营销部）
邮　编：510630
网　址：http：//www.jnupress.com　http：//press.jnu.edu.cn

排　版：广州市天河星辰文化发展部照排中心
印　刷：佛山市浩文彩色印刷有限公司

开　本：850mm×1168mm　1/16
印　张：15.75
字　数：502 千
版　次：2010 年 11 月第 1 版
印　次：2010 年 11 月第 1 次

定　价：320.00 元

谨将此书献给为广州市轨道交通三号线付出辛勤劳动、奉献光辉岁月、发挥聪明才智的建设者们!

主编单位：
广州市地下铁道总公司建设事业总部

参编单位：
广州轨道交通建设监理有限公司

主　审：竺维彬　鞠世健　曾耀昌
主　编：林志元　孔少波　陈乔松　王文锋
副主编：许少辉　张宗贵　朱六兵

编　委：
林志元　孔少波　陈乔松　王文锋　黄建华　许少辉　张宗贵　朱六兵　廖鸿雁
孙成伟　刘智勇　朱建华　杨军宁　李志东　陈建党　张干劲　林　朝　郑　达
高建国　刘乐元　谢　锋　汤文涛　刘德智　李　勇　彭剑锋　巫　环　雷江涛
王　晖　莫暖娇　韩　莉　罗凤霞　刘建新　陈　飞　朱克齐　周　罡

目　录

第三篇 矿山法施工技术

第四篇 明挖法施工技术

序

2006年12月30日，广州市轨道交通三号线全线开通，标志着中国第一条时速120公里的城市轨道交通快线胜利建成。

广州市轨道交通三号线全长36.33km，呈“Y”字形走向，由北向南贯穿广州新城市中轴线珠江新城和“南拓”区域番禺，是连接繁华的天河商业区和新开发的南部城市组团的重要骨干线，并与已建成的一、二号线构成了广州市轨道交通线网的基本骨架。三号线的建成开通，对于实现广州城市战略发展规划有着非常重要的作用。

广州素有“地质博物馆”之称。三号线所经区域地质条件异常复杂。线路三过珠江水系，七过断裂带，穿越地层包括第四系土层和各种风化程度的沉积岩、岩浆岩、变质岩，以及由上述地层组合而成的复合地层，岩土均一性差，物理力学特性差异大。线路还穿越建筑物密集的商业区和住宅陈旧的居民区，沿途管线密布，地面道路交通车流量大，施工难度和风险极高。

面对困难和挑战，广州地铁建设者狠抓设计龙头，精心策划，通过科学管理和技术创新，在土建工程中针对不同地质条件采用不同施工工法，成功战胜塌方、涌水、顽石和流砂等施工困难，历尽艰辛，终于完成了三号线建设任务。

本书系统地总结了广州市轨道交通三号线各参建单位在极其复杂的地质条件下，采用盾构法、矿山法及明挖法等各类工法进行土建施工的实践经验，内容丰富，数据翔实。书中详细介绍了大量工程实例，例如，广州东站基坑施工如何在高大建筑群中成功实施4 000多次爆破、天河客运站——华师站区间盾构隧道施工如何穿越花岗岩球状风化地层及花岗岩上软下硬地层、岗顶站——石牌桥站区间矿山法隧道施工如何穿越砂层、厦滘站如何在巨厚淤泥层中进行深基坑施工等。书中还介绍了三号线土建工程成功采用的新工法、新工艺和新设备，例如，天河客运站——华师站区间盾构实现压气换刀作业、沥滘站——大石站区间盾构机采用整体吊装运输技术、天河客运站折返线成功运用超长距离冷冻技术与非爆破悬臂掘进技术等。本书深入浅出，理论联系实际，对于广州市、广东省乃至全国城市轨道交通土建施工都具有一定的参考价值。

本书作者是广州市地下铁道总公司建设事业总部一群年轻的土建工程技术管理者。他们勤奋好学、务实严谨，在繁忙的建设管理过程中，注重收集、整理第一手资料，剖析、跟踪地质变化情况，抓住关键工法、关键设备进行科学分析，深究问题本质，提出解决方法，将丰富的施工技术和管理经验集结成书，实现了从实践到理论的升华。

当前，国内城市轨道交通建设方兴未艾，广州市城市轨道交通事业已步入大规模线网建设与运营的新时期。随着新线建设的全面铺开，轨道交通工程将向强度更大、范围更广、技术水平更高的方向发展，其面临的施工风险和管理难度也更大。只有不断思索与探求，总结经验和教训，把建设者的心血和汗水凝聚成有利于生产实践的智慧结晶，使先行者不重蹈覆辙，为后来者提供有益借鉴，方能在今后波涛汹涌的建设大潮中经受住考验，推动城市轨道交通建设事业平稳、健康、可持续发展。

感谢本书作者，以及一直以来为广州市轨道交通建设付出艰辛劳动的全体建设者，他们的不懈努力和无私奉献成就了广州市轨道交通事业今日的辉煌，也托起了明天的希望！

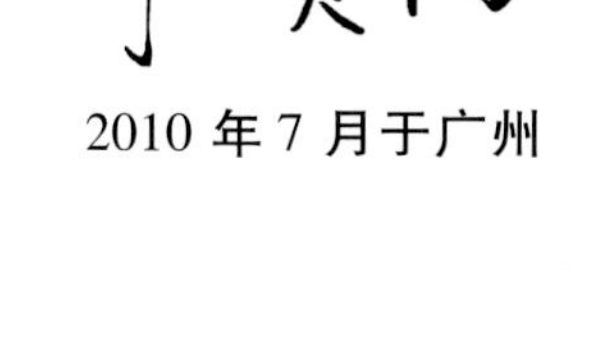

2010年7月于广州

前　言

《广州市轨道交通三号线土建施工技术研究》是一本专业性、针对性较强的地铁土建施工技术著作。本书在分析广州市轨道交通三号线沿线地质特征的基础上，对盾构法、矿山法及明挖法施工技术进行了深入细致的研究。全书由以下四部分构成：

第一篇主要介绍三号线沿线地质情况、周边环境、土建工程的难点和风险点、主要施工方法及施工效果的评价。

第二篇主要介绍三号线盾构机、盾构掘进技术和辅助工程施工技术。

第三篇主要介绍暗挖大跨断面及联拱隧道施工技术、特殊地层矿山法隧道施工技术和矿山法隧道穿越既有线及重要建筑物施工技术。

第四篇主要介绍普通地层明挖结构施工技术、特殊地层明挖施工技术和关于基坑支护结构在开挖过程中对变形的控制与周边建筑物的保护的研究与建议。

广州市轨道交通三号线是广州市继一、二号线开通后建成的一条呈“Y”字形走向的全地下线路，全长36.33km。正线北起广州东站，南抵番禺广场；支线从体育西路站向东，直达天河客运站。全线共设车站18座，车辆段及综合基地1处，控制中心1座，主变电所2座，设计最高时速可达120km。

在三号线土建建设过程中，参建各方遇到了前所未有的困难：

难点一：沿线工程地质、水文地质条件复杂。例如，天河客运站——华师站和市桥站——番禺广场站盾构区间多处通过花岗岩球状风化地层，花岗岩球状风化体的单轴抗压强度高达160MPa左右，其四周岩土层主要为花岗岩强、全风化层，两者强度差异较大，且四周岩土层稳定性差，多属Ⅱ、Ⅲ类围岩，给刀具破除球状风化体带来极大困难，盾构施工非常艰难。

难点二：三号线与运营中的一、二号线连接工程。例如，三号线与一号线在体育西路站汇合，呈“十”字交叉状，采取南北明挖、中间暗挖的方法。由于暗挖顶层距离一号线车站底板只有67cm，只能采取微震爆破方法，期间工序转换频繁，既要保证工期进度和工程质量，又要防止既有车站承受偏压，出现变形，施工难度很大。

难点三：征地拆迁困难，周边环境复杂，环境保护要求高。例如，广州东站暗挖主体大跨隧道须穿越地下军事设施、广园快速路及高架桥、铁路站场19股线路及铁路南站房、地下车库等建（构）筑物，周边建筑物安全保护要求高。

三号线建设中虽遇到诸多困难，但建设者们发挥聪明才智，合理利用先进科技，以百折不挠的精神，从管理、技术、设备等各方面想方设法，研究并采取最优的解决方案，攻坚克难，最终确保了2006年底全线顺利开通。

本书作者在实施工程管理和监督的过程中，深入现场，了解工程的每一个细节，认真记录和搜集了相关的施工环境、施工参数、施工工艺等第一手资料，并利用业余时间对资料进行了理论分析和归纳总结。2007年11月，在广州市地下铁道总公司建设事业总部总工程师林志元的主持下，编辑写作人员多次召开会议，讨论并确定了本书的编写大纲，对收集的素材进行分析和取舍，分工写作。本书在编写的过程中，注重科学性、实用性和高质量。编者们收集了上千张图片，从中筛选出300张左右用于本书，力求素材可靠、翔实、图文并茂。

2008年12月和2009年10月，编写组两次组织专家审稿。与会专家张志良、莫庭斌、曾耀昌、谭文、张华、余哲夫、史海欧、廖景、王健、黄洪亮、谢明等对书稿进行了认真审核，提出了许多宝贵的修改意见。在组织专家评审过程中，广州市地下铁道总公司科研技改部李文球和陈龙给予了大力协助。

本书编写过程中得到了广州市地下铁道总公司与建设事业总部领导以及有关单位、部门的指导和帮助。广州市地下铁道总公司副总经理、建设事业总部总经理竺维彬一直对本书编写进行指导，并与盾构专家鞠世健为本书提供了颇有价值的盾构工法素材和资料。广州轨道交通建设监理有限公司多次组织专家审稿，竺维彬、鞠世健、曾耀昌等专家牺牲了大量宝贵的业余时间，认真审稿，提出了宝贵、详细的修改意见，并多次与编写组共同研究探讨，亲自指导修改。广州市地下铁道总公司副总经理刘光武一直关心支持本书的编写和出版。在组织审稿和联系出版的过程中，广州轨道交通建设监理有限公司总经理米晋生、罗淑仪提供了帮助。

在本书完成过程中，参建的各施工、监理、设计单位给予了宝贵的毫无保留的支持，无私提供了许多原始施工和技术总结资料。没有他们的配合，我们无论如何都无法将这本书呈现在读者的面前。主要支持单位有：广州市盾建地下工程有限公司、中铁一局、中铁二局、中铁三局、中铁隧道局、中铁十三局、中铁十四局、中铁十六局、中国水电十四局、西安铁路工程总公司、中港四航局、广东省基础公司、广东省水电二局、广东省源天公司、广州市市政三公司、北京城建院、广州地铁设计院总体总包部等。

本书执笔人为林志元、孔少波、陈乔松、王文锋、黄建华、许少辉、张宗贵、朱六兵、廖鸿雁、孙成伟、刘智勇、朱建华、杨军宁、李志东、陈建党、张干劲、林朝、郑达、高建国、刘乐元、谢锋、汤文涛、刘德智、李勇、彭剑锋、巫环、雷江涛、王晖、莫暖娇、韩莉、罗凤霞、刘建新、陈飞、朱克齐、周罡。朱六兵负责本书的编辑、排版和校对工作。在本书编写的过程中，广州市地下铁道总公司建设事业总部陈玲、赵帅给予了帮助。

衷心地感谢上述领导、专家、同事以及同行们的支持和帮助！

由于编者水平有限，书中可能会有片面的认识甚至是错误之处，希望专家和读者批评指正，以便我们积累经验，更好地为中国地铁建设事业服务！

编　者

2010 年 7 月

第一篇

工程概论

第一章　三号线工程概述

第一节　工程概述及周边环境

一、工程概述

广州市轨道交通三号线呈南北“Y”字形走向，线路主线以广州东站为起点，沿林和西路向南，穿天河体育中心折向体育西路，在天河南一路与一号线立体交叉换乘后，继续南行经华夏路与花城大道相交，穿海心沙过珠江航道，沿新市头路行进；在新港西路与二号线立体交叉换乘，穿过海珠区上涌村的果园保护区，沿规划道路前进到达沥滘新客港，穿越珠江航道后到达番禺区的洛溪新城；在番禺区沿规划的番禺大道向南行进，沿光明路南行再折向清河路东行，到达番禺广场终点站。支线从天河客运站以北400m为起点，向南过天河客运站，穿华工、华农校园到达五山街，穿广园工业区路后折向五山路继续南行，在岗顶向西沿中山大道、天河路前进，经体育中心后转向体育西路与主线在体育西路站相接。

线路全长36.33km（含支线），全部为地下线路，设车站18座（其中主线全长28.83km，设车站13座；支线长7.43km，设车站5座），单岛式站台车站16座，双岛式站台车站1座，侧式站台车站1座。平均站间距2.06km，最小站间距0.8km，最大站间距6.32km；设车辆段及综合基地1处，控制中心1座，新建主变电所2座。线路示意图如图1-1所示。

二、穿越主要建筑物及周边环境

主线主要下穿广深铁路东站站场、一号线广州东站和体育西路站及二号线客村站、利安花园、珠影花园、厦滘村、市桥地区大片居民区等建筑物，支线主要下穿广汕路、元岗北环特大桥、广深铁路、华师及华农校区、一号线体育中心站、体育中心游泳馆等建筑物。线路施工范围穿越天河繁华闹市区、海珠居民区、番禺洛溪新城区及市桥繁华闹市区，道路交通车流量大，行人多，各种管线密布，周边环境保护要求高，施工安全风险大。同时，出入口和风亭等附属结构大多与周边建筑物合建或位于周边业主场地内，征地拆迁及管线迁改的协调量及协调难度都很大。

图 1 – 1　广州市轨道交通三号线线路示意图

第二节　工程地质及水文地质

沿线地形地貌：支线天河北路以北属花岗岩风化残丘；花城大道至广州火车东站、支线体育西路至天河北路广深铁路属山前坡地；客村北侧至花城大道属珠江河流堆积阶地及河谷；新滘南至客村北侧属平缓坡地；大石南大路至新滘南属珠江河流堆积阶地及河谷；光明路北侧至大石南大路段属上元古界震旦系变质岩风化残丘及平缓坡地；光明路北侧经过市桥城区至番禺广场属河流堆积阶地。

沿线地质复杂，线路3次穿越珠江，多次穿过河涌，且6次穿过断层。穿越的地层有：上元古界震旦系变质岩，燕山期花岗岩，中生界侏罗系中上统百足山群碎屑岩，白垩系下统猴岗段及广钢段地层，白垩系上统康乐段、东湖段、西壕段、三元里段地层，新生界第四系地层。主要不良地质有：砂层连续分布，富水性强，在Ⅶ度地震下会发生液化；泥岩和粉砂质泥岩易风化开裂，遇水软化；淤泥和淤泥质土层较发育，在Ⅶ度地震下会发生震陷；局部地方有溶洞；断层岩石破碎，富水性强，开挖后易坍塌；花岗岩残积层遇水极易崩解。

第三节　工程设计主要技术指标和结构形式

一、工程设计主要技术指标

线路平面区间最小半径：主线一般地段1 000m，困难地段800m，支线350m，辅助线150m。线路纵断面区间最大坡度：一般地段30‰，困难地段35‰，车站坡度3‰。设计最高运行速度120km/h，站台有效长度120m。

二、工程主要结构形式

车站主要为明挖及明暗结合结构，即明挖地下多层结构和明挖多层框架加矿山法隧道结构。施工方法主要有明挖法、盖挖法和矿山法。采用全明挖工法的车站有天河客运站、五山站、华师站、石牌桥站、珠江新城站、赤岗塔站、厦滘站、大石站、汉溪长隆站、市桥站、番禺广场站。采用明挖兼盖挖的有大塘站及岗顶站。采用明暗结合工法的有广州东站、林和西站、体育西路站、客村站。

区间采用地下明挖框架、矿山法隧道及盾构圆形管片结构。施工方法主要有明挖法、矿山法和盾构法。采用明挖法的有厦滘站——大石站、汉溪长隆站——市桥站区间及部分盾构始发或吊出井明挖段。采用矿山法的有广州东站——林和西站、林和西站——体育西路站、华师站——岗顶站、岗顶站——石牌桥站、石牌桥站——体育西路站、体育西路站——珠江新城站、客村站——大塘站等7个暗挖区间及广州东站、体育西路站、天河客运站、番禺广场站4个车站的折返线，以及天河客运站——华师站、市桥站——番禺广场站盾构区间的矿山法区间。采用盾构法的有天河客运站——华师站、珠江新城站——客村站、客村站——大塘站、大塘站——沥滘站、沥滘站——大石站、大石站——汉溪长隆站、汉溪长隆站——市桥站、市桥站——番禺广场站8个区间。

第四节　标段划分和参建单位

全线土建施工标段共37个（不含沥滘站），共有37个土建承包商参加施工建设；土建监理标段6个，共有6家监理单位参加工程监理工作；土建设计和咨询标段9个，共有9家设计和咨询单位参加工程设计和咨询工作。

第五节　施工工期和工程投资

一、施工工期

原设计工期为4年，实际工期由于受前期、地质等多种因素影响而滞后1年，实际工期情况为：全线于2001年12月26日开工，2005年12月28日首通段广州东站至客村站开通，2006年12月30日全线开通；土建主体2001年12月26日开工至2005年4月基本完工，其中，车站2001年12月26日开工至2004年9月基本完工，区间2001年12月26日开工至2005年4月基本完工；土建附属工程2003年7月开工至2006年10月基本完工。

二、工程投资

原初步设计土建工程概算为53.7亿元，实际土建标段中标合同价为24.06亿元，只占概算的44.8%，竣工决算为34.57亿元，只占概算的64.38%。

第六节　三号线工程建设的历史背景

一、工程建设大事记

三号线赤岗塔站等试验性工点土建工程于2001年12月26日开工，2002年3月通过三号线全线初步设计审查；随后开始土建施工标段招标，至2002年6月基本完成土建招标；从2002年7月全线陆续开工，至2002年12月底全面开工；2005年12月底广州东站至客村站首期工程开通试运营，2006年底全线开通试运营。

二、工程建设环境

（一）招投标环境

自2001年初以来，国家开始进行宏观经济调控和控制基本建设规模，基建市场任务供不应求，市场竞争日趋激烈，广州地铁三号线建设从2001年试验性工点招标起就处于这种环境中。而且经过一、二号线的建设，广州地铁建设越来越成熟和规范，为了节省工程投资和降低工程造价，三号线招投标管理办法作了大规模的调整，招标评标办法、合同管理与以前有了很大不同，采用了最低标价中标法，招投标的结果是绝大部分土建工程中标价大大低于设计概算，平均不到设计概算的50%。

（二）前期施工环境

三号线建设之初，由于线路穿越天河区、海珠区等繁华城区，特别是在天河区，由于所穿越的市政道路交通繁忙、人流车流大、房屋管线密集，在前期征地拆迁、管线迁改及交通疏解方面遇到了很大困难，这使得部分施工场地移交严重滞后，尤其是体育西路站至天河客运站地段较为明显，对全线运营开通工期目标造成了较大影响。

（三）后期施工环境

2004年下半年至2006年下半年期间，由于全国性原材料及人工费价格不断上涨，造成三号线建设成本加大，许多工地资金周转困难。为此，广州地铁总公司和参建单位齐心协力，采取了许多有力措施，如保证甲供料供应及垫资缓扣甲供料款、对部分乙供料及人工费进行调差、承包商上级公司加大资源投入和资金支持等，有效克服了资金困难。

第二章　三号线施工技术总论

第一节　土建工程的特点、难点及风险点

一、土建工程的特点

三号线是广州地铁继一、二号线开通后建设的一条呈“Y”字形走向的全地下线路，线路穿越的地质条件及周边环境非常复杂，加之工期紧张及造价较低，工程面临的安全风险及施工难度非常大，但经过参建各方的共同努力，管理上精心组织，技术上不断创新，多次成功采用新的工法、新的工艺和新的设备，确保了其2006年底全线顺利开通。

二、土建工程的难点及风险点

三号线工程难点较多，有的既是难点又是风险点，主要体现在以下5个方面：

（1）老城区房屋拆迁、管线迁改及征借地非常困难。由于前期施工场地移交普遍滞后较多，造成后期土建和机电工程工期紧张，增加了工程的难度。

（2）地质条件非常复杂。3次过珠江，7次过断层，多处穿过特殊不良地层，如花岗岩残积土层、球状风化地层、上软下硬地层、巨厚淤泥层、富水砂层及全断面硬岩地层等。这不仅给盾构施工造成困难，而且也给矿山法隧道及明挖基坑施工造成较大困难，带来了很多安全风险，也影响了部分工点的施工进度。

（3）线路穿越密集建筑物、既有地铁线路、市政道路及铁路等建（构）筑物。有的房屋年代久远，基础埋深较浅，房屋结构条件较差，需要进行基础托换或基础加固。由于既有地铁线路、市政道路及铁路运输繁忙，安全保护要求很高，不仅造成施工难度大，而且安全风险也高。

（4）工程结构复杂，自身施工难度较大，安全质量要求高。例如，矿山法隧道，除单线断面外，还有大量工点采用双线联拱隧道（包括双联拱、三联拱）、渡线及喇叭口、大跨断面结构形式，净开挖跨度最大达25.3m，自身安全风险较高，防水质量控制也较难。

（5）部分新工艺、新技术在三号线这种地层条件和周边环境条件下尚属试采用，处于边施工边摸索的阶段，存在一定的施工难度和安全风险，例如，天河客运站折返线花岗岩残积土层地段采用冷冻法过广汕路，天河客运站——华师站区间北段矿山法隧道广汕路地表注浆加固等。

三、土建工程主要工点的施工难点与风险点

（一）盾构隧道

（1）天河客运站——华师站区间隧道过花岗岩球状风化地层、上软下硬地层以及广深准高速铁路。

（2）沥滘站——大石站和大石站——汉溪长隆站区间过断裂带。

（3）沥滘站——大石站区间过富水砂层。

（4）大石站——汉溪长隆站和市桥站——番禺广场站区间过全断面硬岩。

（5）珠江新城站——客村站和沥滘站——大石站区间过珠江。

（6）市桥站——番禺广场站区间过市桥密集建筑群及SP4联络通道与中间风井施工。

（二）矿山法隧道

（1）天河客运站折返线隧道采用冷冻法和非爆破开挖技术过广汕路花岗岩残积土层。

（2）天河客运站——华师站区间北段矿山法隧道采用地表注浆加固和分部开挖支护组合工法技术过广汕路花岗岩残积土层。

（3）岗顶站——石牌桥站区间过天河路砂层。

（4）林和西站——体育西路站区间联拱大跨隧道穿越浅埋的〈5－1〉、〈5－2〉地层及与石牌桥站——体育西路站区间交叉重叠段施工。

（5）广州东站站台隧道采用套拱托换技术穿越地铁一号线，采用综合爆破开挖技术过广深准高速铁路站场。

（6）林和西站站台隧道穿越天河北路。

（7）体育西路站三联拱隧道穿越地铁一号线。

（8）客村站采用梁柱（墙）两期托换技术过地铁二号线。

（9）体育西折返线大跨及联拱隧道施工。

（10）番禺广场折返线大跨及联拱隧道施工。

（三）明挖基坑

（1）天河客运站花岗岩残积土层地段明挖基坑开挖支护，与周边建（构）筑物保护。

（2）五山站花岗岩残积土层地段明挖基坑开挖支护与周边房屋管线保护。

（3）厦滘站巨厚淤泥层地段明挖基坑开挖支护。

（4）紧邻密集建筑物的林和西路站多形式明挖基坑围护结构施工。

第二节　主要施工方法及采取的施工技术措施

一、主要施工方法

（一）明挖基坑

对于明挖基坑，围护结构采取了多种形式，如钻（挖）孔桩＋内支撑、地下连续墙＋内支撑、钻（挖）孔桩＋预应力锚索（杆）、土钉墙、喷锚支护等。基坑开挖采用分段分层进行，有松动（控制）爆破开挖、机械破碎及人工辅助开挖等开挖方式，龙门吊、汽车吊吊装出土、多台挖机接力挖土或基坑内设斜坡道直接出土等出土方式。随挖随撑，内支撑采用 Φ600mm 的钢管支撑和 H 型钢腰梁的居多，个别支撑采用砼支撑或型钢支撑。

对于周边建筑物的保护，普遍采用在基坑四周设置单（双）排搅拌桩或旋喷桩止水帷幕防止地下水流失，同时对建筑物加强监测；对于个别基础沉降大的建筑物实施注浆加固；对于基底承载力不符合设计要求的建筑物则采用换填或注浆加固处理方式。

明挖结构施工普遍采用顺作法，防水采用三号线通用防水设计。

（二）矿山法隧道

对于矿山法隧道，按照隧道所处地层条件及周边建（构）筑物环境条件，结合结构断面形式，在开挖与支护上采取了多种方式。

对于隧道地处普通地层而且对周边建筑物影响较小的，单线断面隧道开挖方式有正台阶法、环形开挖预留核心土法、CD 法等；双线大跨或联拱隧道开挖方式有 CD 法、CRD 法、中洞法、双侧壁导洞法、双联拱改单洞法等。支护方式有喷锚支护＋格栅钢架初期支护，在此基础上，根据围岩条件及上方地理环境，可采用超前小导管注浆或大管棚注浆或临时型钢支撑等多种支护方式。

对于施工安全风险较大的特殊不良地层，单线断面隧道开挖方式有 CD 法、CRD 法等；双线大跨或联拱隧道开挖方式有 CRD 法、双侧壁导洞法、中洞法、分部开挖组合工法等。支护方式与普通地层隧道类似。地层加固方式有冷冻法、地表注浆加固法等；穿越既有建（构）筑物基础的托换方式有阀板托换、梁柱托换、套拱托换等。

对地面建筑物的基础及地基沉降采用施工监测，过既有地铁线路等重要建（构）筑物增加业主委托的第三方监测。监测项目有沉降观测、位移及变形观测、地下水位观测、爆破振速观测等。监测信息通过及时反馈来指导设计和施工。

二衬砼结构施工方式有整体模板台车衬砌法和自制简易模板台车浇注法。防水设计采用三号线通用防水设计，由专业队伍施工。

（三）盾构隧道

根据盾构隧道穿越地层条件，三号线选择了两种盾构机，即土压平衡盾构和泥水平衡盾构，分别由海瑞克、维尔特、三菱等厂家制造。

盾构始发有整体和分体始发两种方式，盾构吊出有整体和解体吊出两种方式。根据始发（吊出）井端头的地质条件不同，分别采用了搅拌桩、旋喷桩及素砼连续墙等多种方式进行地层预加固。

盾构掘进主要根据前方地质条件及地面建（构）筑物条件来选择掘进参数，配置合适的刀具。当盾构穿越特殊不良地层、珠江水道及重要建（构）筑物时，制订专项施工方案并经审查后实施，并采取加密监测措施，通过信息反馈指导施工。

二、主要采取的施工技术措施

（一）明挖基坑

（1）严格执行深基坑设计方案审查制度及施工方案审查制度，对于专家审查意见予以认真落实。

（2）尽可能在基坑范围内做好地质补勘，并对周边建（构）筑物基础及结构竣工资料做好周密的调查收集。

（3）加强基坑及周边建（构）筑物的施工监测，通过监测信息反馈指导施工。

（4）对于特殊不良地层，如天河客运站基坑花岗岩残积土层，采取增加内支撑、机械开挖改为人工开挖、基底换填、对周边建（构）筑物基础补偿注浆加固等施工技术措施。

（5）加强基坑土石方爆破方案的管理，大量采取微量松动控制爆破措施，严格控制爆破装药量和震速。

（6）加强基坑内局部渗水及涌水涌砂险情的控制，及时采取封堵和应急处理措施。

（二）矿山法隧道

（1）对于矿山法隧道施工的难点及风险，从设计和施工措施上作了充分的评估和考虑，在施工图和施工方案上采取了预防措施。

（2）对于矿山法大跨断面隧道及联拱隧道，采取了以下技术措施：①严格遵循暗挖施工“十八字”方针，严格按设计工法措施和施工方案施工；②加强施工和第三方监测，并及时反馈信息以指导施工，同时加强地面建（构）筑物的加固保护；③采用综合爆破开挖与支护技术，重点加强爆破装药量与振速的控制，并通过反馈的监测信息来调整施工措施，如广州东站过铁路站场及地铁一号线；④采用双联拱改单洞开挖技术，既保证了安全，又加快了进度，如体育西路站折返线及岗顶站——石牌桥站区间；⑤加强初支背后注浆及二衬背后注浆措施，加强联拱和变断面接缝处的防水质量。

（3）对于特殊地层矿山法隧道，采取了以下技术措施：①除遵循暗挖施工“十八字”方针外，还加强了特殊地层的安全风险评估及设计措施上的安全风险防范；②特殊地层加固，主要采取了冷冻法和地表注浆加固的方法，例如，天河客运站折返线隧道、天河客运站——华师站区间北段83m矿山法隧道及岗顶站——石牌桥站区间过砂层段隧道等；③洞内开挖技术措施主要有CRD法及分部开挖组合法等，开挖主要分机械开挖（如非爆破掘进机开挖）、人工结合辅助工具开挖等，洞内支护技术措施主要有超前小导管、大管棚及全断面注浆等方式；④加强了对特殊地层的地面或洞内超前钻勘探，加强掌子面及前方地质条件的超前预报，以便及时采取有针对性的技术措施；⑤加强了对地面建（构）筑物的监测与保护，若出现地面沉降或隆起过大，立即分析原因并调整施工措施，同时采取注浆加固及修复措施。

（4）对于矿山法隧道穿越既有地铁线路及重要建（构）筑物，采取了以下施工技术措施：①对于穿越既有地铁一、二号线底板或桩基础的地段，分别采取了基础托换或夹岩体注浆加固与既有底纵梁加固的措施，同时，对隧道开挖采用了微震控制爆破与机械开挖相结合的措施。例如，广州东站过一号线的套拱托换、客村站过二号线的梁柱托换、体育西路站过三号线的67cm夹层注浆加固及一号线底纵梁采用碳纤维加固等。②对于穿越既有重要建（构）筑物的地段，对侵入隧道的桩基础采用基础托换或截桩处理，对未入侵隧道但距离较近的桩基础采用注浆加固处理，例如，岗顶站——石牌桥站区间过天河电脑城的基础处理等，同时，对隧道开挖采取了微震控制爆破和洞内超前小导管注浆加固或临时型钢支撑加固等措施。③对地面建（构）筑物加强了施工监测，并由业主委托实施了第三方监测（包括爆破振速及地下水位监测，结构位移与变形监测等），监测信息及时反馈指导设计和施工。若发现监测数据超过控制值，业主或监理立即组织有关各方分析原因，及时优化设计图纸，调整施工措施，确保施工和周边建（构）筑物安全。④林和西站——体育西路站区间与石牌桥站——体育西路站区间小间距交叉重叠段隧道采用了先下洞后上洞的开挖方式，并采取了微震控制爆破措施，加强了洞内超前注浆加固，保持上洞与下洞错开50m的安全距离，在上洞开挖时，下洞初支完成后，采用型钢临时支撑等措施，保证了隧道施工安全和地面环境安全。

（三）盾构隧道

（1）对于三号线8个盾构标段15台盾构机，根据各自的地质条件和周边地理环境，施工前对盾构机的适应性进行了认真审查，对于可能遇到的工程安全风险作了分析预测，在设计和施工措施上作了充分的预防控制。

（2）对于珠江新城站——客村站区间和沥滘站——大石站区间过珠江，采取了过江前对盾构机进行系统的检修保养，选取试验段并将得到的掘进参数及注浆量等经验参数用来指导施工，并严格控制出渣量，以及加强对江面的GPS跟踪定位或采用声呐法对江底地层的变形进行监测，及时反馈监测数据等措施。

（3）对于沥滘站——大石站区间和大石站——汉溪长隆站区间过断裂带，采取了补勘查清地质条件，盾构机事前全面维修保养，采用土压平衡模式掘进，改善渣土性能，加强地表监测与反馈，密切关注盾构掘进参数和盾构姿态状况的变化，及时调整掘进参数等措施。

（4）对于大石站——汉溪长隆站区间和市桥站——番禺广场站区间过硬岩段，采用了矿山法隧道先行开挖，然后拼装管片盾构推进的技术措施。

（5）对于天河客运站——华师站区间过花岗岩球状风化地层，采用了加密补勘及加强对球状风化体的超前预报、对盾构机勤检查及勤换刀具等措施；对于天河客运站——华师站区间过上软下硬地层，采用对换刀区进行预加固及压气换刀作业等措施。

（6）对于沥滘站——大石站区间过砂层，采取了如下措施：①减小刀盘开口率，调整刀具配置；②加强切口水压控制；③适当控制掘进速度；④严密控制干砂量；⑤对注浆量与注浆压力做好控制；⑥对泥浆性能做好控制；⑦加强地表沉降监测；⑧做好应急抢险技术措施。

（7）对于市桥站——番禺广场站区间过市桥密集建筑群，加大了监测布点密度和监测频率，当发现房屋和地面开裂下沉后，立即对受损房屋基础和地基采取了补偿注浆加固措施，同时调整了盾构掘进参数，并加强了洞内的同步注浆和二次注浆。

第三节　三号线土建工程施工效果评价

一、明挖基坑施工效果评价

三号线车站及区间主体明挖基坑有20多座，基坑深浅不一，深的基坑达39m多，浅的只有19m多，所处地质条件和周边地理环境各有不同，但从总体施工情况来看，除沥滘站外，大部分明挖基坑的位移变形控制、周边建（构）筑物基础及地基沉降与开裂控制均在安全可控范围内，没有发生严重的安全和质量事故。

由于对特殊不良地层认识不足，对设计预防措施考虑不足，有个别基坑出现了基坑变形过大、局部涌水涌砂、周边房屋桥梁及地面管线局部下沉开裂等现象，或者出现围护结构地下连续墙局部侵限（侵入主体结构范围）的现象。但经过应急处理，基坑变形和涌水涌砂现象得到妥善处理；下沉开裂的周边建（构）筑物经过基础补偿注浆加固和修复，安全也得到了有效保证。比较典型的例子有位于花岗岩残积土层的天河客运站和五山站，以及位于巨厚淤泥层的厦滘站。

二、矿山法隧道施工效果评价

三号线有4座车站、9个区间及4条折返线采用了矿山法隧道，隧道结构形式各有不同，既有普通的单线隧道，也有双线联拱或大跨断面隧道，大的断面净跨度达25.3m，小的只有5~6m，隧道埋深、地质条件和周边地理环境也各有不同。从总体施工情况看，全部隧道施工安全及周边建（构）筑物安全均得到可靠保证，没有发生隧道冒顶塌方、责任伤亡、道路塌方及交通中断等安全事故；隧道穿越既有地铁线路、广深准高速铁路、多处市政道路均取得圆满成功；大跨及联拱隧道防水质量得到显著提高。

但个别隧道在开挖过程中也出现了一些洞内小型塌方、涌水涌砂及地面建（构）筑物下沉开裂现象。例如，天河客运站——华师站区间北段83m矿山法隧道施工过程中，由于对花岗岩残积土层认识不足，设计措施起不到应有作用，出现了几次涌水涌砂及洞内掉块事件，引起广汕路及北环高速元岗桥基础及地基局部下沉；天河客运站——华师站区间南段矿山法隧道施工引起上方地面三栋楼房下沉开裂；客村站——大塘站区间矿山法隧道施工引起金影花园部分房屋开裂问题等。但经过妥善应急处置，没有造成大的险情，周边房屋、桥梁、管线及道路安全等均得到有效保证。

三、盾构隧道施工效果评价

从三号线8个盾构标15台盾构机的总体施工情况来看，绝大部分盾构施工安全和隧道防水与结构质量得到有效保证，没有发生大的施工安全和质量责任事故及周边建（构）筑物损毁安全事故。珠江新城站——客村站、沥滘站——大石站盾构区间顺利穿越珠江，大塘站——沥滘站、沥滘站——大石站安全穿越断裂带，大石站——汉溪长隆站区间及市桥站——番禺广场站区间顺利穿越全断面硬岩地段，沥滘站——大石站区间安全穿越砂层，天河客运站——华师站区间安全穿越上软下硬地层、球状风化地层及广深准高速铁路。但也有个别盾构区间在施工中出现了一些安全险情，或者是施工进度缓慢，或者是对周边房屋道路及管线的正常使用造成了一定的影响。例如，市桥站——番禺广场站左线K24+065处出现地面局部沉陷，珠江新城站——客村站区间过砂层推进至第52环处出现局部地面沉陷及房屋开裂等险情，天河客运站——华师站区间过上软下硬地层及球状风化地层进度缓慢，市桥站——番禺广场站区间在穿越市桥密集建筑群过程中造成了一些房屋损坏。

第二篇

盾构法施工技术

第三章　盾构法施工工程概况

第一节　工程概述

广州地铁三号线（如图 3－1 所示）盾构区间单线全长 47.97km，合同总价 14.144 1 亿元，共 8 个盾构标段，选用了 15 台盾构机进行隧道施工，过程中局部地段碰到了很大困难，但最终成功穿越第四系土层和各种风化程度的沉积岩、岩浆岩和变质岩，以及由上述地层组合而成的复合地层。

三号线盾构工程主要工程量包括：盾构隧道长 43 885m，矿山法隧道长 2 933m（其中包括矿山法开挖盾构拼装管片通过隧道长 600m），明挖段长 887m，始发井 5 个，吊出井 5 个，中间风井 5 个，联络通道 43 个，洞门 66 个，泵房 11 个。

主要技术指标：

隧道内径：5 400mm；

管片厚度：300mm，5＋1 块拼装；

管片宽度：1 500mm；

管片所用钢筋混凝土：C50S12；

施工限界：100mm；

最小曲线半径：350m；

最大纵坡：30‰，最小纵坡：3‰；

最大隧道埋深：36m，最小隧道埋深：4m。

图 3－1　广州地铁三号线平面图

第二节　工程地质及水文地质

一、地质概述

三号线沿线的基岩地层主要是白垩系，侏罗系和震旦系的地层亦有分布（各盾构区间基岩特性请参见附录 1）。基岩上部广泛分布第四系，基岩与第四系之间缺乏第三系。三号线盾构隧道穿过的地层在岩性、结构及变质程度等方面存在巨大差异。

（一）第四系

第四系顶部主要是人工填土层，上部为冲积、淤积砂层和土层，中部是冲洪积黏性土层，底部是残积层、冲洪积粉土、粉质黏土、淤泥质砂。三号线所有盾构区间隧道都穿过该层。

（二）白垩系

白垩系上统岩性主要为棕红色砂岩，含砾砂岩、砾岩、泥质粉砂岩、泥灰岩等，钙质、泥质胶结。三号线盾构区间所穿越的有：大朗山组三元里段，三水组西壕段、东湖段、康乐段。

白垩系下统岩性主要为紫红色泥质粉岩、粉砂质泥岩、粉砂岩、粉细砂岩。三号线盾构区间所穿越的有：白鹤洞组广钢段、猴岗段。

穿过该岩系的盾构区间有：珠江新城站——客村站盾构区间、五山站——华师站盾构区间、客村站——大塘站盾构区间、大塘站——沥滘站盾构区间、沥滘站——大石站盾构区间、大石站——汉溪长隆站盾构区间。

（三）侏罗系

侏罗系是杂色岩系，主要为紫红色，主要由灰白色砂岩、粉砂岩、泥岩组成，可见黑色炭质页岩。汉溪长隆站——市桥站盾构区间穿越该地层。

（四）震旦系

震旦系以深变质海相岩石为主，主要由各类混合岩、绢云母千枚岩、片岩、石英岩、石英片麻岩组成，部分地方为残变质砂岩、长石石英砂岩及含石英粉砂质泥岩等。大石站——汉溪长隆站盾构区间和汉溪长隆站——市桥站盾构区间穿越该地层。

（五）燕山期花岗岩

燕山三期的粗粒黑云母花岗岩分布于市桥附近，岩性一般为肉红色，具中、粗粒花岗岩结构。燕山四期黑云母二长花岗岩分布于瘦狗岭断裂以北，岩性为灰色、肉红色，细—粗粒结构。市桥站——番禺广场站盾构区间和天河客运站——华师站盾构区间穿越该地层。

二、地质构造

在区域构造上，三号线北端（瘦狗岭断层以北）属于增城凸起的白云山——罗岗断隆区，其南端（礼村断裂以南）属于新造——化龙断隆区，线路中段的白垩系沉积岩隶属于三水断陷中的广州断陷区，如图 3 – 2 所示。

（一）褶皱

沿线通过的主要褶皱有天河向斜、大塘背斜、珠江向斜和顺德向斜。

（二）断裂

线路穿过的断层主要有：瘦狗岭断裂、广三断裂、礼村断裂、里仁洞断裂、市桥断裂等。

三、主要地质特征及不良地质

三号线盾构工程沿线的工程地质、水文地质条件比较复杂，隧道通过了沉积岩、岩浆岩（火成岩）、变质岩三大类地层，其中最重要的特点是工程范围内的岩土均一性差，物理力学特性差异大。

（一）主要地质特征

1. 水文地质条件复杂

三号线沿线沟渠密布，江河纵横，隧道多次横穿珠江主水道，珠江新城站——客村站区间两次穿越北珠江干流和支流，沥滘站——大石站区间穿越了 312m 宽的三支香水道和 505m 宽的南珠江。沿线第四系砂层发育，地表水对地下水有直接的补给关系，因此富水性强，水文地质条件十分复杂。

2. 黏土成分较高

室内试验表明，无论是红层还是花岗岩或变质岩，它们的残积层和全风化层中的粉粒和黏粒的含量一般都在 42% ~51% 。

3. 风化壳和残积土层发育

由于广州气候炎热，雨量充沛，岩石的风化作用强烈，残积土全风化岩和强风化岩普遍存在。花岗岩类的风化剖面发育较完全，但花岗岩类的风化层中常出现球状风化体，尤其以碱性花岗岩风化残积土中的居多。质纯灰岩常常只有中微风化岩，在岩面常有一层软塑甚至流塑状的炭质淤泥层，但当泥质炭质灰岩或灰岩中有碎屑岩夹层时，残积土和全风化、强风化岩也常达到一定厚度。由于红层中胶结物不同，岩石成分、岩石强度变化较大；又因地下水作用的强弱不同，构造裂隙的差异，在红层的风化带中常具有软硬相间的特点。

4. 岩层成分、结构和构造的差异性大

广州地区岩层成分、结构和构造的差异非常大，即使是同一类岩石，其岩性特征也不尽相同，这导致盾构施工技术也很不一样。

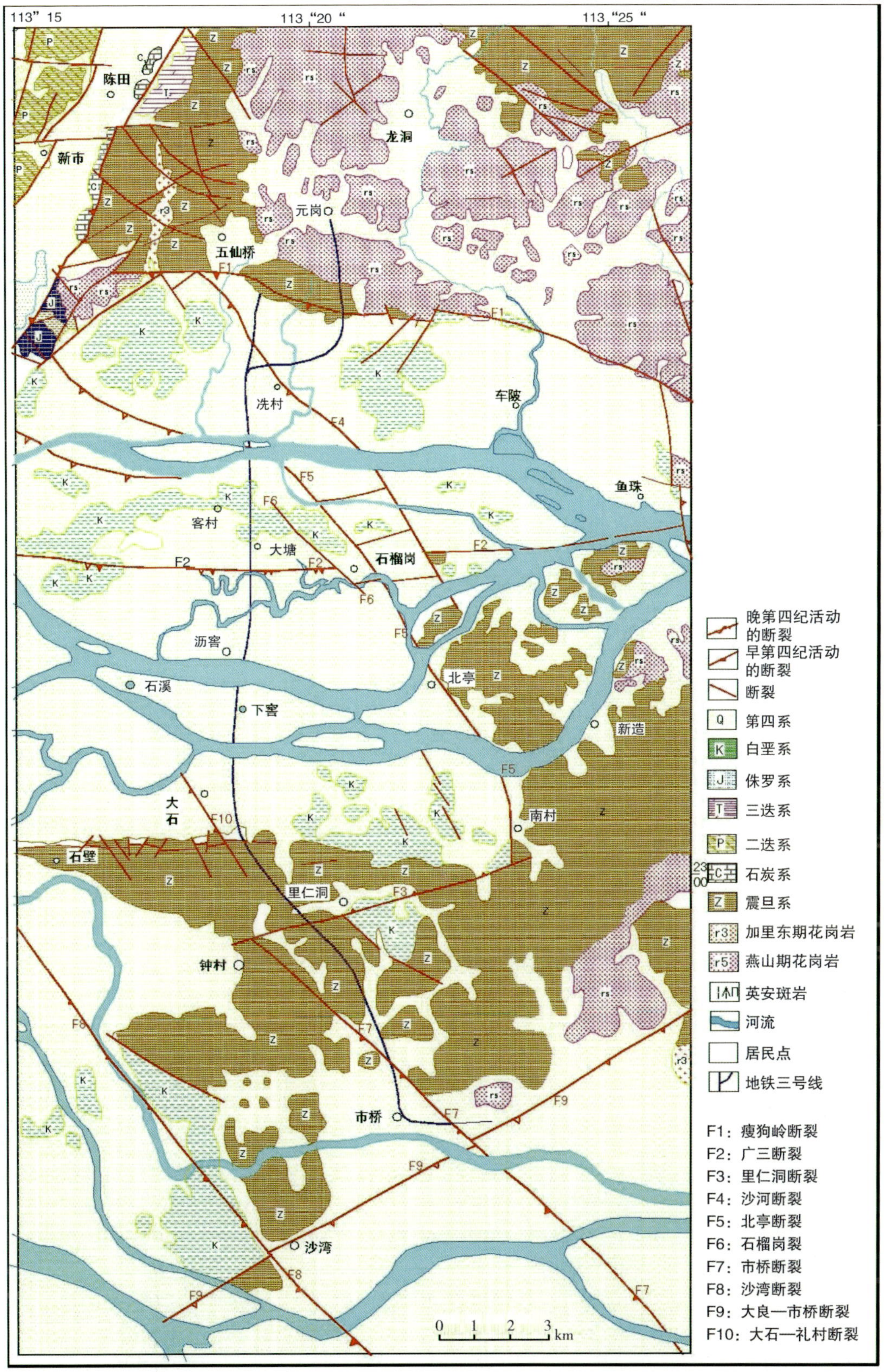

图3－2　广州地区活动断裂分布图（广州市地下铁道设计研究院岩土所提供）

5. 地层岩石多样，不同地层的岩土工程特征显著

岩土工程特征差异与岩石种类密切相关。一般说来，在50m深度内，花岗岩、灰岩、混合岩多属硬质岩，胶结物为钙铁硅质的也可属硬质岩；碎屑岩、红层多属软质岩。不同成因类型的岩体，其特征也不相同。

（二）主要不良地质

1. 断裂带

三号线盾构区间多次穿越断裂带，断裂带最大的问题是岩体破碎，相对周边完整的基岩属于软弱夹层，在隧道施工时容易造成涌水、塌方等工程事故。

2. 上软下硬地层

三号线天河客运站——华师站区间、市桥站——番禺广场站区间、珠江新城站——客村站区间都遇到上软下硬地层，在这种地层中掘进非常困难。上软下硬地层是上部为残积土、坡积土、淤泥质土以及砂层等软弱地层，下部为坚硬的岩石微风化带。此类地层下部坚硬的岩石对滚刀破坏严重；而上部软弱地层则难以自稳，给刀具更换和地面建（构）筑物的保护都带来极大困难。

3. 全断面硬岩

三号线地质钻探资料显示，在天河客运站——华师站区间、市桥站——番禺广场站区间部分围岩为Ⅳ、Ⅴ类以上围岩，抗压强度最大达161MPa。目前，盾构在长距离花岗岩、混合岩等全断面硬岩段掘进非常困难，刀具损坏严重，施工速度非常缓慢。

4. 花岗岩球状风化地层

三号线天河客运站——华师站区间、市桥站——番禺广场站区间多处通过花岗岩球状风化地层，花岗岩球状风化体的单轴抗压强度高达160MPa左右，其四周岩土层主要为花岗岩强和全风化层，两者强度差异较大，且四周岩土层稳定性差，多属Ⅱ、Ⅲ类围岩。这给刀具破除球状风化体带来极大困难，甚至无法破除，因此，盾构施工非常艰难。

5. 富水砂层

由于砂层含水量丰富，渗透性好，且受扰动后易液化，因此，土压平衡盾构在砂层中掘进很容易出现喷涌现象，一方面，需用大量时间进行盾尾清理，这严重影响到盾构施工进度；另一方面，大量泥砂喷出或砂遇水液化，均易引起地层沉降，从而最终导致地面建（构）筑物沉降甚至损坏。

第三节　盾构标段工程投资

表3－1　三号线各盾构区间概算价、合同价比较

区　间	概算价	合同价/每延米造价
天河客运站——华师站	28 231.94万　4.50万/米 （该价包括1 031.71万盾构始发井）	23 446.61万　3.09万/米 （该价包括660.37万盾构始发井）
珠江新城站——客村站	19 384.09万　4.16万/米	11 564.66万　2.48万/米
客村站——大塘站	12 626.35万　4.12万/米	8 442.85万　2.85万/米
大塘站——沥滘站	20 213.61万　4.06万/米	12 847.99万　2.77万/米
沥滘站——大石站	28 578.58万　4.70万/米 （该价包括485.87万盾构始发井）	16 785.39万　2.89万/米 （该价包括321.72万盾构始发井）
大石站——汉溪长隆站	32 069.25万　4.34万/米 （该价包括342.35万盾构始发井）	25 345.05万　3.43万/米 （该价包括252.84万盾构始发井）
汉溪长隆站——市桥站	17 577.25万　4.45万/米	9 977.4万　2.59万/米
市桥站——番禺广场站	60 505.72万　4.29万/米	30 687.2326万　3.25万/米
备注	盾构法隧道概算价包括：盾构隧道掘进、预制钢筋砼管片、土石方外运、盾构过站、横通道及中间泵站、构件运输、疏散平台、盾构始发井	合同价包括：永久工程设计、施工准备与拆卸恢复、盾构区间隧道工程、盾构区间附属工程、盾构始发井、盾构机监造

第四章　三号线盾构机

第一节　盾构机选型

盾构机的性能及其与地质条件、工程条件的适应性是盾构隧道施工成败的关键，所以采用盾构法施工必须选择最佳的盾构施工方法、最适宜的盾构机。盾构选型第一要保证可靠性，第二要讲究技术先进性，第三需考虑经济性，尽量做到盾构施工的安全性、适用性、先进性和经济性相统一。

类似广州地区复合地层的施工环境，可供选择的盾构机类型只有两种，即土压平衡盾构和泥水盾构。土压平衡盾构和泥水盾构所适应的地层条件不同，各有优缺点。

一、土压平衡盾构与泥水盾构的特点比较

（1）稳定工作面的方式不同。土压平衡盾构是利用土仓中聚积的土体来平衡工作面的土压力，而泥水盾构是利用泥水作为支护材料形成泥膜来平衡工作面的土压力。

（2）适应的地层有所不同。土压平衡盾构适用于泥土地质条件。由于泥土的黏合性，泥土在螺旋输送器内输送连续性好，出渣速度容易控制，容易形成土塞效应，这有利于稳定掌子面。当土压平衡盾构在砂层中掘进时，由于砂粒在螺旋输送器上输送连续性差，不易形成土塞效应，掌子面不易稳定。土压平衡盾构对高水压的地层适应性差。由于水压力的作用，螺旋输送器无法保证正常的压力梯降，不能形成有效的土塞效应，易产生渣土喷涌现象。泥水盾构适用于软黏土层、滞水细砂层、砂砾层、漂砾层、固结淤泥层及含甲烷气体的特殊地层等，最适于在洪积层砂性土中掘进。

（3）由于泥水渗入地层的浸泡作用，致使掘削地层有些不同程度的松软，故泥水盾构的刀盘掘削扭矩小，而对于土压平衡盾构，因其添加材料的相对密度大，对掘削地层的浸渗作用小，所以掘削摩阻力大，即掘削扭矩大，致使土压盾构机的装备扭矩大、功耗大。所以在同样扭矩驱动设备的情况下，泥水盾构的直径可以做得大。

（4）泥水盾构成本高，占地面积大，且影响交通、市容。由于设置泥水管理系统、泥水处理系统，致使工序、设备复杂，成本高。另外，由于泥水配制系统、泥水处理系统的存在，致使地表占地面积大增。相对来说，土压平衡盾构造价低，对环境影响较小。

（5）土压平衡盾构的刀盘与开挖面的摩擦力大，土仓中渣土与添加材料搅拌阻力也大，而泥水盾构的切削面及土仓中充满泥水，对刀具、刀盘起到润滑冷却作用，摩擦阻力与土压平衡盾构相比要小，因此，泥水盾构的刀具、刀盘的寿命较土压平衡盾构要长。

（6）与泥水盾构相比，土压平衡盾构推力较大，且对周围地层的扰动大，故导致地层沉降的可能性也略大。

二、盾构选型原则及需考虑的特殊地质因素

（一）盾构选型的一般原则

地下水由于在土层中的渗透作用而产生渗透力，导致土体中发生应力应变，并可能引起流土或管涌等渗透变形，因此，地下水渗透作用是影响工作面稳定的主要因素。反映土体透水性的指标是渗透系数。根据国内外盾构施工经验，当地层的渗透系数小于 10^{-7}m/s 时，可以选用土压平衡盾构；当地层的渗水系数在 10^{-7}m/s 和 10^{-4}m/s 之间时，既可以选用土压平衡盾构，也可以选用泥水式盾构；当地层的渗透系数大于 10^{-4}m/s 时，宜选用泥水平衡盾构。也就是说，当土层的渗透系数较低时，地下水的渗透速度较慢，完全可以使用土仓内的土压力进行支撑；而当土层的渗透系数较高，地下水的渗透速度较快时，则需要使用泥浆形成不透水的泥膜来稳定工作面，如图 4－1 所示。

但是，仅以渗透系数来判定是不够的，颗粒的级配也应当是一个重要的参考指标。即便土层的渗透系数很小，适用于土压平衡式，若土体中的粗颗粒较多，想要实现土体的平衡也是很困难的。因为当土体进入土仓之后，逐渐将土仓堆满以建立土压力，然而若粗颗粒较多，土的流塑性就较差，那么进入土仓之后虽能堆满，但内部仍然空隙较多，无法形成土塞效应。土压平衡式盾构一般适用于黏土地质，黏土进入土仓能够充满土仓的各个部位，以形成土塞效应；而泥水平衡式盾构则适用于硬度较高的砾石、粗砂地质，还可以用在地质情况较为复杂的地方。大体上说，当岩土中的粉粒和黏粒的总量达到 40% 以上时，通常会选用土压平衡盾构机；相反的情况则选择泥水盾构机比较合适。粉粒的绝对大小通常以 0. 075mm 为界。如图 4 – 2 所示。

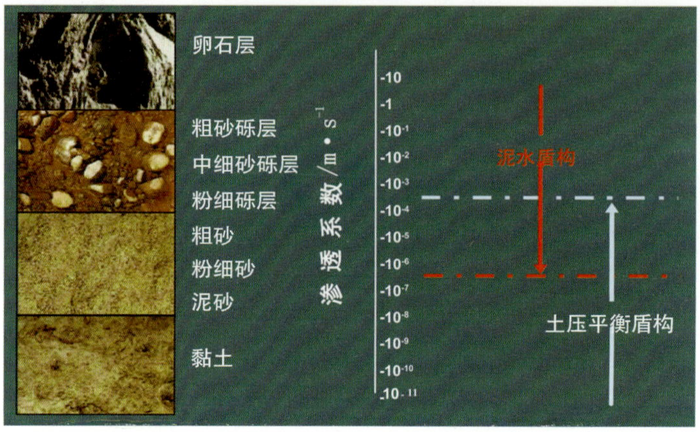

图 4 – 1　地层的渗透性与盾构选型的关系

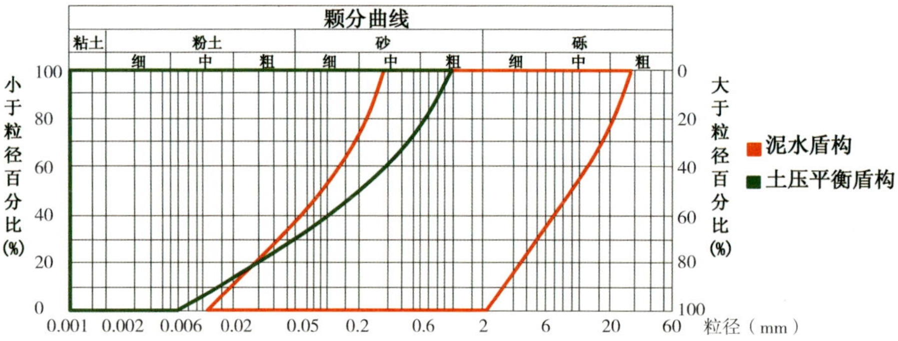

图 4 – 2　岩土颗分与盾构机选型的关系

总之，要根据地下水的情况和土体的颗粒级配情况选用适当的盾构类型。另外，由于工程地质的复杂性，对于同一个盾构标段，可能出现某些部分适合选用土压平衡盾构，而其他部分又适合采用泥水盾构，但作为同一个施工标段，不可能中途更换盾构机，因此，只好选用一种类型的盾构机，这就需要综合考虑并分析不同选择的风险，最终择优选取。

（二）三号线盾构选型需考虑的特殊地质因素

1. *第四系软土层*

三号线沿线第四系覆盖层较厚，其中，冲洪积的淤泥、淤泥质黏砂土、中细砂层等是特别松软的地层。由于它们饱水、稳定性差，开挖时易坍塌、涌水涌砂，地层沉降较大。因此，要求通过此类土层的盾构必须具有良好的密封性能，且具有保持足够泥水压力或土压力的功能。第四系冲洪积砂质黏土、红色碎屑残积层及全风化带多呈流塑至硬塑状，透水性弱，稳定性差，适宜采用土压平衡盾构，但应注意，通过黏粒成分高的土层时应防止盾构刀盘结泥饼。

2. *白垩系砂岩、泥质砂岩，泥岩、砂质泥岩等地层*

这是三号线沿线碰到的主要岩层，随着风化程度的不同，其岩石强度和稳定性变化较大，但整体稳定性属中等，适宜选用土压平衡盾构施工，但施工中应注意地层的上下软硬不均及纵向软硬相间的问题。中、微风化钙质和铁质胶结的砂岩、砂砾岩的岩石强度较高（最高可达 60MPa 左右），是盾构刀盘、刀具选型时必须加以考虑的因素。

3. *燕山期花岗岩及震旦系混合岩*

三号线盾构区间部分地段围岩为花岗岩岩体和混合岩岩体。此类岩体的以下特点是盾构选型时必须考虑的因素：①岩石中石英含量较高，对刀盘和刀具的破坏性强；②微风化岩石抗压强度可高达160MPa，是盾构选型时必须认真考虑的因素；③全风化、部分强风化带整体破碎，遇水和扰动后易液化、坍塌，而其中存在的球状风化体却十分坚硬、难以破除。

4. 富水断裂带

三号线盾构区间多次穿越断裂带，它多为富水且稳定性差，少量为铁、钙质或硅质胶结的角砾岩，十分坚硬，这些都会给盾构施工造成困难。

5. 复杂的水文地质

三号线沿线沟渠密布，江河纵横，隧道多次横穿珠江主水道，遇到此类情况时，应根据江河河床段工程地质、水文地质条件选择合理的施工方法。例如，如果盾构隧道围岩为软弱、透水性强的岩土层或富水断裂带，一般选用泥水盾构；如果盾构隧道围岩为透水性弱或不透水的黏性土或基岩，可根据不透水或弱透水层距隧道顶部的厚度选用土压平衡盾构或泥水盾构。

三、三号线盾构机类型

广州地铁三号线是一条穿越地质条件非常复杂的地铁线，其盾构机的配置具有典型性和代表性。广州地铁三号线全线共有8个盾构标段、15台盾构机施工。根据三号线的地质条件和上述选型原则，各标段盾构机类型见表4－1。各厂家盾构机的参数见附录2、附录3、附录4。总体来说，三号线15台盾构机选型是比较成功的，都顺利完成了掘进任务。盾构机适应性将在本章第四节具体介绍，这里不再赘述。

表4－1　广州地铁三号线盾构标段盾构机类型

区　间	盾构机类型	盾构机厂家	盾构机数量（台）
天河客运站——华师站	新土压平衡盾构机	海瑞克	2
珠江新城站——客村站	旧土压平衡盾构机	海瑞克	2
客村站——大塘站	新土压平衡盾构机	海瑞克	1
大塘站——沥滘站	新土压平衡盾构机	海瑞克	2
沥滘站——大石站	新泥水盾构机	三菱	2
大石站——汉溪长隆站	旧土压平衡盾构机	海瑞克	2
汉溪长隆站——市桥站	新土压平衡盾构机	维尔特	2
市桥站——番禺广场站	新土压平衡盾构机	海瑞克	2

第二节　刀盘选型和刀具配置

盾构刀盘和刀具的选型至关重要，很多工程由于刀盘、刀具不适应工程地质，导致掘进困难，甚至造成严重的经济损失或人员伤亡事故。刀盘选型及刀具配置主要依据工程地质及水文地质条件，不同的地层应采用不同的刀盘结构形式和刀具配置，但这方面还缺少完整的理论依据和可靠的试验数据，在很大程度上还依赖于工程经验。

一、刀盘功能及结构形式

（一）刀盘的主要功能

盾构刀盘的主要功能有以下4点：

（1）开挖功能。刀盘旋转时通过布置在刀盘上各种形式的刀具切削土体，并将切削下来的土体刮到土仓，从而实现开挖的功能。

（2）稳定掌子面的功能。依靠辐条或面板起到支撑掌子面土体的作用。

（3）搅拌功能。通过刀盘的旋转及搅拌棒的配合作用使开挖土体和膨润土、泡沫等添加材料充分混合，以改善渣土的和易性和可塑性，增强渣土的流动性，便于出渣，提高掘进效率。

（4）控制出渣的功能。通过刀盘结构形式及单个开口的大小控制进入土仓内开挖土体的粒径，以防堵塞或卡住出渣设备。

（二）刀盘的结构形式

（1）辐条式刀盘。辐条式刀盘主要由轮缘、辐条及布设在辐条上的刀具组成。刀具布置在辐条的两侧，一般布置滚刀比较困难。刀盘开口率很大，一般可以达到60%以上。

（2）面板式刀盘。面板式刀盘一般为焊接箱形结构，其上设置刀座刀具、添加剂注入口等。刮刀布置在面板开口的两侧，滚刀、齿刀安装在刀座上。刀盘开口率一般较小，通常为25%～35%。

二、刀盘选型时需考虑的因素

（1）刀具配置。对于软土地层，一般只需要配置切削型刀具，如齿刀、刮刀，刀盘结构相对简单。对于含有岩石的复合岩土地层，刀盘除配置切削型刀具（如齿刀、刮刀）外，还需要配置盘形滚刀，因而刀盘结构相对复杂。双刃滚刀破岩能力较低，适应抗压强度小于80MPa的岩石，滚刀启动扭矩小，因此适用于软岩地层；单刃滚刀破岩能力强，适应抗压强度高于80MPa的岩石，滚刀启动扭矩大，适用于硬岩地层的破岩。对于广州地区，刀具配置需考虑：①由于地层的变化大，刀盘应该能够方便地更换滚刀和齿刀；②刀具的硬度要高、耐磨性要好。

（2）掌子面的稳定性。辐条式刀盘和面板式刀盘起支撑作用的主体不同，辐条式刀盘土仓内外压差很小，从土仓内的土压计上易确定土压值，这为掘进过程中土压的控制提供了真实有效的依据，但其支撑作用主要是靠土仓完成；面板式刀盘承受来自掌子面上的土压力，起到很好的支撑作用，但土仓内的土压力不仅与掌子面的土压力有关，还与土仓内土体的密实度有关，掌子面和土仓内土压有一定差值，且这个差值受到刀盘旋转速度、推进速度等多方面影响，不确定性较大，所以，将土仓内的土压力值视为掌子面的土压力值来指导掘进会导致一定误差。

（3）刀盘的结构强度与刚度。根据地质情况，确定荷载条件下的刀盘轴向推力、刀盘面板的摩擦阻力和刀盘外周的阻力，根据这些参数选定刀盘的结构强度与刚度系数。对于广州地区，由于地质条件变化非常大，条件限制等导致勘探有时也不是很准确，需要充分考虑刀盘结构强度与刚度的安全系数。三号线某区间曾出现刀盘刚度不够，导致刀盘变形、断裂的现象。

（4）刀盘的扭矩。刀盘扭矩主要包括额定转速时的扭矩、最大转速时的扭矩、脱困时的扭矩。刀盘旋转主要克服刀具的切削阻力扭矩、刀盘面板与掌子面摩擦阻力扭矩、刀盘外周与地层的摩擦阻力扭矩、支撑梁的阻力扭矩4个阻力扭矩。

（5）开口率和开口位置。开口率是指开口面积占整个刀盘面积的百分比。刀盘开口的大小和位置取决于下列因素：①开口要足够大，以保证开挖出的位于刀盘前的预处理渣土能够穿过刀盘进入后部的土仓，并且不会造成大幅度的压力下降；②单个开口的大小将限制进入土仓的颗粒的大小，以防堵塞或卡住出渣设备。开口的位置比开口率更为重要，刀盘的中心区域是最容易堵塞的区域，对于土压平衡盾构，在刀盘的中心区域几乎没有搅拌动力。对于泥水盾构，可以在刀盘的中心区域设置冲洗喷嘴，从而可以在一定程度上缓解这一问题，当然，刀盘中心区域的开口比刀盘外围区域的开口更重要。对于广州地铁三号线，盾构穿过白垩系红层时，非常容易出现结泥饼的现象，这就要求在不影响刀盘强度的前提下，刀盘的开口率特别是中心部位的开口率要尽量大。

（6）经济因素。一般来说，辐条式刀盘扭矩阻力小，设备造价低。在满足地质适应性的前提下，需要考虑经济性。

三、刀具类型及切削原理

盾构刀具可根据切削原理、几何形状及布置位置等进行分类。按切削原理划分，一般分为齿刀、刮刀、滚刀及辅助刀具等，滚刀又分为单刃滚刀、双刃滚刀等。其中，滚刀和齿刀的刀座形式通常相同，根据不同的地层条件可进行更换。

1. *滚刀*

滚刀的刀刃截面为楔形，在推力作用下滚刀随着刀盘的转动和自身的旋转在开挖面上压切出沟槽，每一个刀刃在岩石上压切出一条沟槽，如图 4－3 所示。相邻两条沟槽在半径方向上的间距 B 随岩石类型而异，一般在 4～12cm 之间。在圆周方向上第二个沟槽的刀刃比第一个刀刃延迟一定的角度。这样，保证了每两个沟槽之间的岩石具有一个临空面，在向沟槽施加压力 P、P_1、P_2 的时候，当侧向剪切分力 Q 高到足以使槽间岩石破碎时，由于岩石具有的脆性，槽间的岩石就会形成碎块而掉落，对于破碎硬岩和软土中的较大石块，滚刀尤其适用。滚刀又分为单刃滚刀和双刃滚刀，如图 4－4 所示。

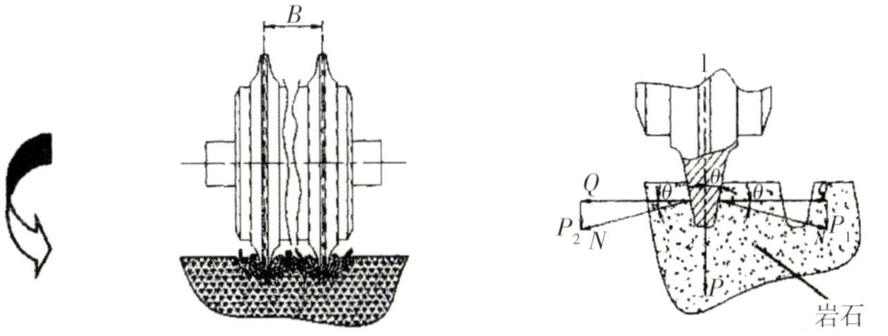

a. 岩石破碎过程　　　　b. 岩石受力

图 4－3　滚刀破岩机理示意图

图 4－4　单、双刃滚刀

图 4－5　齿刀

2. *齿刀*

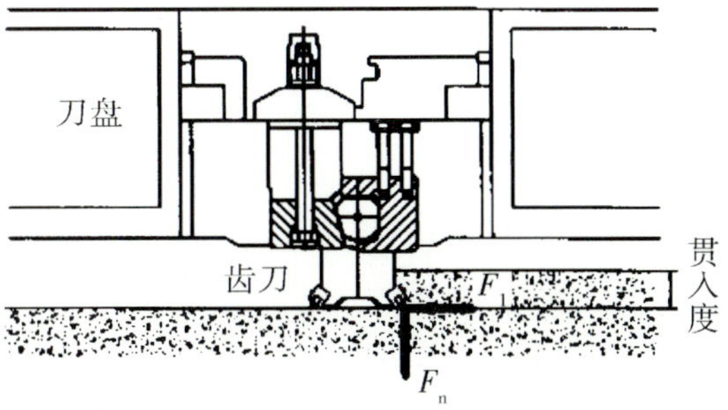

图 4－6　齿刀破岩示意图

在岩石较软的情况下掘进时，如果盘形滚刀与岩石掌子面之间不能产生足够的摩擦力，使滚刀产生滚动，滚刀将会产生偏磨。滚刀不能滚动，将失去有效的破岩功能，此时在较软的岩层中可以采用齿刀进行破岩，齿刀安装方式同滚刀，如图 4－5 所示。由于齿刀上装有两个切削刃，因此刀盘正反转时齿刀都能进行破岩。图 4－6 所示为齿刀破岩示意图。

3. 刮刀

在软土地层或滚刀破碎后的渣土通过刮刀进行开挖，渣土随刮刀正面进入渣槽，因此，刮刀既具有切削的功能，又具有装载的功能。刮刀切削渣土如图 4 –7 所示[12]，正面刮刀如图 4 –8 所示。

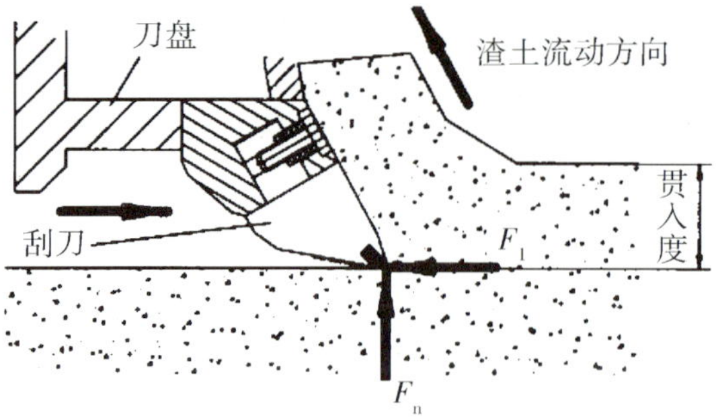

图 4 –7　刮刀切削渣土示意图

图 4 –8　正面刮刀

图 4 –9　先行刀

图 4 –10　扩挖刀

图 4 –11　锥形中心刀

4. 先行刀

先行刀是先行切削土体的刀具，设计中主要考虑与其他刀具组合协同工作，如图 4 –9 所示。先行刀在齿刀、刮刀等切削土体之前先行切削土体，将土体切割分块，为齿刀、刮刀等创造良好的切削条件。先行刀的切削宽度一般比齿刀、刮刀等窄，切削效率较高。采用先行刀可显著增加切削土体的流动性，大大降低齿刀、刮刀等的扭矩，提高齿刀、刮刀等的切削效率，减少齿刀、刮刀等的磨耗。在松散地层，尤其是砂卵石地层，先行刀的使用效果十分明显。

5. 扩挖刀

盾构机一般设计两把扩挖刀（一把备用），布置在刀盘的边缘上，如图 4 – 10 所示。施工时可以根据超挖多少和超挖范围的要求，从边缘径向伸出和缩回扩挖刀。扩挖刀伸出最大值一般为 70 ~ 150mm。盾构机在曲线段掘进或纠偏时，通过扩挖刀超挖土体创造所需空间，在保证盾构机对周边土体干扰小的条件下，实现曲线掘进及纠偏。

6. 鱼尾刀

在软土地层掘进时，因刀盘中心部位不能布置齿刀、刮刀等刀具，为改善中心部位土体的切削和搅拌效果，可在中心部位设计一把尺寸较大的鱼尾刀，一般鱼尾刀超前 600mm 左右。鱼尾刀的设计和配置作用有：①让盾构分两步切削土体，利用鱼尾刀先切削中心部位小圆断面土体，而后扩大到全断面切削土体，即将鱼尾刀设计与其他切削刀具不在一个平面上，即鱼尾刀超前其他切削刀具布置，保证鱼尾刀最先切削土体；②将鱼尾刀根部设计成锥形，使刀盘旋转时随鱼尾刀切削下来的土体，在切向、径向运动的基础上，又增加一项翻转运动，这样既可解决中心部分土体的切削问题和改善切削土体的流动性和搅拌效果，又大大提高盾构整体掘进效果。图 4 –11 所示为锥形中心刀。

四、三号线盾构刀盘布局及刀具配置

根据区间地质适应性要求，三号线 15 台盾构机刀盘都是面板式，刀盘布局和刀具配置主要有以下 4

种类型：

（一）珠江新城站——客村站、客村站——大塘站、大塘站——沥滘站区间的盾构机刀盘和刀具配置

珠江新城站——客村站区间、客村站——大塘站区间、大塘站——沥滘站区间5台海瑞克盾构机刀盘的刀具配置为双刃滚刀配置，中心部位配备双刃滚刀6把，刀盘的正面和边缘配备双刃滚刀13把，刀盘全断面共布置双刃滚刀19把，其目的是进行软岩开挖，如图4－13和图4－14所示。这3个区间的地质情况相差不远，岩层单轴抗压强度一般小于30MPa，滚刀面对的主要问题除破岩能力外，就是提高掘进效率和防止滚刀发生偏摩。刀具可以根据地质的软硬不同按两种不同方式组合使用，如图4－12所示。

另外，在其他工程中，海瑞克刀盘也有采用20把双刃滚刀布置方案，刀盘全断面共布置40把滚刀和1把四刃扩挖刀，如图4－15所示。

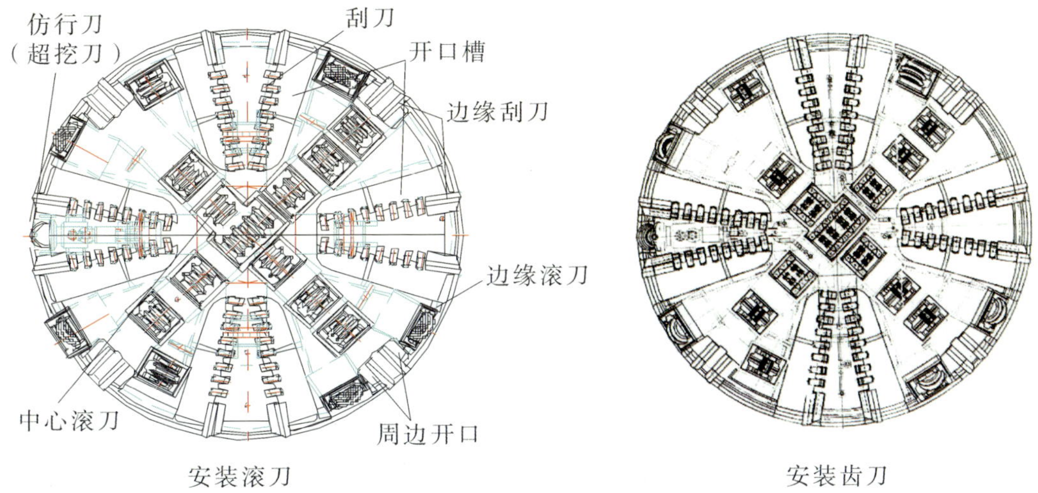

图4－12　刀具可以根据地质的软硬不同按两种不同方式组合使用

图4－13　珠江新城站——客村站、客村站——大塘站、大塘站——沥滘站区间刀盘布局和刀具配置相同，刀盘全断面共布置19把双刃滚刀和1把四刃扩挖刀

图 4-14　大塘站——沥滘站区间的盾构机

图 4-15　配置 20 把双刃滚刀的刀盘

（二）天河客运站——华师站、大石站——汉溪长隆站、市桥站——番禺广场站区间的盾构机刀盘和刀具配置

大石站——汉溪长隆站区间的盾构机在建造二号线时曾经使用过，原刀盘为双刃滚刀配置，为适应本区间的硬岩掘进，在投入三号线施工前重新制作了刀盘，刀盘共配置单刃滚刀 32 把、双刃中心滚刀 4 把、刀盘全断面布置滚刀 40 把和 1 把扩挖刀，如图 4-16 所示。

天河客运站——华师站区间、大石站——汉溪长隆站区间、市桥站——番禺广场站区间 6 台海瑞克盾构机刀盘正面配置单刃滚刀，中心配置 4 把双刃滚刀。这 3 个区间岩层的单轴抗压强度较高，为 60～150MPa，刀盘在设计上重点考虑了破岩能力问题，盾构机的刀盘使用了破岩能力较强的单刃滚刀，其中，天河客运站——华师站区间、市桥站——番禺广场站区间滚刀配置数量为单刃滚刀 31 把、双刃中心滚刀 4 把、刀盘全断面共布置滚刀 39 把及 4 刃液动扩挖刀 1 把，如图 4-17 所示。大石站——汉溪长隆站区间采用了单刃滚刀 32 把、双刃中心滚刀 4 把、刀盘全断面共布置滚刀 40 把及 4 刃液动扩挖刀 1 把。刀具可以根据地质的软硬不同按两种不同方式组合使用。刀具配置在设计上虽然考虑了破岩能力问题，但在天河客运站——华师站、市桥站——番禺广场站、大石站——汉溪长隆站区间的硬岩段，面对 100MPa 以上的岩层，掘进仍然非常困难，刀具损坏严重，往往数十米一盘刀就损耗殆尽。

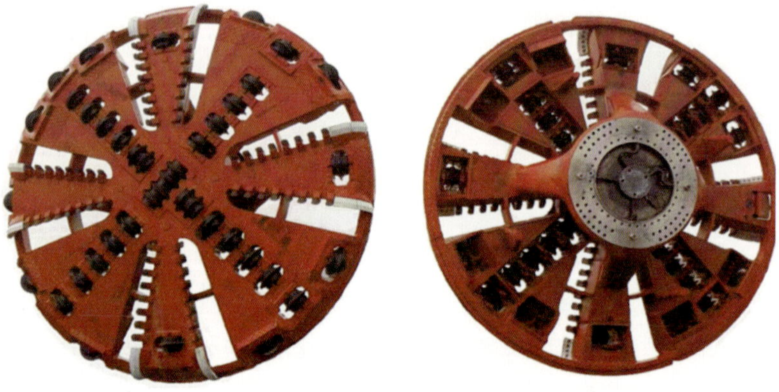

图 4-16　大石站——汉溪长隆站区间盾构机刀盘

以上 11 台海瑞克盾构机刀盘的最大开挖直径均为 6.28m，相对于隧道管片的外径 6.0m，其刀盘的超挖量在半径方向为 0.14m。最大工作扭矩为 4 300kN·m 左右，脱困扭矩为 5 300kN·m 左右。在安装滚刀的情况下，刀盘的开口率为 28%；在安装软岩切削刀具的情况下，开口率略有增大，为 30% 左右。投入三号线施工的盾构机刀盘普遍使用了更换刀具方便的后装式刀座。

图 4 – 17　天河客运站——华师站区间、市桥站——番禺广场站区间盾构机刀盘配置
单刃滚刀 31 把、双刃中心滚刀 4 把、刀盘全断面共布置滚刀 39 把和 4 刃液动扩挖刀 1 把

（三）汉溪长隆站——市桥站区间的盾构机刀盘和刀具配置

汉溪长隆站——市桥站区间使用了 2 台维尔特盾构机，区间岩层单轴抗压强度为：中风化变质岩为 10.9～55.8MPa，平均值为 46.1MPa；微风化变质岩为 49.7～161MPa，平均值为 84.28MPa。刀盘使用了破岩能力较强的 17 吋单刃滚刀 26 把、中心滚刀 10 把，刀盘全断面共配置滚刀 36 把，刀具可以根据地质的软硬不同按两种不同方式组合使用，如图 4－18 与图 4－19 所示。开挖直径 6.28 米，开口率 28%，刀盘驱动功率 945kW，刀盘转速 0～3.75rpm，刀盘布局与海瑞克盾构机较大区别是维尔特盾构机特意增大了中心部位的开口率，使渣土流进土仓更为顺畅，减少黏性渣土结块形成泥饼的可能。刀具在设计上虽然考虑了破岩能力问题，但在长距离的硬岩掘进中，面对平均值为 84MPa 以上的岩层掘进则非常困难，刀具损坏严重。

图 4 – 18　汉溪长隆站——市桥站区间盾构机刀盘软土区段安装齿刀

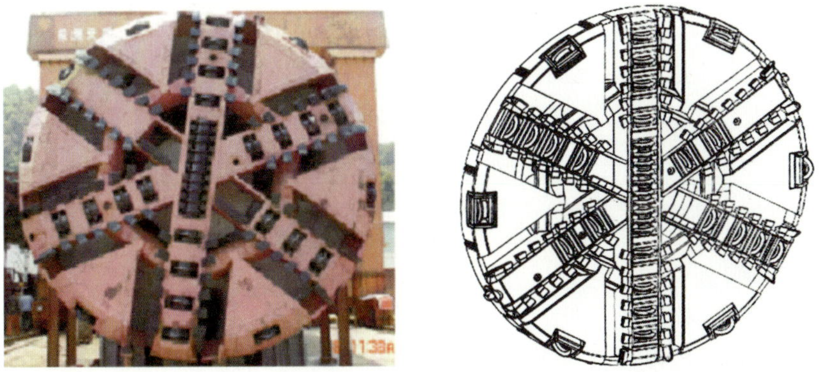

图 4 – 19　汉溪长隆站——市桥站区间盾构机刀盘硬岩段配置滚刀，刀盘全断面配置滚刀 36 把

（四）沥滘站——大石站区间使用的2台三菱泥水盾构机刀盘和刀具配置

沥滘站——大石站区间开挖断面主要是残积层〈5〉、红层全风化带〈6〉、红层强风化带〈7〉和红层中风化带〈8〉，区间地质主要是软岩和软土，刀具配置除了切削刀具外还大量使用了先行刀，中心部位使用了锥形中心刀，如图4－20所示。刀盘开挖直径6 260mm，最大扭矩6 327 kN·m，刀盘转速0.2～3.4rpm，刀盘开口率26%。刀具可以根据地质的软硬不同按两种不同方式组合使用。但该盾构机刀盘在三号线施工过程中未装滚刀，如图4－21所示。

图4－20　安装先行刀的刀盘

图4－21　安装滚刀的刀盘（本工程未装滚刀）

广州地铁三号线的15台盾构机中，珠江新城站——客村站、大石站——汉溪长隆站区间所使用的盾构机在建造广州地铁二号线时曾经使用过，大石站——汉溪长隆站区间所用的盾构机刀盘在投入使用前重新设计制造。

五、三号线盾构刀具配置差异

不同制造商刀具配置的参数见表4－2。

表4－2　不同制造商刀具配置的参数比较表

参数＼制造商	海瑞克	维尔特	三　菱
滚刀启动扭矩（kg·m）	5	5.0～8.0	3～5
滚刀直径（in）	17	17	13或17
滚刀磨损量限制（mm）	20（刀圈厚70）	30（刀圈厚80）	20
边缘滚刀高度（mm）	高出盾壳15～20	高出盾壳15～20	高出盾壳15～20
中心滚刀高度（mm/把数）	175/8	110/10	110/8
正面滚刀高度（mm/把数）	175/30	110/25	110/30
切刀高度（mm/把数）	140/（32×2）	70/（37×2）	70/（30×2）
刮刀高度（mm/把数）	140/16	—	70/42
刀盘先行刮刀	无，另加与滚刀互换刮刀	无，另加与滚刀互换刮刀	90/若干，另加与滚刀互换刮刀

刀具配置的差异性表现在滚刀和刮刀的配置数量和高度及组合高度差等方面。广州地铁三号线使用的盾构机的刀具配置上有明显不同。

（一）刀具高度及高度差不同

海瑞克公司的刀具在刀具高度及高度差上与维尔特和三菱公司的刀具有以下明显不同：

（1）海瑞克的滚刀和刮刀突出刀盘面板的高度为175mm和140mm，比维尔特的110mm和70mm及三菱的90mm和60mm都要高。

（2）海瑞克两种刀具高度差为35mm，维尔特两种刀具高度差为40mm，三菱两种刀具高度差为30mm。

刀具高度及高度差在盾构施工中有重要意义，具体表现为：

（1）刀具高一些对防结泥饼有利。广州地区岩土中的粉黏粒成分较高，这些细颗粒成分给盾构施工带来的问题就是极易结泥饼，从而限制了掘进速度并引发一系列的故障。当刀具较高时，即使刀盘面上结了一些泥饼，只要其厚度不足以将刀具全部“糊死”，刀具仍可起到切削作用。从这个意义上讲，刀具高一些有其优点。

（2）刀具高度差大有利于破岩。在岩石地层中破岩主要是通过滚刀对岩石的压碎来实现的。这就要求对滚刀提供一定的正面压力，且使滚刀能贯入到岩石中一定深度才能达到这一目的。但如果滚刀与刮刀的高度差很小的话，当滚刀破岩时，如果滚刀的贯入深度大于或等于滚刀与刮刀的高度差，刮刀就会“顶住”岩面，限制了滚刀向岩层的进一步贯入，从而限制了滚刀的破岩能力。显然，当滚刀的贯入深度小于滚刀与刮刀的高度差时，滚刀的破岩效果肯定会变差。

（二）滚刀启动扭矩不同

海瑞克的滚刀启动扭矩是20～50N·m，威尔特的滚刀启动扭矩是50～80N·m，三菱的滚刀启动扭矩是30～50N·m，一般来说，启动扭矩越小越好。

滚刀的启动扭矩是一个非常重要的参数，因为使滚刀转动的力是刀盘转动过程中由滚刀刃与其要切割的岩石面之间的摩擦力提供的，所以，如果要想滚刀正常破岩，必须满足相关的两个条件之一：

（1）工作面的岩层要具有一定的强度，当对盾构机施加一定推力后，在刀盘转动时，使滚刀产生足够大的摩擦转矩，滚刀才能够转动。

（2）滚刀的启动扭矩很小，刀圈只要能提供很小的周边摩擦力就可以滚动。

（三）刀具类型和数量配置不同

珠江新城站——客村站区间、客村站——大塘站区间、大塘站——沥滘站区间5台海瑞克盾构机刀盘的刀具配置为双刃滚刀配置，中心部位配备双刃滚刀6把，刀盘的正面和边缘配备双刃滚刀13把，刀盘全断面共布置双刃滚刀19把，其目的是进行软岩开挖。

天河客运站——华师站区间、大石站——汉溪长隆站区间、市桥站——番禺广场站区间6台海瑞克盾构机刀盘正面配置单刃滚刀，中心配置双刃滚刀4把。这3个区间岩层的单轴抗压强度较高，为60～150MPa，刀盘在设计上重点考虑了破岩能力问题，盾构机的刀盘使用了破岩能力较强的单刃滚刀，其中，天河客运站——华师站区间，市桥站——番禺广场站区间滚刀配置数量为单刃滚刀31把、双刃中心滚刀4把、刀盘全断面共布置滚刀39把及4刃液动扩挖刀1把。大石站——汉溪长隆站区间采用了单刃滚刀32把、双刃中心滚刀4把、刀盘全断面共布置滚刀40把及4刃液动扩挖刀1把。

汉溪长隆站——市桥站区间使用了2台维尔特盾构机，区间岩层单轴抗压强度为：中风化变质岩为10.9～55.8MPa，平均值为46.1MPa，微风化变质岩为49.7～161MPa，平均值为84.28MPa。刀盘使用了破岩能力较强的17吋单刃滚刀26把，中心滚刀10把，刀盘全断面共配置滚刀36把，刀具可以根据地质的软硬不同按两种不同方式组合使用。

沥滘站——大石站区间使用的2台三菱泥水盾构机刀盘刀具配置除了切削刀具外，还大量使用了先行刀，中心部位使用了锥形中心刀，在三号线施工过程中未装滚刀。

第三节　盾构机的主要系统配置

广州地铁三号线全线共使用了15台盾构机，其中，2台是泥水盾构，其他都是土压平衡盾构。按厂家来区分，11台是海瑞克盾构，2台是维尔特盾构，2台是三菱盾构。从系统配置、参数选择及使用情况看，这些盾构机之间存在不小差别，除了考虑地质适应性之外，主要是由于各厂家的设计理念存在不同。总体来说，德国系盾构机一般适应性较强，比较适合复合地层，而日本系盾构机针对性比较强，贯彻为某个工程专门设计配置使用的原则。

一、刀盘及刀具

刀盘和刀具已在本章第二节具体介绍，这里不再赘述。

二、刀盘驱动系统

目前，盾构机刀盘驱动方式主要有液压马达驱动、变频电机驱动、双速电机驱动3种方式。变频电机驱动和双速电机驱动比液压马达驱动效率高、要节能；液压马达驱动、变频电机驱动可以实现无极平滑调速，而双速电机驱动只有两档速度，两档调速系统对围岩的适应性较差，不利于脱困；双速电机驱动系统较简单，在相同驱动负荷的情况下，较液压马达驱动系统和变频电机驱动系统便宜；电机一般比液压马达体积大，需要较多的安装空间，所以小盾构使用液压驱动的较多，而大盾构一般使用变频电机驱动或双速电机驱动。三号线15台盾构机全部采用液压马达驱动。刀盘驱动马达及主轴承结构如图4－22所示。

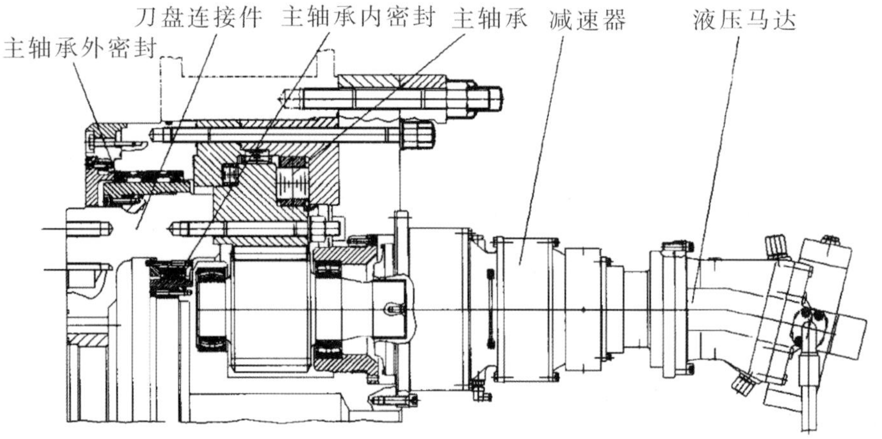

图4－22　刀盘驱动马达及主轴承结构图

扭矩是刀盘驱动系统的重要参数指标，直接反映了刀盘驱动系统的工作能力。三号线使用的维尔特盾构机的刀盘额定工作扭矩为7 340 kN·m，最大脱困扭矩为9 550 kN·m；海瑞克盾构机的刀盘工作扭矩为4 500 kN·m，最大脱困扭矩为5 300 kN·m；三菱盾构机的刀盘最大扭矩为6 327 kN·m。对付广州地区复杂多变的复合地层，维尔特刀盘驱动系统显得更加游刃有余。

三、盾体

盾构机的盾体一般由前体、中体和盾尾构成。海瑞克和维尔特盾构的盾体采用阶梯轴的外径设计方式，海瑞克盾构的前体、中体和盾尾的外径分别为：6 250mm、6 240mm、6 230mm；维尔特盾构的前体、中体和盾尾的外径分别为：6 260mm、6 250mm、6 240mm，这种设计方式使盾壳在复杂地层（尤其是硬岩）中掘进时不易被卡受困。而三菱盾构是直筒型的设计，虽然也分为前体、中体和盾尾，但外壳直径一样，都是6 260mm，这导致盾壳在复杂地层掘进时，容易被卡住，相对来说没有前者灵活。

四、密封系统

盾构机主要有3处需要有效密封，即主轴承密封、盾尾密封和铰接密封。在主轴承密封上，海瑞克和维尔特盾构是内2道、外4道；三菱盾构内外都是3道。在盾尾密封上，海瑞克、维尔特、三菱盾构均为3道钢丝刷，如图4－23所示。在铰接密封上：海瑞克和维尔特盾构由3道盘根密封、1道气囊密封构成；三菱盾构则采用唇形密封。

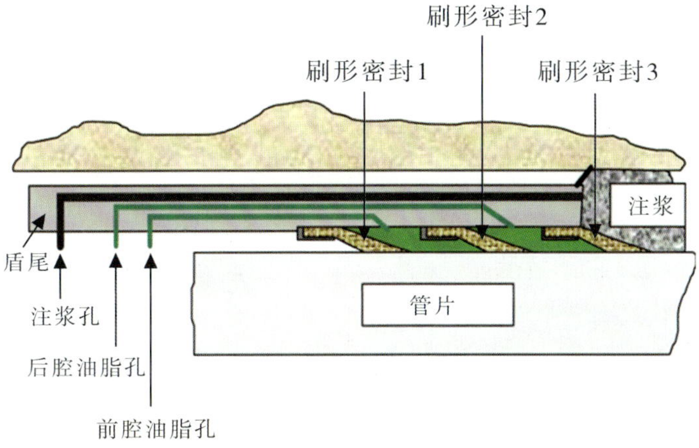

图 4－23　盾尾密封示意图

五、推进系统

海瑞克盾构机配置了 30 个推进油缸，三菱泥水盾构使用了 24 个推进油缸，维尔特盾构机配置了 20 个推进油缸。相对来讲，海瑞克盾构机使用了小缸径的推进油缸，在盾构壳体圆周上布置得更为均匀，使管片的受力状态更为合理。

海瑞克和维尔特盾构的推进油缸是固定在前体上，推动刀盘前进时，依靠铰接油缸来拖动盾尾；三菱盾构的推进缸则是固定在盾尾上，推进力先通过铰接油缸传到前体，而后到刀盘，这种后置式的推进设计方式对掘进方向控制提出了更高要求。

六、管片安装系统

管片安装过程：海瑞克和维尔特盾构首先由管片吊机将管片从管片小车上吊到管片输送器，然后由管片输送器将管片输送到安装区，最后由管片安装机进行安装；而三菱盾构则没有管片输送器，管片输送过程由一个单轨梁吊机和两个双轨梁吊机完成，首先由单轨梁吊机将管片从管片小车上吊到连接桥下面，然后由 2 号双轨梁吊机将管片吊到张出台下面，接着由 1 号双轨梁吊机将管片吊到安装区，最后由管片安装机进行安装。从现场管片作业工效上来看，三菱盾构要差些。

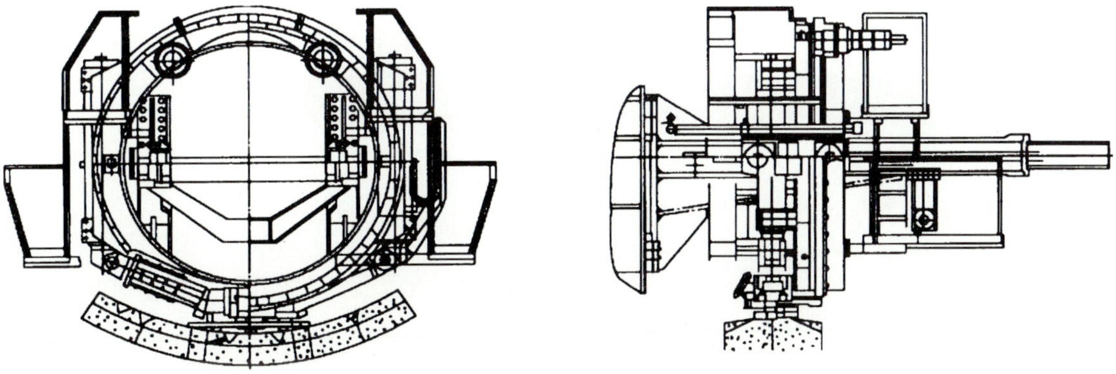

图 4－24　回转式管片拼装机

三号线盾构上的管片安装机均采用了回转式安装机，都由大梁、支撑架、旋转架、安装头构成，如图 4－24 所示。海瑞克和维尔特盾构管片安装机的安装头有 6 个自由度，而三菱盾构只有 5 个，这种自由度上的差异，使得海瑞克和维尔特盾构管片安装机运作灵活，易于实现管片的高质量安装。

七、出渣系统

泥水盾构和土压平衡盾构的出渣系统是完全不同的，土压平衡盾构出渣系统是由螺旋输送器和皮带机构成；而泥水盾构的渣土则由泥浆循环系统排送到地面，然后由泥沙分离设备进行处理。三号线只有沥滘站——大石站区间使用了2台三菱泥水盾构，其他均是土压平衡盾构。

图4－25　螺旋输送器的螺旋带

螺旋输送器按照螺旋带（如图4－25所示）的类型不同可分为有中心轴和无中心轴两种。由于广州地区岩层裂隙水丰富，为了更好地形成土塞效应，防止喷涌现象，三号线土压平衡盾构都采用了有中心轴的螺旋输送器。但具体参数上有些差别：海瑞克螺旋输送器输送直径为Φ900 mm，导程为600 mm，速度范围（无级变速）为0～22.4 r/min，由液压马达驱动，最大扭矩为225 kN·m，输送能力300 m^3/h。采用单出料闸门，出料闸门的开口尺寸为500 mm×600 mm。维尔特盾构机螺旋输送器的直径略小，为700mm，但设计的最大出土能力海瑞克基本相同，为270 m^3/h左右；最大扭矩也基本相同，均为225 kN·m左右。

海瑞克和维尔特盾构的皮带机都是由30kW的电机驱动，皮带宽度都是800mm，但长度有差别，海瑞克的皮带机是45m，而维尔特盾构的皮带机是56m。

沥滘站——大石站区间使用的是三菱泥水盾构，泥水盾构工法即一边以机械开挖方式进行开挖，一边使泥水循环，利用泥水压力实现开挖面的稳定，渣土以泥水形式用流体输送方式运到地面上进行分离处理。泥水输送系统如图4－26所示，泥水分离设备如图4－27所示。

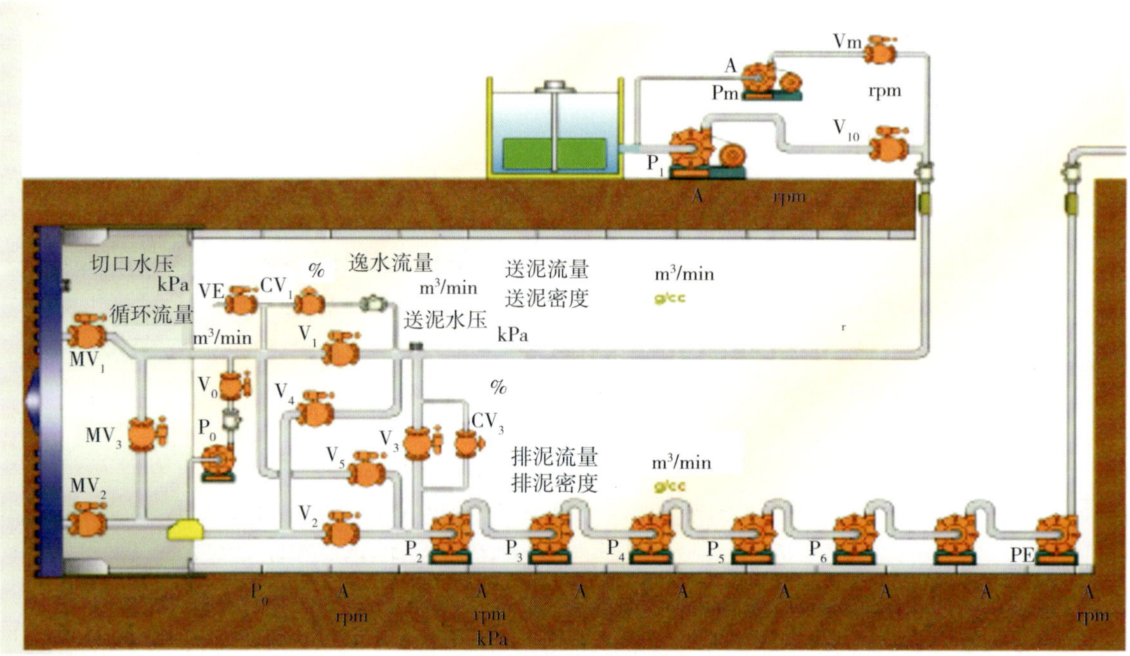

图4－26　泥水输送系统

八、同步注浆系统

根据注浆管与盾壳的相对位置关系，盾尾同步注浆方式可以分为外凸式和内凹式。海瑞克和维尔特盾构的盾尾同步注浆方式采用内凹式，有2台注浆泵，分别供应两路注浆管，不易堵塞，1台泵出故障时另一台可作备用。而三菱盾构则是外凸式，只有1台注浆泵同时供应4路注浆管，容易堵塞，没有备用，不过三菱盾构的管路设计上配有自动清洗系统，管路堵塞时可以自动疏通，这是海瑞克盾构和维尔特盾构没有的。

图4－27　泥水分离设备

九、渣土改良系统

盾构一般在刀盘、土仓、螺旋输送器上都设有渣土改良添加材料注入口，根据渣土的不同，添加的材料可以是泡沫、膨润土等。泡沫注入系统由泡沫剂储罐、泡沫剂泵、水泵、安全阀、溶液计量调节阀、空气计量调节阀、液体流量计、气体流量计、泡沫发生器及连接管路等组成。膨润土注入装置主要包括膨润土箱、膨润土泵、相关的管路控制阀及连接管路等。三号线15台盾构机都配有泡沫系统和膨润土注入装置。

十、后配套台车系统

后配套台车系统的长短取决于配套设备的多少，其布置方式也导致后配套区域作业环境的不同，海瑞克盾构和维尔特盾构的后配套设备向两侧方向布置，中间留出人行通道，显得宽敞而便于作业，但作业人员在水平运输车辆运行时，要特别注意安全。三菱盾构的后配套设备则向中间方向布置，仅留出列车运行通道，作业人员在两侧狭小的平台上活动，虽然相对安全，但作业极为不便，影响工作效率。

第四节　盾构机适应性总结

三号线8个盾构区间15台盾构机分别采用了海瑞克、维尔特和三菱盾构机，各工程所采用的盾构机总体掘进情况良好，基本能适应相应工程的施工，但在工程施工过程中，还是遇到了一些问题。

(1) 对于花岗岩上软下硬地层、球状风化地层及长距离全断面硬岩地层，盾构机存在严重不适应现象，盾构机的刀具损坏严重，掘进速度极其缓慢。例如，天河客运站——五山站区间左线42m的上软下硬地层盾构掘进历时8个月，更换滚刀107把，刮刀15把，齿刀88把；天河客运站——五山站区间右线掘进长度348m的球状风化区段历时8个月，先后进行压气换刀15次，更换各类刀具251把；迫于工期压力及盾构机不适应长距离硬岩掘进，市桥站——番禺广场站盾构区间左右线番禺广场站以西700m硬岩段改为矿山法施工。

(2) 由于刀盘中心部位开口率比较小，在泥质粉砂岩、粉砂质泥岩中掘进时，刀盘中心部位经常会出现泥饼，在三号线珠江新城站——客村站、大塘站——沥滘站、客村站——大塘站区间多次出现泥饼，特别是在珠江新城站——客村站区间进洞段，多次停机清除泥饼。对于类似地层，今后进行刀盘设计时应考虑适当增加刀盘中心的开口率。

(3) 大塘站——沥滘站区间盾构机在上部为富水砂层，下部为裂隙发育的红层〈7〉、〈8〉、〈9〉号地层中掘进，喷涌情况严重。一旦发生喷涌，每环须花好几个小时才能将隧道清理干净，然后方能安装管片，在此过程中，大量地下水汇集至土仓内，形成恶性循环，而盾构机采用的单螺旋输送器不能很好地控制喷涌。今后对于类似地层的盾构机，建议采用双螺旋输送器。

(4) 沥滘站——大石站区间的2号刀盘在施工过程中出现开裂解体事故。主要原因有：①结构设计不合理，不是完全中心对称；②设计富裕度较小，且焊接质量不佳；③材料选择欠妥；④刀具改装不当，且施工控制较差；⑤刀盘设计刚度不够等。

第五章　盾构施工的掘进技术

第一节　盾构穿越江河的掘进技术

三号线沿线沟渠密布，江河纵横，盾构隧道多次横穿珠江主水道，珠江新城站——客村站盾构区间两次穿越北珠江干流和支流，沥滘站——大石站盾构区间穿越了312m宽的三枝香水道和505m宽的南珠江。过江段隧道上方覆土厚度一般较浅，最小处仅7.0 m，且隧道上部多为淤泥质土层，甚至含有粉细砂，渗透性比较强；地下水基本上是“岩层裂隙水”，且与珠江水连通，补给较迅速，受江水涨落影响较大；另外，岩层层面起伏较大，各地层交接带容易形成涌水通道。

一、盾构过江施工主要风险

1. 在浅覆土处易产生冒顶通透水流

由于过江段隧道上方覆土厚度较浅，最小处仅7.0 m，在高水头压力情况下，掌子面的泥土压平衡不容易建立，若盾构机密封失效，江水将从扰动土体的裂缝中经主轴承密封、铰接密封及盾尾密封进入盾构机，导致盾构被淹没，甚至有隧道报废的巨大风险。

2. 掌子面失稳塌方

三号线过江隧道顶部覆土层薄，且多为淤泥、淤泥质土和砂层等稳定性很差的软弱地层，一旦土仓（泥水仓）的泥土压力（泥水压力）控制不好，刀盘前方及其上部的软弱土层被扰动，便会造成失稳甚至塌方。

3. 泥水盾构堵管

对于泥水盾构机，一旦刀盘前方及其上部的软弱土层失稳塌方，则河床上的杂物将随坍塌的土体进入泥土仓内，这一方面堵塞泥水仓，造成清洗困难；另一方面也造成泥浆管路堵塞，杂物难以排出，盾构难以继续掘进。

4. 土压平衡盾构机喷涌

过江段的地下水基本上是“岩层裂隙水”，且与珠江水连通，补给较迅速，受江水涨落影响较大；岩层层面起伏较大，各地层交接带容易形成涌水通道。盾构施工中若控制不好会引起螺旋输送器出土口大量喷泥水，甚至会引起江底塌方、江水灌入隧道等严重事故。

5. 隧道上浮、管片开裂、漏水

在江河湖海下推进的盾构，若隧道上方覆土浅，在高水头的压力作用下，盾构姿态容易上扬、压坡困难。拼装完成的隧道管片脱开盾尾后，由于上部压载及自重无法抵抗地下水引起的浮力使隧道上浮，如果不采取相应措施，极易引起管片开裂、漏水。

6. 江中换刀或设备检修时的风险

三号线过江段较长，且隧道存在风化夹层，强度较高，这可能导致在江底进行换刀作业，甚至设备可能发生故障需进行检修。因过江段土体自稳性差，故在江中换刀难度极大，虽然可以考虑采用气压法进行换刀，但因覆土层薄，该方法也有很大风险；另外，若停机时间过长，将使掌子面失稳塌方的风险增大。

二、盾构过江施工措施

（1）必须在过江前对盾构机进行全面检修。在盾构机过江施工前，找定一个地层自稳性较好的里程处，让盾构机停下做检修工作，并对刀具予以检查，根据刀具磨损情况对刀具进行更换，提高盾构机过江破岩能力。此外，还需对盾尾和铰接密封、注浆管路等进行重点检修，为确保盾构顺利过江打下基础。

（2）保持开挖面压力平衡，以维持开挖面的稳定。开挖面的稳定是一种动态的平衡，盾构在江底施工时，无论是掘进阶段还是停止掘进阶段，都应该随时注意压力的变化，使其尽可能地接近实际压力值。

（3）控制掘进速度，盾构过江虽然以“快速通过”为原则，但并非盲目地加快掘进速度。在过江段，以确保开挖面稳定为原则，保持盾构机均速前进较好。

（4）控制盾构机掘进姿态，在过江施工中更为重要。盾构机产生偏差后，不宜急纠。管片选型时，保持与盾构机在同一中心线上，使盾尾间隙保持均衡。若盾尾间隙不均衡，则盾尾容易产生漏水、漏浆等情况，在过江段特别容易产生险情。

（5）加强管片背后注浆管理。同步注浆压力、注浆量、浆液配合比等均根据江底下的地质情况和地下水的情况进行调整。

（6）土压平衡盾构机应选择合理的掘进模式、适宜的掘进参数，加强渣土改良，严格控制出渣量，使出渣量与掘进速度相对应，以避免产生喷涌现象。

（7）加强江底监测。例如，沥滘站——大石站区间采用了创新性的传感器法监测江底沉降，大大提高了监测的准确性，且在实用性、经济性等方面都较目前普遍使用的声呐法有较大的提高。

三、工程实例

［工程实例1］ 沥滘站——大石站区间泥水盾构过江施工

图5－1 312m宽的三枝香水道

图5－2 505m宽的南珠江

本工程两次过江，分别为通过312m宽的三枝香水道及505m宽的南珠江。如图5－1与图5－2所示。

（一）过江段地质条件

如图5－3所示，隧道在过三枝香水道范围内覆土厚度最小仅7.5m，隧道断面内存在强风化、中风化和微风化等泥质粉砂岩的复合地层，拱顶以上主要为淤泥、淤泥质细砂和黏土。过江段隧道存在风化夹层，强度较高，岩体较为破碎，地表水与砂层及基岩裂隙水联系较为密切，且隧道上方存在软弱地层，对盾构破岩能力及防冒浆的能力要求较高。

如图5－4所示，隧道在过南珠江范围内覆土厚度从9.65～14.35m不等，河床底以下的隧道平均覆土厚度为12m左右。从地质情况来说较三枝香水道有利。盾构机在过南珠江底的断面内存在着强风化、中风化和微风化等泥质粉砂岩的复合地层，拱顶以上主要为淤泥质砂层和冲洪积砂层。

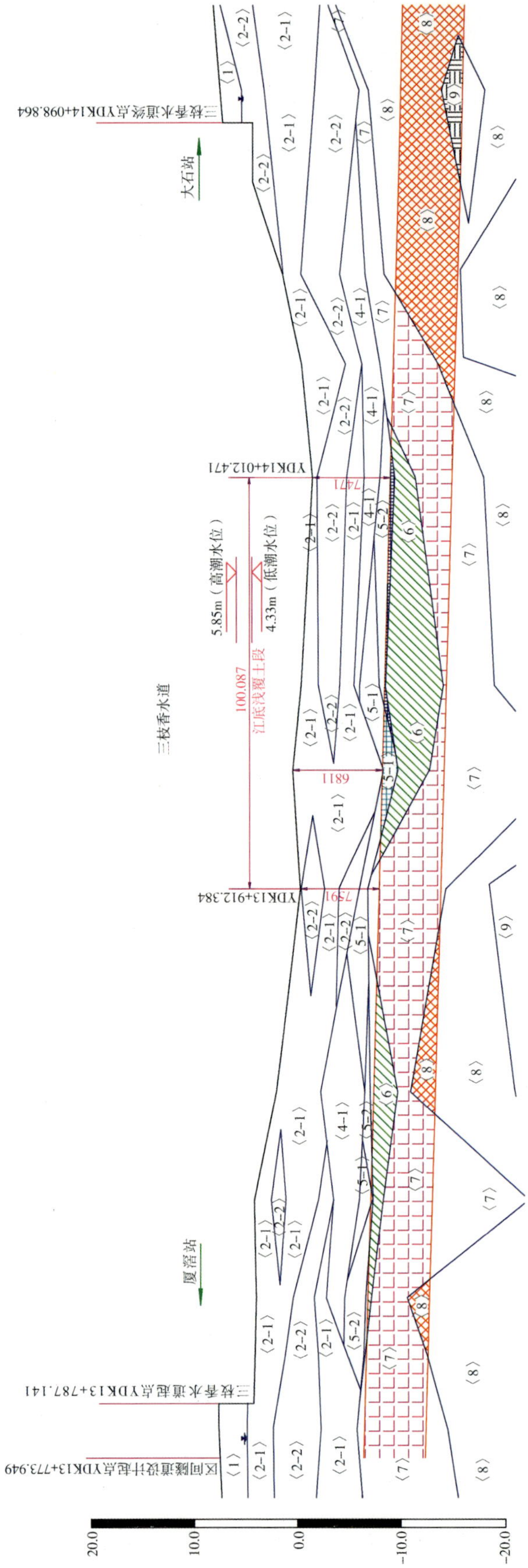

图 5－3　盾构过三枝香水道地质剖面图（右线）

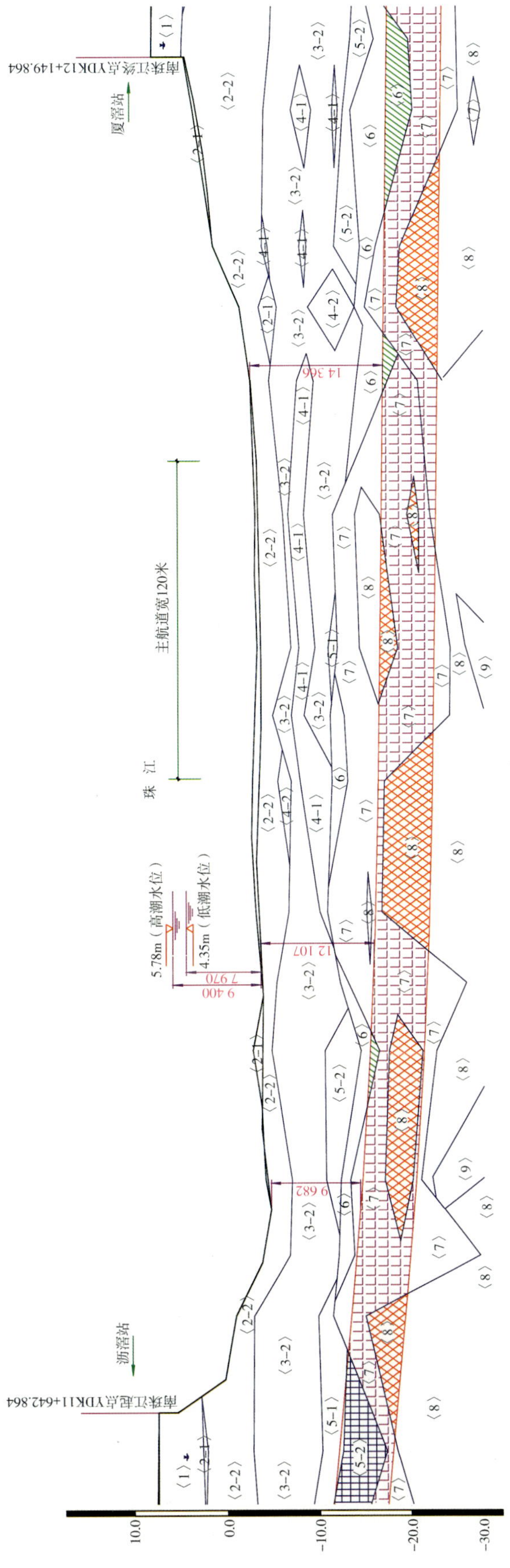

图 5－4　盾构过南珠江地质剖面图（右线）

（二）过江风险分析

（1）因隧道顶部覆土层薄，且为淤泥、淤泥质土，一旦泥水仓的泥水压力不稳定，刀盘前方及其上部的软弱土层被扰动，将造成失稳，而河床上的杂物也将随坍塌的土体进入泥土仓内，一方面堵塞泥水仓，造成清洗困难，另一方面造成泥浆管路堵塞，杂物难以排出，盾构难以继续掘进。而且，在清洗泥水仓的过程中，由于不停地正逆冲洗，引起泥水仓压力波动，容易引起新的塌方。

（2）盾构机刀具磨损严重，必须在江中停机换刀，因江中段土体较软弱，尤其是隧道顶部为淤泥和淤泥质土，无法自稳，故在江中换刀难度极大，虽然可以考虑采用气压法进行换刀，但因覆土层薄，此方法也有一定的风险。

（3）盾尾漏浆。如果盾尾漏浆严重，一方面导致切口水压下降，刀盘前方土体失稳；另一方面，隧道内大量淤积泥浆，若抽排不及时，将造成盾构机被淹没。

（4）在三枝香水道 YDK13 +912. 384 ~ YDK14 +012. 471 处，即 790 ~860 环之间，为江底盾构隧道覆土厚度较浅的范围（约 100m 宽），特别是在 840 环处，隧道上部为淤泥质土层，该土层含有粉细砂，渗透性较强，且与河水直接有水力联系，是盾构过江最大的风险。

（三）过江掘进技术

1. 过江前盾构机检修

盾构机在过江时，地层主要为强、微风化岩层，该地层属于硬岩地层，故在盾构机过江施工前，找定一个地层自稳性较好的里程处，让盾构机停下做检修工作，并对刀具予以检查，根据刀具磨损情况对刀具进行更换，以提高盾构机过江破岩能力。此外，还需进行盾尾刷、注浆管路等检修工作，为确保盾构顺利过江打下基础。

2. 开挖面泥水压力指标控制

开挖面的稳定是一种动态的平衡，盾构在江底施工时，无论是掘进阶段还是停止掘进阶段，都应该随时注意泥水压力的变化，使其尽可能地接近设计泥水压力值，使设计泥水压力 = 自然压力 + 附加压力。

一般附加压力值控制在 10 ~20kPa，加压过大将使开挖面的渗透力加强甚至产生“冒顶”，过小则可能会导致塌方。自然压力值要根据地下水压力、地层的强度指标、渗透系数等进行设定。其中，地下水压力值还应根据江中潮位变化随时调整。

过江时，切口水压应控制在设定值的 ±5%，以保证切削面稳定。如图 5 –5（图中设定切口水压值分别为：三枝香水道 165kPa、南珠江 275kPa）所示：

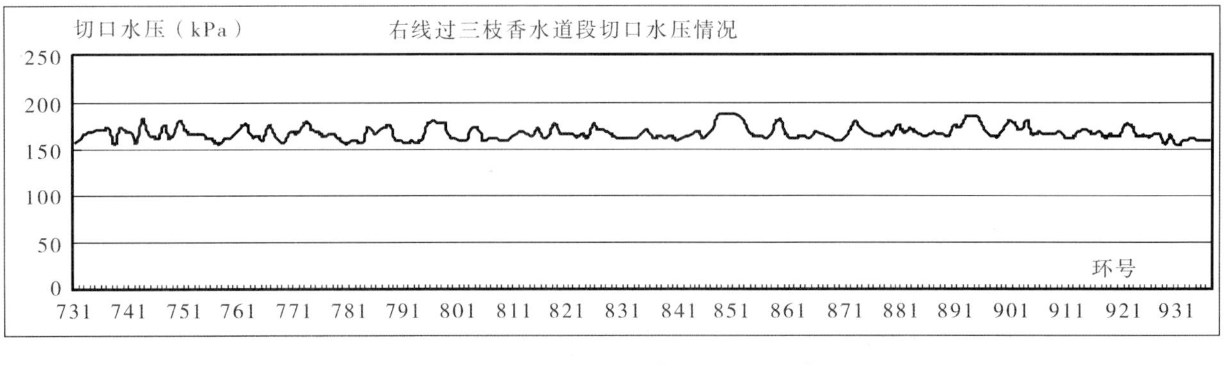

图 5 –5　右线过三枝香水道段切口水压情况

3. 切削干砂量管理及控制

干砂量的监控也是确保开挖面稳定的重要手段。根据送泥、排泥的流量计和密度计测定的数据，对送、排泥浆中所含有的干砂量的体积进行计算，以此反映出盾构每掘进一环切削下来的土体量的数值。

计算后的理论干砂量可与中央控制室监视盘显示的掘削干砂量（即实际掘削干砂量）作比较，根据两者之间的差距，判断开挖面是否有超挖或欠挖现象，以及地质变化情况。

在过江时的浅覆土段其单环理论干砂量：

$$G = (\pi D^2 L/4) \times (1-\alpha/100)$$
$$= (3.14\times 6.26^2\times 1.5\div 4) \times (1-24.9/100)$$
$$=34.653\ m^3$$

实际单环干砂量 G' 可根据仪器测定送泥水和排泥水的差，通过计算求出实际土粒量（干砂量）。

实际掘削量 G' 可由下式计算得到：

$$G' = \frac{\gamma_s}{\gamma_s - 1}\left[Q_1 (\rho_1 - 1) - Q_0 (\rho_0 - 1)\right] \times t$$

式中，G'：实际掘削量（kN/环）；γ_s：土的比重；Q_1：排泥流量（m^3/min）；ρ_1：排泥密度（kN/m^3）；Q_0：送泥流量（m^3/min）；ρ_0：送泥密度（kN/m^3）；t：掘削时间（min）。

根据实际开挖干砂量与理论干砂量的比较，判断开挖面地质是否与地勘相符，如相符，可为下步掘进参数的选定提供依据和参考；如不符，则可根据干砂量的变化（还有环流系统出渣的情况）判断开挖面地质的变化情况，从而适当调节盾构掘进参数。

当发现掘削干砂量过大（如单环干砂量超过 60m^3）或出现突变（如相邻两环干砂量相差超过 50%）时，要迅速引起警惕，立即检查泥水密度、黏度和切口水压，同时调查土体是否有坍塌情况，可根据江底沉降监测数据判断，在查明原因后及时调整有关参数，确保开挖面稳定。

4. 注浆管理

采用双液注浆，A 液为水泥浆液，B 液为水玻璃，A、B 液的比例为 9～11∶1，初凝时间根据开挖地质情况及地下水情况具体调控，一般为 13～15s，注浆压力控制在 0.3～0.5MPa。双液浆液的性能指标见表 5－1。

为了提高注浆与盾构推进的同步性，使浆液能及时充填管片外侧空隙，应严格控制管片位移量，并控制地面沉降，管片注浆的位置选在出盾尾第一环管片的 11 点、1 点、5 点和 7 点的位置（时钟位置），注浆的顺序根据对管片测量的结果来确定，当注浆充填量小于 130% 时，采用二次补压双液浆的措施，注浆范围为最近安装的 5～8 环管片。本项目在过江段的平均注浆量为 4.96m^3/环，达到了 130% 充填率的要求（设计 100% 为 3.75 m^3/环，130% 为 4.88 m^3/环）。通过对管片的沉降监测，也可反映盾尾注浆的效果，图 5－6 所示为过三枝香水道段管片水平与垂直方向的位移、沉降情况。从图中可以看出，绝大多数管片的位移、沉降量均在 5mm 以内，仅有 6 环管片的位移（或沉降）量到达 10mm 以上，最大数值为 15mm，可见采用双液注浆后的隧道的变化量是很小的，也说明注浆质量是好的。

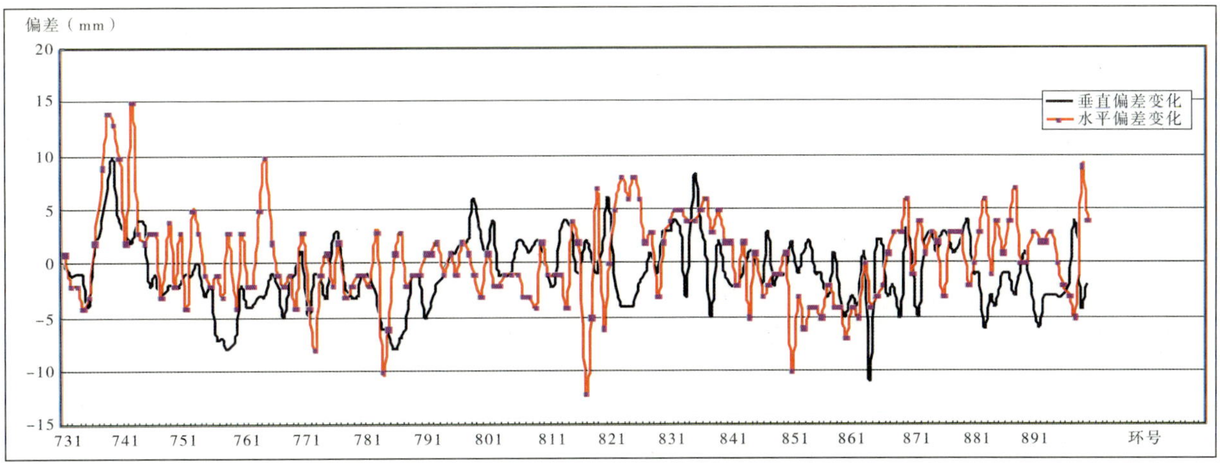

图 5－6　右线过三枝香水道段管片水平与垂直方向位移变化

表5－1　双液注浆液的性能指标

项　目	指　标
凝结时间	13～15s
1小时抗压强度	0.05～0.1MPa
1天抗压强度	0.5～1MPa
1小时析水率	<5%

5. 掘进速度控制

盾构过江虽然以“快速通过”为原则，但并非盲目地加快掘进速度。泥水盾构的掘进速度除取决于自身的掘进能力（总推力与扭矩）外，还与背填注浆能力（背填注浆速度和注浆量）以及环流系统的运浆排渣能力有关。若背填注浆能力跟不上盾构掘进的速度，则管片的背填注浆量不足；若环流系统的运浆排渣能力跟不上盾构掘进的速度，则刀盘切削下来的渣土进入泥水仓后，无法及时地通过泥浆管路外运到地面进行处理，将造成泥水仓堵塞和管路堵塞，泥水仓压力产生瞬间高压，将对开挖面土体产生扰动，容易引起开挖面坍塌。因此，掘进速度必须在确保注浆质量和保持环流系统畅通的前提下逐步合理地加快。在过江段，以确保开挖面稳定为原则，保持盾构机均速前进，保持环流系统畅通。图5－7为过三枝香水道掘进速度情况示意图。从图中可以看出，过江段的掘进速度均控制在20mm/min左右。

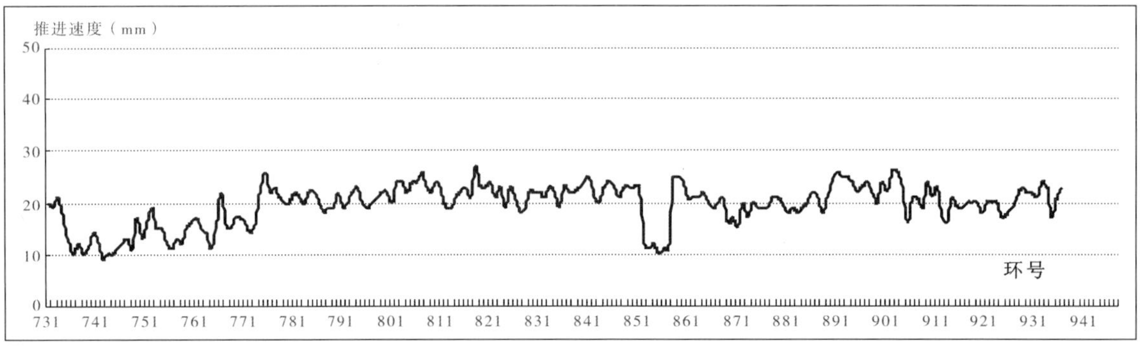

图5－7　右线盾构机过三枝香水道掘进速度情况图

6. 盾构机掘进姿态控制

盾构姿态的控制在过江段更为重要，一是隧道处于上坡段，二是覆土层薄，三是在上软下硬地层中掘进，盾构机容易产生“抬头”，向下纠偏难。因此，在过江段掘进设定报警值应为30mm（偏移值），限制值为50mm，严格控制盾构机在±50mm（垂直和水平方向）范围内行走。

盾构机产生偏差后，不宜急纠，管片选型时，保持与盾构机在同一中心线上，使盾尾间隙保持均衡。若盾尾间隙不均衡，则盾尾容易产生漏水、漏浆等情况，在过江段特别容易产生险情。

7. 泥浆性能控制

（1）比重控制。根据过江段的盾构掘进面主要是<6>岩石全风化层、<7>岩石强风化层和<8>岩石中风化层，该地层具有较好的自造浆能力，故把泥浆比重控制在1.10～1.15g/cm^3，泥浆黏度控制在18～20s，当泥浆的比重、黏度较大时，可加泥浆水进行稀释，以降低其数值。

（2）黏度控制。泥水的黏度决定了泥水的内部摩擦力。从有利于土颗粒的悬浮性而言，要求泥水的黏度越高越好，但黏度的提高会使泥水的凝胶强度和塑变值提高，甚至会加大在泥水分离处理阶段的分离难度，综合考虑以上因素，黏度值约取20s。

8. 应急技术措施

（1）隧道停电应急技术措施。施工现场配置好后备电力供应系统，一般备置一台200kW的发电机就可以了，以防在施工进行中因遭遇各种外部因素造成的施工区域停电，并在停电后保证电源回路能马上进行切换，以保证隧道内的临时用电，确保照明、通信、隧道抽水的用电。

停电时，无法通过环流操控系统控制切口水压，也无法通过送浆泵往泥水仓送泥浆，以保持切口水压的稳定，切口水压的数值只能通过泥水仓上的压力表观察。通过摸索，创新性地采用“自来水保压”的方法，采用自来水保压，无须动力设备，直接将自来水管接入到泥水仓的注水口，通过控制自来水管的阀门和观察泥水仓上的压力表来控制泥水仓的压力。实践证明，采用自来水保压的方法是可行的，用自来水保压，泥水仓压力可达250kPa以上。

（2）盾尾漏浆（水）应急技术措施。

①停机补充油脂，在漏浆部位进行人工打油脂，先打内孔，后打外孔；

②发现盾尾漏浆情况时，配制初凝时间较短的双液（A、B液）进行衬砌（管片）壁后注浆，浆液的初凝时间约为7～9s；

③当盾尾漏浆比较严重时，在相邻盾尾最近的管片处注入聚氨酯，形成较好的堵水效果；

④在保证开挖面稳定的情况下，适当调低切口水压；

⑤在盾构机内部的盾尾处，使用10cm厚的海绵条（海绵条均涂满油脂），沿着管片与盾构机壳之间，塞满整个盾尾间隙。

9. 江底沉降监测

该技术作为保证盾构过江施工安全的一项重要技术措施，由于采用了创新性的传感器法监测江底沉降，大大提高了监测的准确性，且在实用性和经济性等方面都较目前普遍使用的声呐法有较大的提高，故在此单独列项阐述。

根据项目要求，采取投入式传感器测量江底水压。将传感器固定在混凝土桩位上沿江宽每隔10m布置一个传感器测点，信号传输电缆沿水底引出至岸边的基站，采用专用信号接收仪自动实时获取每个测点的水底压力，通过设定水位基准，以改正潮水涨落的影响，最终换算成每个测点的标高，作为数据处理的基本参数，同时开发出相应软件进行图形处理，以直观描述水底各个测点水压力和沉降，如图5－8所示。

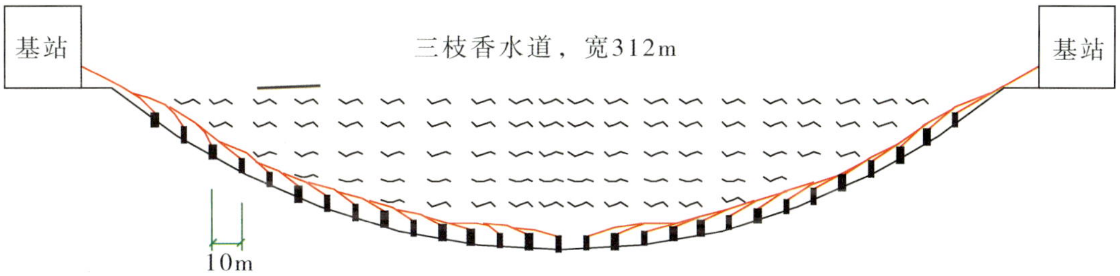

图5－8　传感器法监测点布置示意图

10. 实施效果

通过采取以上技术措施，两台盾构机先后安全、迅速地完成穿越三枝香水道和南珠江的掘进，其中，右线盾构机于2004年6月17日至7月16日，仅用30天时间就成功穿越312m的三枝香水道。

［工程实例2］　南珠江抢险及刀盘改造

（一）821环出险情况

2005年5月31日晚上9时12分，左线盾构机掘进至沥滘站——厦滘站区间821环，管理行程为1.1m时，刀盘扭矩突然急速上升，随即无法转动。

其时盾构机进行过江掘进，821环正好位于南珠江主航道下，隧道覆土层厚度只有约13m，而淤泥、砂层厚达8m。如果盾构机设备出现故障或开挖面前方出现意外，将极难开仓进行检修；且开挖面一旦失稳，极可能造成隧道被淹没的后果。图5－9为南珠江左线隧道纵断面示意图。

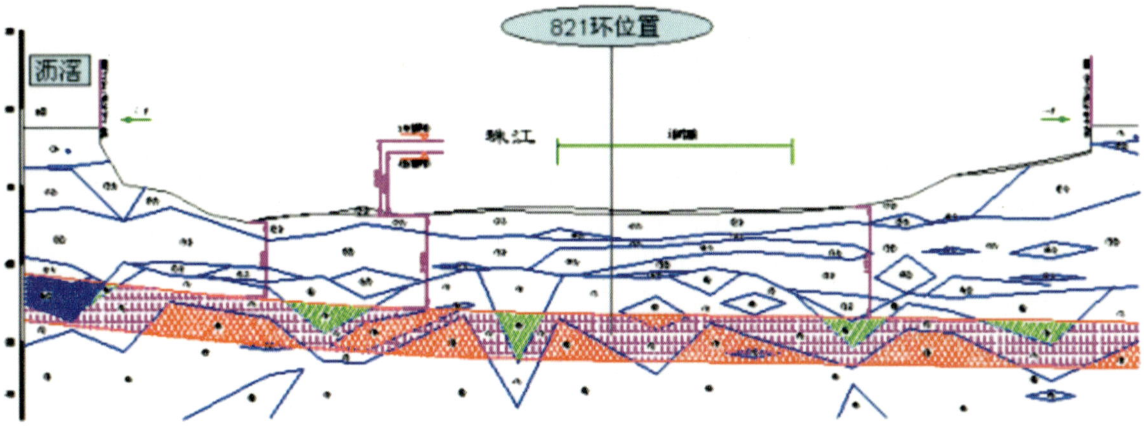

图 5－9　南珠江左线隧道纵断面示意图

（二）初步检查

经初步研究，认为造成停机的可能性有两个：一是盾构机推进设备故障；二是土仓或开挖面前方出现异物卡住刀盘，导致其无法转动。

为验证第一个可能性，6 月 1 日至 6 月 3 日，项目部机电部抢修班工人日夜不停作业，对盾构推进各大系统（包括液压系统、环流系统、冷却系统、信号传输系统等）进行全面细致的检查，结果发现设备功能和运作正常，排除了盾构机推进设备故障造成停机的可能性。

接着验证第二个可能性：开仓检查土仓或开挖面前方是否出现异物。

由于盾构机位处珠江主航道底下，开仓危险性极大。根据近期泥浆处理系统出渣的情况详细分析该地段的地质情况，结合地质资料，认为该处还是具有短时间内打开仓门的可行性。

图 5－10　泥渣将整个土仓堆塞密实

6 月 3 日下午，在做足开仓准备工作及相关的应急预案后打开仓门。打开观察孔后，发现泥渣已将整个土仓堆塞密实，如图 5－10 所示，无法对土仓内及开挖面情况进行观察，而且开挖面有可能已经出现了塌方，以防万一，没有采取进一步措施，先将仓门重新关闭。

（三）再次开仓

6 月 5 日，决定再次打开土仓，对土仓上部的泥渣进行清理，清理后发现：刀盘上部的面板约有 1/3（5#、6#辐条之间的面板）完全解体。

图 5－11　从环流系统洗出的金属碎片

图 5－12　从环流系统带出的刀具连刀座

图 5 - 13　断裂后跌落在土仓内的刀盘 5#辐条

图 5 - 14　从刀盘断裂处看开挖面

图 5 - 15　刀盘前方开挖面土体出现坍塌

图 5 - 16　刀盘前方拱顶出现大面积坍塌

根据开仓检查的情况，发现拱顶坍塌的情况比较严重，11 点和 1 点位置的坍塌深度分别达到 1m 和 0. 8m。由于隧道开挖面以上的〈6〉、〈7〉地层厚度一共只有约 4m，且强度较低，因此继续坍塌的风险较大。

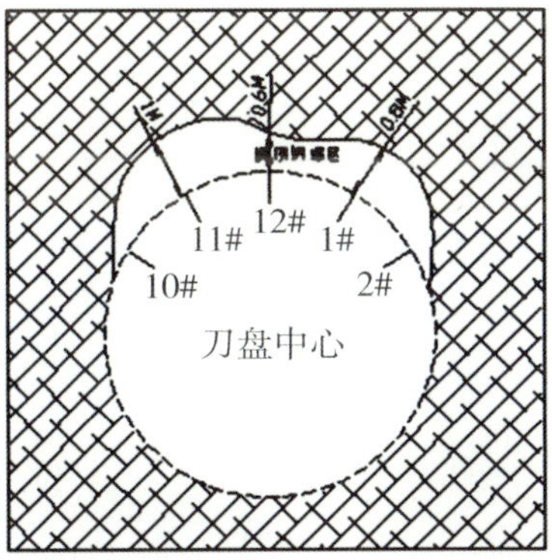

刀盘上方拱顶坍塌区域正视图

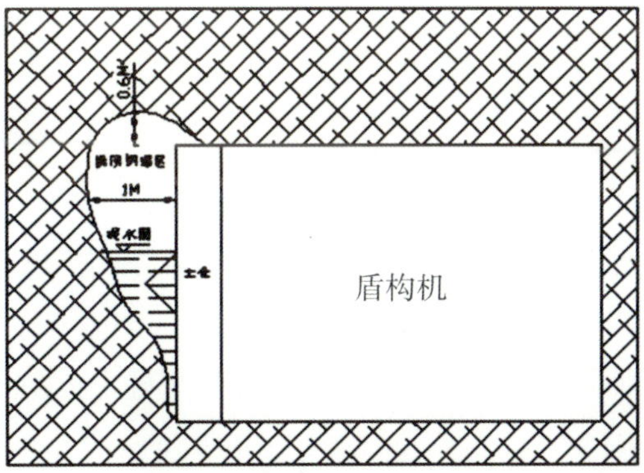

刀盘上方拱顶坍塌区域视图

图 5 - 17　刀盘上方拱顶塌陷区域

（四）制订刀盘前方及上方土体加固方案

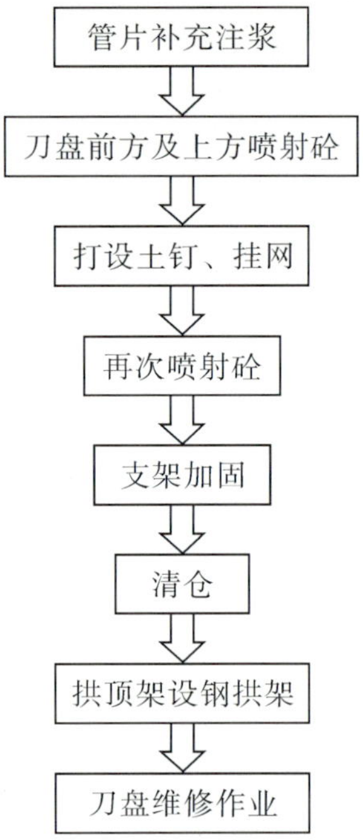

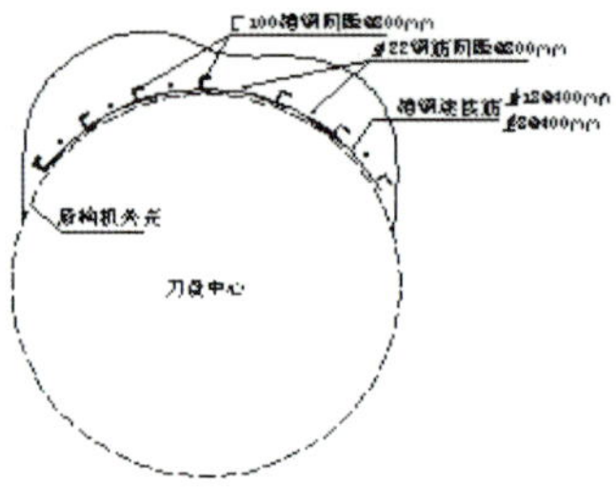

补充加固横剖面图

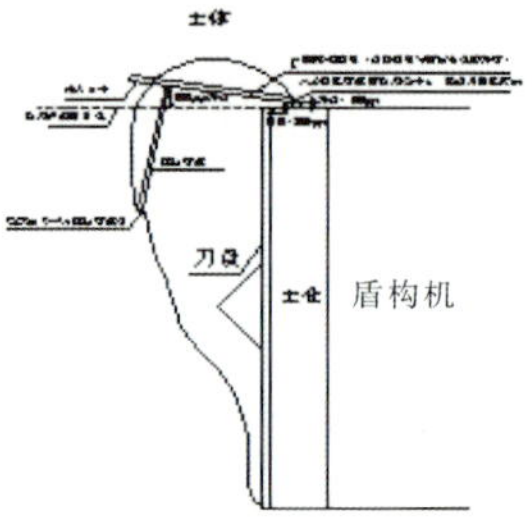

补充加固纵剖面图

图 5－18　刀盘前方与上方加固流程及补充加固横剖面、纵剖面图

打投土钉，挂钢筋网

拱顶钢拱架架设

土仓内焊接作业

图 5－19　加固作业

图 5－20　发现盾构机筒体出现裂缝

两侧架设支撑

拱顶架设支撑

图 5－21　架设支撑

图 5－22　清理刀盘碎片

图 5－23　清理出的刀盘碎片

（五）刀盘改造及盾构机筒体修复

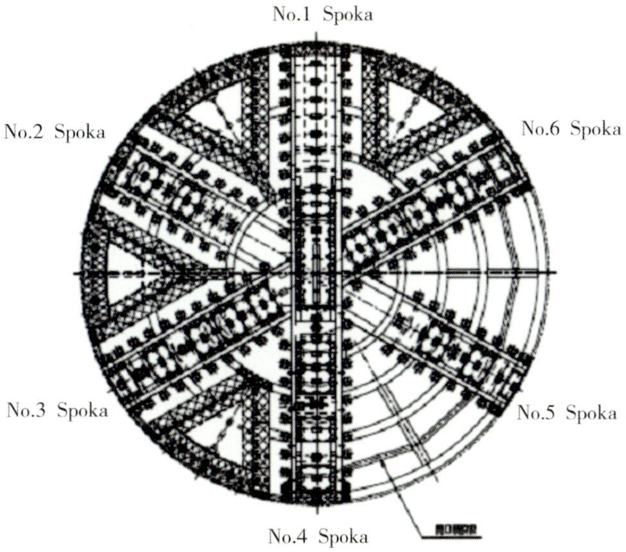

图 5－24　刀盘改造后状态图

盾构机筒体损坏部分割除

盾构机筒体损坏部分重新焊接

图 5－25　盾构机筒体损坏部分割除与重新焊接

图 5-26 盾构出洞后见到的刀盘改造效果

[工程实例3] 珠江新城站——客村站区间盾构过江施工

（一）风险分析

本工程盾构机过江的施工长度为642 m（在江中间穿越246 m的海心沙岛），要在珠江底下两次穿过，江面宽度分别为78m和318m。图5-27所示为珠江江面。所用的旧盾构机能否安全地穿过珠江成为工程的重难点之一。施工之前，技术人员对盾构两次穿越珠江进行了大量的分析和研究，认为存在如下施工风险：

图 5-27 珠江江面

（1）设备可能发生严重故障。由于所使用的盾构机为旧盾构，刀盘、主轴承等盾构机关键部件损坏的风险较其他新盾构机高，并且在盾构过江前的检查中已多次发现刀盘出现裂纹、刀盘驱动马达减速器的轴承损坏和齿轮磨损等一系列问题和故障。若发生严重设备故障，碍于江底的地质情况，可能难以进行维修。

（2）盾构机壳体密封部件失效漏水。主要是盾体铰接密封和盾尾密封失效，如在江底损坏而造成严重漏水，将直接影响盾构机的安全。在过江前的掘进中这两个部位已经多次发生漏水漏泥现象，必须引起足够的警惕。

（3）喷涌、江底塌方及江水浸入隧道。过江段的地下水基本上是“岩层裂隙水”，且与珠江水连通，补给较迅速，受江水涨落影响较大；岩层层面起伏较大，各地层交接带容易形成涌水通道；江水深6~8 m，洞顶埋深最小7 m，且洞顶上覆盖不同厚度的〈7〉、〈5-2〉、〈2-2〉地层，如图5-28所示。盾构施工中控制不好会引起螺旋输送器出土口大量喷泥水，甚至会引起江底塌方、江水灌入隧道等严重事故。

（4）江底换刀。盾构机过江的施工长度为642m，虽然江中间有246m的海心沙岛可以进行换刀。但南珠江318m的宽度仍然很有可能出现因刀具的磨损导致不得已在江底换刀的情况，若换刀时遇到地下水较大，无法正常进行土仓换刀作业，将不得不采用风险较大且操作难度大的压气换刀作业。

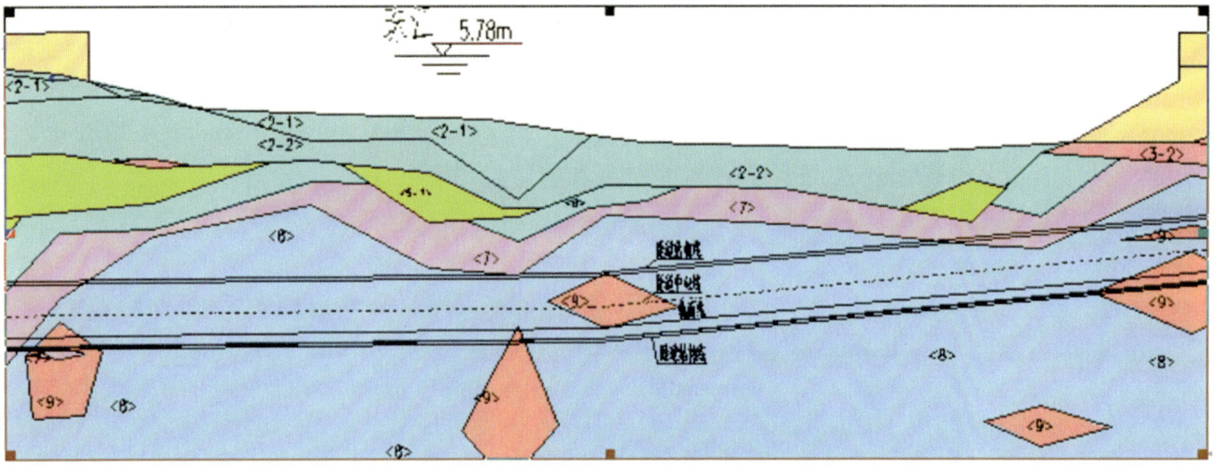

图 5－28 盾构过南珠江段地质剖面图

〈1〉人工填土；〈2〉淤泥，淤泥质土；〈3－2〉冲积—洪积中粗砂层；〈5－1〉可塑或稍密～中密状沉积岩；〈5－2〉硬塑或密实状沉积岩；〈6〉碎屑岩全风化带；〈7〉碎屑岩强风化带；〈8〉碎屑岩中风化带；〈9〉碎屑岩微风化带

（二）盾构穿越最小覆盖层的处理方法

盾构机穿越珠江面临的问题除了岩层裂隙水丰富外，隧道洞顶覆盖的岩层较薄也是施工时要考虑的主要因素。根据地质勘探资料，隧道洞顶最小埋深约为 7 m，从下到上依次是〈7〉地层约 1 m、〈5－2〉地层约 3.4 m、〈2－2〉地层约 2.6 m。盾构穿越珠江隧道上部覆盖层薄会产生两大施工难点：

（1）盾构机施工时头上悬河，岩层的裂隙使丰富的地下水得到及时补充，在压力作用下造成盾构施工时螺旋输送器出土口发生喷涌。

（2）隧道上部覆盖层薄，在施工时易于造成江底塌陷，严重时甚至造成江水与隧道贯通，而在水下又无法通过使用常用的监测手段进行监测及时发现，江底塌陷后难以处理。

针对具体的地质情况，过江时采用的施工措施有：

①选择合理的掘进模式。半土压加气压模式，气压控制在 0.07～0.1 MPa，根据具体的地质情况灵活调整使用。

②选择适宜的掘进参数。总推力控制在 9 800～11 760 kN，刀盘转数 1.8 rpm，刀具贯入量以不超过 15mm/rpm 为宜。

③加强管片背后注浆管理。同步注浆压力、注浆量、浆液配合比等均根据江底的地质情况和地下水的情况进行调整。采用的注浆量为 6～6.5 m^3/环，同步注浆配合比调整为：

水泥: 砂: 粉煤灰: 膨润土: 水＝160: 779: 341: 56: 446。

④采用泡沫剂改良渣土。泡沫剂的用量为每环 40～50 升，泡沫剂比例为 2%～3%。

⑤加强江底监测。采用 GPS 跟踪定位、声呐法量测的方法对江底河床的变动情况进行监测，监测频率为 1 次/天；若发现异常变化则加强监测频率，必要时 24 小时不间断进行监测。同时，监测计量出土量，使出渣量与掘进速度相对应，将实际出渣量控制在 72m^3/环左右。

（三）防止螺旋输送器喷涌的处理方法

因为过江段地下水丰富，对目前所使用的土压平衡式盾构机来说最常发生的施工困难是螺旋输送器出土口喷涌。目前，对螺旋输送器的喷涌尚没有特别有效的防止或处理措施，但在施工中通过调整掘进模式和施工参数、渣土改良以及其他的辅助措施可以收到一定的效果。

（1）掘进模式的选择。根据地质情况可以选用半土压式加气压掘进施工和土压平衡式掘进施工。在地质条件和外部条件允许的情况下，半土压式加气压掘进施工可以减少刀盘扭矩，提高掘进速度。加气的压力可根据地质情况、隧道埋深和地下水压综合决定，三号线工程在过江时曾经使用的气压是 0.25 MPa，而土仓压力的控制也是根据上述因素设定的，过江时一般控制在 0.06～0.08 MPa。

（2）注意渣土改良。向土仓内加入聚合物泡沫剂的配比根据实际掘进时地下水的情况控制在1.5%～3.0%，地下水大泡沫剂多用一点，地下水小泡沫剂用少一点，平均40～50 L/环。同时，控制螺旋输送器出土的速度，保持土仓内的压力相对稳定。

（3）采取放水减压措施。一般在地层较好的情况下，可先将刀盘停止转动，同时打开螺旋输送器放水，观察水量变化，待水压减小后可恢复掘进；或者将盾尾部分管片上的吊装孔打开放水，降低土仓中的水压力，防止掘进过程中的大量喷渣。

（四）江底沉降监测

对于盾构从江河底下穿越的施工，江底河床的沉降监测是必要的。通过监测能及时发现掘进中水下河床的塌陷情况，及时采取相应的处理措施，确保施工安全。

盾构要两过珠江，河面宽度分别为78 m和318 m。隧道呈弧形走向，左、右线中轴线相距约13 m，相对平行地穿过珠江河底。

盾构过江段基本上从〈8〉中风化岩层中穿过，局部地段隧道断面存在〈7〉强风化岩层和〈9〉微风化岩层。

周边的环境条件：穿越珠江段两岸基本上没有特别重要的建筑物，河面宽阔，施工干扰较小。但河道为主航道，过往船只频繁，对监测工作有一定的影响。

1. 监测方法

（1）导航定位系统。GPS导航定位，采用美国Trimble生产的DSM212LD全球卫星定位系统（GPS）。

（2）水深测量。采用超声波声速测深仪测量水深，人工或观测仪观测水位，自动测深系统测深成图，仪器为国产无锡SDH—13D型浅水精密测深仪。监测时，采用国际上通用的Hypack软件，定位、测深数据实行同步采集，采集点应尽量密集，测量船的航速亦应慢速，并要匀速。

2. 监测精度

河床水深测量精度在0.1 m以内。测线间距为1 m，测点间距亦为1 m。

3. 监测内容和频率

监测过程为盾构到达北岸边开始至南岸边结束，主要为掘进过程中的监测。在正式监测前，对江底地形做背景调查，即沿隧道走向作一宽度为50 m的水深测量，便于监测过程中作为基础地形进行对比，盾构过江后再作一次整体测量。在掘进过程中，每天进行一次跟踪监测。若有特殊情况或突变发生，如施工中透水量突然增加等，则需要随时对某一段进行局部跟踪测量，加大监测密度，或进行实时监测，以满足施工要求。

四、盾构过江施工技术经验教训总结

（1）从线路设计方面考虑，应选择较好的地层过江，隧道洞身有一定的自稳能力，隧道上方有一隔水层，切断隧道与江底河床的水力联系，以便于盾构机在江底掘进施工、刀具更换及设备检修。

（2）对于过江地段，应选用先进的、运行状况良好的盾构机进行掘进施工，盾构机的刀盘应有足够的强度，刀盘钢板应有足够的厚度、强度以满足所在区间任意地层掘进的需求；对于采用旧盾构机的工地，应进行系统、全面的检测和维修，在地面消除设备故障，并有良好的保障及应急措施后，方可下井开始掘进施工。

（3）在盾构机掘进施工进入江底河床前，应选择具有自稳能力较好的地层停机，对盾构机刀具、泡沫系统、盾构机铰接、盾尾密封、注浆系统以及设备运行情况进行系统的检查，更换磨损严重的刀具，疏通泡沫管及注浆管，更换损坏严重的盾尾密封刷，堵住盾构机铰接漏水等。

（4）在盾构机掘进进入江底时，最好选择一段作为试验段，对江底沉降、江面状况、掘进参数、出土量以及回填注浆压力、注浆量等进行分析、总结，选择合理的掘进参数及注浆量来指导施工。

（5）盾构过江掘进的原则是：在满足盾构机及盾尾注浆能力的前提下，做到“平稳掘进、快速通过”。

（6）加强出土量（泥水盾构的干砂量）观测，严格控制出土量，避免过量出土造成超挖或江底坍塌现象；如出现上述情况，应控制好土仓内压力，限制出土量，同时，增大盾尾注浆量。

（7）盾构过江掘进时，建议采用土压（泥水）平衡模式掘进，当出现意外停机或停电时，应设法保证掌子面的压力，土压盾构可通过不出土来保持土压，泥水盾构需通过向掌子面注入泥水来保压。

（8）土压盾构注浆浆液宜采用凝结时间较短的水泥浆，泥水盾构注浆浆液宜采用双液浆（水玻璃及水泥浆），同时不定期开孔对管片注浆饱满程度及凝结情况进行检查，及时进行二次注浆。

（9）加强对江底沉降监测，采用传感器法或声呐法对江底沉降情况进行监测，及时反馈监测数据。

（10）当螺旋输送器出现喷涌现象时，应首先分析水来自盾构机刀盘前方还是来自盾尾，打开管片顶部的注浆孔检查漏水情况及注浆饱满情况，通过二次注浆的方式将管片及土层之间的空隙填充密实，切断盾构机后部的水源，而后再考虑通过调整掘进模式、在土仓内加入膨润土等添加材料和放水减压的方式来控制喷涌。

（11）在江底停机进行设备检修、刀具更换等，应选择基岩裂隙水小且具有较强自稳能力的地层进行，且在江底进行停机时间不宜过长，停机前最后一环注浆完成后，应该通过注浆管注入膨润土。同时，停机超过 4 小时应对刀盘进行转动，避免注浆浆液将盾构机壳体或刀盘包裹住，造成二次掘进困难。

第二节 上软下硬地层中盾构掘进技术

上软下硬地层是上部为残积土、坡积土、淤泥质土以及砂层等软弱地层，下部为坚硬的岩石微风化带，滚刀在此类地层的下部难以滚动，易造成偏磨；且此类地层下部坚硬的岩石对滚刀破坏严重，上部软弱地层难以提供自稳的掌子面以进行刀具更换，需采用各种措施来保护刀具并进行刀具更换。本节通过在不同地质条件的上软下硬地层中的施工情况，阐述在上软下硬地层的施工技术。

一、花岗岩（混合岩）上软下硬地层中掘进技术

花岗岩（混合岩）上软下硬地层是广州地区盾构施工的最大难点之一，本节以天河客运站——五山站区间和市桥站——番禺广场站区间上软下硬地层盾构掘进为例进行介绍。

（一）工程施工的难点及风险

花岗岩（混合岩）上软下硬地层是一种特殊的不良地质，既有软岩地层的不稳定性，又具有硬岩的高强度。因此，在这类地层中施工比较困难，主要施工难点及风险如下：

1. 盾构机姿态难以控制

由于在盾构机推进过程中，上部软地层较易被切削进入密封土仓，而下部较硬岩体不易破碎，导致盾构机的姿态较难控制。

2. 刀具损坏严重且更换困难

由于隧道断面下部坚硬的岩石强度高达 150MPa 以上，刀具完全不能适应，整盘刀在很短距离内就可能损坏殆尽，需要频繁换刀。而开挖面上半部花岗岩（混合岩）风化土层遇水软化，易崩解，甚至泥化成流塑状，自稳性极差，这给换刀带来极大的困难和风险。

3. 地面沉降难以控制，易造成地面塌方、建筑物开裂损坏

在这种地层中掘进，地面沉降难以控制，易造成塌方、地面建筑物开裂损坏。原因有两方面：一方面，由于刀具和软硬不均岩面作周期性碰撞，刀盘的振动很大，且掘进速度非常慢，这对地层的扰动比较大；另一方面，上部软弱地层稳定性差，易坍塌。

4. 盾构机易被卡住

在此类地层中掘进，边缘滚刀及扩挖刀极易被破坏，造成开挖直径缩小，导致盾构机卡壳的现象时有发生。

（二）施工中的对策

针对以上施工难点和风险，需采取如下相应措施：

（1）加强地质补勘，摸清上软下硬地层的地层特性以及岩石分界线；对周边建（构）筑物进行详细

调查和鉴定，若有必要可采取注浆加固或基础托换等措施。

（2）盾构机施工进入上软下硬地层前，在具备条件的地段停机进行盾构机设备检查、修复，同时对损坏的刀具进行更换。

（3）刀具布置应采用全断面滚刀的刀具配置形式。

（4）在工程施工前，应根据工程地质条件，提前制订刀具更换计划，对于换刀困难的地段，可进行预加固，以增加换刀时的安全性，预加固地点应合理，宁可提前也不能滞后，否则就会失去作用；或采用压气作业进行换刀，特别要加强对边缘滚刀的检查和更换。

（5）掘进时，如掘进速度、刀盘转速、刀盘扭矩、盾构机的推力发生突变或不在正常的范围内，应立即分析原因，检查刀具情况，不可盲目掘进。

（6）对于隧道下部的坚硬岩石，若盾构机实在无法破除，可采用辅助措施进行处理，例如，采用冲孔桩冲孔破除，或创造临空面，采用火工爆破的方法进行处理，然后盾构机掘进通过。

（7）应合理选择、控制掘进参数，例如，盾构机推力、刀盘扭矩等，减少对地层的扰动，避免造成上部软弱地层沉降塌陷。特别是花岗岩全风化、强风化、残积层受到扰动时极易软化、崩解。

（8）做好监测工作，及时反馈监测信息。适当加密监测频率，根据地表沉降和建筑物沉降的监测数据，结合地质情况，及时调整土仓压力、千斤顶推力等施工参数。

（三）工程实例

［工程实例1］　天河客运站——五山站区间左线42m的上软下硬地层盾构掘进施工

2003年12月16日至2004年7月21日，历时8个月，天河客运站——五山站区间左线盾构机掘进仅42m，即里程支ZDK0+947～支ZDK0+989（环号119～147）。本段洞身下部为〈9H〉，强度150MPa以上，上部为〈6H〉的上软下硬地层，如图5-29所示。下部坚硬的花岗岩使一盘刀往往在很短距离内损耗殆尽，图5-30所示为隧道洞身下半部的花岗岩。由于软硬差异极大，掘进速度极其缓慢，每分钟一般在0～5mm，刀盘对上部已遇水软化、崩解了的花岗岩残积层扰动大，土仓压力难以控制，造成顶部土体多次塌方，塌方后又给换刀带来困难。换刀前必须对上部地层进行加固，从119环至147环即42m距离内先后对上方地层加固了5次，压气换刀5次，更换滚刀107把，刮刀15把，齿刀88把，工程为此付出了巨大代价。以下是这42m上软下硬地段历时8个月盾构掘进的施工过程。

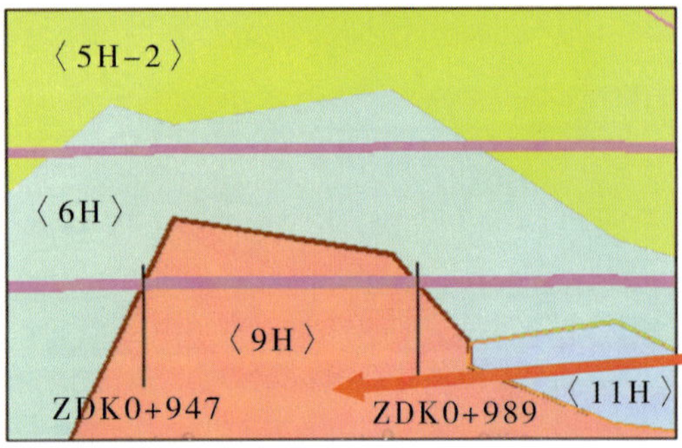

图5-29　天河客运站——五山站左线ZDK0+947～ZDK0+989地质剖面（环号119～147）

图5-30　隧道洞身下半部的花岗岩，强度150MPa以上

1. 天河客运站——五山站区间左线第一次地层加固，换刀耗时81天

吸取右线在本段需停机加固换刀耽误工期的经验，按左右线相对地层，在左线支ZDK0+964里程，采用52根旋喷桩进行了预加固，但2003年12月16日掘进至支ZDK0+947里程时，盾构机掘进困难并频卡刀盘，已无法掘进至预加固处，只好停机（距离预加固处约17m），在地面采用钻孔桩加固（共施钻孔桩15根）。2004年1月16日开仓检查刀具时，发生泥浆从桩间喷涌事件，引起地面塌方，塌方面积为25m^2左右，深度约2.5m，塌方体积约60m^3，于是1月18日开始进行地面旋喷桩补强加固施工（共施工旋喷桩54根），如图5-31所示。加固完成后，加固效果如图5-32所示，2月16日开仓换刀成功，至3

月6日恢复掘进。前后耗时81天。图5－33所示为天河客运站——五山站区间TW119～147环左右线各42m上软下硬地层地面旋喷桩加固。

图5－31　左线0＋945地面坍塌

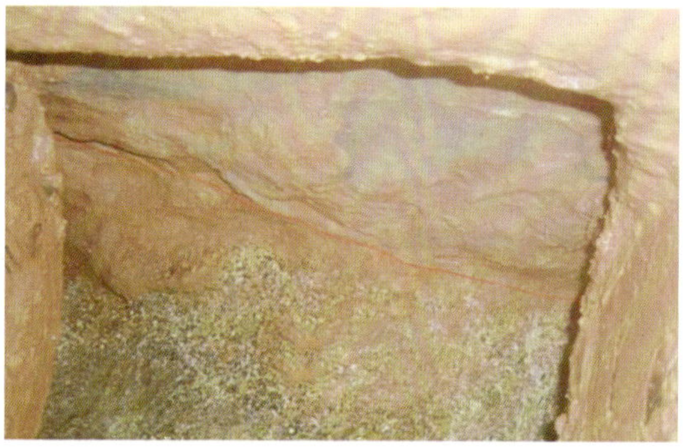

图5－32　旋喷桩加固效果

2. 天河客运站——五山站区间左线第二次地层加固，换刀耗时31天

2004年3月21日，左线盾构掘进到支ZDK0＋972里程时，推进速度非常慢，经研究决定，停机采用地面旋喷加固措施（旋喷桩共59根），2004年4月12日开始进行刀具更换，至4月22日晚恢复掘进。此次加固换刀耗时31天。

图5－33　上软下硬地层地面旋喷桩加固

（天河客运站——五山站区间TW119～147环左右线各42米上软下硬地层区段先后尝试了袖阀管加固、搅拌桩、冲孔等地面辅助措施，最后成功采用旋喷桩加固后换刀掘进通过。图为TWZ119环旋喷桩加固，完成后又在TWZ136环进行了预加固。前后耗时3个月，3月6日恢复掘进。）

3. 第三次地层加固，换刀耗时90天

2004年4月25日，天河客运站——五山站区间左线盾构机掘进到140环时，盾构机出现推力大、刀盘扭矩小、掘进速度缓慢等异常现象，开仓发现边缘滚刀偏磨严重，有些边缘刮刀已掉。2004年5月1日至5月7日采取压气作业进行刀具更换，共换滚刀8把，8把刮刀全部掉完，后未安装。5月7日晚班开始掘进，但推力加到2 700t时仍无法推进，并突然发生巨响，怀疑滚刀刀圈崩断，5月8日采用压气作业进行检查，换滚刀6把，在刮刀刀座上装两块钢板以代替刮刀。继续掘进141环，由于出现推力大、掘进速度慢的情况，5月15日进行压气检查，发现土体不稳定，压气人员及时退出土仓及人闸，已无法继续压气，后采用冲孔桩＋旋喷桩加固，用冲孔桩对盾构机前方坚硬的岩石进行破除，使盾构机姿态易于控制。加固完成后，2004年7月5日试开舱发现土体不稳定，无法清理人闸，再采用袖阀管补注浆加固，2004年7月13日，加固完成后，清理人闸，泥水砂土涌进土仓，再涌入人闸，如图5－34所示，没能进行压气作业，后继续采用袖阀管补注浆使土体稳定，到2004年7月21日，压气条件下清理土仓、进仓检查边缘滚刀，只有35#单边磨损，没进行更换。并于7月22日恢复掘进，掘进时在盾体外注膨润土等润滑剂，减少岩石对盾壳的摩阻力。至7月27日，盾构机基本已通过上软下硬地层。盾构机在140～141环处停机更换滚刀共14把，总耗时约3个月。

图5－34　泥水砂土涌进土仓后再涌入人闸的现场情景

图 5－35　上软下硬地层地面冲孔破岩

（TWZ119 环，上软下硬地段，隧道岩面超过一半，强度达到 150MPa，刀具大量损坏，2003 年 12 月 16 日停止掘进。地面尝试采用 5 根横排 Φ1 200mm 冲孔破岩。但实施过程中由于岩石强度高、进尺慢、卡冲头等问题严重耽误了工期。）

图 5－36　上软下硬地层地面袖阀管注浆加固

（2004 年 7 月 5 日，采用袖阀管打到隧道顶部进行注浆加固后开仓换刀。该处在恢复掘进 1.5 环后再次停机，采用搅拌桩进行加固，过程中造成泥浆直接冲进土仓，从螺旋输送器口喷涌出近 100m^3 的泥浆。）

图 5－37　上软下硬地层刀具损坏示意图

[工程实例 2]　　市桥站——番禺广场站区间 ZDK24 +065.00 处地面塌方

2003 年 6 月 25 日夜班，左线掘进 470 环，掘进速度降低，刀盘扭矩增大（油压超过 180bar），地层出现明显变化，掘进 471 环时，在渣土中发现崩裂的滚刀刀圈，故决定停机检查刀具；6 月 26 日开仓检查刀具过程中，掌子面发生塌方，无法进行换刀作业。停机位于隧道埋深约 14m，隧道洞身中部及上部为〈7Z－2〉、〈6Z－2〉地层，下部为〈8Z－2〉地层，基底为〈9Z－2〉坚硬的岩层，如图 5－38 所示，刀具损坏情况不明，继续强行推进风险较大，只好停机对换刀区进行加固，加固采用单管高压旋喷，旋喷桩布置：Φ700mm@500mm，桩长 7m。桩底部至盾构机中心线下 1.0m，进入中风化混合岩顶面，桩顶为盾构机顶以上 3.0m。本次停机于 2003 年 6 月 25 日开始，到 2003 年 7 月 31 日加固完成，开仓后开挖面不稳定，继续进行加固；2003 年 8 月 25 日再次开仓，于 2003 年 9 月 3 日恢复掘进。此处停机换刀耗时 70 天。

经验教训总结：

（1）对在混合岩（花岗岩）上软下硬地层特点认识不足，该地层中软土与硬岩的软弱差异大（红层中的上软下硬地层软弱差异小），盾构机掘进过程中，极易造成刀具崩裂及偏磨，而由于掘进速度慢，刀盘对隧道上部地层的挠动大，掘进时土仓压力较难控制，容易造成土体塌方，塌方后又给换刀带来困难。在这种地层中掘进必须采用土压平衡方式掘进，掘进过程中要特别注意出土量的控制，进行刀具更换时必须提前对换刀区进行预加固或采用压气方式进行。

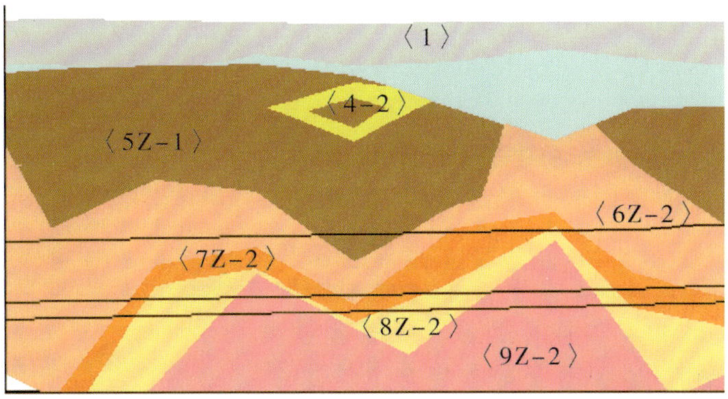

图 5-38　ZDK24+065.00~ZDK24+177.00 处地质断面图

（2）刀具检查及更换未提前进行策划，刀具更换不及时。未根据地层情况对刀具的检查更换进行策划，在盾构进入上软下硬复合地层前未对刀具进行检查及更换。本次换刀为盾构始发后第一次换刀，刀具已掘进了705m 的〈5Z-1〉、〈5Z-2〉地层，经过长距离的掘进，刀具磨损比较严重，破岩能力不足，其状态已无法满足上软下硬地层掘进的要求。

（3）此处隧道埋深约 14m，隧道中上部为〈5Z-2〉、〈6Z-2〉地层，下部为〈7Z-2〉、〈8Z-2〉地层，采用单管旋喷桩加固是有效的，开仓后可见较为完整的水泥加固体，但由于施工队伍本身技能所限，8 月 18 日首次加固完成后，加固效果不佳，开仓后仅更换了 2 把滚刀就再次出现开挖面塌方现象，不得已封仓继续进行加固，加固耗时较长。

［工程实例 3］市桥站——番禺广场站区间 ZDK24+177.00 处地面塌方

市桥站——番禺广场站区间在左线 ZDK24+164~ZDK24+312 区段存在上软下硬现象，隧道断面中部为〈8Z-2〉、〈7Z-2〉地层，上部为〈6Z-2〉、〈5Z-2〉和〈2-2〉地层，隧道断面下部为〈9Z-2〉坚硬岩层，如图 5-39 所示。

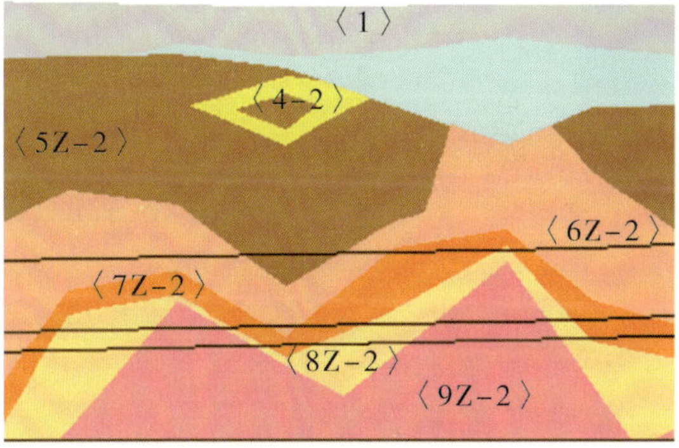

图 5-39　ZDK24+164~ZDK24+312 区段地质断面图

2003 年 9 月 23 日，掘进 539 环时刀盘扭矩波动异常，渣土中含有大量坚硬碎石，如图 5-40 所示。9 月 25 日继续掘进至 546 环后，刀盘工作油压变化很大，刀盘转速在 0.1~1.1 之间大幅波动，刀盘频繁跳闸且掘进速度很慢。9 月 26 日决定开仓检查刀具，下午 2：30 打开仓门，此时开挖面稳定无塌方迹象，但是仓内渣土较多，无法进行换刀作业，于是在仓门开启状态下开始出土；3：00 左右突然稀泥状渣土从土仓内涌出并将人仓填满，人仓门被泥浆的冲击力顶回封死。塌方发生后采取旋喷方法进行加固，10 月 19 日加固完成，开仓换刀，检查发现有 6 把滚刀需要更换，部分滚刀由于刀座变形需动火切除，同时，刀盘表面有裂纹产生，10 月 25 日换刀及刀盘裂纹修补完成后恢复掘进，共耗时 27 天。图 5-40 所示为掘进中所出岩石。

经验教训总结：

（1）对上软下硬地层认识不足，掘进参数设置不当，刀盘转速设置过低，贯入度太大，导致刀具出现崩裂损坏。

（2）该段上软下硬地层长度约 49m，未提前筹划刀具检查并对换刀区进行加固。

（3）现场换刀人员经验不足，对潜在的危险不敏感，在发现土仓内渣土液面上升的情况下未及时封闭仓门。

（4）换刀期间，应保证人仓与操作室之间的通信正常。塌方前测量已检测到地面沉降异常，但无法通知隧道内作业人员，导致隧道内未能及时关闭仓门。

（四）花岗岩（混合岩）上软下硬地层中盾构掘进经验教训总结

（1）因为各方对花岗岩（混合岩）上软下硬地层认识不足，导致多次发生塌方事故。在二号线盾构通过红层施工过程中，曾经也开挖过上软下硬地层，但当时仅是换了几把滚刀后就顺利地通过了。然而花岗岩（混合岩）地层中的上软下硬地层与红层完全不一样，红层中的上软下硬地层软弱差异并不是很大，而花岗岩（混合岩）上软下硬地层中软土与硬岩差异却很大，且上部软弱的花岗岩（混合岩）残积层易软化、崩解，甚至泥化。由于软硬差异大，在盾构机掘进过程中，极其容易造成刀具崩裂及偏磨。而由于掘进速度慢，刀盘对隧道上部花岗岩（混合岩）残积层的扰动大，掘进时土压力较难控制，容易造成顶部土体塌方，塌方后又给换刀带来困难。

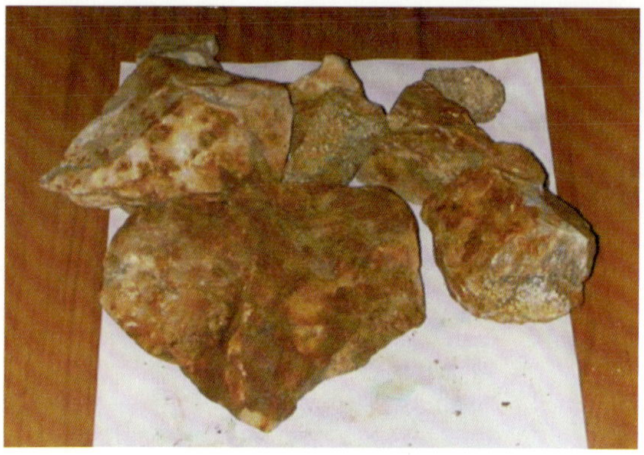

图 5－40　掘进中所出岩石

（2）鉴于二号线换刀经验，我们过高地估计了刀具的开挖能力及使用寿命，在施工过程中，没有深入考虑是否刀具损坏造成掘进缓慢，而是一味地增大推力，以致开仓检查时发现大部分刀具已偏磨到刀鼓，甚至有些已磨到轴心。由于上部土层的不稳定造成需加固后方可换刀，以致每次换刀时间都很长。

（3）今后在类似地层施工过程中，在前期勘查过程中若发现有花岗岩（混合岩）分布的地段，应加密地质勘探，查清楚花岗岩（混合岩）上软下硬地层的分布范围。在设计线路过程时，应根据上软下硬地层的分布状况，若有条件，隧道洞身应避开上软下硬地层；若不能避开，在具备地面处理条件的情况下，盾构掘进之前可考虑从地面打竖井，清除隧道洞身下部的坚硬岩石。

（4）从天河客运站——华师站区间盾构机刀盘滚刀在花岗岩微风化地层掘进的情况来看（如图 5－41 所示），相邻两把刀具滚过的痕迹中，有明显的“岩脊”存在，说明目前采用的这种正滚刀间距 100mm 的刀具布置模式难以完全适应此类花岗岩微风化地层掘进的需求，应增加刀盘滚刀刀刃的数量，缩小滚刀间距。

（5）目前，广州地铁三号线配置的盾构机对这类坚硬地层不适应，扩挖边缘滚刀布置较少是其中的主要因素之一。边缘滚刀少，且它仅比盾壳高出 15～20 mm，在推进的过程中，一旦将这个余量磨掉之后，围岩就会将盾壳卡住，从而限制了盾构机的推进。

图 5－41　滚刀在花岗岩微风化层上的划痕

（6）在工程施工前，应根据工程地质条件以及其他类似地层掘进换刀情况，提前制订刀具更换计划，同时对换刀困难的地段进行预加固，以缩短换刀加固的时间，预加固应比类似地层换刀地点提前。天河客运站——华师站区间 ZDK0＋947～支 ZDK0＋989（环号 119～147）掘进施工时，曾根据右线掘进换刀的情况提前作了预加固，但是在离加固区还有 6m 的位置，盾构机突然掘进缓慢，不得不停机再次对地层进行加固。

（7）对于在花岗岩（混合岩）上软下硬地层掘进，刀具布置应采用全断面滚刀的刀具配置形式。

（8）在花岗岩（混合岩）上软下硬地层掘进时，如发生掘进速度、刀盘转速、刀盘扭矩、盾构机的推力发生突变或不在正常的范围等情况，因立即停机分析原因，检查刀具情况，不可盲目掘进。

（9）对花岗岩（混合岩）上软下硬地层中的处理，可采用冲孔桩冲孔破除下部坚硬岩石，而后盾构机掘进通过；或创造临空面，采用火工爆破的方法进行处理后，盾构机掘进通过。

（10）在花岗岩（混合岩）上软下硬地层掘进时，应严格控制掘进参数，设定盾构机推力上线、扭矩上限，减少对地层的扰动，避免在上部的花岗岩（混合岩）全风化、强风化、残积层受到扰动软化、崩解、泥化，产生坍塌。若出现坍塌，将对刀具更换带来极大困难。

（11）进行地层加固时，应尽量避免采用钻孔桩进行加固，因为钻孔桩的泥浆会将坍塌部位填充满，混凝土浇注难以完全将泥浆置换出来，剩余的泥浆形成有压力的“脓包”，开仓时压力释放，造成坍塌。

（12）盾构机在花岗岩（混合岩）上软下硬地层掘进，特别是小曲线半径的地段上掘进换刀时，加强对边缘滚刀的检查，边缘滚刀严重偏磨而不更换，将造成开挖洞径缩小、盾构机卡壳的事件发生。若发生卡壳现象，可采用冲孔桩对前方硬岩进行破除，或采用在盾体外注膨润土等润滑剂措施，以减小岩石对盾壳的摩阻力。

（13）袖阀管注浆、旋喷桩加固是刀具更换最有效的加固措施，但需要防止注浆浆液或旋喷浆液将盾构机刀盘、壳体包死。

（14）压气作业是解决在花岗岩（混合岩）上软下硬地层换刀的有效措施。

二、上部为砂层，下部为泥岩、砂砾岩的上软下硬地层中掘进技术

（一）工程难点

盾构断面上部为砂层，下部为泥岩、砂砾岩的上软下硬地层的地质断面、剖面图如图 5 – 42、图 5 – 43 所示，这种工况的地质剖面在广州是很常见的，特别是在珠江（及其支流）所流经的区域。这种地层施工的难点主要是：

（1）盾构机通过这种地层时，由于与砂层直接接触的岩层已受力变形产生裂隙或裂缝，从而形成了与砂层〈3 – 2〉中的水有直接联系的通道，进而也将成为该砂层流失的通道，其最终结果是造成较大的地面沉降，甚至地面塌陷。

（2）下部的泥岩、砂砾岩极易造成刀盘前方出现泥饼，导致掘进缓慢，加剧了对地层的扰动，需开仓进行清理。

（3）泥岩、砾岩微风化地层易造成刀具的损坏，造成施工困难。

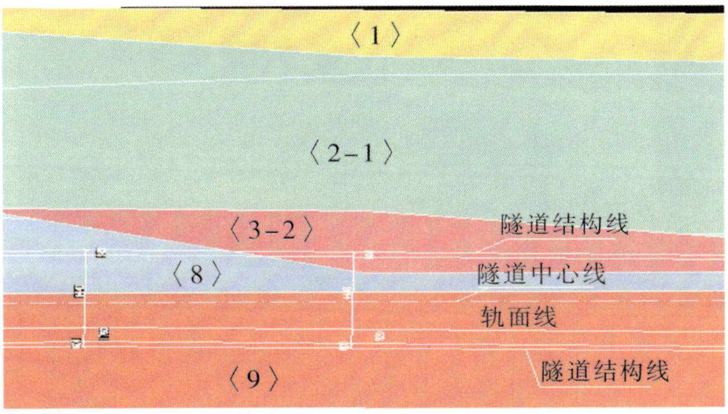

图 5 – 42　地表沉陷位置地质情况

〈1〉人工填土；〈2 – 1〉淤泥，淤泥质土；〈3 – 2〉冲积—洪积中粗砂层；〈8〉碎屑岩中风化带；〈9〉碎屑岩微风化带

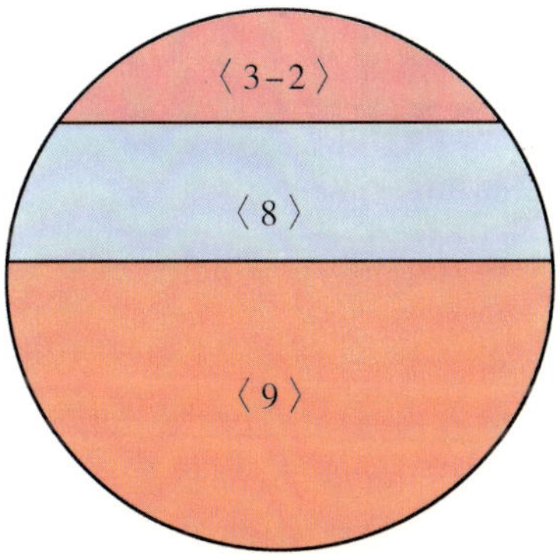

图 5 – 43　隧道断面地质情况示意图

〈3 – 2〉冲积—洪积中粗砂层；〈8〉碎屑岩中风化带；〈9〉碎屑岩微风化带

（二）施工过程中所采取的对策

（1）在盾构机掘进至这类地层之前，应停机对盾构机进行检修，疏通泡沫管，修补好铰接密封系统，更换损毁的盾尾刷。

（2）在此类地层掘进时，刀具布置模式应采用全断面滚刀模式，盾构机掘进前应进行刀具检查及更换。

（3）掘进施工过程中应严格控制掘进参数，观察掘进参数变化，对于参数突变应立即停机分析原因，不可盲目掘进，避免刀具损坏、刀盘变形。

（4）施工过程中应合理地使用渣土改良系统，以避免结泥饼。

（5）对于施工过程中需停机清理泥饼或进行刀具更换的，应提前采用袖阀管注浆、旋喷桩等措施加固后，或利用现有构筑物的保护，方可进行开仓作业。

（三）工程实例

［工程实例1］　珠江新城站——客村站区间盾构在上软下硬地层掘进造成地面塌陷、建筑物损坏

2004年12月6日，左线盾构赤岗塔站——客村站区间砂层地段掘进至52环时地面突然发生沉陷，沉陷位置位于刀盘正上方，面积约80 m^2，地面监测点最大累积沉降为368.6 mm，造成附近一居民小区的围墙及一幢两层临时建筑严重开裂，如图5－44所示。同时，沉陷点附近地面冒出大量泡沫。沉陷点处的地质情况如图5－42所示。隧道断面的地质情况示意如图5－43所示。隧道掘进断面中、下部为〈9〉微风化泥岩，上部为〈8〉中风化泥岩和〈3－2〉砂层。隧道上方则为〈3－2〉砂层、〈2－1〉淤泥和〈1〉杂填土。

通过对沉陷点地质情况的分析，认为沉陷的原因有以下三点：

（1）由于该地段为砂层，盾构机掘进时对地表的影响强烈，从地面冒出的泡沫与盾构机掘进使用泡沫同步，盾构机停止加泡沫剂则地面冒泡也相应停止，说明盾构上方所覆砂土存在气体的通道，掘进时用的泡沫剂直接冒出地面。另外，在右线盾构（比左线先行）掘进进入砂层地段之初，机头附近的地下水位监测孔已经向上冒气泡，而盾构通过后水位孔停止冒气泡，这说明开挖面与地表存在透气的通道。根据地质构成分析，该地段不太可能会产生沼气，所以推断该水位监测孔冒的气泡可能是盾构施工时所加的压缩空气。

图5－44　两层临时建筑开裂损坏

（2）根据地面沉降监测数据，盾构机在地下掘进与否，地面沉降反应敏感。所以尽管掘进时土仓压力维持在0.17～0.23 MPa，但由于刀盘的扰动，仍然难以保持地表的稳定。

（3）由于刀盘掘进断面存在黏性较大的泥岩，在较大的土压力下在刀盘和刀具间结成硬块，形成泥饼，使掘进速度从原来的25～30 mm/min急降到1～5 mm/min，刀盘在原地的扰动又加剧了沉降的发展，使地面沉陷加大，并致使建筑物损坏。

［工程实例2］　珠江新城站——客村站右线盾构在上软下硬砂砾岩中掘进造成刀盘刀框损坏

2004年11月26日，右线盾构机在赤岗塔——客村站区间砂层地段掘进，盾构机刀盘的里程在YDK5＋875附近。隧道断面中、下部为坚硬的〈9〉碎屑岩微风化砂砾岩，石英含量高；上部为〈8〉碎屑岩中风化地层。隧道上部除覆有1m厚左右的〈7〉强风化地层外，就是〈2－1〉淤泥质土层和〈2－2〉淤泥质粉细砂层。盾构位于一在建的建筑物基坑围护结构下，盾构即将穿出100多米长的基坑，盾构机与基坑的相对位置如图5－45和图5－46所示，其围护结构为搅拌桩＋锚杆拉索。

图 5－45　基坑内盾构机所停位置

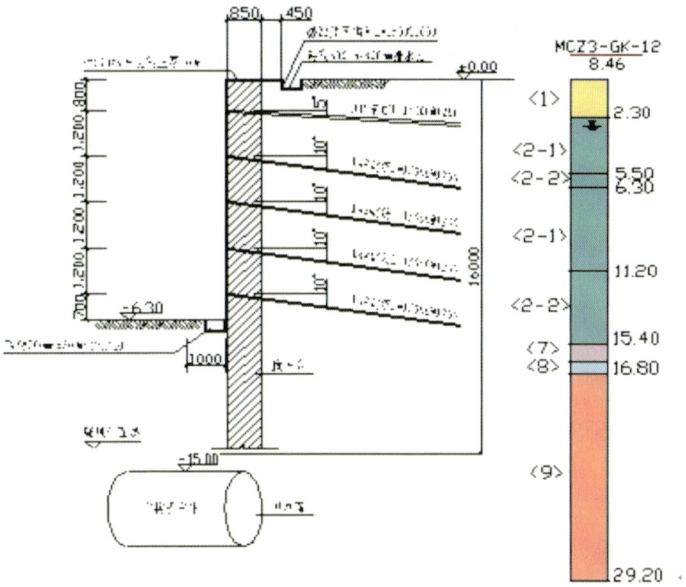

图 5－46　盾构与基坑相对位置和基坑地质情况图

〈1〉人工填土；〈2－1〉淤泥，淤泥质土；〈2－2〉淤泥质粉细砂层；< 8 >碎屑岩中风化带；〈9〉碎屑岩微风化带

图 5－47　刀盘中心的刀箱磨坏，刀具已脱落

图 5－48　更换新的三联体刀箱

盾构机在基坑内穿越过程中不止一次发生冒浆、冒泡和局部下陷等问题。出于保护基坑边坡和利于盾构推进考虑，盾构穿过前曾想对基坑内的砂层进行加固，但因为地层加固场地协调十分困难而未能实施。掘进中发现推进速度逐渐减慢，因为此时盾构在建筑物基坑下，且上覆砂层风险较大无法直接开仓换刀，为了施工安全，经研究后决定继续推进至有利的换刀地层后再换刀。最后推至 193 环时，推进速度变至只有 0～3 mm/min；掘进 193 环时，20 多个小时只推进了 1.4 m，估计是开挖断面下部坚硬的砂砾岩使刀具严重磨损，使盾构推进受阻。此时盾构机的刀盘刚好在建筑基坑边的围护结构下，建筑基坑的围护桩恰好成为换刀作业的地层加固体。停机打开土仓检查发现，中心刀位置原装置的轻型齿刀及另外一把中心滚刀已经脱落，刀具脱落和磨损造成刀盘中心部位的三联体刀箱及相应的刀盘中心部位严重磨损，刀盘中间部位被磨去约 10 cm，呈环状，旁边另一中心刀刀箱亦被磨损，如图 5－47 所示。图 5－48 所示

为完好的三联体刀箱。

显然，若不对刀盘进行修复，将无法进行下一步的掘进。但由于隧道上覆砂层，换刀和修复刀盘作业时间长，风险非常大。经过开仓探查，此时刀盘恰好停在基坑围护结构的下部，因而有条件进入土仓内进行换刀作业。但是三联体刀箱已被磨坏需要更换，因其体积太大无法送到刀盘前方，只好将其一分为二，待进入刀盘前方后再予以组合成三联体。即使如此，也需要将盾构机前仓壁板人闸压力仓处上、下各割去一块，才能将三联体刀箱部件顺利运入，如图5-49所示。经过多方努力，修复工作历时18天，完成后恢复正常掘进。

图5-49　在仓壁开孔

此次事故的经验教训和总结：

（1）当发现掘进速度变小、推力增大、渣温高等异常迹象时，决不能贸然继续掘进，必须停下来对刀具进行检查，以免造成刀盘损坏。

（2）当已经探明地质情况恶劣时，应该尽量采取地层加固措施，减少盾构推进的困难和风险。

（3）在石英含量高的砂砾岩中掘进时要充分估计刀具的磨损情况，及时开仓检查或更换刀具。本工程在该种砂砾岩中掘进时，使用意大利 Palmieri SPA 公司的17英寸滚刀，每掘进50m左右就要更换刀具。

（4）原设想盾构通过砂层地段需要保持较高的土仓压力，因此采用土压平衡模式掘进，同时担心刀盘出现泥饼，想提高刀盘中心部位的开口率，因而在刀盘全断面均配置滚刀的情况下，在刀盘的中心部位使用了两把开口率较大的轻型齿刀（注：轻型齿刀比标准齿刀外形尺寸较为纤小，因而安装后的空隙较大）。但是过于片面地考虑砂层的影响，而忽略了隧道断面下部砾岩，其石英含量高，较坚硬。刀具在软硬相接的岩层界面上掘进时，反复经受冲击而容易脱落。当掘进速度变慢时，碍于刀盘上方是砂层而不能够及时开仓检查，坚硬的砾岩使刀盘短时间内就被磨损，直至无法掘进。

三、上软下硬地层中盾构掘进的经验教训总结

（1）在进行线路设计过程中，应根据上软下硬地层的分布状况，隧道洞身应避开上软下硬地层，特别是花岗岩、混合岩上软下硬地层；若不可避免，应在施工中采取针对性施工措施。

（2）对于混合岩、花岗岩上软下硬地层，其软土与硬岩的软硬差异大（红层中的上软下硬地层软硬差异小），盾构机掘进过程中，极易造成刀具崩裂及偏磨，因此，应提前实施刀具检查和更换计划。在盾构进入上软下硬地层前需认真进行刀具检查和更换，同时，对于换刀困难的地段，应进行预加固，以减少换刀加固的时间，预加固应比类似地层换刀地点提前。对于上部为砂层、下部为砂砾岩的上软下硬地层，亦应该提前实施刀具检查和更换计划，并进行提前加固。

（3）对于上部为砂层、下部为砂砾岩的上软下硬地层，要充分考虑石英含量高的砂砾岩对刀具的磨损。对于下部为泥岩的上软下硬地层，要充分考虑黏性较大的泥岩，当土压力较大时，在刀盘和刀具间容易结成硬块，形成泥饼。

（4）压气作业是上软下硬地层换刀的有效措施。

（5）当发现掘进速度变小、推力增大、渣温高等异常迹象时，决不能贸然继续掘进，必须停下来对刀具进行检查，以免造成刀盘损坏。

（6）正确、合理地使用泡沫剂、膨润土等渣土改良剂，将会对施工带来极大的帮助。

第三节　盾构通过花岗岩球状风化地层的掘进技术

广州市轨道交通三号线天河客运站——华师站区间、市桥站——番禺广场站区间多处通过花岗岩球状风化地层，花岗岩球状风化体的单轴抗压强度高达160MPa左右，其四周岩土层主要为花岗岩强、全风化带，两者强度差异非常大，且四周岩土层稳定性差，多属Ⅱ、Ⅲ类围岩。这给刀具破除花岗岩球状风

化体带来极大困难，甚至无法破除，因此，盾构施工非常艰难。

一、花岗岩球状风化体形成机理与分布规律

（一）形成机理

花岗岩球状风化体属风化产物，主要赋存于花岗岩岩体风化壳内。球状风化是花岗岩岩层中十分常见的一种现象，属于花岗岩的不均匀风化。花岗岩风化作用与岩性特征、地形地貌、地质构造、水文地质条件、气候条件、人为活动等众多因素有关，其中，岩性特征是控制风化作用的内因，气候、地形地貌及水文地质等则是控制风化作用的外因。花岗岩有3组相互正交的原生节理，这3组节理是在花岗岩浆上升过程即花岗岩成岩过程中同步产生的，它们把岩体分割成许多长方形或近似正方形的岩块，是造成球状风化的重要内因。由于化学风化特别集中在3组节理相交会的棱角部位，当经过一段时间之后，棱角就逐步圆化，方形岩块逐渐变为球形岩块，这种现象称为球状风化。球状风化的成因主要是由于岩石岩性不均匀、抗风化能力差异大所致。花岗岩的矿物成分主要为石英、长石，以及少量的黑云母、角闪石、辉石等。花岗岩造岩矿物的抗风化能力相差很大，石英抗风化能力最强，其次是长石，而云母、角闪石、辉石等抗风化能力较弱。那些抗风化能力较弱的矿物风化较快和彻底，抗风化能力较强的矿物风化较慢。如果花岗岩岩体某些部分的抗风化能力较强的矿物比较集中，节理发育程度较差，风化的过程就会大大减缓，从而形成被大量风化碎屑包围的风化程度较低的球形岩块。但目前关于风化球体为何在一个地方会形成，而在另一个地方不会形成的现象，则缺乏比较深入的研究。如在广州地区，在燕山四期花岗岩地层中常发现球状风化体，而燕山三期花岗岩球状风化现象则较少见，这值得深入研究。

（二）分布规律

虽然花岗岩球状风化体的分布具有离散性大、埋藏深度大、空间赋存特征不规则的特点，但还是具有一定的规律：

（1）花岗岩球状风化体主要分布于全风化带和强风化带中。

（2）花岗岩球状风化体在垂直风化剖面上具有“上多下少、上小下大”的特点，即随着高程的增加，球状风化体的密集度越来越大，而体积越来越小。

（3）花岗岩球状风化体的大小随着风化程度的增强而减小，而数量却随着风化程度的增强而增加，这一特征正好与第二点相吻合。

（4）在全风化带中也可能存在较大的球状风化体，在强风化带中，也有可能出现较小直径的球状风化体，这说明球状风化体的大小也受到局部岩性条件和地质条件等因素的影响。但是这种情况比较少见，并不能否定地下球状风化体在垂直风化剖面上“上多下少、上小下大”的总体分布规律。

二、盾构通过花岗岩球状风化体的难点及风险

（1）由于花岗岩球状风化体单轴抗压强度非常高，与四周岩土层的强度差异大，因此很难被刀具破碎，常在刀盘前方滚动，这易造成刀具和刀盘的严重损坏，导致掘进非常困难，掘进速度极其缓慢。

（2）由于刀具在破碎花岗岩球状风化体时无法固定，常在刀盘前方滚动，因此，盾构机姿态难以控制。

（3）在掘进过程中，由于花岗岩球状风化体常在刀盘前方滚动，且掘进速度缓慢，导致对地层的扰动非常大，易造成地层沉降大，甚至塌方及上方建（构）筑物损坏的安全风险。

（4）由于花岗岩球状风化体四周的花岗岩强、全风化层稳定性差，且遇水极易软化崩解，这给刀具更换带来极大困难，同时对上方建（构）筑物的保护极其不利。

三、破碎花岗岩球状风化体的主要方法

（1）盾构机直接破除球状风化体，但这需要满足两个条件：①盾构机必须具有足够的破岩能力，即刀具要有足够的切削岩石的能力；②在刀具破碎球状风化体的过程中，球状风化体必须处于固定状态，不能在刀盘前方滚动。这通常需要对球状风化体周边风化岩土层进行地面或洞内预加固，以固定球状风

化体；另外，还需要配置破岩能力强的单刃滚刀。

（2）洞内人工破除，主要方法有静态爆破、火药定向爆破、用岩石分裂机等设备进行破除等。这通常需要对球状风化体周边风化岩土层进行地面或洞内预加固，以维持掌子面的稳定，提供人工洞内作业的安全环境，或者采用压气作业方式。

（3）地面人工破除，主要方法有地面钻孔爆破、冲孔破除、人工挖孔破碎或移走等。

需要说明的是，这里所说明的每种方法都有自己的优缺点，具体到某个工程要采用何种方法，需要根据地质条件、地面环境、球状风化体分布情况等综合分析确定。

四、施工中采取的针对性措施

（1）加密补充地质勘探，掌握球状风化体的分布情况。提前做好准备工作，例如，地面预加固，为破除球状风化体、更换刀具做准备。

（2）施工过程中进行预测和判断是否存在花岗岩球状风化体。掘进过程中注意观察盾构机掘进的异常情况以及掘进参数的异常变化，例如，速度突然变慢，推力、扭矩突然增大，刀盘振动，盾构机有异响声等，判断是否碰上球状风化岩体。有经验的操作手据此可初步判断刀盘前球状风化体情况。

掘进过程中随时监测刀具和刀盘的受力状态，确保其不超载并观测刀盘是否受力不均，以防刀盘产生变形。

（3）勤检查刀盘和刀具、勤更换刀具。在花岗岩球状风化体群这种地层中施工，刀具、刀盘的损坏是很严重的。因此，对刀具、刀盘的检查和刀具更换是非常重要的。为了尽量减小刀具、刀盘的损坏，掘进过程中应通过控制掘进速度、刀盘扭矩、贯入度、刀盘转速等措施减少刀圈崩断、刀圈偏磨，通过控制推力来减少刀座、刀盘变形。另外，掘进时应注意控制土仓的温度，土仓温度过高亦会加速刀具和刀盘的损坏。

（4）不能通过盾构机直接破除的球状风化体，应采取适当的方法进行破除。

（5）盾构机在花岗岩球状风化地层掘进时，应控制掘进速度、刀盘扭矩和盾构机的推力，刀盘的贯入量以及刀盘的转速应做到平稳掘进，减少对地层的扰动。当掘进速度、刀盘的扭矩、盾构机推力出现异样状况时，例如，速度突然变慢，推力、扭矩突然增大，刀盘振动，盾构机有异响声等，应停机分析原因。

五、工程实例

图 5－50　刀盘前方的花岗岩球状风化体

天河客运站——五山站区间右线自 2004 年 2 月 7 日掘进至 614 环开始进入花岗岩球状风化地层，2004 年 9 月底脱离困境，历时 8 个月。花岗岩球状风化区段长度 348m，先后进行气压法换刀 15 次，更换各类刀具 251 把，工程为此付出了巨大代价。盾构穿越花岗岩球状风化地层是一个世界性难题，目前在国际上尚未有重大技术突破。由于对花岗岩球状风化体认识不深，在右线第一次遇到球状风化体时竟束手无策，盾构机一停就是3个多月。以下是天河客运站——五山站区间盾构机穿越花岗岩球状风化体区段的施工过程。刀盘前方的花岗岩球状风化体如图5－50所示。

（一）天河客运站——五山站区间右线第一段花岗岩球状风化区段长15m，盾构掘进历时107天，更换滚刀51把

2004年2月7日至2004年6月8日，天河客运站——五山站区间右线盾构机掘进支YDK1＋691～支YDK1＋706（环号614～624，即15m），历时107天，更换滚刀51把。

2004年2月19日，天河客运站——五山站区间右线盾构机掘进到支YDK1＋691（距上次开舱换刀85环），掘进期间遇到花岗岩球状风化体，刀具损坏严重，开始第二次压气作业换刀工作，至2004年3月11日完成换刀，共计更换滚刀24把。2004年3月12日恢复掘进。

由于盾构机在球状风化区掘进过长，造成刀具严重损坏，有些刀座已变形，需要进行动火作业方可拆除，但压气作业条件下无法动火，所以有些刀具没进行更换，造成了以后的换刀困难。

2004年3月15日，天河客运站——五山站区间右线盾构机掘进到支YDK1＋706里程处（距离上次换刀10环），推进过程困难并频繁卡刀盘；3月16日，进行第三次压气检查刀具作业，发现掌子面下方有球状风化体，第二次压气作业换刀时更换的滚刀已严重磨损，有很多刀具在压气作业下无法更换。为保护刀盘并顺利通过该花岗岩球状风化地段，决定尝试盾构机后退洞内注浆加固、喷射砼注浆加固等方法，以便开仓进行刀具的更换。期间曾采用静态爆破、火工爆破对球状风化体进行清除。本次停机历时85天，累计注浆超过200 m^3，共换滚刀27把。由于掌子面不稳定，所有的刮刀、齿刀均没更换。2004年6月9日下午恢复掘进。损坏的刀具如图5－51、图5－52所示。

图5－51　刀盘上拆下的滚刀

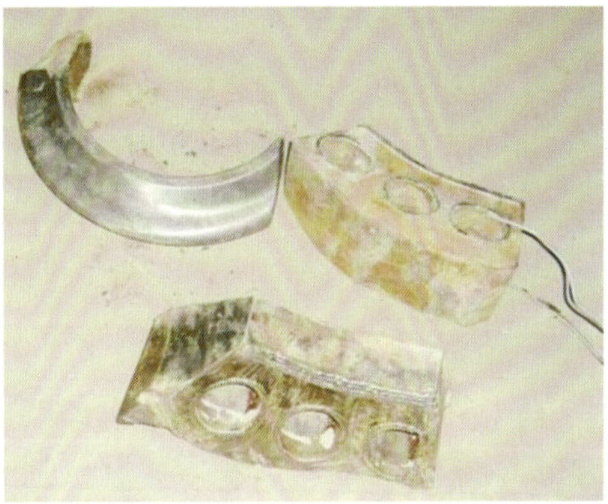

图5－52　土仓捞出的刀具

图5－53　右线盾构施工造成地面下沉

经验教训总结：

（1）由于上次有些损坏的刀没更换，造成新更换的刀具很快被破坏，主要原因是压气条件下无法进行动火作业。

（2）本次盾构机后退洞内注浆加固，但效果依然不理想，主要是周边无法加固，刀盘转动后加固体全被损坏。

（3）采用喷射砼注浆加固可以使掌子面稳定，但工期过长，且滚刀位置无法加固，在换滚刀时会从刀座处涌泥，增加换刀困难，且刀盘旋转后注浆加固体被破坏，需重新喷砼注浆加固。

（4）静态爆破清除球状风化体不理想，但可在压气条件下进行。采用火工爆破清除球状风化体需开仓进行，且对掌子面挠动破坏较大，在掌子面不稳定的条件下实施存在很大的危险性。

（5）盾构在花岗岩球状风化地层中掘进，较小的球状风化体会随着刀盘的转动而转动，并与盾构机一起向前移动，这些转动前移的球状风化体会持续对刀具产生严重破坏，引起崩刀，在遇到此类球状风化体时，最好采用人工清除后再掘进。

盾构在球状风化地层中掘进缓慢，再加上前面有转动前移的球状风化体，使盾构机刀盘对土体的挠动加大，在土压力控制不好的情况下，会增加出土量，引起地面过大沉降，甚至塌方。2004 年 5 月 14 日，即盾构掘进到此处两个月后，地面出现了 Φ6m 的大坑，如图 5－53 所示。

（二）天河客运站——五山站区间左线盾构过华农兽药厂球状风化区段历时 73 天，更换滚刀 40 把

2005 年 3 月 17 日，天河客运站——五山站区间左线盾构隧道掘进到 ZDK2＋381.86 时遇到花岗岩球状风化体。停机后进行压气换刀，但地面漏气，无法进行换刀。采用洞内注浆加固后，累计换刀 10 把，其中 26 号刀更换 2 次。由于地面漏气过大，需更换的刀具无法全部更换。后尝试采用地面钻孔爆破的方法对球状风化体进行爆破，先采用钻孔探清岩石，共钻 7 孔，其中在刀盘前端 0.7m 处的 3 个孔钻到球状风化体，如图 5－54 所示。后对有球状风化体的 3 个孔实施了爆破，4 月 8 日恢复掘进，但掘进速度仍很慢，并频卡刀盘，掘了一环后停机，压气检查发现外围 29 号刀以外的刀均损坏，由于地面漏气不能保压，无法进行更换。4 月 10 日，在盾构机前方钻孔继续探明球状风化体情况，共钻 10 个，其中 5 个探到球状风化体，球状风化体分布如图 5－55 所示。经研究决定采用直径 Φ2.5m 的冲孔桩对球状风化体进行清除，如图 5－59 所示。冲孔桩施工完成后，4 月 17 日试恢复掘进到支 ZDK2＋381.86，仍出现掘进缓慢且频卡刀盘。4 月 18 日，经开会讨论认为：①由于对球状风化体形状、大小均不清楚，采用爆破进行清除效果不理想，且爆破冲击力对刀盘的影响也无法估计；②采用冲孔桩清除球状风化体，无法做到完全清除干净，使得盾构机在刀具损坏的情况下仍无法通过没清除的少量球状风化体；③目前地面已具备加固的条件，应采取地面加固后换刀方案，考虑到需从洞内清除球状风化体，加固应以能开仓常压换刀的目标进行。经讨论，拟采用地面三重管高压旋喷加固方法。共设七排 Φ700mm 旋喷桩，排距 500mm，刀盘前面一排及顶上一排桩间距 500mm，其他桩间距 600mm。旋喷范围为隧道上部 5m 到底部 1m。

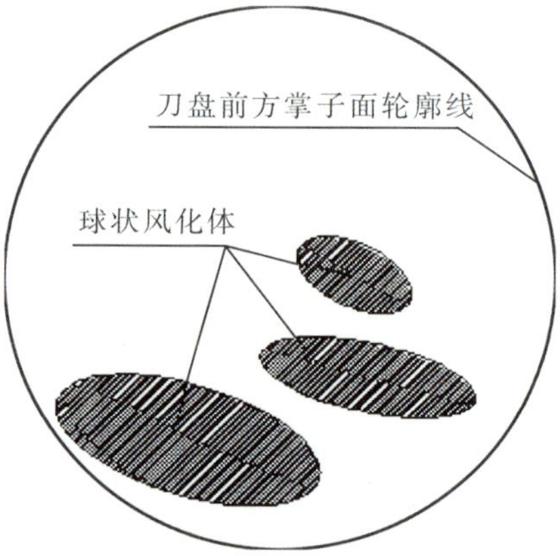

图 5－54　右线里程 YDK1＋706（624 环）球状风化体情况

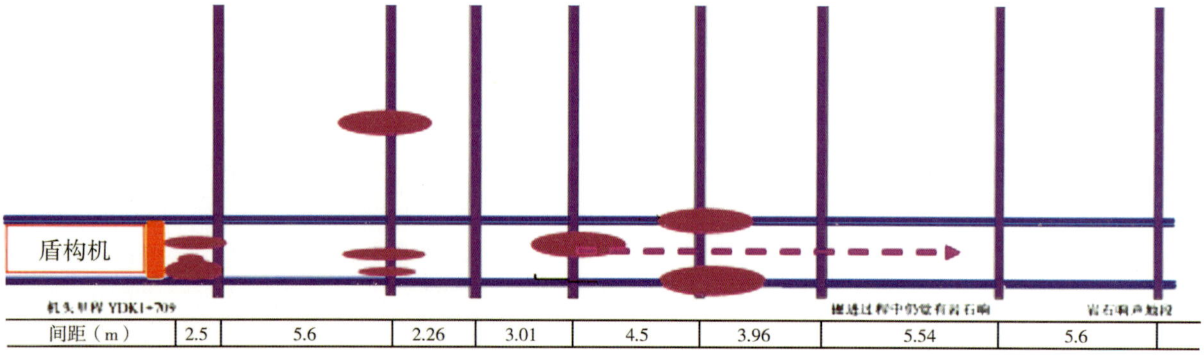

图 5－55　华农兽药厂花岗岩球状风化区段加密补充地质勘探示意图

2005 年 5 月 13 日完成加固后，于 2005 年 5 月 20 日压气试开仓，结果仍出现地面漏气，无法进仓；后于 2005 年 5 月 23 日常压条件下开仓换刀成功，共换刀 27 把，于 2005 年 5 月 30 日恢复掘进。

在判断遇到球状风化体后，立即进行了压气检查和刀具更换，但是由于地层原因，刀具更换无法全面完成。由于钻孔探测无法准确探明球状风化体性质和位置，因此，爆破和冲孔桩清除球状风化体效果不佳，可见该处球状风化体范围大、强度高、清除困难是这次掘进困难的主要原因。后采用旋喷桩进行地面加固，准备换刀后让盾构机强行通过。旋喷桩加固完成后 7 天进行试压气换刀，压气控制在 1.5bar，结果地面大面积漏气，气压仅能控制在 0.9bar 以内。这表明，旋喷桩并没有将地层很好地封闭，原因可能是土体内存在树根木块所致，因为在冲孔桩施工时捞出很多树根木块。但根据旋喷施工记录，每米水泥用量均达 400kg 以上，用量较大，所以只要土体内水泥强度能上来，加固体达到稳定效果后，即使有水也不会发生塌方。于是在加固完成 10 天后，进行开仓检查，发现加固效果良好，掌子面土体稳定，使得换刀成功，并顺利通过该段花岗岩球状风化区段。

图 5－56　华农的球状风化体

图 5－57　刀具在球状风化体上留下的痕迹

图 5－58　出土取出的球状风化体

图 5－59　尝试用冲孔桩机冲击球状风化体

图 5－60　土仓内换刀前掌子面注双液浆加固

（2004 年 1 月 13 日，右线掘进通过能源所 10#楼后，529 环首次遇到大量球状风化体，地面没有加固的场地条件。先后尝试刀盘前施作水泥墙，掌子面注浆加固。图为对掌子面进行喷浆封闭后注双液浆加固。）

图 5－61　压气换刀作业

（天河客运站——五山站区间右线 614 ~ 750 环 204 米球状风化体密集段累计压气换刀 11 次，共换 135 把刀。图为工人在压气条件下更换滚刀。）

图 5－62　进入刀盘前实施人工破岩

（对于在刀盘前刀具难以破碎的滚动球状风化体采用人工液压钻孔分裂机破除。图为工人对球状风化体钻孔。）

图 5－63　实施洞内火攻控制爆破

（2004 年 5 月 21 日，624 环遇到球状风化体损坏了很多刀具，尝试膨胀剂不理想后，尝试爆破。图为火工爆破用的硝酸铵炸药。）

图 5－64　TWY1089 环华农校园内冒浆

（2004 年 11 月 9 日，右线掘进到 1089 环，地面为华农游泳池边上。遇到大块球状风化体，试图压气检查更换刀具，由于隧道上部为淤泥层，地面严重漏气。图为地面喷涌出的泥浆。）

图 5－65　华农地面加固

（2004 年 11 月 9 日，华农游泳池边，天河客运站——五山站区间右线 TWY1089 环掘进地面漏气冒浆，无法压气，钻探表明为大块球状风化体，先后尝试地面钻孔爆破、冲孔破岩，最后采用旋喷加固压气换刀后掘进通过，前后历时两个多月。）

六、盾构通过花岗岩球状风化地层的经验教训总结

（1）在地质勘探方面，对于花岗岩风化地层，目前采用的 30～50m 一个地质钻探孔难以满足要求，应加密钻探，对于有球状风化体存在的地段，钻探孔的间距应该更小、更有针对性。

（2）应合理选择盾构机，盾构机的掘进能力、刀盘刀具的布置以及滚刀的数量、强度应适应区间地质条件。目前三号线有花岗岩球状风化体存在的区间选用的是海瑞克盾构机，滚刀的间距偏大，边缘滚刀的数量偏少，同时，滚刀的强度不够，在掘进过程中，滚刀破坏严重，造成掘进缓慢，换刀频繁。

（3）盾构机在花岗岩球状风化地层掘进时，应控制掘进速度、刀盘扭矩、盾构机的推力、刀盘的贯入量以及刀盘的转速，做到平稳掘进，减少对地层的扰动。当掘进速度、刀盘的扭矩、盾构机推力出现异样状况时，如掘进速度突然变慢，推力、扭矩突然增大，刀盘振动，盾构机有异常响声等，应停机分析原因。

（4）在花岗岩球状风化地层施工时，刀具（包括刀盘）的磨损和破损速度很快，对刀具和刀盘的检

查和刀具更换应成为一种例行工作，掘进过程中应做到勤检查勤换刀，以防止刀具的破坏引起刀座的变形和刀盘破坏。

（5）刀具检查应全面，刀具更换应彻底。在掘进过程中，未更换破损的刀不能破除岩石，会形成岩脊，对周边的刀具产生侧压，加速周边刀具的破坏。

（6）在花岗岩球状风化地层，由于周边地层为花岗岩全风化和残积土，遇水易软化崩解，刀具更换最安全的方法是进行地层加固，但加固换刀时间长、成本高。因此，压气作业的广泛应用解决了这一问题。压气作业时，首先应试压，确保掌子面能保住压力才能进行带压工作。

（7）对于花岗岩球状风化体的处理，除采用盾构机直接破除外，还可根据掌子面稳定情况及球状风化体周边临空面情况，采取适当的方法破除。

（8）对于在花岗岩球状风化地层掘进，盾构机刀具最主要的破坏形式有刀圈崩断，刀圈偏磨，刀座、刀盘变形等，应通过控制掘进速度、刀盘扭矩、贯入度、刀盘转速等措施减少刀圈崩断、刀圈偏磨，通过控制推力来减少刀座、刀盘变形等情况发生。

（9）在花岗岩球状风化地层掘进时，应注意控制土仓的温度，若土仓温度过高，可能会加速刀具的破坏。

第四节　全断面硬岩中盾构掘进技术

全断面硬岩主要是指隧道洞身整个断面都是微风化和中风化岩石，岩石强度高，有很好的自稳能力。三号线的盾构机通过的全断面硬岩段主要包含全断面泥岩微风化地层、全断面砂砾岩微风化地层、全断面花岗岩和全断面变质岩微风化地层。本节主要介绍全断面花岗岩和全断面变质岩微风化地层的施工技术。

一、花岗岩、混合岩中盾构掘进施工的重难点

三号线天河客运站——华师站区间的微风化花岗岩其实验室测得的单轴抗压强度 $fc = 47.65 \sim 153.40$MPa。市桥站——番禺广场站区间多个区段都存在花岗岩微风化带，抗压强度 $fc = 30.7 \sim 150.7$MPa，番禺广场站以西 700m 左右线隧道存在着不同长度的 $fc \geq 150$MPa 的〈9H〉微风化花岗岩地层。三号线汉溪长隆站——市桥站区间变质岩的单轴抗压强度极值为：中风化地层 $fc = 10.9 \sim 55.8$MPa；微风化地层 $fc = 49.7 \sim 161.0$MPa。盾构机在此类岩石中掘进时具有以下特点：

图 5－66　市桥站——番禺广场站区间盾构机刀具被花岗岩严重磨坏

（1）滚刀和刮刀磨损严重，平均每掘进 10 环（15m）就要更换一盘刀具，如图 5－66 所示。严重时，更换一盘刀具之后，只掘进一环（1.5m）就又掘不动了。而且每次都是滚刀刀圈磨损、崩断以及刀座变形，换刀困难。刀具无法有效破岩、频繁换刀，表明三号线的盾构机刀盘、刀具的设计不适合长距离〈8H〉、〈8Z〉、〈9H〉、〈9Z〉硬岩地层的掘进。

（2）推进速度非常慢。在开挖面上显示花岗岩非常坚硬，看不到岩石被滚刀明显破碎的痕迹，如图 5－68 所示。

（3）目前，广州地铁三号线配置的盾构机对这类坚硬地层基本不能适应。在诸多原因中，滚刀的刀间距过大、扩挖边缘滚刀布置较少是其中的主要因素之一。在硬岩段，如果滚刀的刀间距过大，那么，相邻两滚刀之间的岩石就不能充分被破碎，这部分岩石就会阻止盾构继续掘进，目前广州使用的盾构机，刀间距一般为 100～120 mm。边缘滚刀少，且它仅比盾壳高出 15～20 mm，在推进的过程中，一旦将这个余量磨掉之后，围岩就会将盾壳卡住，从而限制了盾构机的推进。

图 5-67　市桥站——番禺广场站区间右线掌子面岩石

图 5-68　变质岩工作面上滚刀破岩的痕迹

二、花岗岩、混合岩中盾构掘进施工的对策

（1）对于在花岗岩微风化及变质混合岩微风化地层中掘进，可采用重型滚刀、镶高强度合金的滚刀、齿轮刀等刀具。

（2）对于盾构机壳体被卡住的情况，可采用爆破作业扩孔，清除卡住刀盘的岩石后再掘进，如工程实例 1。

（3）对于长距离微风化地层，可采用矿山法开挖初支、盾构机拼装管片通过的方式，减少盾构机掘进刀具掘进微风化地层的长度，这种做法既节约成本，同时也确保了隧道的施工质量，如工程实例 2。也可采用矿山法初支、现浇二衬等辅助措施开挖硬岩段。

三、工程实例

［工程实例 1］　市桥站——番禺广场站区间右线全断面花岗岩中盾构机卡壳处理

图 5-69　上部盾壳被岩层卡死

图 5-70　盾壳与岩层密贴

2006 年 3 月 13 日白班，右线盾构掘进 1 578 环时，掘进困难，停机更换刀具，本次共更换滚刀 12 把，刀具更换完成后，晚班恢复推进，完成 1 578、1 579 环掘拼，当继续推进 1 580 环至千斤顶行程 400mm 时，掘进推力及速度异常（盾构机推力达到 2 000t，掘进速度 1～3mm/min），故决定停机检查刀具；14 日更换 19#、3#滚刀后恢复掘进，但掘进依然十分困难，推进至千斤顶行程 700mm 后停机检查刀具，检查发现刀盘边缘滚刀磨损严重且全部为偏磨（35#、37#、38#、39#均偏磨至刀箍位置），并且由于边刀磨损导致开挖轮廓缩小，盾构机切口环外侧密贴周边围岩，盾构机受前方围岩的约束无法继续前进，如图 5-69、图 5-70 所示。针对此情况，施工管理部门 15 日决定凿除突出盾体切口环位置的岩体后再进行推进；15～20 日期间对上半部突出岩体凿除并三次尝试向前推进，但均未脱困，盾构机仅前进

260mm（千斤顶行程为 960mm）；21 日决定将岩体打凿范围扩大到整个圆周范围；22 日继续尝试推进，但盾构机仅继续前进约 100mm（千斤顶行程为 1 060mm），又无法继续前进，此时从土仓内观察，切口环前方已无突出岩体阻挡盾构前进，盾构机前体已被周边围岩卡死。

1. 原因分析

经讨论分析，认为造成此次事故的原因主要有以下 3 个方面：

（1）刀具检查及更换不及时，边刀磨损严重，导致开挖轮廓缩小。

（2）盾构卡壳发生后，处理措施不当，导致卡壳程度加剧。

（3）15 日至 20 日盾构机卡壳处理中仅对盾构机切口环上半断面（及稍向下）突出的岩体进行凿除，底部突出切口环的围岩未进行处理，盾构机推进后前体上抬，导致卡壳程度加剧。

2. 卡壳爆破处理

为尽快使盾构机解困，经研究，决定采用爆破清除盾体（主要是盾构机前体）上半部围岩，根据如图 5－71 所示的地质剖面图，本次爆破地层主要为〈8H〉、〈9H〉中风化及微风化花岗岩，施工作业空间位于盾构机土仓内，作业空间狭小，爆破无法一次成功，只能分步进行。

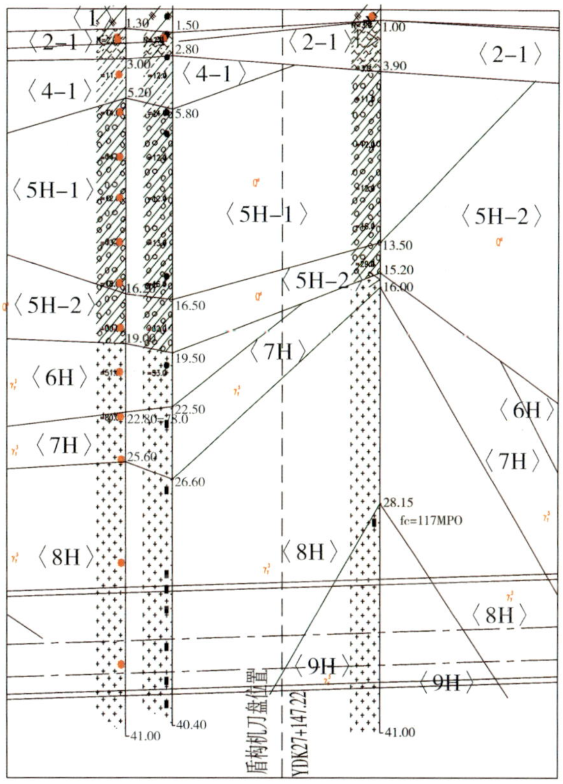

图 5－71　右线 1 578 环地质断面

岩体清除工作分两个阶段进行：第一阶段利用刀盘开口，在刀盘前方岩体上爆破开挖一个工作洞，工作洞呈扇形，沿线路方向深度为 1 000mm。第二阶段是利用第一阶段形成的工作面，清除盾构机前体半部围岩，使盾构机脱困。

爆破处理从 3 月 28 日开始，至 4 月 6 日结束，历时 10 天，共进行爆破 16 次，耗用炸药 96. 6kg、电雷管 33 发、非电雷管 313 发。于 4 月 6 日下午进行试推进，顺利脱困，脱困最大推力约 1 000t，如图 5－72 至图 5－75 所示。

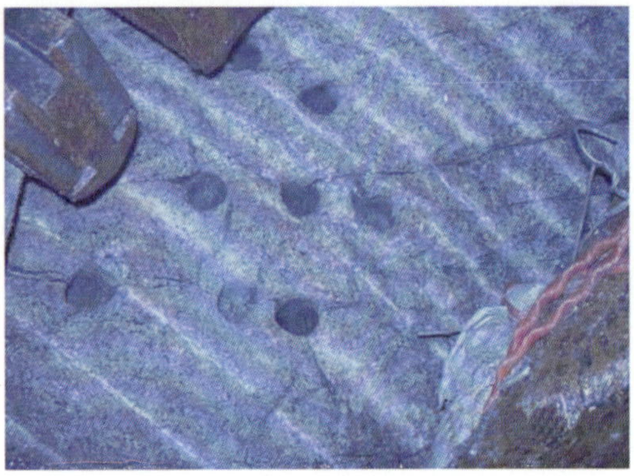

图 5－72　开挖面打眼爆破

图 5－73　盾构机上部和前方围岩爆破清除后

图 5－74　盾构机上部和前方围岩爆破清除后

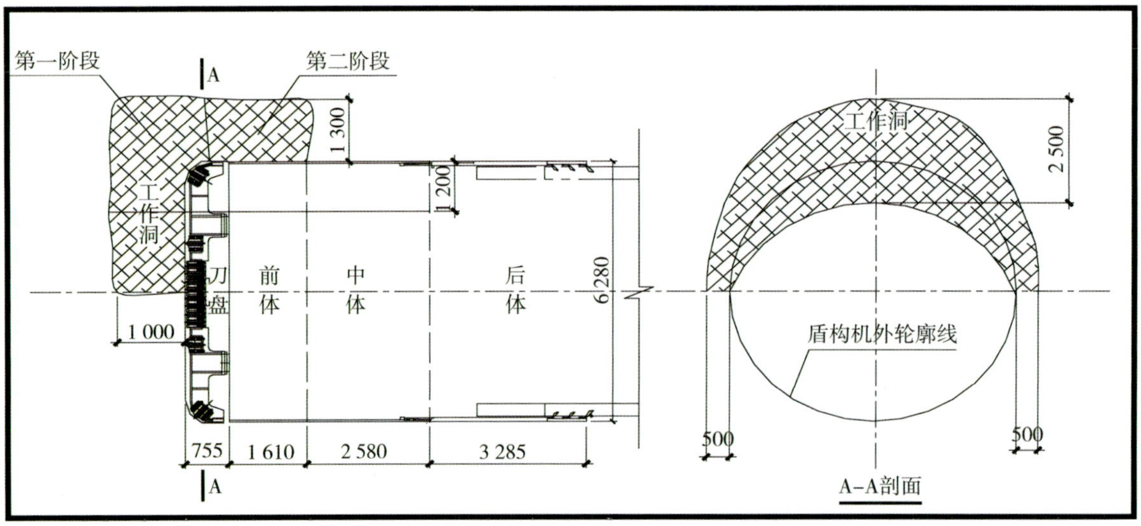

图 5－75　盾构机上部围岩爆破清除示意图

［工程实例 2］　大石站——汉溪长隆站区间选择辅助工法使盾构机通过硬岩段

在 YDK16＋715～YDK16＋937 区间，隧道通过范围内主要地层为中风化混合岩〈8Z－2〉、微风化混合岩〈9Z－2〉，属Ⅴ、Ⅵ类围岩，岩石抗压强度为 62.5～113MPa，为全断面硬岩段，如图 5－76 所示。

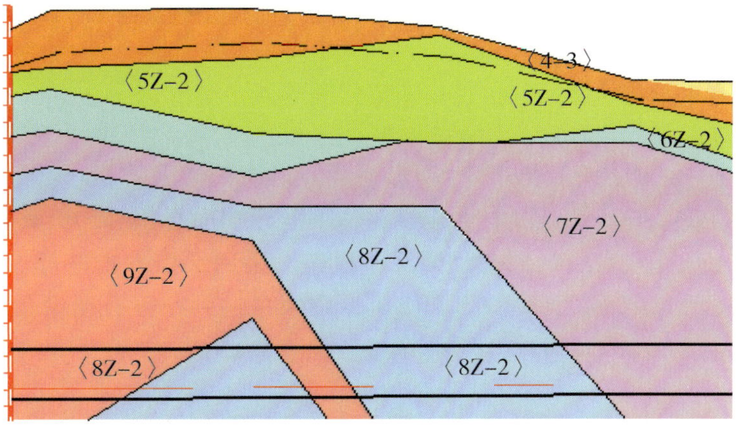

图 5－76　矿山法段地质剖面示意图

（〈4－3〉坡积土层；〈5Z－2〉硬塑或密实状变质岩残积土层；〈6Z－2〉变质岩全风化带；〈7Z－2〉变质岩强风化带；〈8Z－2〉变质岩中风化带；〈9Z－2〉变质岩微风化带。）

隧道平面为曲线，曲线半径 $r=1\ 800$m，纵断面为上坡，坡度系数 $i=4‰$。根据该段地层的地质特征，如果采用盾构法通过，可能会出现刀具大量损坏、工期严重滞后，甚至盾构机刀盘严重损坏等风险。经充分研究，决定采用在盾构机到达前，用矿山法开挖，然后由盾构机步进、拼装管片通过该段地层。

（一）隧道开挖

采用矿山法通过硬岩段，必须在盾构机贯通前将隧道挖通，将导台、接收台施工完毕，并符合设计要求，否则会影响进度。

根据该区间地质特征，隧道采用人工光面爆破开挖，超前小导管、锚杆＋钢筋网＋喷射混凝土等支护措施，根据地质条件不同，采用不同的初期支护参数。

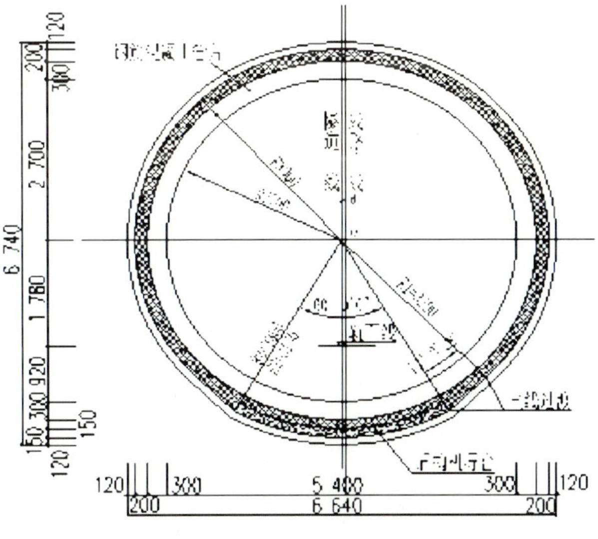

图 5－77　隧道衬砌断面图

图 5－78　扩大段导台

隧道的开挖断面要满足盾构机安全平稳通过的要求，考虑到围岩的类型、施工误差等因素，将开挖断面设计为外放 200mm，即开挖直径 Φ6 560～6 640mm，并设置盾构机导台，如图 5－77、5－78 所示。

在施工暗挖段时，除了注意施工安全外，还要控制好隧道的中心线、隧道的超欠挖、导台的标高、导台的弧度及导台的中心线。在贯通前，应检查隧道的欠挖、导台的标高，如果不符合设计要求，要立即进行处理，否则会影响盾构机的步进。右线施工过程中，由于导台的标高及弧度不符合要求，造成返工而影响工期。左线吸取右线的经验及早对导台的标高进行测量，调整导台的标高，顺利通过了暗挖段。

（二）盾构机通过暗挖段

隧道贯通后盾构机步进上导台，盾构机过暗挖段拼装管片主要有以下工序：盾构机步进、拼装管片、喷射豆砾石、管片背填注浆等工序流程，如图5－79、5－80所示。

（三）管片背填注浆

注浆采用水泥砂浆，配比为水泥：膨润土：粉煤灰：砂：水＝120：60：381：779：460，注浆在每环管片喷射小碎石回填后进行，通过盾构机自身的同步注浆系统注浆，采用手控方式进行。注浆结束标准为两种标准控制，即当注浆压力达到设定值（0.1～0.2MPa）或注浆量达到小碎石理论孔隙率的80%以上时，即可暂停注浆。

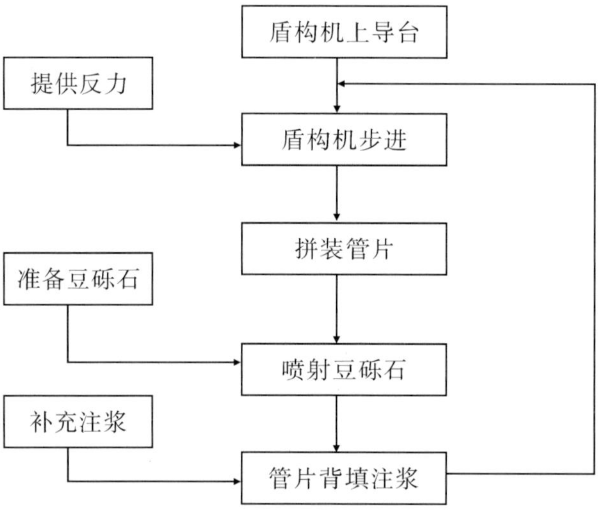

图5－79　盾构机过暗挖段工艺流程图

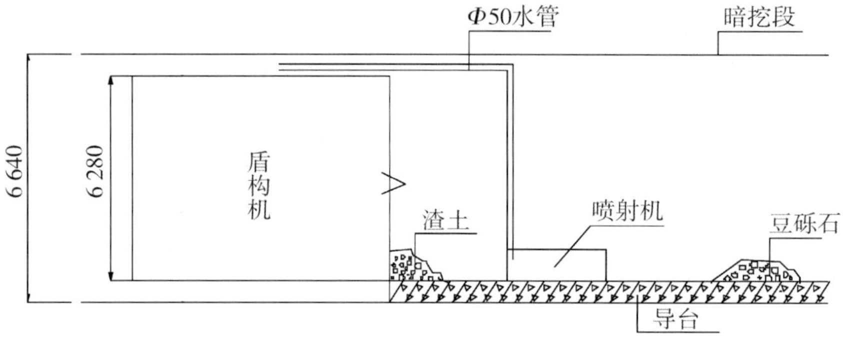

图5－80　过暗挖段喷射豆砾纵剖面示意图

（四）补充注浆

由于管片背填注浆时，盾构机前方是敞开的，管片注浆效果肯定不理想，必须对管片进行补充注浆。管片安装10环后，每间隔6m在管片吊装处开口检查注浆效果，若注浆效果不好，则进行回填注浆。回填注浆采用水泥浆，通过普通注浆机，采用人工操作方式进行即可。注浆结束标准为注浆压力单指标控制，即当注浆压力达到设定值时，即可认为达到了质量要求。

盾构机通过左、右线暗挖段后，对管片的姿态、渗水、碎裂、错台进行检查，发现管片安装质量较好，管片垂直偏差、水平偏差也基本控制在±50mm以内。

［工程实例3］　市桥站——番禺广场站区间左右线700m硬岩段改为矿山法施工

单就掘进速度而言，并非在任何地层条件下，盾构法都是最快的。在围岩非常坚硬的情况下，采用传统的钻爆法要比盾构法掘进快。番禺广场以西700m，隧道穿越的硬岩均为〈8H〉、〈9H〉花岗岩，如图5－81所示。盾构机在〈8H〉、〈9H〉花岗岩中掘进时，平均每掘进10环（15m）就要更换一盘刀具。严重时，更换一盘刀具之后，只掘进一环（1.5m）就又掘不动了。而且每次都是滚刀刀圈磨损、崩断以及刀座变形，换刀困难。刀具无法有效破岩，需频繁换刀，表明市桥站——番禺广场站区间的两台盾构机刀盘、刀具的设计不适合长距离〈8H〉、〈8Z〉、〈9H〉〈9Z〉硬岩地层的掘进。迫于工期压力及盾构机不适应长距离硬岩掘进，将市桥站——番禺广场站区间左右线番禺广场站以西700m硬岩段由盾构法改为矿山法施工。番禺广场站以西700m硬岩段地质断面如图5－82所示。

图5－81　硬岩地段改矿山法出渣情况

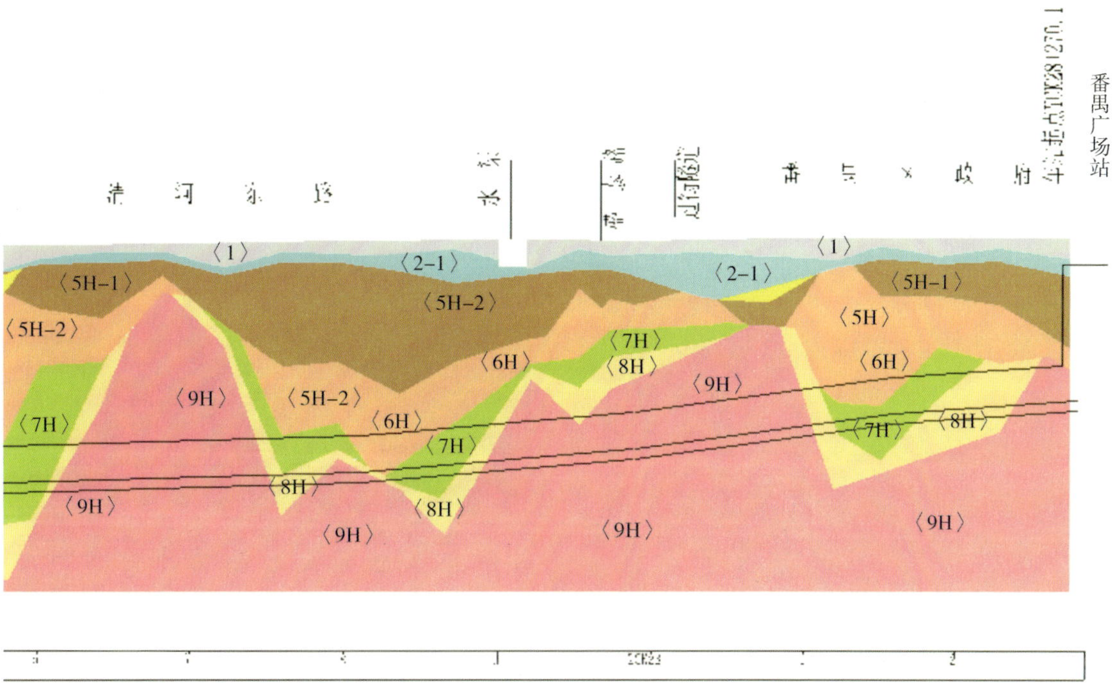

图5－82　市桥站——番禺广场站区间番禺广场站以西700m硬岩段地质断面

四、全断面硬岩中盾构掘进的经验教训总结

（1）目前采用的盾构机在长距离全断面花岗岩、混合岩硬岩段掘进困难，刀具损坏频繁，工程造价大，且施工速度慢。为节约成本，对于长距离硬岩可采用矿山法开挖初支、盾构机拼装管片通过的方案，也可采用矿山法初支、二衬施工的方案。

（2）在硬岩段盾构施工，应加强对刀具的检查，特别是对边缘滚刀的检查，避免因开挖直径不够造成盾构机卡壳。

（3）若采用矿山法开挖初支、盾构机拼装管片通过的方案，矿山法初支开挖面直径应比盾构机开挖直径大40cm，盾构机导台应平顺，导台上提供反力的装置应能提供足够的反力，确保有足够推力能将管片挤压紧，保证管片拼装质量。

（4）若采用矿山法开挖初支、盾构机拼装管片通过的方案，吹填豆砾石、盾尾注浆要饱满，否则，一旦隧道封闭，将会造成管片上浮，影响隧道曲线及质量。

（5）目前采用的海瑞克盾构机刀间距偏大，在滚刀掘进痕迹间存在明显脊背；同时，边缘滚刀数量偏少，容易造成因边缘滚刀损坏而出现卡壳的现象。

第五节　盾构穿越断裂带的掘进技术

一、在断裂带中盾构施工的风险

断裂带特别是区域性的断裂带，通常规模宏大、岩性复杂、破碎或坚硬，地下水较为丰富。在断裂带中，可见到震旦系的混合岩、石炭系的石灰岩、侏罗系的煤系地层、白垩系的红色沉积碎屑岩和燕山期的花岗岩。这些岩石的成因、类型、成分、结构和构造有着天壤之别。同时，在断层形成的时候，随之也形成了一些新的角砾岩，其中某些岩石受到了不同程度的矽化作用。因此，断裂带的岩性非常复杂，某些岩层可能很松散，某些部位会出现十分坚硬的岩体或岩块，某些地段可能软硬突变。在石灰岩地段，“溶洞”还可能会十分发育。因为断层形成的性质不同，其含水特性也不一样，某些断层或断层的某些部分非常富水，是地下水的通道。因此，盾构在断裂带中施工，可能存在以下风险：

（1）由于某些地段可能软硬突变，对刀具破坏较大。

（2）由于地层不稳，可能会导致掌子面坍塌。

（3）某些断层或断层的某些部分非常富水，是地下水的通道，可能会导致喷涌的现象发生。

二、在断裂带中盾构掘进技术措施

在断裂带中施工，应详细掌握断裂带的分布宽度、走向、地下水等情况，弄清其对盾构施工的影响。针对以上施工风险，可以采取以下相应的技术措施：

（1）在盾构机到达断裂带前，对刀具进行检查及更换，以最合理可靠的刀具组合通过断裂带。

（2）在地层不稳地段应采用土压平衡模式掘进，确保工作面的稳定。

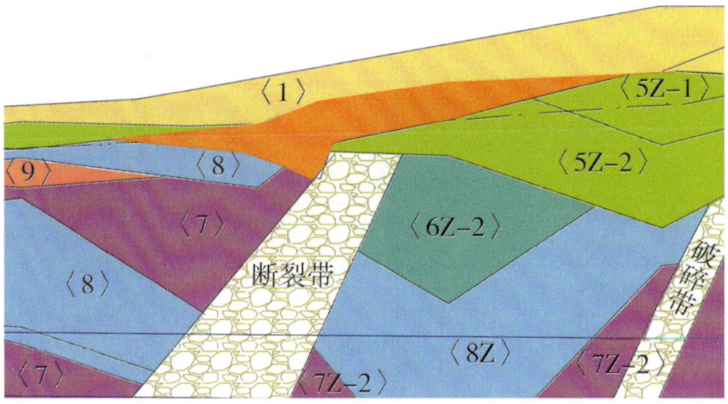

图 5－83　礼村断裂带地质剖面示意图

（3）在富水地段，盾构掘进过程中向土仓内和掘进面及螺旋输送机内注入添加材料，改善渣土性能，提高渣土的流动性和止水性，以防喷涌。

三、工程实例

［工程实例 1］　大石站——汉溪长隆站区间盾构穿越礼村断裂带

礼村断裂带位于 YCK16＋340～YCK16＋540，断裂带宽度 50～60m，影响带宽度 200m。断裂带上盘地层为泥质粉砂岩，下盘为混合岩，断裂带为角砾岩、硅化角砾岩和断层泥。钻孔揭露的硅化角砾岩天然单轴抗压强度达到 156. 5MPa。断裂带节理裂隙发育、透水能力强，k 值高达 16. 81m/d，属规模较大的强透水性、强富水性含水带。礼村断裂带地质剖面如图 5－83 所示。

图 5－84　掘进中发现的硅化角砾岩岩块

（一）概况

大石站——汉溪长隆站盾构区间 YDK16＋340～YDK16＋540 是礼村断裂带影响范围，主断裂带宽为 50～ 60m（YDK16＋504～YDK16＋540），断裂带主要为硅化角砾岩，岩体破碎，岩石强度高，最高达 156MPa，富水性强，渗透系数 k＝16. 81m/d。

该段隧道为直线段，坡度5‰，针对该段地层的复杂性，应采取相应措施，才能快速安全通过。

（二）右线掘进

右线在掘进399环（里程YDK16+490.24）时，渣土中开始出现硅化角砾岩岩块，从401~406环渣土中基本为硅化角砾岩。个别直径达200mm（如图5-84所示），在掘进411环时从渣土中发现一把圆弧刮刀和三颗连接螺栓。右线406~411环掘进参数见表5-2。

表5-2　406~411环掘进参数

总推力	1 000~2 000t
扭矩	950~1 520kN·m
刀盘转速	1.7rpm
掘进速度	10~20mm/min（最大35mm/min）

初步分析：由于硅化角砾岩的不规则性及高强度，刀盘在转动的过程中，刀具受岩石的冲击而产生连接螺栓松动，致使螺栓受拉断裂。从掘进情况及渣土中含大量硅化角砾岩分析，可能刀具磨损比较严重，不宜继续掘进，决定开仓检查刀具。

处理：通过试开仓，发现地层含水量大且含断层泥，地层不稳定，因此不能开仓，必须对地层进行加固处理。

结合隧道的埋深（埋深20m）、地表的环境、地层条件、盾构机的条件，决定在地表对掌子面的地层进行加固，采用袖阀管注双液浆的方法，加固范围如图5-85所示。经加固处理及检查注浆效果后，决定开仓处理刀具。从开仓结果看，注浆加固效果比较理想，地层稳定，可以进仓处理刀具。经过检查，共有14把滚刀偏磨，2块刮刀断螺栓。

应该注意的问题：水泥浆的凝结作用对盾构机的影响较大，本次注浆浆液为双液浆，处理时间比较长，由于水泥的凝固作用，对盾构机盾壳产生固结作用，造成盾构机在3 000t推力下仍不能前进，后经过对盾壳的振动及铰接油缸的处理才使盾构机脱困。

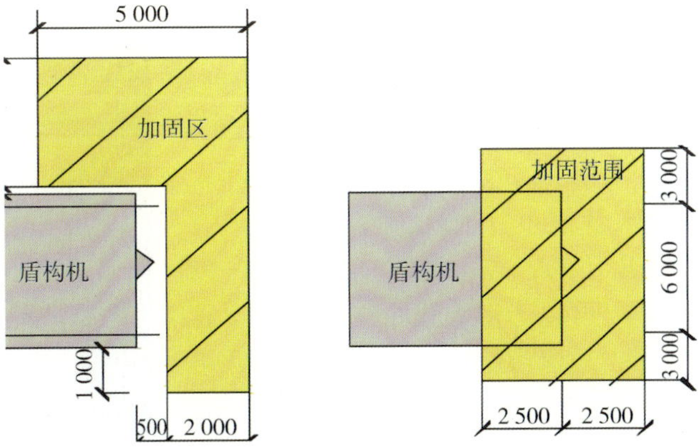

图5-85　注浆加固示意图

经过411（YDK16+507）环换刀处理，继续掘进，从474环开始，刀盘扭矩波动大，刀盘推力逐渐增大，掘进速度逐渐缓慢，喷涌严重。

487环推力明显变大为1 573t，掘进速度只有9mm/min，刀盘扭矩波动较大，刀盘转动时偶有异响，至489（YDK16+625）环推力达1 900t，速度只有0~1mm/min，刀盘转动声音尖利，且有较固定的频率。从声音推测刀盘刀具滚动不良，渣土中含大量微风化岩块，初步判断，刀具损坏比较严重，决定开仓检查。根据地质资料显示，此处地层为断裂带影响范围。地层含水量大、埋深深，开仓有一定难度，经过带压进仓检查确认掌子面地层为〈9Z－2〉和〈7Z－2〉地层。

根据实际地层情况、涌水量、隧道埋深（39m）及地表情况，初步决定采取在隧道内利用盾构机预留的超前注浆孔进行注双液浆的办法封堵地层涌水问题，然后开仓检查更换刀具。

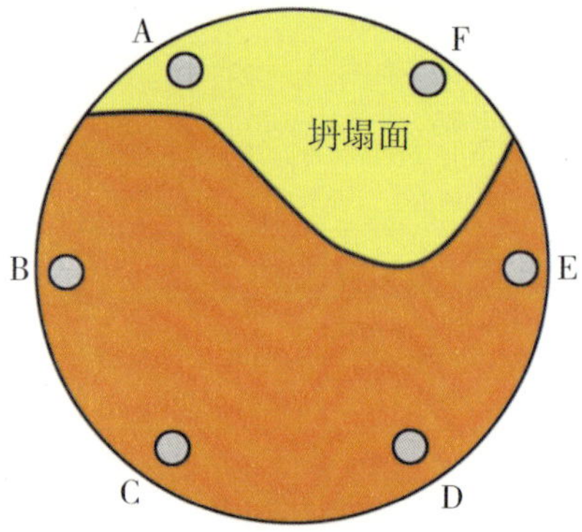

图 5－86　超前注浆孔位示意图

图 5－87　利用盾构机预留孔打水平孔

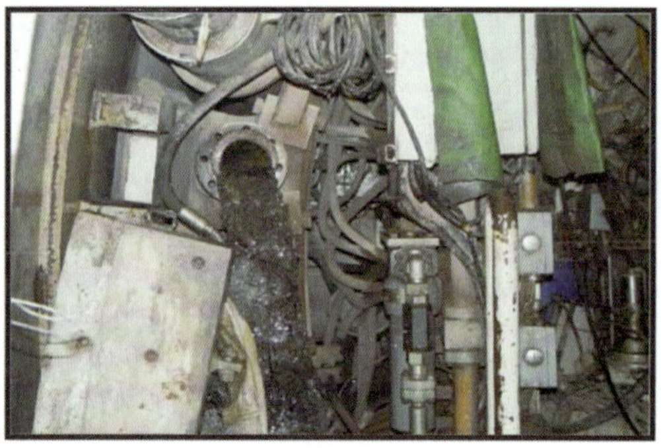

图 5－88　超前钻孔排水（约 $70m^3/h$）

图 5－89　超前钻孔取芯

如图 5－86 所示，在工程施工中，首先施工 E 孔，钻进到 10.12m 时从 E 孔涌出大量水（涌水量 $70m^3/h$），无法继续钻进，而输送机内水量变小，E 孔地层为微风化混合岩；改钻 B 孔，B 孔钻进到 14m 时有大量水涌出，B 孔地层为微风化岩，B 孔涌水后 E 孔无涌水，螺旋输送器内水量很小。土仓 1 号传感器只有 0.019MPa，5 号为 0。根据 B、E 孔的岩芯及涌水量的变化，判断掌子面地层稳定，涌水量变小，可以不需要进行注浆处理，直接开仓更换刀具。开仓结果显示，地层很稳定，涌水量很小，可以满足检查刀具的需要。经检查刀具磨损严重。

图 5－90　掌子面地质情况

（三）左线掘进

针对右线通过礼村断裂带出现的问题，左线在通过礼村断裂带时，采取了相应措施。

（1）在盾构机到达断裂带前，对刀具进行检查及更换，以最合理可靠的刀具组合通过断裂带，在 ZDK16＋416 检查刀具，并更换一把正面滚刀。

（2）在掘进过程中控制好掘进参数。

（3）在掘进过程中调整泡沫剂用量。右线平均每环用量 26L，左线调整为 45L。

（4）在适合地段，对地层进行加固，然后开仓检查刀具。左线在 ZDK16＋540 进行地层加固，然后开仓检查及更换刀具。

通过采取以上措施，左线快速顺利地通过礼村断裂带。

（四）经验教训总结

（1）施工前，在断裂带范围内进行补充地质钻探，进一步详细掌握断裂带的分布宽度、走向、地下水等情况，弄清其对盾构施工的影响。

（2）盾构掘进到达断裂带前，对盾构机进行全面保养维修，保证盾构机情况的良好，并检查更换刀具。

（3）盾构掘进中加强盾尾密封油脂的注入，确保盾尾密封效果；加强铰接处的密封检查，及时调节密封压板螺栓，保证其密封效果。

（4）采用土压平衡模式掘进，确保工作面的稳定；盾构掘进过程中向土仓内和掘进面及螺旋输送器内注入添加材料，改善渣土性能，提高渣土的流动性和止水性，以防喷涌。

（5）加强地表沉降、地下水位及房屋倾斜监测，并及时反馈指导施工。

（6）预备好钻机、压水泵和双液注浆泵，一旦出现因地层严重失水而引起地表沉降较大，应立即采取相应措施，从地表向地层补充注浆，从而减小地表沉降。

（7）同步注浆的浆液配合比，应采用凝胶时间较短的浆液，严格控制注浆程序，确保注浆效果。

（8）掘进中密切关注盾构掘进参数和盾构姿态的变化，及时判断刀盘是否明显偏载，一旦出现偏载，可降低推力、转速，以防刀盘刀具损坏。

（9）在断裂影响带泥质粉砂岩段（〈7〉、〈8〉号地层）掘进时，采用滚刀和齿刀破岩，半敞开式掘进。采取向刀盘面和土仓注入泡沫来防止刀盘结泥饼，并改善渣土流动性。同时密切关注盾构机掘进参数变化和渣土状况的变化，一旦遇到次生断层，应及时转换掘进模式为土压平衡模式，以防开挖面地层失稳、涌水而引起大的地表沉降。

［工程实例2］　*沥滘站——大石站区间泥水盾构穿越河村断裂带*

（一）断层破碎带地质条件

左右线盾构在穿越三枝香水道前，需先分别穿越一段长约50m的断层破碎带。该断层主要由粉砂角砾岩、硅化粉砂岩、硅化泥岩、泥灰岩角砾组成，天然单轴最大抗压强度为27.8MPa，岩体破碎，岩质坚硬，富水性较好。断层带开挖面岩层如图5－91所示。

图5－91　断层带开挖面岩层

（二）过断层破碎带施工技术

1. *刀具选用*

过断层破裂带采用滚刀和刮刀相配合的方式掘进，具体为在原来软岩刀盘模式的基础上，将最外圈的3把先行刀更换为13英寸的双刃滚刀，以加强刀盘的破岩能力。实践证明在更换了刀具后，盾构的掘进速度得到明显的提高。

2. 盾构姿态控制

在断层破裂带中掘进，盾构机刀盘由于开挖面的软硬不一容易发生“偏磨”的现象，因此，必须密切关注盾构掘进参数与盾构姿态的变化，及时判断掘进至粉砂角砾岩时刀盘是否出现明显偏载，一旦出现偏载可降低推力，转速掘进，以防止刀盘损坏。

从盾构开始进入断层破裂带，每掘进2环即进行一次人工测量校核盾构机姿态及管片姿态，并及时将测量数据反馈中央控制室，与盾构自动测量系统进行对比，指导调整盾构掘进姿态。盾构机在断层破裂带中纠偏不宜过急，防止刀盘过分偏心受压产生变形，并对刀具造成损坏。

3. 盾尾密封管理

盾尾密封件为3道钢丝刷，内部注满盾尾油脂，安装于盾构机尾部内侧，位于盾尾与管片之间，用来防止地下水、泥水和壁后注浆浆液对盾尾的渗漏。若泥水加压平衡盾构切口部位的泥水仓中加压泥水通过盾尾密封渗漏到盾构内部，将会引起开挖面压力降低，影响开挖面稳定。因此，盾尾密封装置的耐久性和密封性能是一个特殊而重要的问题。另外，若盾尾密封刷损坏，就会导致浆液、泥水等渗漏到管片拼装区，不但影响管片拼装，且会对盾构隧道的成型质量造成重大影响。因此，必须重视和经常检查盾尾的密封情况，以保证管片的拼装质量。此外，要加强盾构铰接处的密封检查，及时调节密封压板螺栓，确保盾构铰接处各个部位的密封效果。

4. 同步注浆管理

当盾构机在断层破裂带中掘进时，适当调整同步注浆的浆液配合比，相对增长胶凝时间，加大注浆量，使浆液更为饱满、更大范围地填充壁后断层破碎带裂隙；同时，严格控制注浆程序，确保注浆效果和注浆量，必要时进行补充注浆加固地层。

5. 泥浆管理

断层破碎带的渗透系数很大，超过150m/d，破碎带块体之间较大的裂隙很难形成泥皮，泥浆渗透量很大，开始时实测到最大泥浆流失量达$2m^3/min$，通过预备大量泥浆，加大人工造浆量，增加泥浆比重和黏度，适度降低切口压力，使泥浆流失量降到$1m^3/min$以下，使盾构机顺利穿越破碎带。

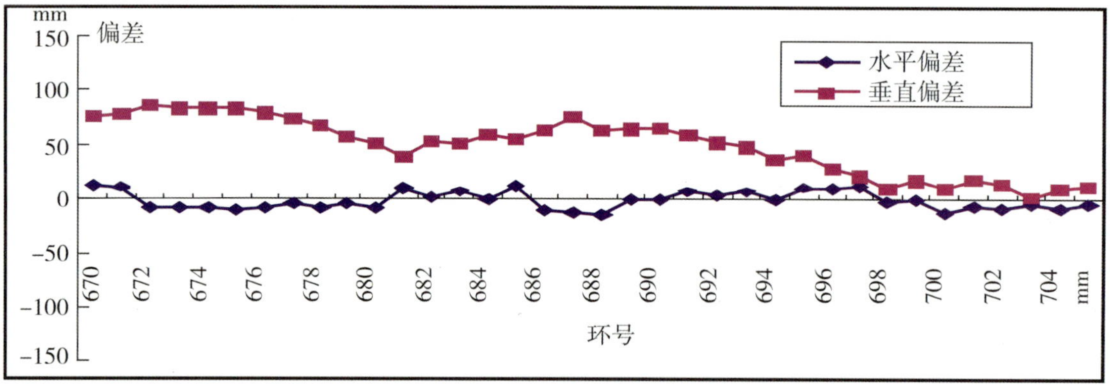

图5-92　断层破碎带管片姿态图

（三）实施效果

从图5-92可以看出，盾构隧道的水平偏差控制在±50mm之间，垂直偏差为0~100mm。由此可见，盾构施工在断层破裂带中的姿态控制和管理是比较成功的。另外，由于有效的同步注浆管理，隧道防水效果良好。

[工程实例3]　天河客运站——华师站区间盾构机穿越瘦狗岭断裂带

（一）概况

右线盾构隧道在掘进到五山站——华师站区间440环后（里程YDK3+659~YDK3+707），盾构机进入瘦狗岭断裂带。断裂带上方为农科院幼儿园，通过期间幼儿园正常上课，对沉降要求非常严格。

在通过断裂带的过程中并没有出现大的喷泥喷水现象，仅在454～455环处出现较大的水，主要是因为浅层断裂带内裂隙被黏土充填，所以整体上该断裂带水较少。由于土性较黏，在该段掘进过程中盾构机刀盘扭矩较大，驱动油温较高，螺旋输送器出土困难，常需工人在出土口协助出土，由于断裂带上方为农科院21栋及农科院幼儿园，在掘进过程中需保压掘进，掘进较为困难。

（二）过程中采取的处理方法以及预防措施

（1）尽量清除通往土仓内及刀盘前端的发泡剂管，在开挖过程中采用发泡剂改良土体，若发泡剂不够，可通过膨润土管向土仓内注入膨润土或水，以减小土体的黏性，防止土体结泥饼。

（2）调整掘进参数，适当降低土仓压力，在掘进过程中尽量出土，并采用气压保持土仓压力，使掘进速度加快。

（3）盾构过幼儿园之前对盾构尾刷进行更换，确保盾构在过幼儿园过程中注浆饱满，防止沉降。

（三）实施效果

右线顺利通过该段掘进，掘进速度基本在20mm/min以上，最快能达到40mm/min。盾构通过后，农科院21栋房屋最大沉降为16mm，地面最大沉降41mm；幼儿园房屋最大沉降为22mm，地面最大沉降35mm。

四、盾构穿越断裂带的经验教训总结

（1）施工前，在断裂带范围内应进行补充地质钻探，进一步详细地掌握断裂带的分布宽度、走向、地下水等情况，弄清其对盾构施工的影响。

（2）掘进过程中密切关注盾构掘进参数和盾构姿态的变化，及时判断是否出现偏载、偏磨现象，一旦出现可降低推力，转速掘进，以防刀盘损坏。

（3）盾构掘进过程中应加强盾尾密封油脂的注入，确保盾尾密封效果；加强铰接处的密封检查，保证其密封效果。

（4）加强地表沉降、地下水位及房屋倾斜监测，并及时反馈指导施工。

第六节　土压平衡盾构穿越富水砂层的掘进技术

对于富含地下水的砂层，考虑到地下水的含量及水压，以及土的塑性流动性及透水性等问题，一般宜选用泥水盾构。但由于广州地区工程地质的复杂性，对于同一个盾构标段，可能出现某些部分适合选用土压平衡盾构，而其他部分又适合采用泥水盾构，但作为同一个施工标段，不可能中途更换盾构机，因此，只好选择一种类型的盾构机，这就需要综合考虑并分析不同选择的风险，最终择优选取。另外，城市地铁施工由于受施工场地的限制，泥水盾构的应用越来越少。土压平衡盾构穿越砂层，风险较大，但若施工措施得当，土压平衡盾构穿越砂层亦会取得成功，如广州市轨道交通三号线珠江新城站——客村站区间穿越约300m的砂层地段。

一、盾构穿越富水砂层的风险

1. 易形成喷涌，导致地面塌方、建（构）筑物开裂损坏

由于富水砂层含水量丰富，渗透性好，且受扰动后易液化，因此，土压平衡盾构在富水砂层中掘进很容易出现喷涌现象，一方面，需用大量时间进行盾尾清理，严重影响盾构施工进度；另一方面，大量泥砂喷出或砂遇水液化，均易引起地层沉降，从而最终导致地面建（构）筑物沉降变形，甚至破坏。

2. 地面沉降难以控制，易造成地面塌方、建（构）筑物开裂损坏

一旦发生喷涌现象，地面沉降肯定会很大，但就算没有发生喷涌，控制地面沉降仍非常困难，主要原因是：

（1）砂层自身自稳性差，而刀盘开挖直径比盾体外径一般至少大200mm，从刀盘开挖到注浆填充需要一段较长时间，这期间不可避免地会产生砂层沉降。

（2）掘进过程中，不可避免要造成砂层失水，且一定会对砂层产生扰动，这都会导致砂层产生沉降。若沉降控制不好，极易造成地面塌方、建（构）筑物损坏。

二、喷涌形成条件及防治方法

1. 喷涌形成条件

造成喷涌的原因多种多样，但无论何种原因，喷涌的发生都必须同时具备以下 3 个条件：

（1）具有足够高水头压力的充足水源。水的来源主要有两个，即掌子面和盾构后方的汇水通道。

（2）开挖下来的渣土本身不具有止水性，即渗透性好，这造成在螺旋输送器内无法形成土塞效应，导致高压力的水体穿越土仓和螺旋输送器形成集中渗流，并带动渣土颗粒一起运动。

（3）渗流水在输送至螺旋输送器最终出口的一瞬间，由于其压力还没有递减到零，且前方临空的隧道内部处于无压状态，带压的渗流水便携带砂土喷涌而出。

以上 3 个条件缺一不可。

2. 防治方法

防治方法就是阻止以上某个或某几个条件的形成，主要有：

（1）切断水的补充通道，或尽量减少土仓中积水。例如，针对水的主要来源为盾构后方的汇水通道，可通过管片进行双液注浆，形成止水环，防止隧道后方的水进入土仓。

（2）改善渣土的和易性，处理方法是添加适量的添加剂，例如膨润土、高分子聚合物等。

（3）让渗流水在到达螺旋输送器最终出口之前，压力降低到零。这主要从设备上考虑，例如，采用双螺旋输送器或对螺旋输送器的出口进行改造等。

三、盾构穿越砂层的掘进技术措施

盾构通过砂层地段的关键是防止因喷涌、失水、扰动等原因造成的沉降，并做好上方建（构）筑物的保护。主要措施有：

（1）在过砂层之前，对盾构机进行全面检查及维修保养。一方面，防止泥水、砂浆从盾尾密封冒出，一旦泥水大量从盾尾冒出，易造成失水沉降，而砂浆从盾尾冒出，将无法及时对管片背后进行填充，亦导致沉降难以控制；另一方面，防止因故障长时间停机而导致土仓大量积水，且盾体外壳与开挖隧道之间的空隙无法及时填充。

（2）进行土体改良。主要是采用聚合物添加剂、膨润土等来改良渣土，以改善渣土的和易性，增加止水效果，避免喷涌的发生。

（3）做好同步注浆和二次注浆工作。一方面，防止隧道后方的水流入土仓；另一方面，及时填充管片背后空隙，防止沉降进一步扩大。

（4）合理选择掘进模式和掘进参数。一般采用土压平衡模式，根据地下水位、地层条件、隧道埋深等合理地选择土仓压力和掘进参数，例如，螺旋输送器的转速、闸门开度，刀盘转速，推进千斤顶的推力等。

（5）控制好盾构机的姿态。若盾构机姿态不好，需要纠偏，将对控制沉降极其不利。

（6）合理确定渣土的松散系数，严格控制出土量。要做到既不能多出，也不能少出。若少出，会造成土仓压力增大，掘进速度减慢；若多出，则会造成地面沉降增大，甚至地面塌方。

（7）尽量做到快速通过。应该尽量提高掘进速度，避免刀盘转动对地层扰动时间过长，造成上部砂层松动，同时，掘进速度加快能够及早为管片背后注浆创造条件，有利于隧道稳定和控制地表沉降。

（8）做好监测工作，及时反馈监测信息。适当加密监测频率，根据地表沉降和建筑物沉降的监测数据，结合地质情况，及时调整土仓压力、千斤顶推力等施工参数。

（9）对附近建筑物进行原始鉴定，若有必要提前进行注浆加固或基础托换。

四、工程实例

在赤岗塔——客村站区间所通过的地段有约 300m 的砂层地段，其中又以穿越砂层地段一个在建的建筑物基坑最为困难，隧道穿过的该建筑物基坑长约 145m，基坑开挖深度 7～8m，基坑底部距隧道顶部 7～8m，基坑周围是住户已入住的居民小区，最近的居民楼距基坑约 10m。隧道该部分上覆土基本是〈2－1〉、〈2－2〉的淤泥质粉细砂和粉细砂层，如图 5－93 所示。在盾构施工到达前，基坑附近的多幢建筑物和建筑物的地台已经出现严重的下沉和开裂，最大沉降量达 30～40cm，如图 5－94 所示。

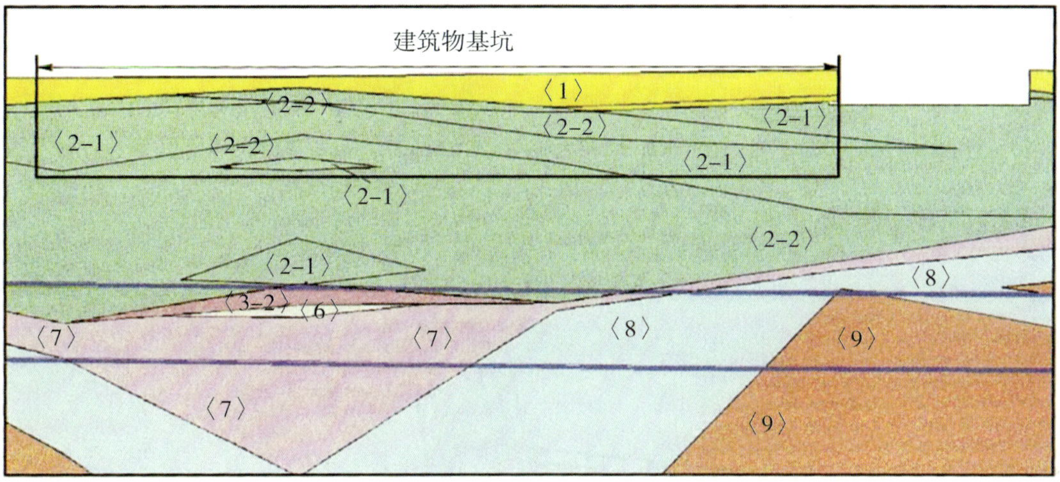

图 5－93　建筑物基坑相对隧道纵断面位置示意图

〈1〉人工填土层；〈2－1〉淤泥质土层；〈2－2〉淤泥质粉细砂层；〈3－2〉中粗砂层；〈6〉红层全风化带；〈7〉红层强风化带；〈8〉红层中风化带；〈9〉红层微风化带

图 5－94　砂层地段盾构通过前的地面沉降情况

由于砂层透水性强，地表容易因失水而发生沉降，因此，决定在隧道和建筑物之间建立一面地下挡水墙，分隔隧道与附近建筑物的地下水联系，如图 5－95 所示。对建筑基坑本来也制定了较详细的加固措施，重点是防止盾构通过时基坑内发生坍塌，特别是防止基坑边的围护结构坍塌而波及基坑附近的建筑物，但由于基坑内的加固施工场地经过多次协调仍然无法解决而作罢，只能通过制订详细的盾构施工方案来防止盾构通过时发生坍塌。具体施工措施与本章第三节介绍的基本相同，不再赘述，这里简单介绍一下具体的参数情况。

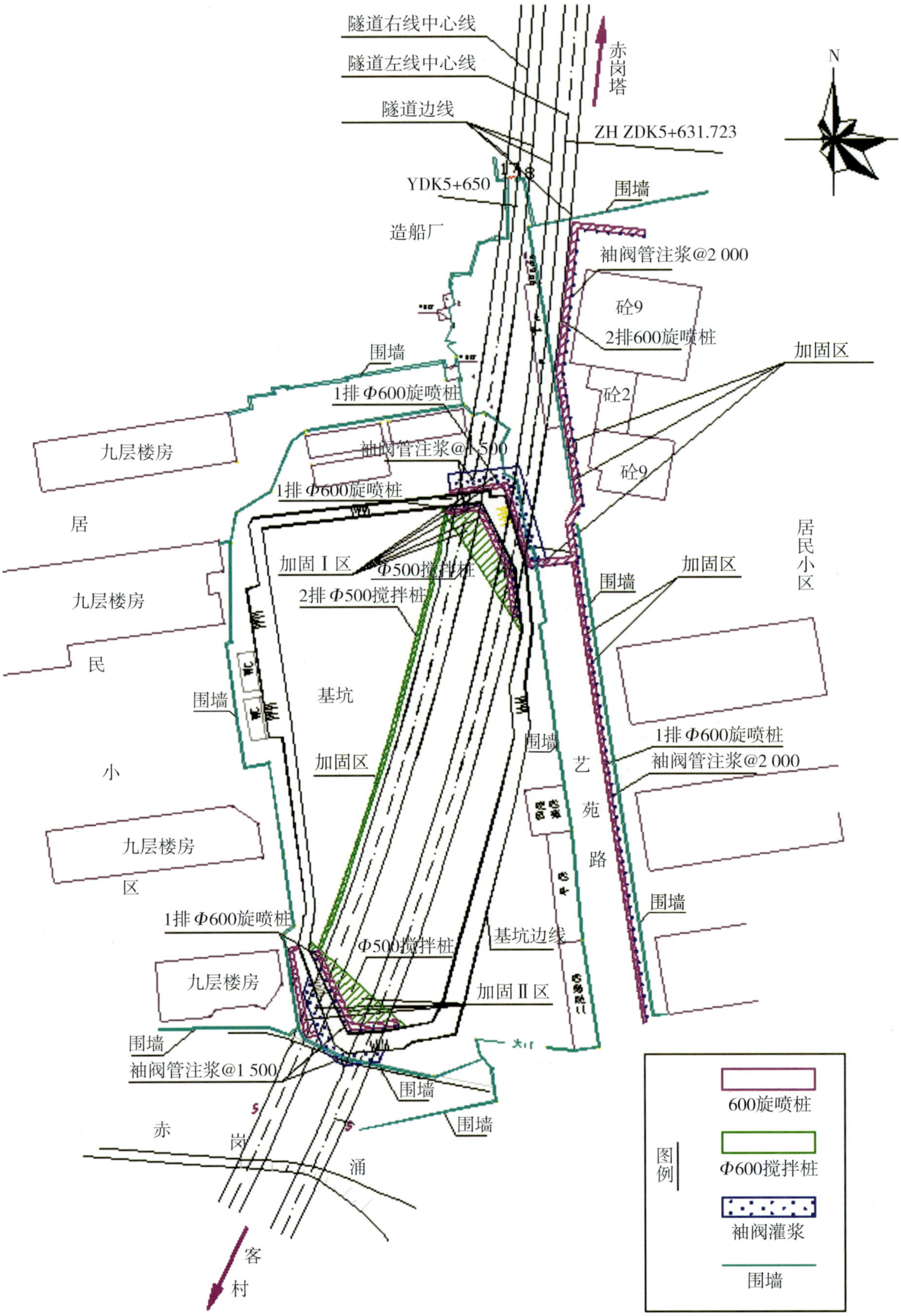

图 5－95　砂层地段加固示意图

（1）根据岩土勘察报告中的地层参数，在砂层地段中取一典型的地质断面，按照静止土压力理论计算得到盾构机中心处的垂直土压力约为0.35MPa，静止侧压力系数按照〈3－2〉地层取0.7，计算得到水平土压力为0.245MPa，刀盘面积为31m^2，则作用于刀盘的土压力大致为7 600kN。按照此参数计算，考虑到盾构机与地层之间的摩擦力以及盾构机牵引后配套之间的摩擦力约为39 200kN，使盾构机破碎岩层所必需的推进力约为1 960～2 940kN，所以盾构机按照土压平衡模式掘进：总推力为3 920＋7 600＋（1 960～2 940）＝13 480～14 460kN；土仓中部土压力控制在0.2 MPa左右，上部控制在0.18 MPa左右，下部控制在0.23 MPa左右。

（2）刀盘转速确定为1～1.5 r/min，刀盘扭矩控制为2 500～2 700kN·m。

（3）同步注浆量控制在6m^3/环以上，保证注浆质量。必要时，调整砂浆的配合比，增加水泥用量，缩短砂浆的初凝时间，加快管片周围土体的固结，避免地面沉降超限。根据实际情况，为弥补同步注浆的不足，可以考虑采用管片背后二次注浆作为补充。二次注浆可采用双液浆，根据地质情况调整水泥浆的初凝时间，注浆压力控制在0.4～0.5MPa，最大不超过0.5MPa，以免造成管片外周压力过大，对管片造成破坏。必须保证管片背后空隙充填密实。

（4）每环的出土量确定为70m^{3}左右，最大不超过75m^3。

（5）制订了应急预案，并准备了应急物资设备。

由于施工方案合理，组织到位，施工措施落实好，最终顺利通过。

五、盾构穿越砂层的经验教训总结

（1）三号线盾构穿越砂层比较顺利，主要是各方面对盾构通过砂层比较重视，主要表现为：①盾构机穿越砂层前停机，对盾构刀具进行了更换，增加了耐磨损型刀具，对盾尾密封、铰接密封进行了检查，并更换了已损坏的盾尾密封，对盾构机的主要部件性能进行检查；②盾构机掘进过程中采用土压平衡模式掘进，严格控制出土量，并加强注浆量的控制，同时及时进行补充注浆；③平稳、快速通过，加强地面监测，及时反馈信息。

（2）在此类地层中掘进，容易产生喷涌，如出现喷涌现象，应首先分析地下水的来源，如地下水从盾构机后部来，则应打开管片吊装孔，进行补充注浆，确保管片背后填充密实后，再采用添加高分子聚合物的办法进行控制，不可长时间出现喷涌。

（3）施工前后应分别对地表建筑物进行鉴定，分清责任。对于结构形式差、可能会造成严重影响的建筑物进行保护。

第七节　市桥站——番禺广场站区间盾构下穿2.5km密集建筑群

市桥北——番禺广场站区间全长4.77km，超过50%的线路处于建筑物下方，隧道埋深10～36.4m，隧道主要穿越建筑物密集的居民区、商业区下方，建筑物年代不同，结构形式各异，地面环境极其复杂。根据建筑物调查结果，隧道正上方共有164栋建筑物，其中7层及7层以上60栋，2层及2层以下62栋；隧道影响范围（隧道两侧各10m）内共有65栋建筑物，其中7层及7层以上16栋，3～6层23栋，2层及2层以下26栋。地面密集建筑物给盾构施工带来巨大困难及施工风险，施工过程中建筑物的保护及监测十分艰巨。

市桥北——番禺广场站区间工程地质十分复杂，市桥站（YDK24＋763.35）至YDK25＋208.00隧道穿越地层主要为变质岩残积层和混合岩全、强风化层；YDK25＋208.00至吊出井隧道穿越地质主要为花岗岩地层，地层从〈3－2〉到〈7Z－2〉、〈8H〉、〈9H〉均有分布，各层所占比例差别较大，其中，右线〈8H〉、〈9H〉硬岩（含上软下硬）地层累计约560m，占本区间盾构隧道线路总长的19.7%，左线〈8H〉、〈9H〉硬岩（含上软下硬）地层累计约599m，占本区间盾构隧道线路总长的21.0%。花岗岩中风化地层岩石风化裂隙较发育，富含地下水，极易造成隧道管片上浮。

市桥站重新始发后，左右线盾构均在建筑物下方通过，在这样的情况下掘进，常常必须采用土压平衡掘进模式，以保证地面建筑物的安全，但是施工过程中由于地质复杂多变及建筑物本身结构差异较大，建筑物沉降控制难度十分大。市桥站——番禺广场站区间施工期间共造成康乐园9号楼，禺秀园6、7号楼，万和超市及番禺区总工会、育红幼儿园、东城批发市场、东苑小区等多处建筑物沉降损坏。

一、盾构穿越密集建筑群的风险

（1）施工扰动造成沉降。如盾构机下穿康乐园9号楼造成的沉降。本段隧道洞身范围内主要为〈7H〉、〈8H〉地层，洞顶及以上为〈5H－2〉残积土层，再往上还有加厚的连续的〈3－2〉中、粗砂层，洞身所处地层上软下硬，在这样的地层掘进，掘进速度慢、土压力比较高、掘进时间长，对土层的扰动很大。

（2）出土过量造成沉降。如禺秀园6、7号楼建筑物沉降的原因之一就是由于掘进过程中存在出土过量现象。

（3）盾尾刷严重损坏，造成漏浆较多，导致沉降。如由于盾尾刷更换不及时，左线盾构过万和超市及总工会期间，尾刷磨损严重，漏浆较多，这是导致万和超市及总工会建筑物沉降的主要原因之一。

（4）铰接部位漏水，造成地下水损失过多，导致沉降。如因SS1联络通道塌方，运输线路中断，导致右线盾构停滞约一个月，期间铰接部位漏水，地下水流失较多，建筑物沉降发展较快。

（5）掘进过程中出现“喷涌”及刀具更换期间土仓积水的排除，造成地层失水沉降。

（6）盾构机土压力设定较低，不能有效支撑开挖面土体，造成机头前方产生较大沉降。

（7）由于建筑物结构的原因，容易造成不同柱位的不均匀沉降。如从9号楼的结构来看，下2层为框架结构，上5层为砖混结构，基础是Φ480mm锤击沉管灌注桩，为多桩承台，所有的桩长均在12m左右，桩尖位于〈3－2〉中、粗砂层中。盾构机在掘进过程中，一旦对地层造成扰动，很容易造成不同柱位的不均匀沉降。

二、盾构穿越密集建筑群的防治措施

（1）组织操作手熟悉沿线建筑物情况，加强操作时的责任意识。

（2）在过重要建筑物前，对操作手及相关人员进行专项技术交底。

（3）采用土压平衡模式掘进，掘进过程中针对不同地层设置合适的土仓压力。

（4）针对地层的不同，对掘进出土量进行量化控制，减少因出土过量而引起的地面沉降。

（5）在盾尾注浆无法保证的情况下，采用盾尾同步注浆结合管片二次补充注浆的方式保证注浆量，减少因注浆量不足引起的沉降。

（6）盾尾刷损坏严重时，及时进行盾尾刷的更换。

（7）右线盾构掘至万和超市下方时，盾构机铰接出现漏水，造成地层失水较多，引起建筑物产生较大沉降，后采用聚氨酯对铰接漏水位置进行封堵，有效地控制了沉降的发展。

（8）对硬岩地层，尤其是裂隙发育、地下水丰富的〈8H〉地层，掘进过程中由于“喷涌”也会造成失水较多，引发建筑物产生较大沉降，对该类地层应采用注双液浆施作止水环的方式，减少失水，控制地面沉降。

（9）加强掘进过程地面沉降的监测工作，及时反馈监测结果，做到信息化施工。

（10）若地面具备加固条件，提前对需要保护的建筑物进行预加固，如莲花山保税区楼及喜悦假日酒店。

三、事故处理措施

盾构穿越密集建筑物期间，若发生地面沉降超限时，必须立即停止掘进施工，进行管片背后补浆，地面进行注浆加固，加密地面监测点的布设和监测频率，同时采取必要的措施安抚民众。

四、工程实例

［工程实例1］　市桥站——番禺广场站区间右线盾构下穿康乐园9号楼

本段隧道洞身范围内主要为〈7H〉、〈8H〉地层，洞顶及以上为〈5H－2〉残积土层，再往上还有加厚的连续的〈3－2〉中、粗砂层，洞身所处地层上软下硬。地质断面如图5－96所示。

2004年2月14日夜，右线盾构机开始进入康乐园9号楼；2月19日凌晨8时左右，监测人员发现9号楼结构有多处裂纹出现，其中2楼华誉律师事务所多间办公室墙壁开裂尤为明显，另有4栋居民楼3层的内外墙也有不同程度的开裂，当时盾构机处于该楼下方。此外，监测结果显示，9号楼北边柱位的最大沉降值为－33mm。部分区域地表出现空洞，如图5－97所示。

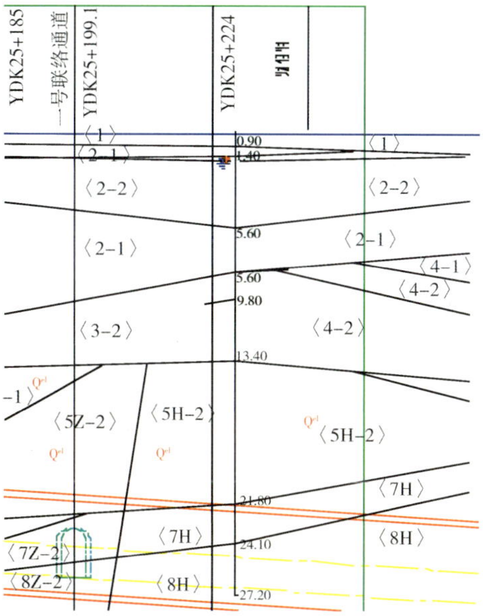

图5－96　康乐园位置地质剖面图

1. 原因分析

（1）地质原因。本段隧道洞身范围内主要为〈7H〉、〈8H〉地层，洞顶及以上为〈5H－2〉残积土层，再往上还有加厚的连续的〈3－2〉中、粗砂层，洞身所处地层上软下硬，在这样的地层掘进，掘进速度慢、土压力比较高、掘进时间长，对土层的扰动很大。

（2）从9号楼的结构来看，下2层为框架结构，上5层为砖混结构，基础是Φ480mm锤击沉管灌注桩，为多桩承台，所有的桩长均在12m左右，桩尖位于〈3－2〉中、粗砂层中。盾构机在掘进过程中，一旦对地层造成扰动，很容易造成不同柱位的不均匀沉降。

2. 施救措施

（1）立即停止掘进作业，并进行盾尾注浆。

（2）加密监测点的布设及监测频率，测量人员24小时不间断巡视，及时上报监测结果。

（3）找出沉降中心及范围后，对沉降段隧道中心线左、右两侧各15m范围内的桩周地层进行加固处理，加固深度为地面以下17m，同时对隧道范围内受影响较大的柱子进行支顶，如图5－98所示。

（4）积极做好安民措施。

（5）沉降稳定后，进行建筑物修复。

图5－97　地表下出现空洞

图5－98　地层加固

[工程实例2]　禺秀园6、7号楼建筑物沉降

禺秀园6、7号楼是7层框架结构，部分楼层属于砖混结构，基础采用 Φ480mm 锤击沉管灌注桩，为多桩承台，所有桩长均在12m左右，桩尖位于〈3－2〉中、粗砂层中。本段隧道洞身主要为〈6H〉、〈7H〉花岗岩全、强风化层，底部局部范围为〈8H〉花岗岩中风化层，如图5－99所示。

11月2日上午，左线盾构机掘进485环开始进入禺秀园7号楼下方。11月4日掘至506环，速度降低，渣土中出现中风化岩块，盾构进入〈8H〉地层。掘进510环时速度仅5～6mm/min，盾构机推力约1 800t，刀盘工作油压大且多次出现卡刀盘，掘进过程出现喷涌现象。11月5日至7日掘进过程中有多出土情况。11月9日掘进520环进入软土地层，掘进情况恢复正常。11月16日上午右线盾构机掘进497环，进入禺秀园7号楼，此时左线已掘进529环（里程ZDK25＋558.38）。

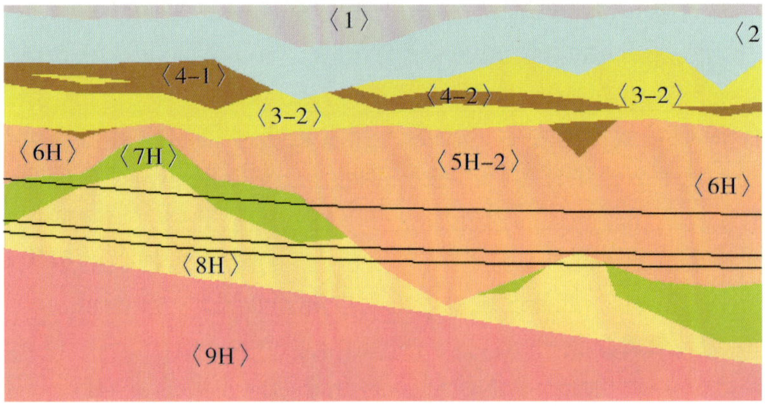

图5－99　禺秀园6、7号楼下方地质剖面

11月5日凌晨8时左右，监测人员发现禺秀园7号楼北巷口墙体出现裂缝。11月5日上午接到部分居民投诉，墙体结构裂纹出现，其中7号楼北巷口的服装店出现墙灰脱落。据楼里居民反映，这些裂纹大多数是在11月5日夜里出现的，也有少数是11月4日及11月5日白天出现的。11月19日南巷口一条细裂纹逐渐扩大，渐变成裂缝。11月19日众发数码城（禺秀园6号楼）也有部分居民反映出现裂缝，均称裂缝产生时间在近10天内。

原因分析及经验教训：

（1）该处地层同康乐园9号楼相近，建筑物桩基也同样处于〈3－2〉中、粗砂层中，由于在盾构通过前应急物资设备准备不充分，导致建筑物出现沉降后未能及时根据沉降进行补充注浆。

（2）掘进过程中存在出土过量现象。

[工程实例3]　万和超市、总工会建筑物沉降

大西路22号楼（万和超市）建于1986年，坐北向南，共6层。其中4～6层用作住宅，为砖混结构，由240mm厚砖墙及钢筋混凝土板承重；1～3层作为商场使用，为钢筋混凝土框架结构，由钢筋混凝土梁、板、柱承重，砖墙围护分隔。基础采用预制管桩，桩径 Φ380mm，单桩竖向承载力35t，入土深度约11m。

大西路16号楼（番禺区总工会）建于1994年，为8层钢筋混凝土框架结构，1层地下室，基础采用预应力管桩，桩径 Φ400mm，桩长25～36.9m。

本段隧道覆土约35.1m～42.2m，隧道洞身主要为〈7H〉、〈8H〉强、中风化花岗岩地层，洞顶地层主要为〈6H〉、〈7H〉全、强风化花岗岩，〈8H〉花岗岩中风化地层风化裂隙发育，富含地下水。

2005年4月1日，左线盾构机掘进SJZ954环，开始进入万和超市下方；4月9日离开万和超市进入相邻总工会综合楼下方；4月26日离开总工会进入大西路下方。左线盾构通过后，万和超市及其周边建筑物最大沉降量为40.0mm，总工会综合楼最大沉降为31.5mm。2005年4月27日，右线盾构掘进SJY958环进入万和超市后方，4月27日晚，因市桥站——番禺广场站区间SS1号联络通道出现塌方而停止掘进，直至5月25日，SS1联络通道清淤完成方再次恢复掘进施工。盾构停滞期间，由于铰接漏水，导致建筑物产生较大沉降，万和超市最大累计沉降达到81.2mm，番禺区总工会最大累计沉降量达到47.6mm。右线盾构恢复掘进后，由于掘进所处地层上软下硬，地层含水量大，掘进及刀具更换过程中地下水损失较多，建筑物产生较大沉降，尤其是7月7、8、9日这3天，万和超市及总工会综合楼出现较大速率沉降，7日一天最大沉降量达15.2mm。盾构通过后，万和超市最大累计沉降量达147.7mm，总工会最大累计沉

降量达 124.0mm，沉降导致建筑物出现墙体开裂、居民房门开关困难等现象。

经验教训总结及施救措施：

（1）尾刷更换不及时，左线盾构过万和超市及总工会期间，尾刷磨损严重，漏浆较多，虽采用盾尾同步注浆结合管片注浆的方式进行注浆，但注浆量不能得到有效保证。为保证后续建筑物的安全，在总工会大院下方（985 环）对后两排尾刷进行了更换。

（2）盾构机组装质量不好，铰接部位漏水，造成地下水损失过多。4 月 27 日，因 SS1 联络通道塌方，运输线路中断，导致右线盾构停滞约一个月，期间铰接部位漏水，地下水流失较多，建筑物沉降发展较快，后采用注聚氨酯方法进行封堵。

（3）当铰接出现漏水情况时，一定要及时进行封堵，防止地层失水沉降。

［工程实例 4］　东城市场建筑物沉降

东城批发市场位于市桥环城东路，7 层框架结构，底部 2 层为批发商铺，上部 5 层为住宅。该市场分两期建成，两期之间在 2 层设有连通通道，通道基础为浅基础。其余基础采用 Φ480mm 沉管灌注桩，桩长 18m，桩身处于〈5H－1〉、〈5H－2〉地层，如图 5－100 所示。

2005 年 9 月 4 日，左线盾构开始进入东城批发市场，10 月 22 日，盾构机机头驶出东城批发市场，左线盾构通过东城市场共耗时 49 天。期间分别在 ZDK26＋974.5、ZDK26＋976.00、ZDK26＋990.19、ZDK27＋014.28、ZDK27＋027.79、ZDK27＋044.50 进行了 6 次刀具更换，前两次为压气换刀，其余为常压下换刀，换刀累计耗时约 14 天。左线盾构进入东城市场初期（9 月 4 日至 9 月 10 日），掘进较为顺利，9 月 10 日后，由于进入上软下硬复合地层，掘进较为困难，掘进过程中有“喷涌”现象发生。2005 年 10 月 5 日，盾构机进入批发市场 84m 后，建筑物部分墙体出现裂缝。左线盾构通过后，批发市场沉降最大值为 58.9mm，由于通道和两边建筑物基础形式不同（通道为浅基础、两侧建筑物为桩基础），沉降差异较大，导致通道与建筑物连接处因沉降不同而产生竖向错位，同时通道部分围栏也出现裂纹。

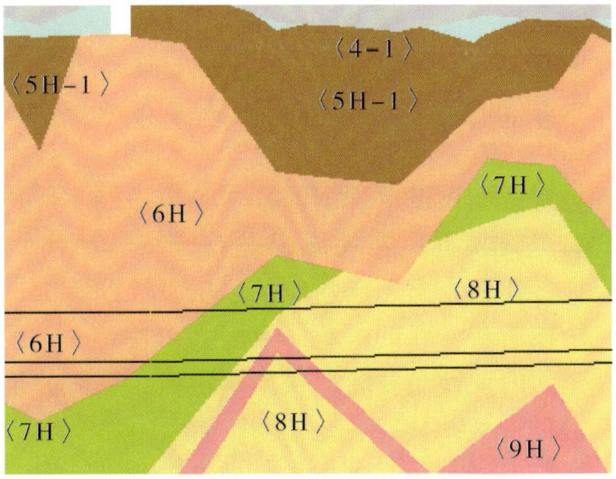

图 5－100　东城市场下方地质剖面

经验教训总结及施救措施：

（1）在花岗岩〈7H〉、〈8H〉地层中掘进，地层失水控制问题未能很好解决，掘进过程中“喷涌”及刀具更换期间土仓积水的排除，造成地层失水沉降。

（2）在花岗岩〈7H〉、〈8H〉地层中掘进，可尝试采用添加聚合物改善渣土和易性，以避免喷涌。

［工程实例 5］　东苑小区建筑物沉降

东苑小区位于番禺区清河东路北侧，建于 1991—1993 年，左线隧道穿越里程为 ZDK27＋204.00～ZDK27＋444.00，右线隧道穿越里程为 YDK27＋224.00～YDK27＋444.00。出险建筑物东苑小区 1～3 号楼及 15～17 号楼均为 8 层框架结构住宅楼，基础采用 Φ480mm 沉管灌注桩，设计桩长约 14～19m，桩身处于〈5H－1〉花岗岩残积土层中，如图 5－101 所示。

左线盾构于 2005 年 12 月 11 日进入东苑小区建筑群，12 月 13 日，监测结果显示地面沉降较大，地面出现裂纹。左线盾构机进入东苑小区初期，地面的沉降量平均为 40～50mm。1 月初，盾构机到达 15 号楼后，机头及盾尾位置沉降较大，平均沉降速率为

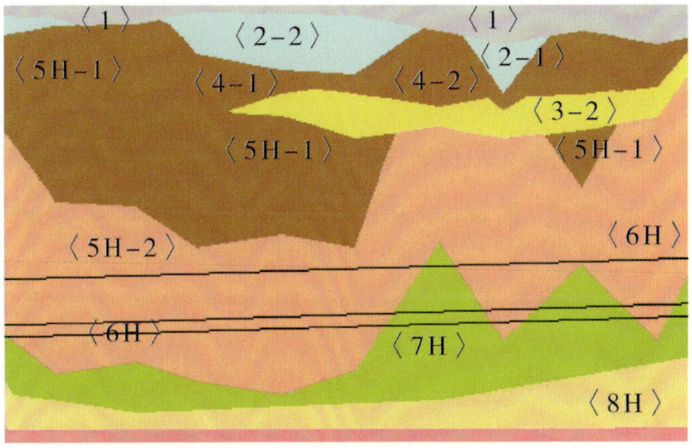

图 5－101　东苑小区下方地质剖面图

10mm/d，最大累计沉降量为114.1mm，位于东苑小区15～16号楼附近。

右线盾构于2006年4月20日开始进入东苑小区1号楼下方，4月21日凌晨掘至SJY1644环（此时盾构机机头里程为YDK27+244.00），盾构机进入该楼约20m。早上9：00，测量监测结果显示，建筑物沉降速率异常，24小时内最大沉降量达39.1mm；5月19日盾构机出东苑小区建筑物，最大累计沉降量已达107.6mm，位于1号楼。

经验教训总结及施救措施：

（1）盾构机进入东苑小区初期土压力设定较低，不能有效支撑开挖面土体，造成机头前方产生较大沉降。

（2）尾刷更换不及时。右线盾构到达东苑小区前已出现盾尾漏浆现象，掘进过程中采用盾尾同步注浆结合管片补充注浆方式保证注浆量，但这种方式无法及时填充盾尾脱出后的空隙，具有一定的滞后性，导致盾尾沉降较大。后利用抢险停机期间，对尾刷进行了更换。

五、盾构穿越密集建筑群的经验教训总结

市桥站——番禺广场站区间穿越市桥区域2.5km密集建筑群，因遭遇上软下硬、花岗岩残积层等不良地质条件，导致沿线地表多栋建筑物受损。

经分析，造成上述问题的原因分为主观和客观两方面。主观原因是承包商的管理不到位，技术力量薄弱，对盾构掘进过程中的各项参数控制不严格，导致地表沉降超标；客观原因是首次穿越花岗岩残积土层，参建各方均无成熟经验，从设计到施工过程都是一个摸索和实践的过程。下面就市桥站——番禺广场站区间的种种经验教训谈几点体会，今后的地铁施工应引以为鉴：

图5-102　东苑小区地面袖阀管加固

（1）从设计选线阶段就应高度重视，线路应尽可能避免穿越建（构）筑物，以规避风险。地铁隧道施工或多或少都会对地表产生不均匀沉降，尤其是在复合地层中施工更为明显，很容易造成地表建（构）筑物的变形开裂。

（2）盾构到达建筑物前要充分做好准备工作，要做好建（构）筑物的调查和鉴定，对重要和敏感建（构）筑物要编制专项施工方案，必要时对建（构）筑物进行预先加固。同时，应检查盾构机的完好性，并进行刀具的检查和更换。

（3）盾构机过建筑物地段应设置好土仓压力，并根据监测情况及时调整，禁止采用空仓掘进。施工中应根据实际情况添加合适的外加剂。

（4）施工前应编制好监测方案，并落实布点和监测频率。重要和敏感建（构）筑物应加密监测，同时派专人在地面巡查。

（5）施工中须严密监控各项参数的变化，如土仓压力、刀盘推力和扭矩、出渣的状况和数量、地面和建（构）筑物沉降和变形等，如有异常，应立即反馈处理。

（6）密切关注盾尾注浆状况，同步注浆应及时、足量，必要时进行二次补浆。

（7）每一环掘进应对渣样进行分析，如遇地质条件变化，应及时调整掘进模式和参数。

第八节　盾构机洞内调头技术

一、概况

根据设计，客村站——大塘站盾构区间采用1台盾构机掘进施工，从大塘站始发，经中间风井，到达矿山法暗挖段后，在洞内进行调头，此种形式的调头为国内首创，最终在大塘站实现贯通，完成整个标段施工任务。

二、调头方法

利用千斤顶的顶推力使托架与盾构机一起平移、旋转到预定的位置，完成盾构主机调头工作。

三、调头步骤

洞内调头的主要步骤如下：①调头场地的找平；②铺设固定钢板，并在钢板上抹黄油；③右线隧道贯通后，盾构机平移上托架；④在钢板上焊上工字钢钢块作为千斤顶反力支座，用4台80t的千斤顶在托架最佳顶推位置附近按实际需要顶推托架，使托架移动和转动，顶进一定长度后调整反力支座钢块位置，使托架及盾构机按预定的轨迹平移和转动，到达目标位置，完成盾构主机的调头和移动。

关键是准备工作要充分，场地必须平整，钢板固定牢固，接缝焊接打磨平整。盾构主机调头用时5个班（12h/班），盾构机从静止开始向前移动的初始推力达到100t，在随后的平移和旋转过程中推力在30～50t之间，基面钢板曾出现移动，加固后顺利完成调头工作。盾构机洞内调头如图5－103至图5－114所示。

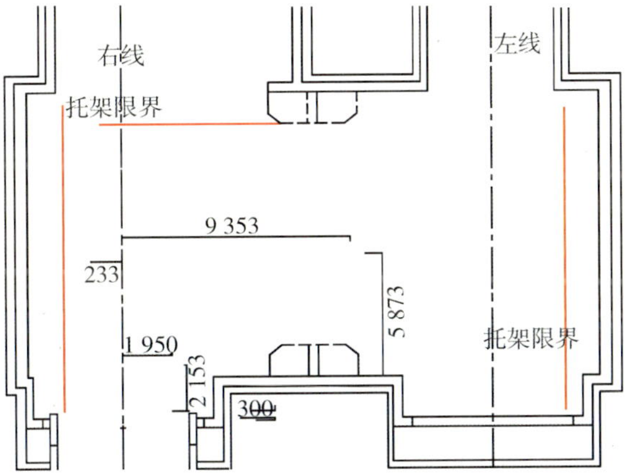

图5－103　盾构机调头平面示意图

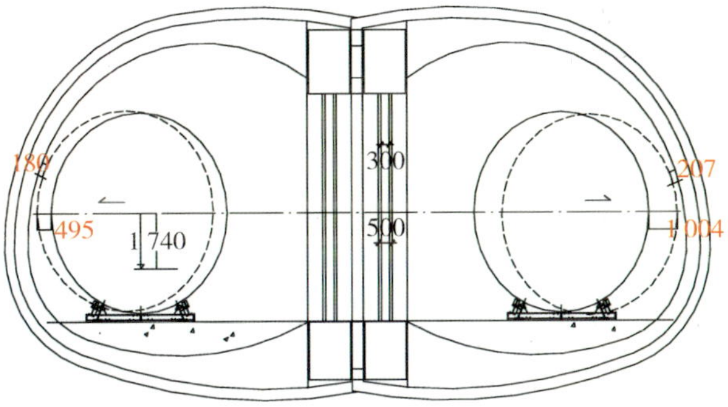

图5－104　盾构机调头剖面图

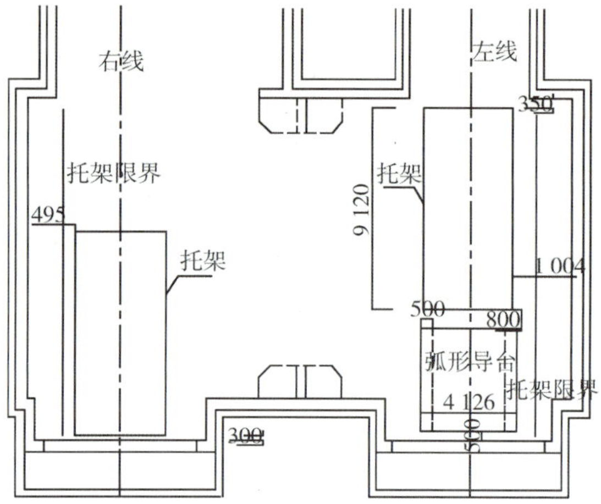

图 5－105 接受托架位置

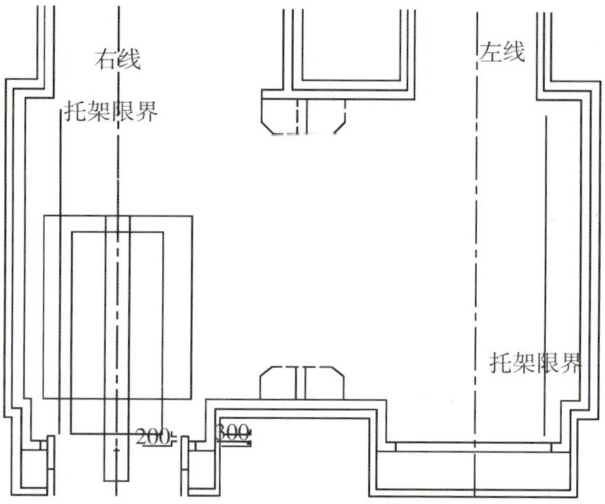

图 5－106 调头第一步

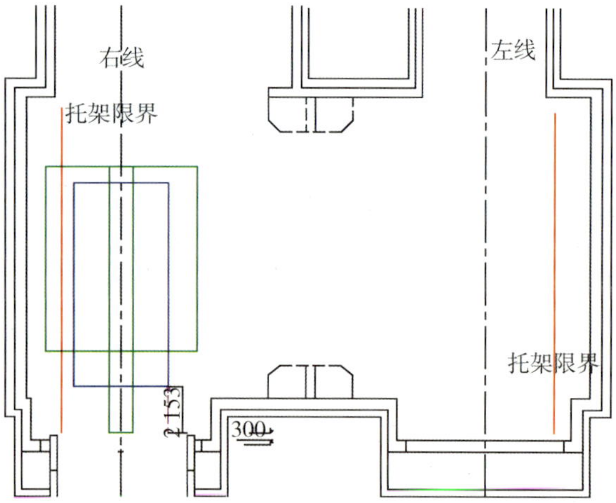

图 5－107 调头第二步

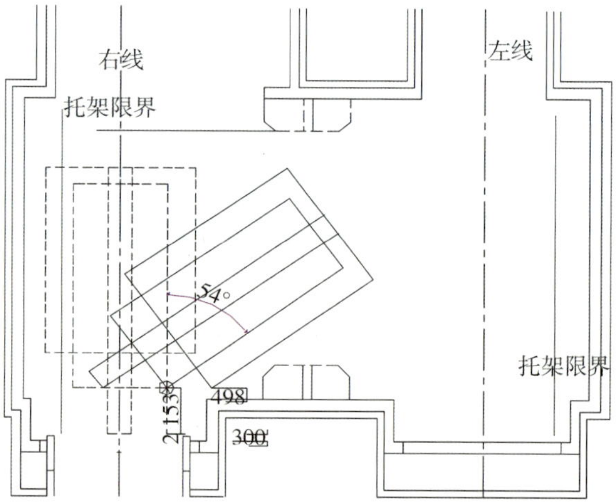

图 5－108 调头第三步

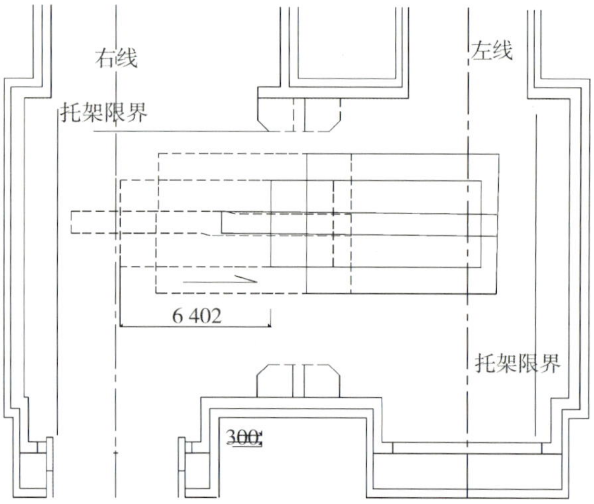

图 5－109 调头第五步

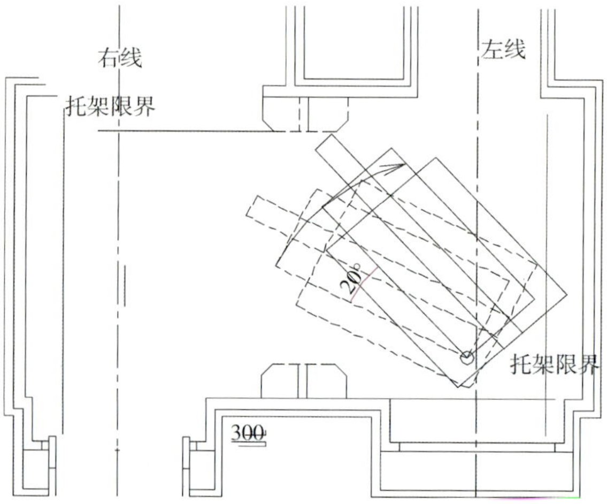

图 5－110 调头第七步

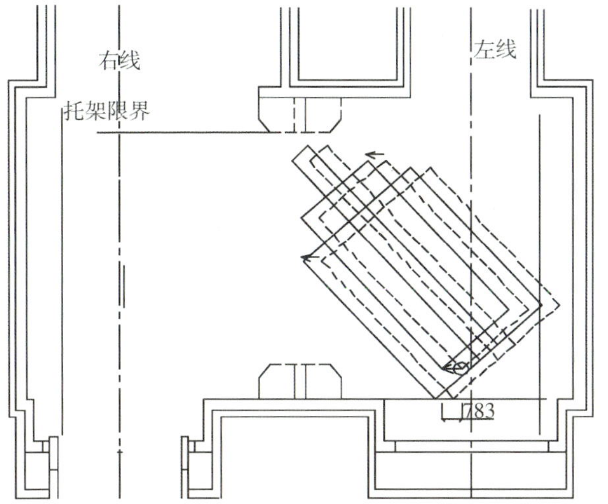

图 5-111 调头第九步

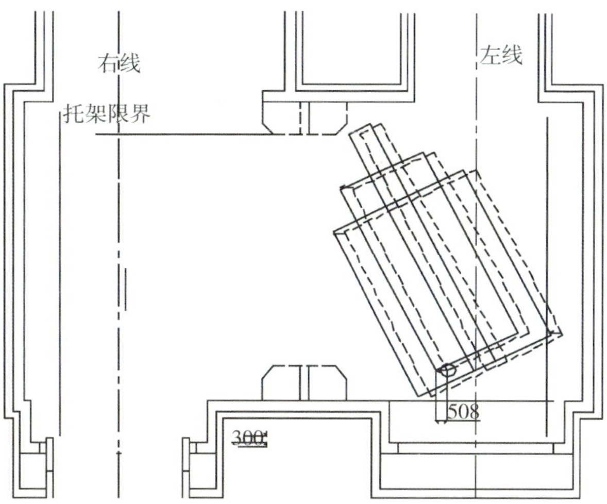

图 5-112 调头第十一步

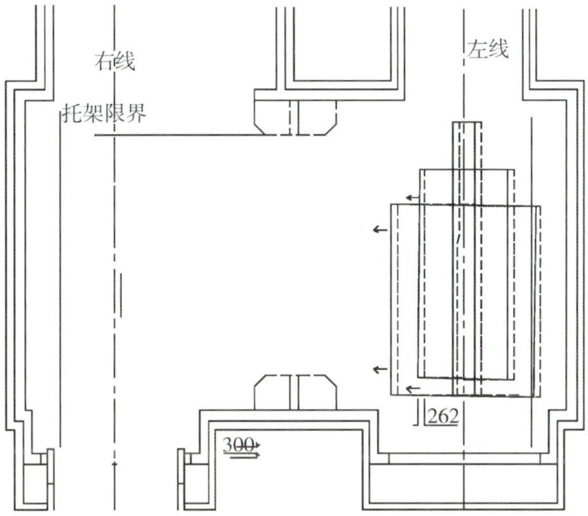

图 5-113 调头第十三步

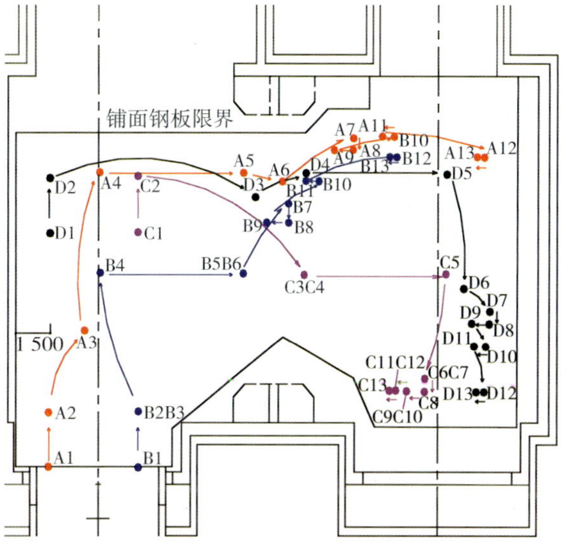

图 5-114 拖架轨迹详图

第九节 盾构机整体吊装运输技术

在以前，全国各地的盾构机过站时，大部分是采用卷扬机拖着盾构机过站，个别不能在车站内直接过站的，也采用解体吊装、重新组装的方式从地面过站。盾构机是一台复杂的、庞大的设备，特别是主体部分，各种传动机构、电器设备、控制系统错综复杂地交织在一起，对它进行任何一点小的动作，都是一件不易的事情。解体运输会极大地增加设备安装、调试的施工难度，从而延长盾构机过站的工期。

沥滘站——大石站区间 2 台 $\Phi6$ 260mm 泥水盾构机需要从厦滘南过站运输到厦滘北后，重新始发，过站运输距离约 600m。为了节约过站时间，决定采用整体吊装运输。盾构机的主体外形尺寸为 $\Phi6$ 260mm ×8 600mm，重量为 320t。采用 600t 液压吊装架将盾构机从厦滘南整体吊出井，然后运输到厦滘北，最后整体吊装下井。

一、吊装运输设备

吊装设备主要有：LSD-200 液压提升机构（由专业公司制作，高 16m，重 130t）、30m 长 $\Phi18$mm 高强钢索 64 条、钢结构定子吊装架、100t 小坦克 8 个及牵引架。

运输设备主要有：运输车为1台400t液压全挂车，外形尺寸为19 370mm×5 420mm×（1 070±210）mm；牵引拖头为2台3850A型奔驰拖头，单台拖头的额定拖载质量为220t，动力为500马力。

二、盾构机提升

把LSD－200液压提升机安装在钢结构吊装架上，用64条Φ18mm×30m的高强钢索的两端分别连接到LSD－200液压提升机和320t的盾构机上；调整好吊装重心，并用1t手拉葫芦把64条高强钢索的受力调整均匀后，用上锚锁锁紧高强钢索，起动LSD－200液压提升机，缓慢吊起，每吊起500mm后用下锚锁锁紧高强钢索，把上锚锁松开并回退500mm，重新锁好高强钢索，松开下锚锁，继续提升盾构机，反复进行。当高出地面1 100mm时，钢结构吊装架进行平移，平移到位后，固定放置在预先准备好的运输车上。

在整个吊装过程中，关键要做好盾构机的偏移变形控制。技术人员要严密监测每一个环节，当盾构机吊离地面10cm时，技术人员对盾构机的平衡性及相关部位的安全状况进行彻底检查，确保万无一失后继续往上吊。盾构机以每小时5m的速度缓慢往上移动，直至整体吊出盾构井后平移到运输车上。

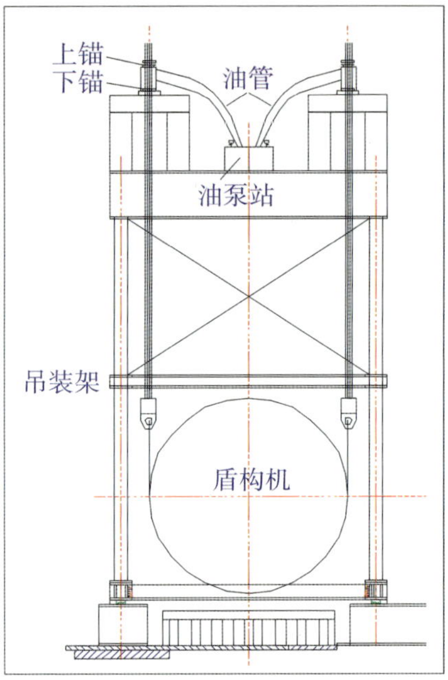

图5－115　盾构机出井图

三、盾构机运输

运输盾构机时，运输车行驶速度控制在5km/h以内。平路采用1台拖头在前牵引，通过较大坡度（>3%）纵坡时采用2台拖头前拉后推。驶入盾构场地时，将后面拖头解下，由一个拖头拖入场地内并进行转弯，驶入停放位置后，将液压全挂车的高度降低存放，等待吊入盾构井。盾构机整体吊装与运输过程如图5－116至图5－119所示。

图5－116　300多吨的盾构机整体起吊现场

图5－117　盾构机过厦滘村牌坊

图 5－118　前拖后推上坡

图 5－119　已安全过站的盾构机

四、盾构机吊进始发井

盾构机吊入是吊出的逆过程。把 LSD－200 液压提升机安装在钢结构吊装架上，用 64 条 Φ18mm × 30m 的高强钢索的两端分别连接到 LSD－200 液压提升机和 320t 的盾构机上；调整好吊装重心，并用 1t 手拉葫芦把 64 条高强钢索的受力调整均匀后，用上锚锁锁紧高强钢索，启动 LSD－200 液压提升机，缓慢吊起；当离地面 1 100mm 时，钢结构吊装架进行平移；平移到位后，开始缓慢下降，每下降 500mm 后用下锚锁锁紧高强钢索，重新挂好高强钢索，把上锚锁回退 500mm，继续下降盾构机，反复进行，直至下降到盾构机托架上。

五、实施效果

盾构机主体部分采用整体吊装运输过站为全国首创。采用 600t 液压提升架来提升 320t 的盾构机，大大减少了对施工场地的要求。采用 400t 液压全挂车来整体运输 Φ6 260mm 泥水盾构机，相较于盾构机解体过站组装的方式，大大缩短了过站的时间，而且减少了拆卸、重新组装过程中对盾构机的损害，过站费用也略有降低。盾构机从起吊到下井仅用时 30 天。

第六章　辅助工程施工技术

第一节　联络通道施工

三号线联络通道施工过程中出现问题的主要是在燕山期花岗岩和震旦系变质混合岩的残积土、全风化、强风化地层，这种地层遇水易软化、崩解，受扰动后易坍塌，给施工带来了较大的困难。

一、工程重难点

（1）三号线沿线花岗岩和变质混合岩的全风化和残积土地层含砂率较高，同时，风化土中富含高岭土，其在受到扰动前后，物理力学指标变化明显。受扰动前，风化带土质坚硬，有较高的物理力学指标，并具有一定的自稳能力；受扰动后，此类地层遇水软化、崩解，甚至呈流塑状，给工程施工带来很大困难。

（2）三号线隧道穿越地段地势起伏，部分联络通道埋深较深，特别是天河客运站——华师站区间2#联络通道，隧道埋深达28m。目前采用的施工工艺，从地面对开挖范围进行加固效果不理想，难以保证隧道加固质量。盾构隧道衬砌成型后，若在洞内对联络通道（泵房）进行加固，作业空间狭小，同时还会破坏隧道的衬砌结构。

二、工程对策

（1）联络通道（泵房）的设置应尽量避开花岗岩和变质混合岩的全风化和残积土地层，应设置在有足够自稳能力的地层中。

（2）针对此类地层遇水易软化、崩解，呈流塑状的特性，联络通道在开挖前，应采取措施对地层进行加固。加固方法根据隧道埋深的不同，可采取袖阀管注浆、旋喷桩加固以及深层螺旋搅拌桩加固等措施。加固完成后，应抽芯检查，若达到效果，则可以开挖。

（3）联络通道隧道开挖过程中，应加强对地下水的疏导、引排，不可盲目进行堵水处理，以免地下水集聚，加大周边水土压力。一方面，压力过大时会造成钢格栅变形；另一方面，聚集的高压水可能会在开挖面薄弱处涌出，造成管涌或掌子面坍塌。

（4）施工过程中，需加强对已有成型盾构隧道的保护。

三、工程实例

［工程实例1］　天河客运站——华师站区间2#联络通道和积水井工程涌水、涌泥及塌方

1. 2#联络通道施工

天河客运站——华师站区间2#联络通道和积水井施工从2005年10月15日开洞门至2006年7月底结束，历时9个多月，期间经历多次涌水、涌泥和塌方。天河客运站——华师站区间2#联络通道里程位于YDK1+515.733处，隧道埋深约22m，隧道范围下部为〈6H〉地层，上部为〈5H-2〉地层，隧道上方5m有〈3-2〉砂层，如图6-1所示，地面为华工科技园东南侧围墙边。通道地层为〈5H-2〉和〈6H〉地层，并富水，通道上方5m又存在较厚的含水砂层，这给施工带来极大风险。为了施工安全，在通道开挖前已采用深层螺旋搅拌桩对通道土体进行加固，但由于隧道埋深较深，该通道下的集水泵房部位的土层无法加固。通道于2005年10月15日开始施工，并于2006年2月13日贯通，虽然对土体进行了加固处理，但在通道施工过程中，特别是右线进洞端施工时，曾发生了多次涌水涌泥情况。

天河客运站——五山站区间2#联络通道于9月15日完成地面搅拌桩加固，并于9月30日完成质量抽芯检查工作，经检查，搅拌桩加固质量基本达到加固效果。10月15日开洞门。在施工洞门前，由于现场

施工人员以为土体经过搅拌桩加固，可以不打设拱部超前小导管，所以在开洞门时没有先施工该部分小导管。10 月 21 日施工完成洞门后进行土方开挖时，拱部的土体及搅拌桩在自重作用下产生垮塌。于是挂网喷射砼封闭洞口，并加支撑，然后进行注浆，由于注浆压力较大，造成洞口支撑往外变形约 20 多厘米。之后立即对变形的支撑进行加固，完成加固后，打注浆管对顶部土体进行加固，再探水开挖。10 月 31 日上台阶开挖到第 4 榀，发现左侧约 50cm 范围无搅拌桩加固体，在开挖时该处出现涌水塌方现象，现场立即进行封堵，并打管注浆加固。11 月 6 日开挖第 5 榀，仍然是在左侧无桩体加固，出现土体不稳现象，封闭掌子面并注浆加固。开挖第 6 榀时，左侧又塌了一个洞，有大量稀泥涌出，后立即采用砂袋封堵。

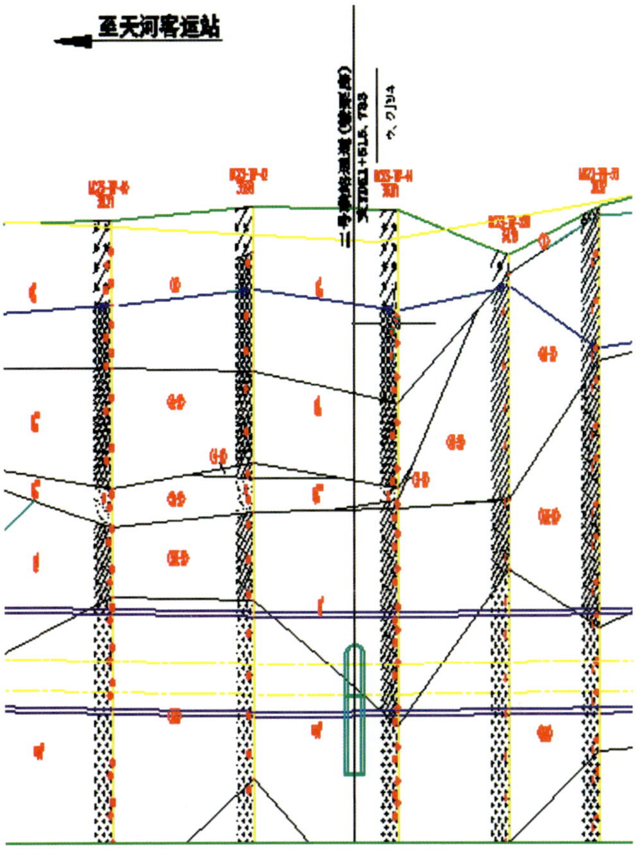

图 6－1　地质剖面图

该联络通道在开挖前已采用深层搅拌桩对开挖面进行土体改良过，但由于隧道埋深较深，且地层的软硬不均，在施工时，桩体整体向南侧倾斜，造成左侧边桩向隧道内偏离约 1m，也即在开挖面左侧约有 50cm 无桩体加固。在开挖过程中，该部位容易发生涌泥涌水失稳情况。所以在下一步施工过程中，对无桩体加固部位加强注浆，在开挖时密切注意该部位土体的稳定情况，尽量先开挖有桩体加固部位，无桩体加固部位的在开挖完成后尽量早封闭，减少暴露时间。

2#联络通道于 2005 年 12 月 24 日完成上台阶的施工，开挖下台阶过程中，在上台阶左侧拱脚部出现喷水涌泥情况，后进行封堵注浆再开挖，仍是该部位出现喷涌。到 2006 年 1 月 10 日才开挖到下台阶第 5 榀，进展缓慢。

由于几次喷涌均是出现在上台阶格栅脚部，喷涌出现均较突然，经分析认为，喷涌来源于上台阶初衬背后，即在施工时衬砌背后喷护不密实，上部土层被扰动后，经过储水形成泥浆浓胞。在下台阶施工时，泥浆由最薄弱的脚部涌出，形成喷涌。解决下台阶开挖稳定的措施就是在下台阶开挖前，对上台阶衬砌背后进行系统的补注浆，将衬砌背后的水浓胞及虚空部位进行回填固结。在下台阶施工时，必须密切注意拱脚的稳定性，在不稳定的格栅拱脚底部应打注浆锚管进行加固。2#联络通道底部涌泥如图 6－2 所示。

图 6－2　2#联络通道底部涌泥

（2#联络通道下台阶开挖时底部涌泥，同时上部拱架收缩变形。）

2. 天河客运站——华师站区间 2#联络通道集水井开挖

为了防止主隧道继续下沉以及集水井开挖出现涌水涌泥情况，在集水井开挖前对 2#联络通道以及附近管片采取了注浆加固、注浆堵水措施。但由于集水井地质差，地下水丰富，通道开挖完成后，在开挖竖井时刚下挖第一榀就出现拱脚及底部反涌现象，格栅无法支立。3 月 16 日经与设计院协调，确定将集水井断面改小，断面宽度从 1.9 m 改小为 1.2m。3 月 24 日开会讨论，确定采用钢护筒支护开挖。自 15 日以来，联络通道初衬和附近管片累计下沉约 10mm，地面沉降最大超过 110mm，联络通道附近左右线管片各有 4 ~5 环出现不同程度的崩缺和渗漏水，右线 484 环和 486 环出现明显纵缝。

2006 年 3 月 22 日晚，发生约 $10m^3$ 涌泥，在对涌泥处进行封闭后，打管对底部进行注浆加固。但是在加固后进行清理涌出的泥水过程中又多次出现规模较小的涌泥。经分析，主要原因是采用单液浆进行注浆，导致注浆质量难以保证，因此一开挖就涌泥。

集水井开挖一度停滞不前，工期严重拖后。经分析认为，管片区域注入的单液浆在管片背后不但没有起到加固土体的作用，反而造成了管片背后土体的扰动液化，在联络通道内注入的单液浆液也有一部分造成了土体液化。

2006 年 5 月 5 日，2#联络通道集水井开挖到第 5 榀格栅时，发生少量涌泥，封闭后施打 32 根 3m 小导管双液注浆；至 5 月 9 日注浆加固完成，恢复开挖。5 月 15 日开挖到第 7 榀后，再次封闭注浆；5 月 18 日完成注浆恢复开挖。开挖第 8 榀第 3#格栅位置时发生涌水，水有压力，于是注双液浆。5 月 25 日 2 点开挖第 9 榀第 5 节时发生涌水涌泥现象，注浆封闭后进行清理。在随后的第 10、11、12 榀均出现涌水涌泥现象，其中第 12 榀涌水涌泥 3 次，经过封闭注双液浆后向下开挖。并于 7 月底顺利完成该泵房及通道的二衬施工。

3. 经验教训总结

（1）在此类花岗岩全风化带、残积土层施作矿山法，应采用有效的加固措施。若地面有条件，应进行地面加固；若地面没有条件，应采用洞内加固措施，确保加固到位后才能进行开挖。本段因地面加固难以达到泵房的深度，开挖极其困难，最后不得不缩小泵房尺寸。

图 6－3　2#联络通道加固

（2#通道进洞上部塌方后封闭掌子面，进行上部加强小导管注浆。）

图 6－4　2#联络通道地面螺旋搅拌桩加固

（2#通道在多次洞顶塌方，洞顶形成了流水通道和脓包。洞内加固无效后，考虑到旋喷桩加固工效低，效果难以保证，采用地面螺旋搅拌桩对通道全范围进行加固。图为设备进场安装。）

（2）类似地层开挖时，应采取措施疏导地下水，不可进行堵水。一旦采取堵水措施，地下水聚集，便会造成花岗岩软化崩解，形成脓包，一方面，压力过大时造成钢格栅变形；另一方面，可能会在开挖面薄弱处涌出，造成管涌或掌子面坍塌。本段在塌方后，曾采取封闭掌子面进行单液浆注浆，造成地下水难以排出，最终在开挖过程中脓包冲破掌子面，造成多次塌方。

（3）这类地层变化较大，不同地段土层特性相差较大，施工过程中应小心谨慎，严格按照施工方案的要求进行施工，不可存在侥幸心理。

（4）本段地层注浆宜采用水灰比较大的水泥浆液或凝结快的双液浆。

［工程实例 2］　市桥站——番禺广场站区间 SP4 联络通道、积水井开挖过程中涌水涌泥

2006 年 4 月 27 日夜班，SP4 联络通道集水井土方开挖施工过程中，约凌晨 1：30 发现开挖面有渗水

现象（此时开挖进尺约300mm），于是立即进行喷射砼封闭开挖面，接着进行砂袋回填封口。约2：00开挖面及洞口全部封闭完毕（此时渗漏泥浆约$3m^3$）。等到2：30时，砼层及回填砂袋突然被泥浆冲垮，有大股泥浆流出，现场工人用砂袋、木方进行封堵，其间有大约3次泥浆涌出，累计涌出泥浆约$20m^3$。约5：30涌泥基本被控制，但仍不间断有泥水从沙袋缝隙间涌出，直到28日上午11：00，涌泥方被完全控制。然后，用钢管对管片支撑进行加固，同时用砂袋反压回填封堵作业面，于是险情基本上得到控制。但造成管片有较大的错台，最大错台量达10cm，在螺栓孔位置有多处破损，并有多道纵向裂纹。

图6－5　管片底部粘贴钢板

采取的措施：

（1）对开挖面补充注浆。

（2）对管片裂纹进行注化学浆液填充、封闭。

（3）对管片破损的位置用砂浆抹平。

（4）上部的管片采用粘贴碳纤维布增加其强度，并用水泥浆覆盖进行保护。

（5）下部的管片采用粘贴钢板的方式增加其强度，如图6－5所示。

［工程实例3］　大石站——汉溪长隆站区间7#联络通道塌方及处理

7#联络通道地层稳定性差，于2004年11月7日下午14时30分左右从隧道左线联络通道洞门处漏沙土约$200m^3$，于是采取紧急措施，在隧道内堆砌砂袋，并加固钢管以防止砂土进一步涌出。然后经过对地层、地面环境的分析，决定采用在地面进行袖筏管注浆的方法对地层进行加固，并根据检查加固效果情况决定是否进行隧道内砂土的清理及7#通道的开挖。

经过地面的加固处理，最后顺利开挖7#联络通道，经检查和检测，没有对地表和隧道产生太大影响。

图6－6　大石站——汉溪长隆站区间7#联络通道塌方处理

图6－7　大石站——汉溪长隆站区间7#联络通道地面加固

第二节　中间风井施工

市桥站——番禺广场站区间中间风井位于番禺区工业路东侧，设计里程范围为YDK26＋697.580～YDK26＋706.880，矿山法隧道设计范围为YDK26＋684.063～YDK26＋718.963，中间风井结构平面尺寸为19.3m×9.3m，基坑深为43.15m。风井满足消防通风要求所需的扩大段矿山法隧道左右线各30m，实际开挖长度约为35.0m。

一、概况

中间风井基坑长 15.9m，宽 9.6m，围护结构于 2003 年 7 月 5 日施工，2004 年 2 月 6 日开始土方开挖，并于 12 月 17 日开挖到设计底板标高。该工程周边建筑物密集，且多为陈旧的浅基础。基坑内地质条件差，工程风险非常大。在开挖过程中，2004 年 7 月 16 日，中间风井基坑桩间有涌水、涌泥现象。至 7 月 26 日，周边建筑物沉降较大，局部墙体开裂，已形成险情并急需采取有效的抢险措施。

二、出险过程

（1）2004 年 3 月 9 日基坑开始开挖。

（2）2004 年 5 月 20 日第五层砼支撑浇筑。

（3）2004 年 5 月底发现砼支撑轴力、土体和桩体测斜监测超限。

（4）6 月下旬开始挖第 5 层土方，因坑内土体液化严重，挖土异常困难。

（5）7 月 11 日 ~12 日基坑西南角、西北转角附近涌水涌泥严重。

（6）7 月 13 日周边地面沉降监测最大为 -31.3mm，编号为 A376 -5；A 栋房屋下发现一大水坑，回填碎砖 12m^3、碎石 1m^3，泵送 C15 砼 24m^3，并预埋设注浆钢花管 3 根；稍后基坑东侧 C 栋房屋南外墙水刷石出现多处裂缝。

（7）7 月 20 日在基坑内做宽 1.5m、厚 0.3mC20 的砼环板。

（8）7 月 22 日基坑内砼环板多处开裂、局部上升，西南角抬高较多；西南角、西北转角涌水涌泥加剧。

（9）7 月 24 日基坑西北转角附近频繁涌水涌泥，于是继续封堵桩间缝隙，但导致地面围墙倾斜。

（10）7 月 26 日经专家现场察看及分析讨论，确定按抢险组织施工。

三、原因分析

（1）基坑深度达 43.15m，属国内罕见的深基坑，工程难度大、工期紧。

（2）地质条件复杂，尤其是花岗岩〈5H -1〉、〈5H -2〉、〈6H〉和〈7H〉地层本身所具有的遇水软化崩解的特性，对基坑开挖施工造成十分不利的影响。

（3）基坑周围环境非常复杂。除西面以外，基坑其他 3 面均处于密集建筑群包围之中，且距基坑较近，最近的距基坑只有 2.06m；另外，周边建筑物大多比较陈旧，基础及上部结构形式简单，东侧两栋居民楼属于砖混结构，对地层沉降变形十分敏感。

（4）进入 5 月份以来，番禺地区频降暴雨，增加了风井周边地层中地下水的补给，从而造成基坑围护外侧的主动水土压力急剧增加。

四、施救措施

（1）将基坑进行回填，如图 6 -8 所示。

（2）加强建筑物的监测，并对建筑物的基础进行注浆加固。

（3）对风井围护桩的桩间进行注浆封闭。

（4）以上措施完成后，在开挖前对桩间进行超前小导管注浆。

图 6 -8　回填反压（中间风井）

（5）严格按照快开挖、早封闭、及时支撑的原则执行。

第三节 盾构始发和到达

盾构始发和到达是盾构工法的关键工序，也是施工中的事故多发环节。所谓盾构始发，就是盾构在始发井或过站车站始发端，自安装调试与定位开始，然后沿设计线路向前掘进，直至具备拆除负环条件为止。而盾构到达是指盾构机刀盘到达吊出井或过站车站到达端的加固区开始，直至盾构机盾体完全上到接收托架。盾构始发阶段准备工作主要包括始发托架和反力架的安装固定、盾构机的安装调试、洞门密封安装、负环管片安装、洞门凿除、导向系统的安装调试及始发定位等。盾构到达阶段的准备工作主要是到达前的定位测量、接收托架的安装、洞门密封的安装、管片连接装置的安装和洞门凿除等。应根据始发和到达端头的地质条件、场地条件、始发和到达方式确定始发和到达端头地层是否需要预加固，端头加固方法有很多种，其选择主要取决于地质情况、地下水、覆盖层厚度、盾构机直径、盾构机型和施工环境等因素。

一、盾构始发和到达的风险及常见问题

盾构始发和到达阶段是施工中的事故多发环节，主要风险是从洞门与盾体之间的空隙处涌水涌砂，造成地面沉降，甚至洞门失稳、地面塌陷。盾构始发和到达期间，由于在较长的一段时间内，盾体和围岩之间的空隙得不到及时有效的填充，此时，若地层较差或加固体质量差，很容易形成渗流通道，造成涌水涌砂事故。另外，由于准备工作不充分或疏忽大意，常常出现以下问题：

（一）反力架、始发托架、接收托架变形、移位

由于在盾构始发（到达）掘进过程中推力过大，或由于反力架和始发托架（接收托架）固定效果不好，常导致反力架和始发托架（接收托架）变形、移位，这将造成盾构姿态难以控制，甚至超限。

（二）洞门密封失效

为了防止盾构始发（到达）掘进时泥水、浆液从盾壳和洞门的间隙处流失，需安装洞门临时密封装置，临时密封装置由橡胶帘布、压板、垫片和螺栓等组成。导致洞门密封失效的主要原因有：①洞门预埋件与车站结构钢筋连接不够牢固；②压板损坏或固定螺栓松动；③盾构姿态太差或者安装精度差导致环向间隙不均，间隙过大处折形压板外翻。

（三）盾构机栽头

盾构始发掘进阶段，由于盾构机盾体自重的原因，在盾体逐渐离开始发托架过程中，容易出现载头现象。

（四）盾构滚动、轴线偏移

盾构始发掘进阶段，由于盾构机没有进洞后的周围岩土侧压力摩擦作用，且盾构油缸的推力和掌子面通过刀盘的反力都很小，所以，掘进过程中盾构姿态控制困难，容易造成盾构滚动、轴线偏移。

（五）盾构上接受托架困难

盾构到达掘进阶段，由于接收托架定位误差大，或盾构出洞时姿态太差，导致盾构上接收托架困难。

二、盾构始发和到达的技术措施

为了避免事故的发生，尽可能让盾构始发和到达顺利，应从以下 8 个方面进行控制：

（1）根据地质条件、地下水、盾构机型、施工环境等因素选择合适的始发和到达方法，例如，当地质条件较差，但又不具备地层加固条件时，可考虑钢套筒接收、水中到达等盾构到达方法。

（2）当地质条件较差，具备地层加固条件时，应根据地层情况合理选择端头加固方法和加固范围，严格控制加固质量，并且对加固效果进行抽芯检测。常用的处理方法有搅拌桩、旋喷桩、注浆法，SMW 工法和冷冻法等。

（3）严格控制盾构机姿态和盾构掘进参数，特别是盾构机推力、扭矩等。

（4）通常采用始发推进前抬高盾构机的始发姿态，合理安装始发导轨，推进过程中加强盾构姿态控

制，尽量避免盾构栽头。

（5）应合理选择洞门密封形式，严格控制洞门预埋件与车站结构钢筋连接质量及密封装置安装质量。

（6）为防止盾构滚动，除了在始发托架上焊接防滚动装置外，掘进过程要严格控制始发扭矩，并特别注意不能在千斤顶推力很小的情况下转动刀盘。

（7）尽快拉紧洞门橡胶帘布，将“开口”封堵，及时注浆填充管片背后的空隙。

（8）加强监测，及时反馈信息以指导施工。

三、工程实例

［工程实例1］　市桥站盾构始发

1. 右线

9月22日开始凿除市桥站右线南端预留洞口的连续墙，9月27日中午，预留洞口连续墙右上角被凿穿一个直径约100mm的洞口，有大量的水从洞口涌出，水具有一定的压力，且含有少量的砂粒，于是立即对其封堵，并进行注浆处理。到当天夜班12点左右，水被止住。此后，洞门连续墙凿除工作继续进行，同时，从地面在钻孔灌注桩与连续墙之间加注水泥浆。但是，堵水效果一直不是很理想，往往是一个地方被堵住，就又会有新的地方漏水。随着注浆堵水及连续墙凿除工作的继续，被凿除外层钢筋及砼的洞口连续墙中部也向外凸出变形。

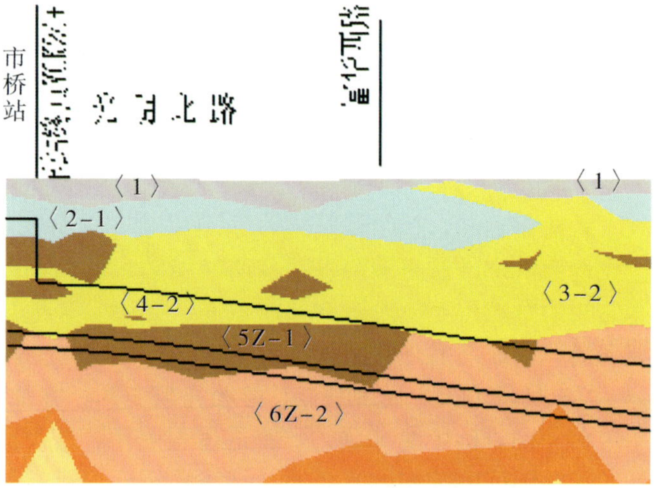

图6-9　市桥站南端头盾构始发段地质剖面

2. 左线

12月20日，在凿除市桥站左线南端洞门连续墙过程中，洞门连续墙出现涌水，边注浆堵水边继续凿除洞门连续墙，至12月22日，洞门连续墙外层砼破除基本完成，同时注浆堵水继续进行，当天洞门涌水情况明显减少。12月23日夜晚，左线南端头地面突然出现如图6-10所示的较大面积的塌陷，于是立即组织抢险，对塌陷区进行回填砼处理。但12月24日和27日洞门10点位置又出现大量涌水，于是对洞门进行支撑加固，并对洞门作喷砼处理；同时，地面按抢险加固方案对洞门段地层进行加固，至12月30日，洞门涌水涌砂现象得以制止，洞门逐步趋于稳定。如图6-11所示。

图6-10　市桥站左线南端头地面坍塌

图6-11　市桥站洞门涌水涌砂

3. 涌砂涌水及地面塌方的原因分析

（1）市桥站尤其是南端头及其周边的地质条件极差，砂层及淤泥层厚度大，且地下水丰富，加上市桥站主体结构已经完工3个多月，车站连续墙周边地下水急剧上升，车站基坑外的透水土层与连续墙之间存在着一个地下水连通通道。

（2）由于连续墙导墙及连续墙自身平整度的较差，再加上深层水泥搅拌桩施工工艺本身所存在的缺陷，导致起止水帷幕作用的两排密排搭接的搅拌桩没有与车站连续墙很好地密贴，造成留下让地下水通过的缺口。

（3）通过对市桥站南端头西南角地面表层的简单调查，发现从车站下面抽排上来的水有很大一部分又回灌到南端头地层中。

（4）随着连续墙外层钢筋及砼的凿除，一方面，钢筋砼连续墙的结构厚度变小了，其抗弯及抗剪的能力也相应减小；另一方面，注浆堵水的进行增加了预留洞口连续墙外侧的水土压力，这是导致预留洞口处连续墙变形的主要原因。

（5）从监测结果来看，下面洞口涌出的水主要是从西南角密排搅拌桩与连续墙之间的缺口涌进来的；另外，通过对涌水口进行摸探，也可以说明这一点。

4. 施救措施

根据对此次洞门涌水事故原因及现状的分析，立即对洞门进行抢险加固，避免地面沉降继续发展。根据施工部位的不同，洞外采用旋喷桩、花管灌浆、袖阀管注浆3种工法进行加固处理，洞内进行洞门堵水灌浆处理。

［工程实例2］　软弱地层中泥水盾构始发

1. 始发地质条件

厦滘站北端头洞身绝大部分为〈3－2〉砂层，覆盖层薄，约7.5m，地下水丰富，由于淤泥砂层较厚，土体稳定性很差，如图6－12所示。

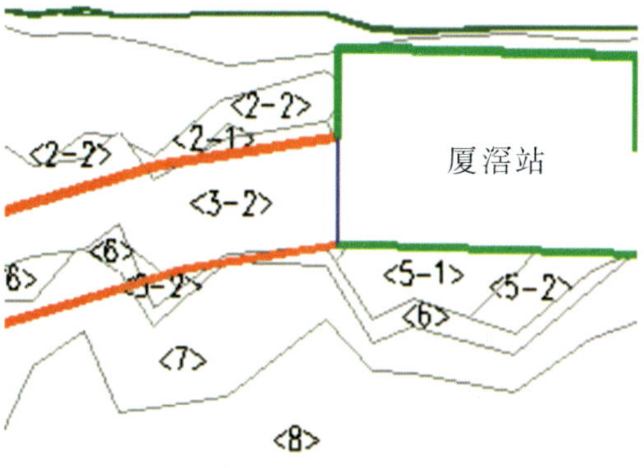

图6－12　厦滘站北端盾构始发段地质断面图

2. 厦滘站北端头地层加固、洞门凿除过程中多次涌水涌沙、端头地面塌方。

初步加固方案为核心区搅拌桩 Φ550mm×550mm，外包三排搭接的搅拌桩 Φ550mm×400mm，最外包一排单管旋喷桩 Φ550mm×400mm，如图6－14所示。抽芯显示搅拌桩在砂层中基本无效，旋喷桩有不连续水泥块。加固完成后，盾构井开挖时发现800mm厚的连续墙严重歪斜，在15m深处约向盾构井内歪斜860mm。在凿除连续墙过程中，从缝隙处多次发生间断涌砂现象，并引起地表塌陷，前后持续一个多月。于是进行补充加固，采用三管旋喷封堵，在连续墙歪斜区旋喷桩相应倾斜施工。但个别洞门水平探孔仍然有水砂流出，于是在两条隧道两侧各设一个降水井，如图6－15所示。虽然右线顺利开洞门，但左线仍然发生涌砂，导致地面在3#井旁边约2m处，即原盾构井施工塌方处再次塌方。经分析认为，3#井周边土体加固质量较好，但在加固体和连续墙接合部仍然有涌砂通道。

图6－13　盾构机进洞时流砂情景

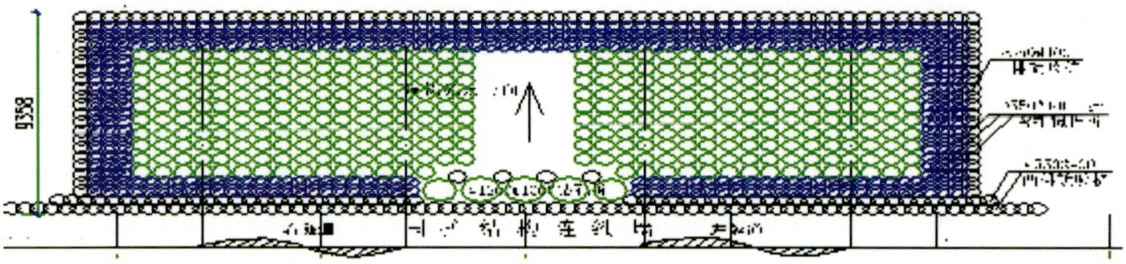

图6－14　初步加固图

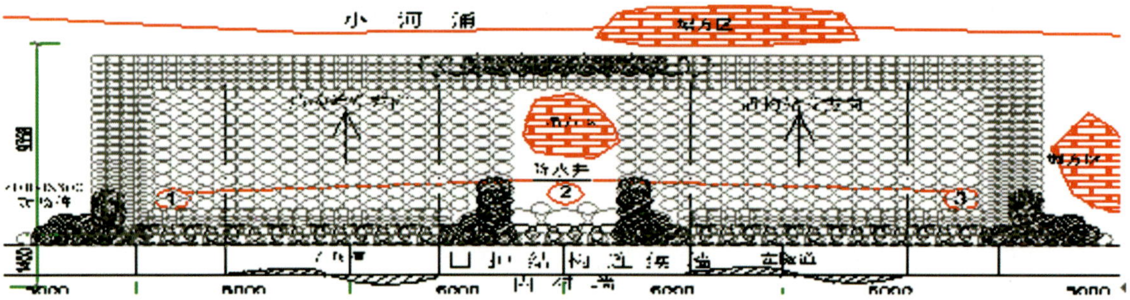

图6－15　补充加固和降水井图

［工程实例3］　大塘站——沥滘站区间盾构机到达

（一）沥滘站到达端地层加固

由于沥滘车站以北50m范围内隧道所处围岩不稳定，据现场地质勘察资料显示，该区域地层分布如图6－16所示。

根据沥滘站北端头的实际地质情况及场地条件，对沥滘站北端头的地层采取 Φ800mm素砼桩＋旋喷桩的加固方案，以确保在盾构机即将到达、凿除车站围护结构时的安全。端头加固范围为29.6m×3.75m，其施工顺序为：先在车站端头围护结构处施工4排、最外侧施工1排 Φ800mm素砼桩，桩间采用注浆加固止水，中间部分采用深孔注浆加固，加固桩呈梅花形布置。进入〈7〉地层后，采用深孔注浆充填强风化岩层裂隙及岩层与加固体的界面，以达到有效止水的目的。注浆深度从隧道底板下2m至隧道顶板上2m范围。加固后，经抽芯取样，符合规范要求。

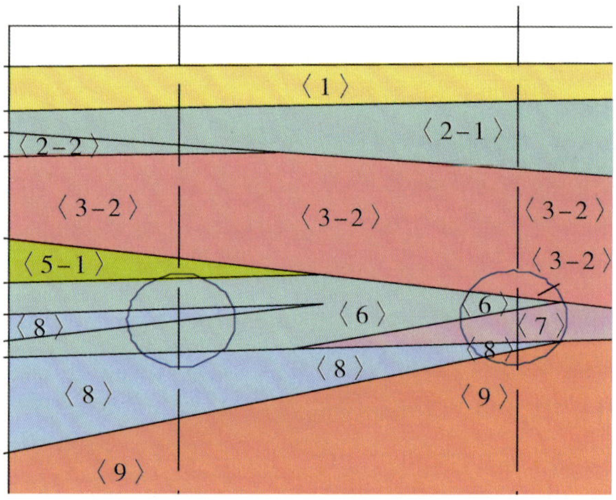

图6－16　沥滘车站地质断面图

〈1〉人工杂填土层；〈2－1〉淤泥质土层；〈2－2〉淤泥质砂土；〈3－2〉冲洪积土层；〈5－1〉残积土；〈6〉红层全风化带；〈7〉红层强风化带；〈8〉红层中风化带；〈9〉红层微风化带

（二）盾构机到站时盾尾喷砂事故

1. 工程概况

2004年4月1日清晨6时，沥滘车站北端发生大面积塌方，由此造成右线在2004年9月13日到达预计停机位后无法进站。

至2005年4月1日，沥滘站具备盾构进站条件，埋在地下7个月之久的盾构机终于可以进站。

为了确保进站安全，在加固体两肩处加设8根袖阀管深层注浆，以期堵住加固体外的地下水。2005年4月11日，盾构机破土而出，露出了“久违”的刀盘。然而4月18日，在盾尾仅剩1m左右就完成出洞的情况下，盾体周围出现了意想不到的喷砂现象。

2. 地质状况分析

沥滘车站以北 50m 范围内隧道上部和顶部存在不稳定的砂层，据现场地质勘察资料显示，该区地层分布如图 6－16 所示。

3. 原因分析

经过对砂样的分析可知，该砂呈灰白色，颗粒成分、大小与沥滘站开挖的〈3－2〉砂层一样，这说明是隧道周边的〈3－2〉砂层沿着盾壳外的空隙喷射而产生的。经过仔细分析，原因有以下 7 个方面：

（1）沥滘车站坍塌后，为防止事故进一步扩展，现场及时采取反压混凝土，这有可能造成坍塌面与稳定面之间的大量孔隙。

（2）该段地层较为复杂，隧道埋深浅，砂层覆盖厚。

（3）在车站开挖时和端头加固时均探明隧道断面为红层中风化带〈8〉、红层全风化带〈6〉、红层强风化带〈7〉，上部为富水的砂层〈3－2〉。

（4）端头加固体的范围为 3.75m，没有完全包住盾体（9m），当端头地层不稳定时，则可能引发险情。

（5）在盾构机出站时，同步注浆的浆液没有及时将管片周边的砂层固结，当出现空隙后，砂层随着管片背后的水喷射而出。

（6）在盾构机机头破洞后，用了一个夜班的时间来拆卸和吊运刀盘，使被扰动的砂和水聚集在管片和地层之间的超挖空隙内，并形成水土压力。

（7）盾构机刀盘露出后，洞门的钢丝绳没有及时拉紧，当夹杂物卡在橡胶帘布上时，就会形成较大的空隙，使砂和水有了喷射通道。

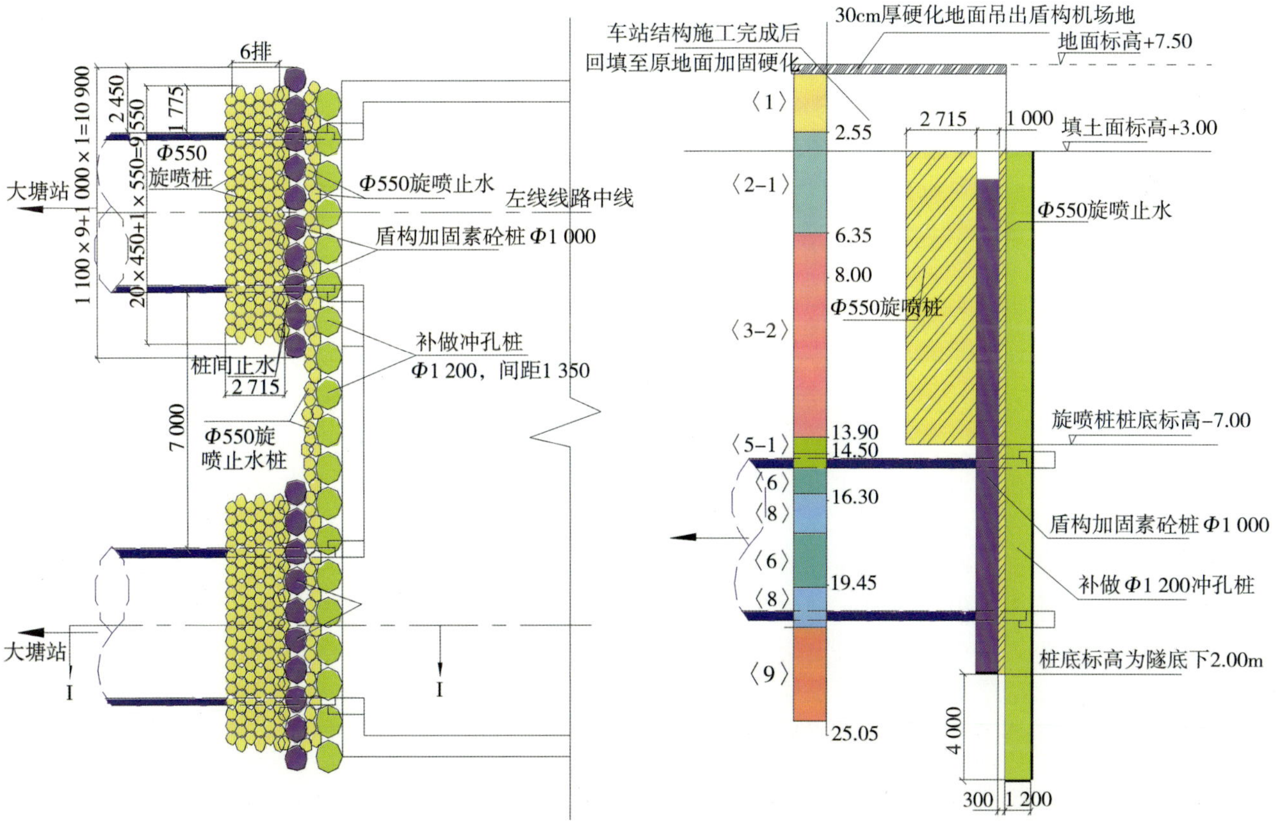

图 6－17　沥滘站端头加固示意图

图 6-18　盾构机右侧喷砂

图 6-19　盾构机左侧喷砂

4. 现场处理

现场根据施工条件，及时在洞内和加固体外同时进行注浆加固，洞内二次双液注浆，地面深层压力注浆，共注约 100t 水泥，有效固结了砂层，确保日后盾构机的安全出洞。

四、盾构始发和到达的经验教训总结

（1）在盾构始发、到达之前，一定要根据洞口地层的稳定情况制定有针对性的处理措施。常用的处理方法有搅拌桩、旋喷桩、注浆法、SMW 工法和冷冻法等。选择哪一种方法要根据地层的具体情况而定，并且严格控制整个过程。

（2）端头加固完工后，不仅要在加固体内进行抽芯检验，而且在加固体外也要检验，以明确加固体内和加固体外的地质条件。

（3）破除洞门时，失稳主要表现为土体坍塌和水土流失两种，其主要原因也是由端头加固效果不好所致。在小范围内的情况下可采用边破除洞门砼，边利用喷素砼的方法对土体临空面进行封闭，但当土体坍塌失稳情况严重时，只有封闭洞门重新加固。

（4）盾构机刀盘露出后，及时拉紧钢丝绳，有效密封洞门与橡胶帘布的空隙；盾构机破洞后，要尽快脱出全部盾体。

（5）当发现有险情时，要及时采取有针对性的措施，以确保盾构机和隧道的安全。

第四节　压气作业技术

土压平衡式盾构机在上软下硬地层掘进施工中，由于刀具磨损严重，经常需要开仓更换刀具。若开挖面上部土体自稳性较差，或地层中富含地下水时，直接开仓又会造成开挖面的坍塌甚至引起地面的沉陷，因此，需要先从地面对开挖面进行加固处理，才能开仓检查刀具或者更换刀具。但在某些特殊情况下，如地面加固效果不理想，或地面加固所需时间过长，或地面不具备加固条件时，需要采取压气作业进行检查刀具或更换刀具。广州市轨道交通三号线市桥站——番禺广场站盾构区间要穿越 2.5km 的密集建筑物群，且隧道多处于花岗岩残积土层及断面为上软下硬的地层，施工过程中多次成功采用了压气作业开仓检查刀具和更换刀具，先后多达 14 次，取得了较好的效果。下面就压气施工方法作简要介绍。

一、压气作业的作用

土压平衡式盾构机依靠土仓内充满渣土保持一定的土压力，来平衡开挖面的土压，而开仓换刀需要排出一定量的渣土来提供操作空间。压气作业方法就是在未进行地面加固的情况下，利用气压代替土压来平衡开挖面的土压力，提供检查刀具或换刀操作的条件。压气对开挖面的稳定作用大致可分为下述 3 种：

（1）可阻止来自开挖面的涌水，防止开挖面坍塌。

（2）由于压气气压本身的挡土作用而使开挖面保持稳定。

（3）由于压气产生的围岩脱水作用，增加了粉砂、黏土层或含有粉砂黏土成分的砂质土的强度。

二、压气作业地质条件的选择

压气施工也并非任何地层都适用，由于覆土厚度、土质、地下水等条件的不同，有时压气施工法收不到预期的效果，因此，采用压气施工法前必须仔细研究。

压气的效果受围岩的条件影响。故应充分调查土的粒度组成、土的透水性和透气性、地下水的状态等。另外，工程进展的同时必须观察开挖面的状态，测定并记录涌水量、空气消耗量，并与事先调查资料进行比较，及时反馈信息以指导施工。

土质不同，压气的效果也不同，大致如下：

（1）砂砾地基。由于透气性好，有地下水时涌水也多，增加压气气压时，则往往增加漏气（隧道内的空气连续向围岩侧泄漏的现象）。压气效果不明显，支护作用也收不到预期的效果。

（2）砂质地基。由于透气性好，故空气消耗量也大。小覆土时，如果气压太高的话，则产生喷发（隧道内的空气破坏围岩，爆发性地喷出地面）的危险性很大。虽然涌水量比砂砾地层少，但是要完全避免是很困难的。涌水处发生开挖面坍塌的危险性很大。

（3）粉砂质地基。透水性差，压气效果好，是适合压气施工的地基。只要注意覆土与气压的关系就不会发生喷发现象，基本可以防止涌水。

（4）土质地基。土质软弱、开挖面不稳定时，可依靠压气气压本身的挡土作用和脱水作用使地基得到加固，故多采用压气法。

（5）互层地基。一般的围岩都是由各种土质的互层构成，比较复杂，地下水压也往往被不透水层隔断。例如，即使是砂砾或砂质层，如果开挖面的上部有粉砂或黏土等透气性差的地层时，也是较为理想的压气施工地层。在开挖面的地下水压高的透水层与低透水层之间夹着难透水层时，由于低透水层的漏气非常多，不得不降低压气压力。此时，透水层出现的很多涌水成为主要问题。故一般在透水系数大于 1×10^{-2}cm/s 时，往往很难采用压气施工法。

三、压气压力的设定

压气压力应大于确保开挖面稳定和防止涌水所必需的最小压气压力，以免对施工环境及附近建（构）筑物产生影响。一般来说，在不发生漏气、喷发现象时，压气压力越高，开挖面稳定效果越好，但是，从作业效率和隧道工作人员的健康方面考虑，压气压力则越低越好。因此，必须综合研究上述情况，选择最合适的压气压力。另外，必须供应足够的空气量以确保需要的压气压力。

通常来说，压气压力以开挖面的地下水压力为基准，再考虑其他因素来确定。但是，压气压力对开挖面的任一部分都作用同一压力，而对于隧道顶部与底部的作用水压和土压是不同的，因此，对所有的位置都给予最适合的条件也是比较困难的。

选择压气压力的方法，因覆土厚度、地质、隧道直径而异，一般多取压气压力等于从盾构顶部往下 $D/2\sim D/3$ 位置的地下水压力。小直径隧道，一般多取 $D/2$ 位置的地下水压力。但是对于黏性土围岩，在透气性小的条件下，可采用较上述数值略小的压力进行施工。

四、压气作业准备工作

在进行压气作业之前，必须采取特殊措施对机头前方开挖面土层的孔隙，以及盾构机壳体与圆周土体之间的空隙进行密封处理，然后再通过加减压对人闸及土仓气密性进行检验，在人闸及土仓气密性满足要求的条件下，才能进行下一程序的作业。

（1）压气设备的检查。压气作业前，先对空压机的性能、人闸的气密性、仪表的灵敏性等进行检查，同时对人闸的前仓、主仓进行加减压试验。

（2）气压的选择确定。在进行压气作业前先确定需要多大的气压才能达到止水及土体自稳。操作步骤为：①先把土仓的土出空一半（上部土压为零）；②打开土仓壁中部的两个土仓加气大球阀，要求在球阀位置土仓里没有泥土；③做好上述两项工作后等待1小时，检查土仓的上部压力，确定所需气压。

（3）为确保土仓气压在压气作业期间保持稳定，在确定准备进行压气前，首先要确保盾尾的油脂注入量和砂浆注入量足够。

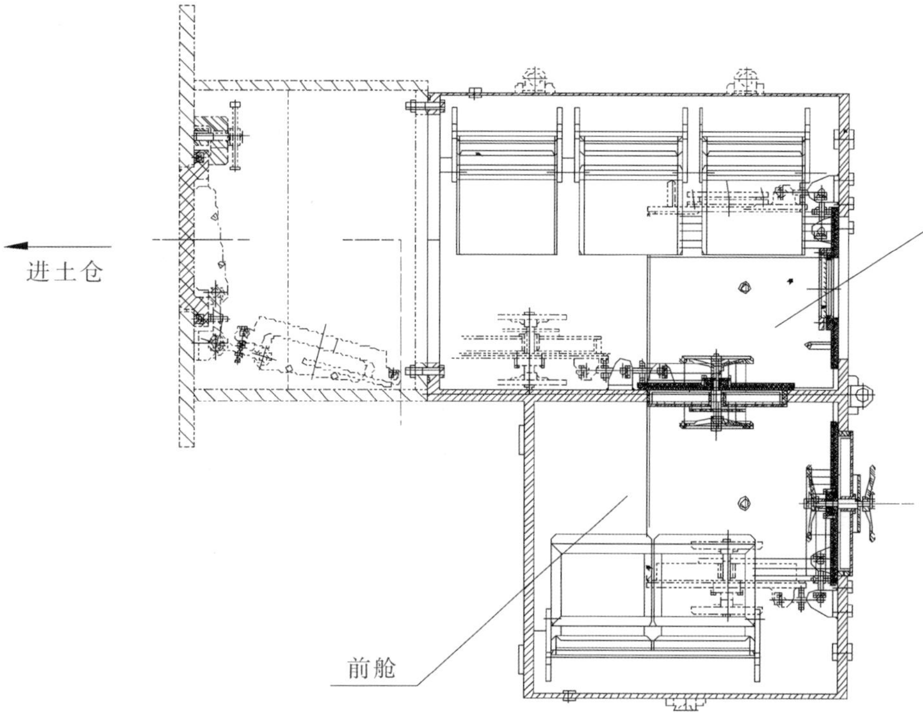

图6－20　人闸示意图

五、压气作业过程

（一）土仓加压

在确定所需气压后，往前掘进1～2环，然后向土仓中加注膨润土溶液（膨润土＋水）和气体，使土仓压力升到所需气压（在加膨润土的过程中需要不停地转动刀盘），然后快速地将土仓内的渣土出空至刀盘中部以下。在出渣土的过程中，保持土仓压力不降低。

（二）作业过程

1. 工作人员进入前仓的加压过程

（1）打开前仓的带式记录器，检查其工作是否正常，纸带是否足够。

（2）关闭前仓舱门，确保关闭正确。

（3）关闭前仓与主仓之间的密封门。

（4）使用电话，使人孔仓管理员与人孔仓里面的人员保持联系。

（5）人孔仓管理员缓慢地打开进气阀。

（6）缓慢地升高前仓的压力，直到达到工作压力。在加压过程中，即使人孔仓的人员出现细微的不适，如头痛、耳膜不通、鼻塞等，也要停止加压并把人送出人孔仓。

（7）前仓里面的人员可根据需要调节供暖装置。

（8）当主仓内压力达到工作压力时，前仓内的人才可以打开主仓与前仓之间的气密门，进入主仓。

（9）完成以上过程后，主仓的气压与土仓的气压相等，都是工作压力，工作人员可打开主仓与土仓之间的密封门进入土仓开始作业。

2. 工作人员从土仓出到前仓的减压过程

工作人员在土仓内工作达到限定的工作时间（或出现不适）时需进行减压，具体操作步骤如下：

（1）工作人员到达前仓并关闭主仓与前仓的气密门。

（2）主仓内人员使用电话与人孔仓管理员联系。

（3）人孔仓管理员打开带式记录器。

（4）根据减压表的要求降低前仓的压力，观察前仓压力表和前仓进气流量计。

（5）与此同时，人孔仓管理员同时打开排气阀，开始排气，无论如何此时压力不可以再次升高。

（6）调节进气阀和排气阀，直到达到排气过程所规定的缓慢而恒定的压力降低速度，进气流量计的流量值每人至少为 $0.5m^3/min$。

（7）观察前仓压力表，当前仓内部的气压降到第一级压力值时，人孔仓管理员通过调节进气阀和排气阀，在规定的时间内保持压力恒定。人孔仓管理员应通过进气流量计经常检查人孔仓的排气情况。

（8）在保压过程中重复上述步骤，直到仓内压力与外界的常压相同。在减压过程中，人孔仓内的人员可以打开供暖装置，推荐的温度为15℃～28℃。

（9）打开前仓与外界之间的仓门，人员从前仓出来。

（10）人孔仓管理员关闭带式记录器并将减压过程（日期、时间、压力、人数等）记录在人孔仓记录本上。

（11）减压之后，必须按有关加压减压的规定，确保在压力下工作的人员在工作场所休息一定的时间。

六、压气作业注意事项

（1）作业开始时，在第一个人进入上面土仓空间前，人闸值班员应持续充气10分钟，以确保上面土仓空间内空气新鲜。

（2）最大工作压力最好限制在2.5bar以下。

（3）应严格遵守压气作业工作时间，以24小时为一个周期，总的工作时间不得超过6小时。

（4）工作人员必须是经过培训且工作前通过身体检查的健康人员。

（5）进行压气作业的人员在作业前不许饮酒，作业过程中不许饮用含有酒精的饮料。

（6）在压气作业过程中不许吸烟。

（7）当工作仓温度超过27℃时，必须采取特殊的充气方法。如果温度不能维持在27℃以下，压气作业必须停止。高温下，必须向员工提供特殊的供水装置。减压时，人闸内的温度不允许在5分钟内降至10℃以下或升至27℃以上。

（8）在压力超过14.7psi或1bar的环境下作业的人员，减压后应留在人闸附近或医疗仓内一段时间。当总减压时间小于30分时，停留1小时；当总减压时间大于30分时，停留2小时。

（9）作业后的6小时内，不应承担较大强度的体力劳动。作业后的24小时内，不可飞行和潜水。

（10）必须认真填写压气作业时间记录表。

压气作业在广州地铁三号线天河客运站——华师站区间、市桥站——番禺广场站区间都成功实施，为地铁盾构工程在复合地层中的刀具检查及更换提供了宝贵的经验，并将作为一项常规工艺越来越广泛地应用在盾构施工中。

七、工程实例

天河客运站——华师站区间多次成功应用压气作业。压气作业即利用压缩空气平衡盾构围岩水土压力，使其保持稳定，操作人员在气压状态下通过人闸进入土仓进行检查、更换刀具等工作。适用的压力范围在0.6～6.9bar之间，一般为1.8～3bar，超过4.5bar时，需要采用很高的潜水技术和设备。

（一）压气作业设备——人闸、医疗仓

（1）盾构机验收时应对人闸进行气密性试验。

（2）跟人闸管理人员有关的操作设备及显示设备安装在人闸的外边。

（3）所有人闸舱中配有同样的设备，如压力计、时钟、电话等。

（4）必须备用柴油空压机，以防停电。

（5）对所有组件的性能必须定期检查，如显示设备、带式记录仪、钟表，温度计、密封及阀门等。

（6）压力传感器安装在土仓中，用来测定土仓中土压的实际值。压力调节器将实际的土压与预设的参考压力值相比较，并使供气阀工作以达到正确的支撑压力。压缩空气调节系统仅仅调节供气，如果开挖仓中压力太高，可通过溢流阀排气。

图 6－21　医疗仓在洞内备用

（7）压气作业现场必须配备医疗仓。及时将人员送入高压仓中再加压治疗减压病是唯一有效的方法，可使 90% 以上的急性减压病获得治愈，而且加压治疗愈早愈好，以免时间过久导致组织严重损害而产生持久的后遗症。必要时尚需辅以其他治疗措施，如补液或注射血浆以治疗休克等。患者出仓后，应在仓旁观察 6～24 小时。若症状复发，应立即再次加压治疗。

（二）压气作业人员基本守则

（1）作业开始时，在第一个人进入土仓空间前，人闸值班员应持续充气 10 分钟，以确保土仓空间内空气新鲜。

（2）压气作业人员必须是经过培训且通过身体检查的健康工作人员。要进行医学防治知识教育，使其了解减压病的发生原因及预防方法。

（3）应严格遵守压气作业工作时间，以 24 小时为一个周期，总的工作时间不得超过 6 小时。

（4）进行压气作业的人员在作业前 8 小时内不许饮酒，作业过程中不许饮用含有酒精的饮料，不许吸烟。

（5）减压之前，更换干燥、洁净和暖和的衣服。

（6）患流感的人员不能进入人闸，这可能导致耳膜破裂。

（7）当工作仓温度超过 27℃时，必须采取特殊的充气方法。如果温度不能维持在 27℃以下，压气作业必须停止。高温下，必须向员工提供特殊的供水装置。减压时，人闸内的温度不允许在 5 分钟内降至 10℃以下或升至 27℃以上。

（8）在压力超过 1bar 的环境下作业的人员，减压后应留在人闸附近或医疗仓内一段时间。

（9）作业人员作业后的 24 小时内，不许飞行和潜水。

（三）加压、减压

1. 严格遵守加减压规程

一般采用美国海军潜水规程，日本、新加坡等发达国家及我国香港地区同样有相应的标准可参考，我国交通部和铁道部也曾制定过有关规程。

2. 人闸加减压试验

进行无人压力试验，以检查主仓与前仓的各功能部件在试验压力下的工作情况。

3. 气压的确定

在进行压气作业前先确定需要多大的气压才能达到止水及土体稳定效果。步骤如下：

（1）先把土仓的土出空一半（上部土压为零）。

（2）打开土仓壁中部的两个大球阀，要求在球阀位置土仓内没有泥土。

（3）做好上述两项工作后等待 1 小时，检查土仓的上部压力，确定所需气压。

4. 土仓加压

在确定所需气压后，往前掘进 1～2 环，把土仓的土快速出空，然后加膨润土和气体，直到气压升到所需气压为止。在加膨润土的过程中需要不停地转动刀盘。

5. 主仓加压

（1）人闸管理员缓慢地打开进气阀。

（2）缓慢地升高主仓的压力，直到达到工作压力。

（3）当主仓内压力达到工作压力时，人闸管理员关闭带式记录器。

6. 压气作业换刀

为了更换刀盘上的刀具，根据地质条件不同，应适当降低开挖仓中渣土的高度。作业过程中，必须时刻密切注意开挖面的稳定性。

图 6 – 22　压力表

图 6 – 23　人闸

（四）压气作业应用

天河客运站——华师站区间 2004 年 1 月 26 日首次采用压气作业取得了成功。由于当时国内尚无相关操作规程，因此决定执行最适合中国人体能的由香港劳工处制定的气压作业规程。作业期间，租用了广州打捞公司的医疗仓，整个加减压的操作均由广州打捞公司的潜水医生及德国专家指导实施。

（1）准备工作：搜集资料、熟悉设备。

（2）人员培训：广州打捞局协助进行首次培训，系统学习减压病的防治。

（3）技术支持：广州海瑞克公司。

（4）作业前的准备工作：对空压机、备用柴油空压机、压缩空气供应管路、救生通道、人闸设备、土仓气压稳定系统、通信设备等进行检查。

图 6 – 24　广州市打捞局压气操作员控制气压

（五）总结

压气作业的优势是可以解决地面无加固条件或隧道埋深太大实施地面加固效果不佳等情况下无法检查、更换刀具的难题；缺点是风险大、成本高。

（六）有待解决的问题

（1）规范：有关部门应尽快制定压气作业操作规程。

（2）设备：施工单位应配备急救医疗仓，而可利用的社会资源不多；压气下焊接和切割设备昂贵，且市桥站——番禺广场站区间试验尚未成功。

（3）经验：主要是缺乏如何根据开挖面情况正确判断压气作业的适应性；并非任何地层都可以实施压气作业。

（4）人员：熟悉人闸结构并能有效地加以利用的操作人员不多，尚需大量培养；能够进行监护和急救的潜水医生比较难找，社会医院不能提供治疗服务。

图 6－25　加压

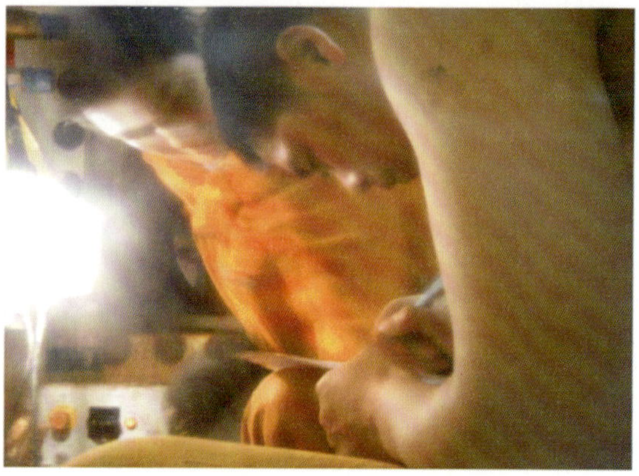

图 6－26　记录整理数据

图 6－27　气压控制在 2.0bar

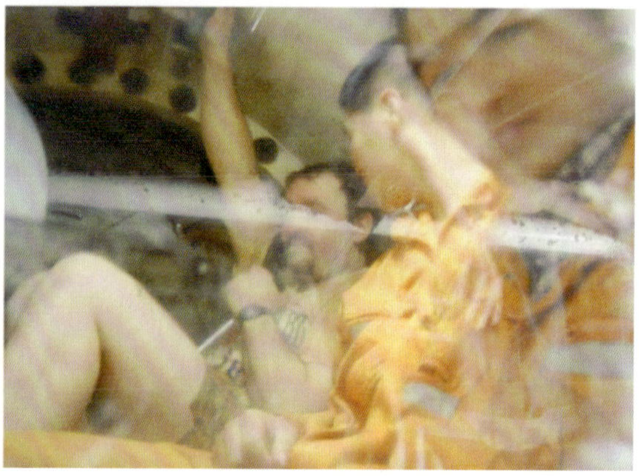

图 6－28　减压仓减压

第五节　桩基托换与加固

一、桩基处理方案的种类

桩基处理的方案主要有 4 种：①筏板基础；②扩大承台＋钢管桩托换；③桩梁托换；④地基加固。

二、各桩基处理方案的优缺点

1. 筏板基础

优点：①基槽开挖浅；②加固后，建筑基础整体性较好。

缺点：①力的转换模式复杂，桩基变为桩筏基础，筏板下又存在不同类型桩，分析较困难；②需加固筏板下地基，造价高；③建筑物的长宽比及高宽比较大，协调变形能力较差，在盾构机截桩通过后易产生沉降，发生倾斜；④需迁改管线，同时由于筏基较浅，对部分管线的悬吊保护有影响。

2. 扩大承台＋钢管桩托换

优点：①钢管桩施工速度快；②临时施工场地小。

缺点：①需要对全部桩基进行托换，增加托换工程量；②对原建筑物受力进行转换，端承桩改为摩擦桩；③托换后的承台大、桩数多，管线迁改的难度更大。

3. 桩梁托换

优点：①力的传递过程简单；②便于施工，质量可靠；③托换效果彻底；④盾构过站时，影响较小。

缺点：①占用场地大，基槽开挖较深；②需迁改管线及交通疏解。

4. 地基加固

适用于桩基未侵入隧道，但地层扰动和失水对建筑物桩基影响较大的情况。

三、工程实例

［工程实例1］　客村站——大塘站盾构区间桩基托换与加固

（一）客村站——大塘站盾构区间沿线地面建筑物概况

沿线建筑物主要集中在江贝村、墩和路和大塘村。全线影响范围内建筑物约180栋，3～5层的民宅建筑居多，其中，177栋为框架结构，基础为桩基的约93栋，天然基础的91栋，木桩1栋。有118栋建筑物位于隧道正上方，全线一栋房屋桩基侵入隧道0.845m，10栋房屋桩基距离隧道小于3m。4层以上建筑物158栋，其中钻孔桩基础为9栋，挖孔桩基础为72栋，天然基础为77栋。天然基础的建筑物主要分布在ZDK7＋129～ZDK7＋355段以及ZDK8＋269～ZDK8＋370段，这些地段隧道覆土厚度在20m左右，隧道主要穿越强风化岩层〈7〉，隧道上覆地层较好，基础所在地质情况也较好，房屋基础持力层基本落在〈4－2〉、〈6〉、〈7〉地层，因此建筑物受隧道施工的影响较小。

从ZDK8＋379～ZDK8＋6405即接近大塘站的250m范围内，主要是4～8层的框架结构居民房，基础绝大部分为人工挖孔桩，桩深在6～14m之间。由于本段隧道埋深较浅，桩基距隧道顶较近，接近地面的地层情况较差，主要为〈1〉、〈2－1〉、〈2－2〉、〈4－1〉地层，该地段建筑物是保护的重点。

（二）建筑物桩基托换及保护方案

根据招标时提供的建筑物资料和施工阶段沿线建筑物调查资料，依据安全可靠的原则，根据建筑物的基础形式、房屋结构类型、房屋层高和地质状况以及与隧道的相对位置关系等，对建筑物进行了细致计算和分析，综合各因素，提出了保护方案。保护方案视具体案例分为盾构施工前主动保护和盾构施工过程中及施工过后的被动保护。

现结合客村站——大塘站盾构区间的实际情况，建筑物保护及桩基托换方案的制订与实施概述如下：

1. 建筑物保护原则

（1）根据沿线建筑物的现状、基础形式、房屋结构类型、房屋层高和地质情况、与隧道的位置关系以及对房屋的桩基的承载力和地层变形进行细致分析，确定建筑物保护方案。

（2）对桩基侵入隧道的建筑物进行桩基托换。

（3）以安全为前提，对桩底与隧道顶距离小于3m的建筑物有针对性地采取注浆加固或筏基托换的保护措施。

（4）对其他沿线建筑物加强监测，必要时在地面进行跟踪注浆。

2. 建筑物保护范围

根据建筑物调查结果，依据上述原则，通过对筛选出的重点建筑物的地基承载力进行计算，最终确定需保护的建筑物为：

（1）靠近大塘站北端，受站位埋深浅的影响，桩底离隧道顶距离在0.6～1.5m且桩基落在硬塑土和全风化层上的A139－18、A139－20、A185、A191和A192

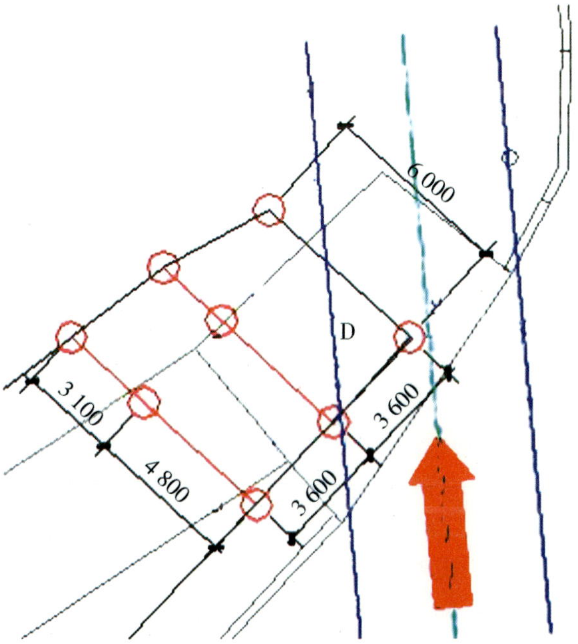

图6－29　东风二小新建综合楼平面布置图

等6栋建筑物。

（2）桩基侵入隧道的东风二小新建综合楼。

3. 建筑物托换方案

（1）东风二小新建综合楼概况。东风二小新建综合楼为6层框架结构，竣工后作为学校，基础为Φ1 000mm钻孔桩，桩长10～23.2m，桩顶承台高1.2m，圈梁高0.5m，建筑物与隧道平面关系如图6－29所示，建筑物桩基与隧道纵断面关系如图6－30所示，其中8号桩侵入隧道0.845m。主要穿越以下地层：〈1〉、〈4－2〉、〈5－1〉、〈5－2〉、〈6〉、〈7〉。

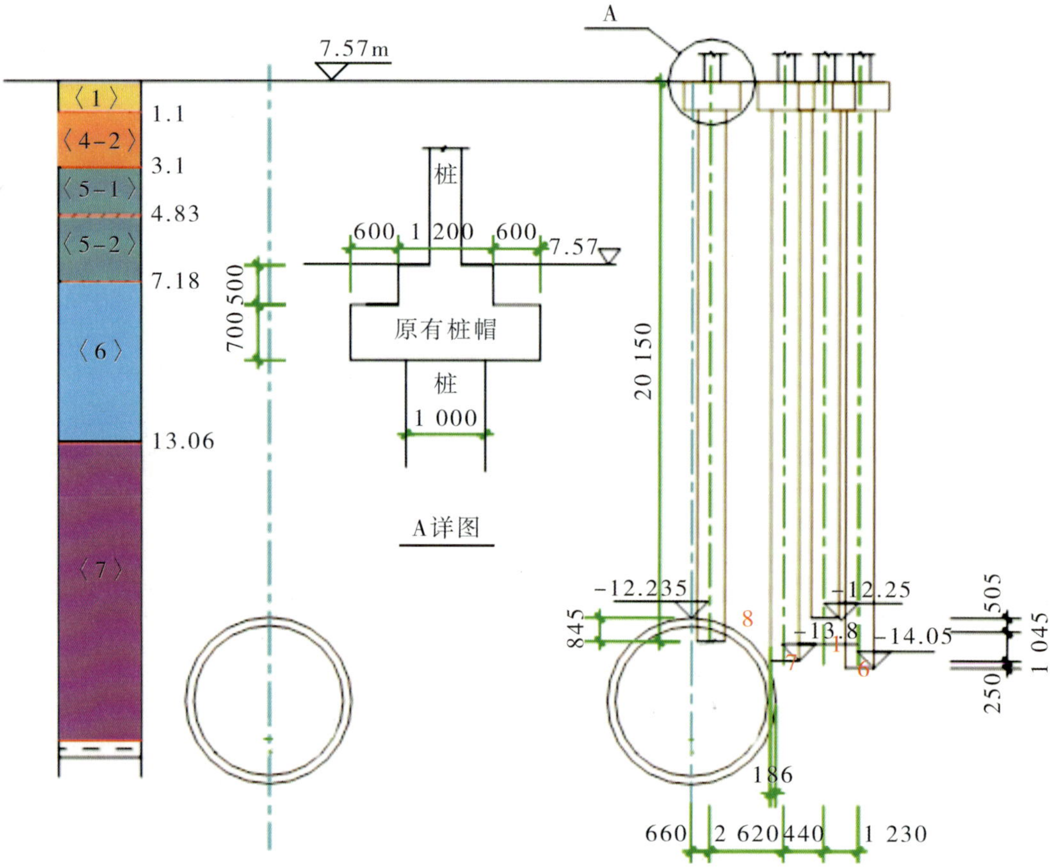

图6－30　东风二小新建综合楼基础剖面图

〈1〉人工填土层；〈4－2〉淤泥质土层；〈5－1〉残积土层；〈5－2〉可塑稍密残积土层；〈6〉岩层全风化带；〈7〉岩层强风化带

（2）静压钢管桩加承台梁托换技术方案说明。本方案不分离原桩基础和上部结构，充分利用原桩承载力，在8号桩两边地梁新增900mm高钢筋混凝土承台梁，连接8号桩相邻桩脚，加强此处基础刚度；在承台梁达到设计强度后，在8号桩两侧承台梁上的预留压桩孔跳压钢管桩，如图6－31所示。

在桩长达到18m或在最大压桩荷载500kN的稳压作用下，45min内桩顶沉降量不超过3mm即压桩完毕。随后对钢管桩采用水灰比为0.45的水泥浆进行灌浆，填充1～3cm的碎石骨料，最后用C30混凝土封桩。

（3）施工工艺。托换施工工艺流程如图6－32所示，静压钢管桩施工设计如图6－33所示，钢管桩施工工艺流程如图6－34所示。

①在承台梁内预留压桩孔，孔口上直径为200mm，下直径为300mm。

②在反力座内安装压桩设备，压桩设备应安装稳定、平直。

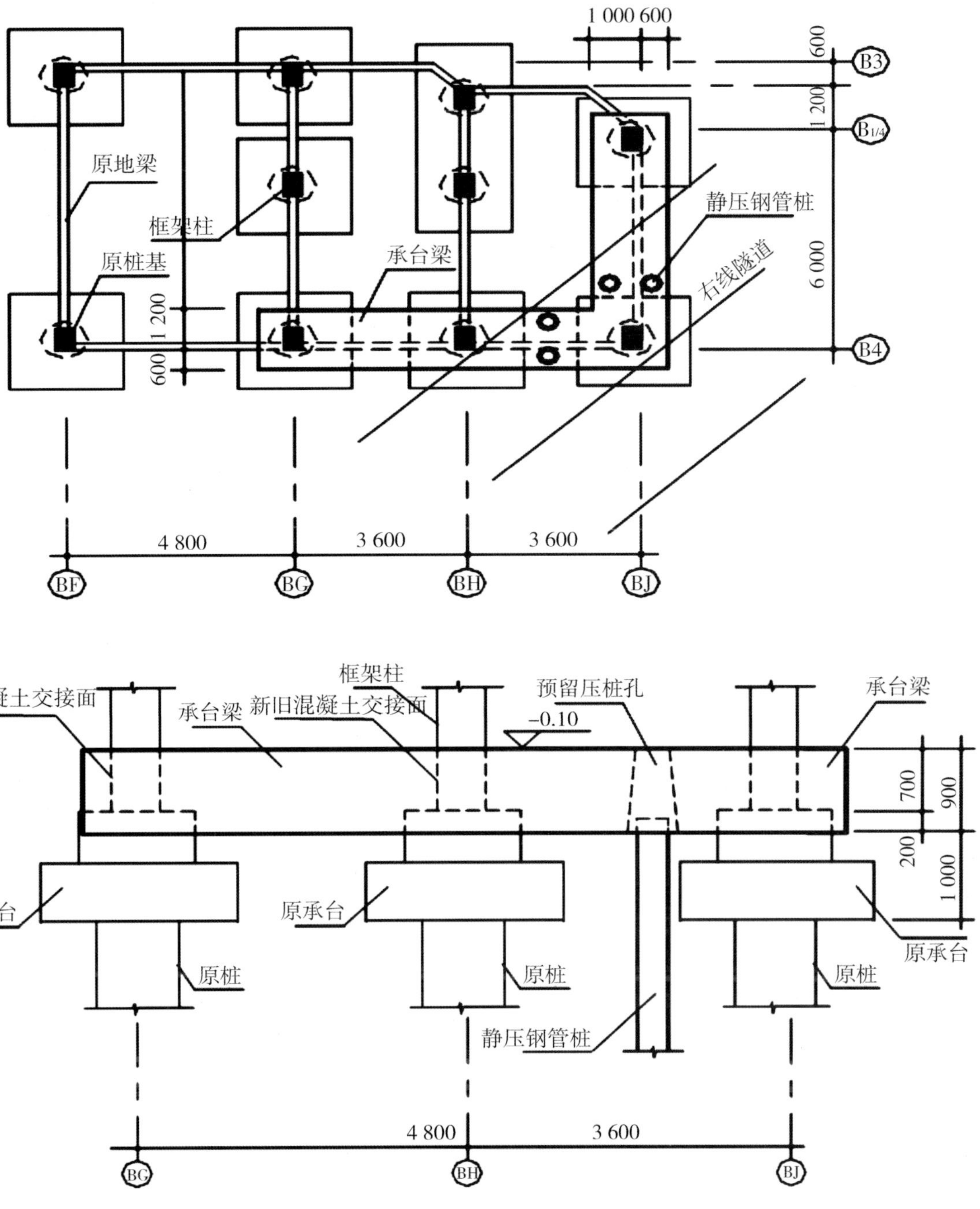

图 6－31　基础托换加固方案示意图

③钢管严格按施工图尺寸要求加工，每段桩长 2m，每段钢管的一端为平面，另一端制成 45°坡口，以利于保证焊接质量。

④在安装压桩设备和静压钢管桩时，采用水准尺和吊线从两个正交方向测量和校准钢管方位，保证水平方向垂直度控制在 1%以内。

⑤通过内衬钢管接桩。在焊接前，应先校准钢管的垂直度，焊接要饱满、无夹渣。

⑥当压桩至预定深度，或最大压桩荷载为 500kN，并且在 45min 内桩顶沉降量不超过 3mm 时，停止压桩。

⑦根据需要安装注浆管，进行压力注浆，注浆浆液的水灰比为 0.45，灌浆后投放骨料，骨料采用 1 ~ 3cm 碎石，利用注浆管插实。

⑧在钢管桩桩顶设计标高截断桩身，采用 C30 混凝土封闭桩孔。

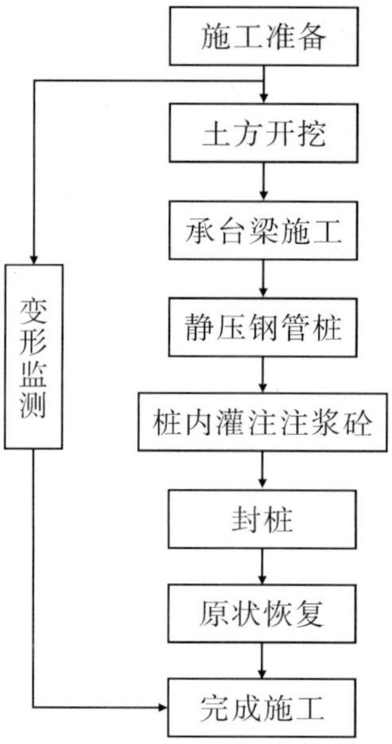

图 6－32　托换施工工艺流程

4. 建筑物保护加固方案

（1）保护加固方案说明。

①主动加固保护。根据沿线建筑物调查的成果，并经设计人员对基础承载力计算，最终确定对 A139－18、A139－20、A185、A186、A191 和 A192 等 6 栋建筑物在盾构施工前进行筏基和条基加固，提高房屋基础的承载力，通过筏基或条基调节施工过程中产生的不均匀沉降。6 栋建筑的调查资料见表 6－1。

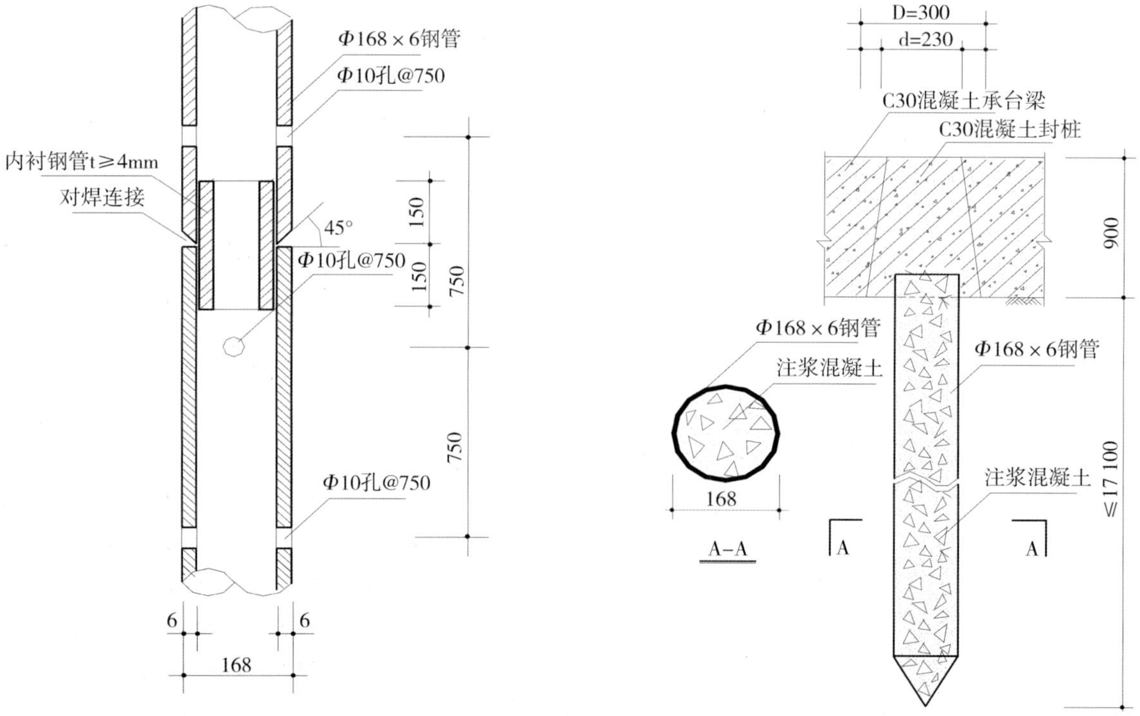

图 6－33　静压钢管桩施工设计图

②被动加固保护。在筏基和条基加固施工时，预先埋注浆管。根据建筑物的结构类型及对沉降的敏感程度、沉降的允许值，制定建筑物及地面变形控制警戒值。建立完善的监测网，及时反馈信息。若在隧道施工过程中出现较大的沉降，针对该情况，通过新增结构中预埋的注浆管，对新增基础下的地层进行注浆加固，使新增结构持力层密实，提高地层承载力，防止沉降加大。

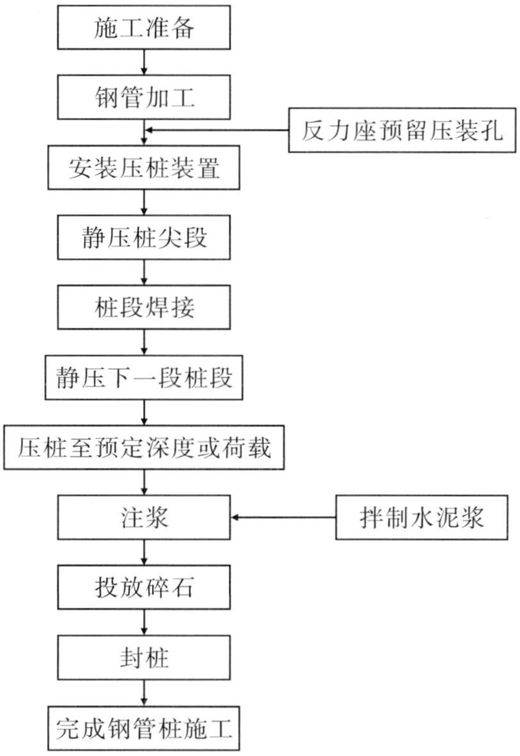

图 6－34 静压钢管桩施工工艺流程图

在盾构通过建筑物时，根据监测结果、建筑物基础类型及建筑物现场状况，在建筑物沉降超过警戒值 20mm，或框架结构房屋变形值超过 0.002L，或沉降速率连续两天大于 3mm/12h 时，即针对该建筑物基础类型和沉降点监测值，快速进行建筑物基础地面静压注浆，注浆施工同常规注浆施工。为此，需常备一支反应迅速、施工能力强的注浆队伍。在实际施工中，由于沉降控制效果较理想，无须进行地面注浆。

（2）筏板基础加固技术方案。对 A139－18、A139－20、A185、A186、A191 和 A192 这 6 栋房屋采用 500mm 厚筏基与原有桩基共同受力的联合基础，也即在保留原有桩基的情况下，在原有基础桩顶以上，增设 500mm 厚筏基或条基，提高房屋基础的承载力，通过筏基或条基调节施工过程中产生的不均匀沉降，如图 6－35、图 6－36 所示。考虑到在隧道施工过程中可能会产生少量的沉降，针对该情况，通过新增结构中预埋的注浆管，对新增基础下的地层进行注浆加固，使新增结构密实，提高地层承载力。

（三）托换与加固方案实施效果

由于建筑物保护施工工期紧，2003 年 5 月 15 日，A191 提供施工场地开始加固，2003 年 5 月 26 日，盾构机开始始发，需处理建筑物主要在距始发端头 200m 范围内，加固施工从南向北按盾构达到的先后顺序对建筑物依次实施，A191、A192、A139－18、A185、A186 每栋建筑物的加固工期均控制在 15 日以内，为盾构如期顺利通过建筑物赢得了宝贵的时间。从监测数据显示看，在盾构右线通过建筑物监测点的沉降值远小于 30mm 的允许值，均在 20mm 警戒值以内，累计最大沉降量 A192 为 6.93mm，A139－18 为 14.47mm，A186 为 12.56mm。盾构施工过程中建筑物未出现任何异常。

东风二小新建综合楼加固托换结构施工用时 22 天，静压钢管桩在最大荷载 500～520kN 的稳定作用下实际压入深度分别为 9.5m、10m、10m、11m，盾构机切削 8 号桩桩身时对上部结构无任何影响，加固施工及盾构施工过程 8 号桩累计沉降 16.475mm，建筑物未出现任何异常。

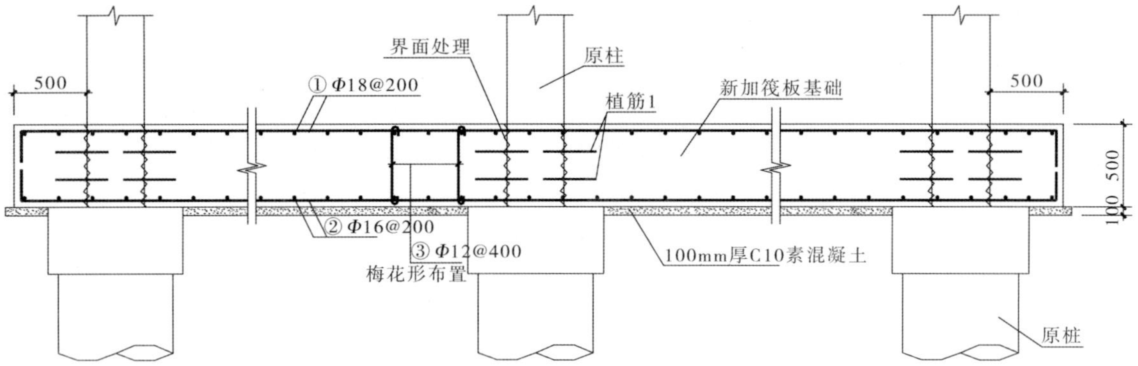

图 6－35　条形基础托换示意图

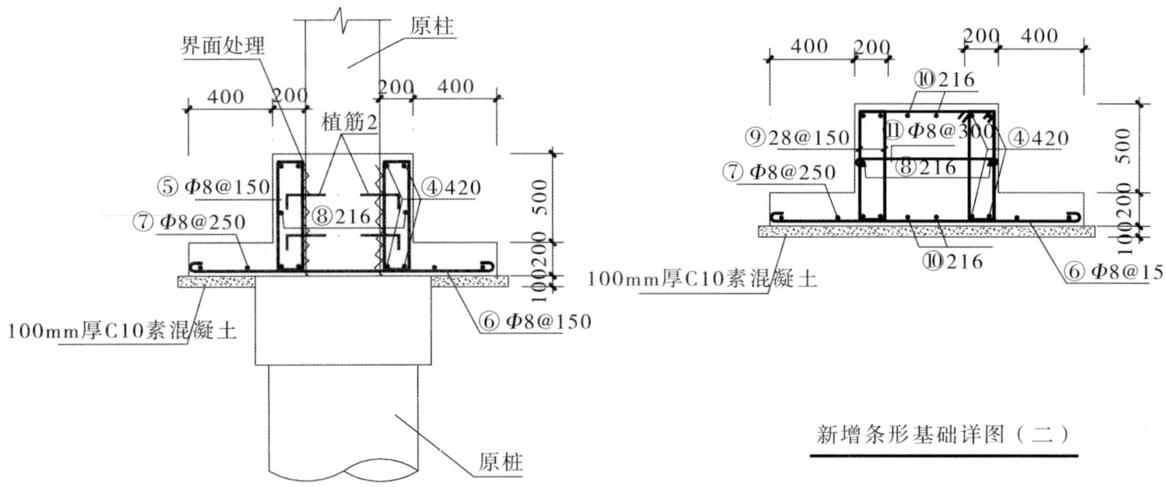

图 6－36　条形基础托换示意图

表 6－1　建筑物资料一览表

序号	编　号	用　途	建筑年份	距左右线距离/m		结构类型及地面层数	首层占地面积/m²	桩基础					隧顶标高/m	隧顶与桩底之距/m	桩基穿越主要地层（由上依次向下）
				左边	右边			类型	桩长/m	桩径/m	钢筋笼	桩底			
											绝对标高				
1	A185	职工宿舍楼	1990	2	—	8K	138	挖孔桩	11～12.65	1.00	0.57	－5.63	－6.57	＋0.94	〈1〉 0.8m；〈4－1〉 5.5m；〈5－1〉 2.7m；〈5－2〉 2.8m
2	A186	住宅楼	1990	0	—	5K	104	挖孔桩	11.50	0.80	—	－4.48	－6.12	＋1.64	〈1〉 2.1m；〈2－1〉 0.6m；〈2－2〉 0.7m；〈4－1〉 0.4m；〈5－1〉 7.4m
3	A139－18	林昌伦厂房	1996	0	0	2K	650	挖孔桩	7～10.00	1.00	—	－2.80	－4.92	＋2.12	〈1〉 2.1m；〈2－1〉 1.8m；〈5－1〉 4.0m

（续上表）

序号	编号	用途	建筑年份	距左右线距离/m		结构类型及地面层数	首层占地面积/m^2	桩基础					隧顶标高/m	隧顶与桩底之距/m	桩基穿越主要地层（由上依次向下）
				左边	右边			类型	桩长/m	桩径/m	钢筋笼	桩底			
											绝对标高				
4	A139－18附属	林昌伦厂房	2002	0	0	4K	500	挖孔桩	7～10.00	1.00	—	－2.50	－4.35	＋1.85	〈1〉2.1m； 〈2－1〉1.8m； 〈5－1〉4.0m
5	A139－20	柏妮丽时装公司厂房	1997	0	0	3K	1 000	挖孔桩	10.00	1.00	—	－2.20	－2.79	＋0.59	〈1〉1.3m； 〈2－1〉1.4m； 〈2－2〉0.5m； 〈4－1〉4.4m； 〈5－1〉2.5m
6	A191	住宅楼	1990	4	—	4K	52	挖孔桩	7.57～10.00	0.8～1	—	－2.20	－2.12	－0.08	〈1〉2.4m； 〈2－1〉2.0m； 〈4－1〉4.0m； 〈5－2〉0.5m
7	A192	住宅楼	1990	0	—	4K	52	挖孔桩	9.00	1.00	—	－1.20	－1.98	＋0.78	〈1〉2.4m； 〈2－1〉2.0m； 〈4－1〉4.0m； 〈5－2〉0.5m

说明：〈1〉杂填土（$Q4^{ml}$）；〈2－1〉淤泥或淤泥质土（$Q4^{mc}$）；〈2－2〉淤泥质砂（$Q4^{mc}$）；〈4－1〉粉质黏土（$Q3^{al+pl}$）；〈5－1〉可塑或稍密状残积土（Q^{el}）；〈5－2〉硬塑或中密状残积土（Q^{el}）

［工程实例2］ 市桥站——番禺广场站区间桩基托换施工

市桥站——番禺广场站区间招标设计阶段共有7栋建筑物的156根桩侵入隧道，需要进行桩基托换，详见表6－2。

表6－2

编号	里程	建筑物名称	桩型	桩长（m）	桩径（m）	隧道埋深（m）
A315	YCK25＋020	明丽园之二（丙）	锤击灌注桩	21	0.48	17.2
A317	YCK25＋060	明丽园之二（甲）	锤击灌注桩	21	0.48	17.7
A319	YCK25＋070	明丽园乙E幢	锤击灌注桩	18.9	0.38	18.5
A332	ZCK25＋245	番禺供电局	钻孔桩	37.98	0.8～1.2	22.32
A344－1	ZCK26＋230	番禺区总工会综合楼	预制管桩	38.7	0.4	28.5
A344－6	ZCK26＋570	桥东小学教学楼C	沉管灌注桩	35.7	0.8～1.2	30.0
A397	ZCK27＋450	建发房地产公司东苑小区Ⅰ型－19#楼	钻孔桩	44.21	0.8	29.5

进入工程施工阶段，施工单位对需进行桩基托换的建筑物做了详细的调查，发现番禺区育红幼儿园的两根桩也侵入隧道。在对建筑物桩基托换方式进行详细研究并结合盾构机的掘进情况进行综合比较后，发现番禺区总工会综合楼的桩基托换难度较大，且对盾构施工形成巨大的工程风险：该建筑物桩基为高强度预应力管桩，共有52根桩侵入左右线隧道。预应力管桩（Φ400mm）为C80以上高标号砼，而管桩周围是花岗岩全风化层，较软，管桩可能难以强行推断和破碎。更为困难的是管桩中有7～9条直径约10mm的高强预应力钢绞线，其抗拉强度是热轧钢筋的3～4倍，而且在桩底有厚度达3cm的钢板和十字

形钢桩头（绝大部分桩头在隧道内），这些钢绞线和钢桩头会锁死盾构机刀盘，导致盾构机无法掘进，甚至造成毁灭性损坏。经各方专家论证：为规避巨大的工程风险，在运营条件容许的情况下将隧道线路纵坡下调7m，全面避开该建筑物桩基。调线后，总工会附近的桥东小学和育红幼儿园桩基也避开了地铁隧道，无须进行桩基托换。市桥站——番禺广场站盾构区间实际实施桩基托换工程共有三处，分别为明丽园、供电局、东苑小区。

桩基托换施工基本步骤如下：

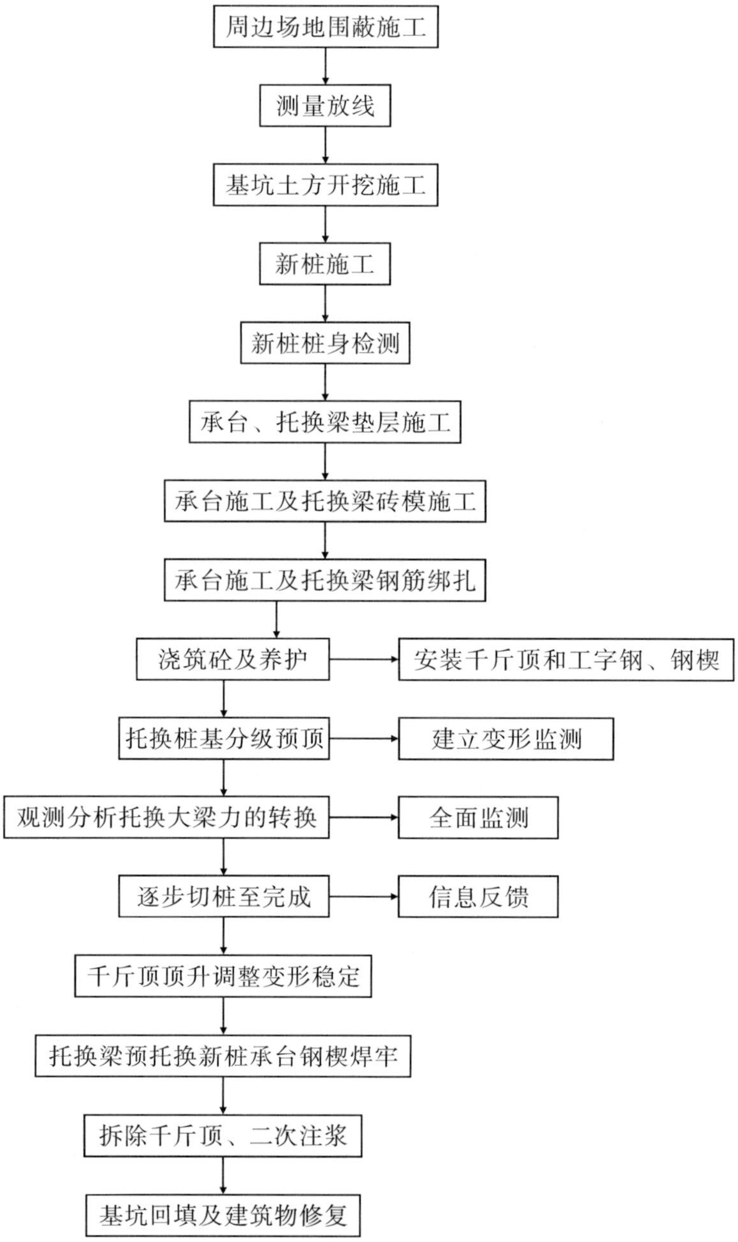

图6－37

其中，明丽园及供电局均采用钢管灌注桩加托换梁施工工艺，盾构掘进通过前被托换桩基均切断。明丽园桩基托换工程还做了地表静载试验，达到设计承载力要求，左右线盾构分别掘进通过该地段后最大沉降量累计为12mm，控制在设计施工规范之内。东苑小区采用钻孔灌注桩加托换梁施工工艺，因托换梁设计加大了强度，盾构掘进通过时未作被托换桩断桩处理。实际在盾构掘进通过时未切削到桩基，怀疑原桩基未达到竣工图深度。

整体来讲，市桥站——番禺广场站区间桩基托换工程施工的成功在于对各道工序的严格控制，严格把关每一道工艺。新桩及托换梁的施工质量是托换工程的基础，全过程的监测是工程质量的保障；顶升过程是施工的关键。另外一个关键点在于盾构掘进期间的控制，主要是盾构掘进参数的控制、注浆的控制及地表沉降监测等。

图 6－38　番禺供电局

图 6－39　明丽园小区

盾构机刀盘上的各种刀具均有较高的硬度，对桩基中 Φ8mm 以下的钢筋具有一定的切割、磨蚀能力；且由于刀具安装牢固，即使有部分刀具受到钢筋的牵拉，也不容易损坏，因此，对于小的沉管灌注桩一般可以由盾构机直接破碎，慢速通过，而对于大的钻孔灌注桩，则需要采用压气作业，由工人进入土仓人工清除。但总的来说，从线路设计之初就应考虑线路布置尽可能避开建（构）筑物桩基，尤其是含筋量高的桩基和大规模桩基群。依靠盾构机处理桩基毕竟存在较高的工程风险和工期风险。

（1）设定稳定的土压。根据对桩基托换所处地层地质情况及埋深进行综合计算分析，考虑盾构施工对土体的影响以及保证盾构机快速通过等因素，设定掘进土压，严禁空仓掘进。若停机时可以利用压气系统向土仓充气以保证土压力。

（2）严格控制掘进出土量。对于地铁使用的海瑞克土压平衡盾构机来讲，在正常情况下，盾构掘进每环的出土量约为 $72m^3$，为了有效地控制地面沉降量，每环出土量必须控制在 $72m^3$ 之内。遇到软弱地层和上软下硬地层时，出土量很容易过量导致地表沉降过大。应适当向土仓中加入膨润土或聚合物等添加剂，改善土仓中砂、土、水混合物的流动性，避免喷涌现象。

（3）施工中严密监控各项参数的变化，如切削仓压力、刀盘推力和扭矩、出渣的状况和数量、地面和建筑物沉降和变形等，如有异常，应立即反馈。

（4）施工前应要求编制监测方案，并督促布点和监测初始值。施工中至少每天测两次，对重要和敏感建（构）筑物及沉降超限时，应加密监测至每 2 ~4 小时一次。施工期间应派专人在地面巡查。

（5）严格控制注浆压力。注浆压力不得小于上部土体的主动土压力，否则不能用砂浆及时充填开挖后的空腔，容易使空腔上部的土体塌陷引起地表建（构）筑物沉降受损。确保注浆泵机械性能良好，压力表显示准确。

（6）严格控制注浆量，防止盾尾漏浆。注浆回填量不足，未能填满开挖形成的空腔也是导致地表沉降的成因。严防盾尾漏浆，注浆量不够及时补注、必要时进行管片壁后二次注浆。盾构掘进通过东苑小区时发现同步注浆时盾尾漏浆严重，又未能及时进行二次补浆，导致地表出现较大不均匀沉降，并造成建（构）筑物损坏。

第七章　盾构法施工技术总结

第一节　经验总结

一、新技术、新工艺应用方面

三号线不断创新，多次成功采用了新的技术、新的施工工艺，主要有：

（1）天河客运站——华师站区间采用分体始发技术，在35m的盾构始发井顺利始发，并利用35m始发井进行出土，打破了以往盾构始发井80m的惯例，缩短了盾构始发井的长度，降低了工程造价，从而使盾构工程在广州地铁更广泛地被采用。根据三号线的经验，六号线盾构五标盾构始发井为45m，盾构六标、盾构七标盾构始发井为35m。

（2）天河客运站——华师站区间采用了套管拔桩技术拔除侵入隧道的桩基群。

（3）天河客运站——华师站区间、市桥站——番禺广场站区间先后在未对软弱地层进行加固的情况下，而成功采用压气作业技术，缩短了更换刀具的时间，降低了工程费用。

（4）由于地面场地原因，客村站——大塘站区间采用了盾构机主机在已建成的矿山法隧道内进行调头，减少了施工工期，节约了施工成本。

（5）沥滘站——大石站区间在盾构机转场过程中，采用了盾构主机整体吊装和运输技术。

（6）在长距离硬岩段，为克服盾构在硬岩段掘进速度缓慢、施工成本高等困难，大石站——汉溪长隆站区间率先采用矿山法开挖初支形成圆形隧道，后采用盾构机拼装管片形成二衬的工艺，既降低了工程成本，节约了工期，同时在隧道质量方面，由于采用了盾构拼装管片通过的方案，隧道质量明显优于矿山法。

（7）根据工程施工条件及工程地质条件，沥滘站——大石站区间采用三菱公司生产的两台泥水盾构，并采用了国产黑旋风泥水处理系统。

（8）沥滘站——大石站区间、珠江新城站——客村站区间分别采用了GPS跟踪定位系统、声呐法量测的方法对江底河床的变动情况进行监测，确保在施工期间江底变形情况能及时反馈。

（9）在三号线施工过程中，先后采用地下连续墙、钻孔桩、袖阀管注浆、旋喷桩以及喷射混凝土等多种加固方案，丰富了加固技术。

二、精心组织施工方面

三号线先后3次穿越珠江，7次穿越断裂带，2次穿越广深铁路群，多次穿越建筑物密集的居民区、高校区及商业区。此外，地质条件复杂，同时由于市场处于过渡期，三号线投标报价偏低，致使三号线施工难度极大，但是，三号线各施工单位精心组织，顺利排除了一个又一个难题，具体如下：

（1）三号线天河客运站——华师站区间顺利通过广深铁路轨道群，盾构机斜穿轨道群宽度为40m，为5股轨道，其中2股为重车道，2股为快车道，1股为慢车道，盾构穿过时间为7天，累计沉降小于铁路要求的10mm。

（2）三号线天河客运站——华师站区间通过华南农业大学、华南理工大学等高校的密集宿舍区，客村站——大塘站区间穿越大塘村、墩和村密集民房区，由于施工组织得当，未造成大的沉降及建筑物开裂，特别是客村站——大塘站区间，未出现投诉问题。

（3）在盾构机穿越珠江方面，珠江新城站——客村站区间、沥滘站——大石站区间先后创造了当时土压及泥水盾构过江的最快速度。

（4）珠江新城站——客村站区间盾构过利安花园下部的砂层本应采取加固措施，但因利安花园业主不同意加固而不得不采取盾构施工直接通过的方案，在施工单位采取提前对盾构机设备进行检查，对损坏刀具进行更换的措施，施工过程中采用土压平衡模式施工，加强施工监测，及时进行同步注浆及补充注浆等措施后，盾构顺利通过了该砂层地段，未造成建（构）筑物的沉降。

（5）天河客运站——华师站区间在转弯半径为350m的曲线段进行始发，盾构采用割线始发的模式，保证了隧道的轴线控制在规范允许的范围内。

（6）天河客运站——华师站区间在花岗岩球状风化地层施工过程中，先后采用了地层预加固、压气作业等换刀措施，同时对于球状风化地层，先后采用了静态爆破、火攻爆破、岩石分裂机凿岩、地面冲孔桩破岩以及更换刀具直接破岩等措施，虽经过较长一段时间的摸索，但最终还是顺利通过了球状风化地层。

（7）三号线4过断裂带，其中包含富水的张扭性断裂礼村断裂，部分断裂的硅化角砾岩岩石强度高达156MPa，由于施工过程中提前采取预防措施，在几个断裂施工过程中，均未出现长时间停机现象。

（8）由于施工工艺的改进，施工技术水平的提高，以及业主管理的加强，三号线的隧道施工质量、轴线控制、管片错台控制以及隧道防水质量都取得了较好的效果。

第二节　不足与教训

（1）由于盾构机制造的原因，刀盘重量过轻（只有29t），刀盘开口连接处比较薄弱，且焊接质量不佳，在施工过程中，某盾构区间在盾构机穿越珠江过程中盾构机刀盘上出现断裂脱落，所幸所处地层为红层〈7〉、〈8〉地层，具备开仓作业条件，未造成大的险情。

（2）由于地质条件差，且在设备组装过程中存在缺陷，如铰接密封装得不够好，同时施工过程中存在注浆不及时和过量出土的现象，三号线市桥站——番禺广场站盾构区间在通过2.5km长距离密集居民区施工过程中导致房屋下沉，部分房屋出现开裂。

（3）在硬岩段施工，由于注浆浆液凝结时间过长，地下水将注浆浆液稀释，造成难以凝结，同时施工过程中存在人工复测不到位的现象，三号线大石站——汉溪长隆站区间、大塘站——沥滘站区间以及市桥站——番禺广场站区间先后出现隧道上浮超限现象。

（4）三号线盾构工程各附属工程施工难度大，而施工单位普遍对附属工程的重视不够、投入不足，造成天河客运站——华师站区间二号联络通道、沥滘站——大石站区间联络通道、大石站——汉溪长隆站区间联络通道以及市桥站——番禺广场站区间中间风井多次出现险情。

（5）由于对花岗岩地层以及对花岗岩上软下硬地层及球状风化地层认识不足，缺少必要的技术措施及物资准备，三号线天河客运站——华师站区间、市桥站——番禺广场站区间在施工工期上大大滞后，特别是天花区间42m长的花岗岩上软下硬地层，经历7个多月才施工通过；因工期原因，市桥站——番禺广场站区间不得不将700m硬岩段由盾构法施工改为矿山法施工。

（6）由于注浆不及时，三号线市桥站——番禺广场站区间采用矿山法完成初支，盾构拼装管片二衬隧道出现很大上浮，给后续工程带来较大难度，同时也影响了隧道的防水质量。

第三节　改进建议

一、线路设计方面

（1）若情况许可，应尽量避免使隧道在不良地层下穿过建（构）筑物密集的居民区、商业区。

（2）若情况许可，应尽量避免花岗岩球状风化体地层及上软下硬地层，对于长距离上软下硬地层，如地面有条件，应采用地面作竖井处理。

（3）对于*RQD*值高的长距离硬岩段，可考虑采用矿山法施工或矿山法初支、盾构拼装管片二衬的辅助方案施工。

二、招标方面

一个长大区间作为一个盾构标，采用两台盾构机施工固然能节约成本，但长大区间不利于风险控制，特别是工期风险的控制，今后的招标建议采用2km左右的区间作为一个盾构标。

三、盾构机方面

（1）对于黏粒含量较高的泥质粉砂岩，目前海瑞克盾构机中心部位的开口率太小，容易产生泥饼。

（2）像三号线天河客运站——华师站区间这种*RQD*值高、岩石强度高的花岗岩地层，对于目前采用的正面滚刀刀间距为100mm的刀具布置模式，在刀具滚动时，会产生明显“脊背”，建议增加滚刀数量，缩小刀间距。

（3）目前采用的盾构机边缘滚刀（开挖直径大于盾构机外壳的滚刀）只有1～2把，在硬岩段经常会出现边缘滚刀破坏，造成盾构机卡壳现象，应适当增加边缘滚刀的数量。

（4）对于三菱盾构机应增加刀盘面板（钢板）的厚度，增加开口部位连接的强度。

四、隧道质量控制方面

总体来说，三号线隧道质量控制较好，但在隧道轴线的控制，隧道上浮的控制，盾构隧道与明挖车站、暗挖区间以及联络通道洞门的接口防水处理等方面应进一步加强。

五、施工方面

（1）对于不良地层，目前地铁详勘30～50m一个地质钻孔难以满足要求，在施工前须对该地段进行地质补勘，地质补勘应以能清楚反应地层的情况为宜。

（2）在不良地层施工，应建立在充分分析地质条件的基础上，合理安排地层预加固。

（3）当螺旋输送器发生喷涌时，应分析地下水的来源，是来自盾构机盾尾后方还是来自刀盘前方，如来自盾尾后，应补充二次注浆，确保管片与围岩间隙充实后，再加入添加剂，改善渣土的和易性，形成土塞作用。对于容易产生喷涌的盾构工程，建议采用二级螺旋输送器。

第三篇

矿山法施工技术

第八章　矿山法工程概述

第一节　工程概况

矿山法隧道在三号线得到大量采用，主要位于天河区的主线和支线车站及区间，其余位于海珠区的主线车站及区间，以及番禺区的主线区间。矿山法车站隧道主要有广州东站、林和西站、体育西路站及客村站，矿山法区间隧道主要有广州东站——林和西站区间、林和西站——体育西路站区间、体育西路站——珠江新城站区间、客村站——大塘站暗挖区间、石牌桥站——体育西路站区间、岗顶站——石牌桥站区间、华师站——岗顶站区间、天河客运站——华师站区间南北段矿山法隧道、市桥站——番禺广场站区间矿山法隧道、广州东站折返线、体育西折返线、番禺广场折返线、天河客运站折返线。

矿山法隧道合计在4座车站、7段区间及4条折返线上采用，累计双线线路长度10km左右，约占区间线路全长的近1/3。

第二节　工程地质与水文地质

矿山法隧道沿线地形地貌：支线天河北路以北属花岗岩风化残丘；珠江新城至广州东站、支线体育西至天河北路广深铁路属山前坡地；客村站北侧与珠江新城同属珠江河流堆积地；新滘南至客村站北侧属于平缓坡地；光明路站北侧至大石南桥属上元古界震旦系变质岩风化残丘。

沿线地质复杂，矿山法隧道穿越了岗顶站——石牌桥站区间砂层、天河客运站折返线及天河客运站——华师站北段矿山法段花岗岩残积土层、广州东站折返线瘦狗岭断层等特殊不良地层。其中，砂层连续分布，富水性强，厚度较厚，在Ⅶ度地震下易发生液化；泥岩和粉砂质泥岩易风化开裂，遇水软化；花岗岩残积土层遇水极易软化崩解；淤泥和淤泥质土层较发育，在Ⅷ度地震下易发生震陷；局部有溶洞，断层岩石破碎，富水性强，开挖后易坍塌。

第三节　线路上方及周边环境

一、车站隧道上方及周边环境

（一）广州东站隧道

上方为地铁一号线折返线隧道、广深准高速铁路南站房及19股铁路站场；周边有铁城公司的地下车库及地上5层建筑，来往的乘客非常多，运输繁忙。

（二）林和西站隧道

上方为交通繁忙的天河北路，管线众多，安全保护要求很高；周边有体育中心、中信大厦和国贸大厦等高层建筑物。

（三）体育西路站隧道

上方为体育西路及地铁一号线；周边有天河城、骏江大厦等高层建筑。

（四）客村站隧道

上方为地铁二号线；周边有核工业七所、丽影大厦等建筑物。

二、区间隧道上方及周边环境

（一）广州东站折返线至珠江新城站区间隧道

隧道上方为瘦狗岭军事指挥所、广园路高架桥、林和西路、体育中心、体育西路、黄埔大道、华夏路；周边房屋较多，如景星酒店、体育西路商铺、珠江新城商铺等。

（二）客村站——大塘站暗挖区间至番禺广场站折返线区间隧道

隧道上方为珠江电影制片厂、金影花园、清河东路等；周边有金影小学、罗家湾电脑城等建筑物。

（三）天河客运站折返线至石牌桥段区间隧道

隧道上方为广汕路、五山路、中山大道、天河路等，且管线众多；周边有元岗购物城、华师科技楼、天河电脑城等建筑物。

第四节　主要结构形式

一、车站隧道结构形式

（一）广州东站站台隧道

左右线隧道为单洞拱形结构，断面类型多，共计 39 种。其中右线断面为双层隧道，最大断面净开挖尺寸为 15.3m（跨度）×15.5m（高度），采用复合式衬砌，初支为喷 C20 钢纤维砼锚杆支护，初支与二衬间设复合防水板全包防水层。图 8－1 所示为 C20P6 钢纤维喷射砼试件。

图 8－1　C20P6 钢纤维喷射砼试件

（二）林和西站站台隧道

左右线隧道为双联拱结构，只有一种断面类型，最大断面净开挖尺寸为 20.2m（跨度）×9.37m（高度），采用复合式衬砌，初支为喷 C20 砼锚杆支护，全包复合防水层。

（三）体育西路站站台隧道

左右线隧道为三联拱结构，复合衬砌，全包防水。

（四）客村站站台隧道

左右线为单洞拱形结构，复合衬砌，全包防水。

二、区间隧道结构形式

（一）广州东站折返线至番禺广场站折返线隧道

①广州东站折返线隧道：分单洞和双洞两种结构形式，马蹄形断面，共计 14 种断面形式，开挖跨度为 6.2～15.3m，复合衬砌，半包防水。

②广州东站——林和西路站区间隧道：单洞结构，断面类型多，复合衬砌，全包防水。

③林和西站——体育西路站区间隧道：分单线，喇叭口 A、B、C、D、E、F，有双联拱及三联拱 9 种断面形式，最大开挖跨度 15.2m，复合衬砌，全包防水。

④体育西路站折返线：有单线、喇叭口、双联拱和渡线大跨隧道等 13 种断面形式，复合衬砌，全包防水。

⑤客村站——大塘站暗挖区间：有单线、喇叭口、双联拱和渡线大跨隧道等多种断面形式，最大开挖跨度达 25.31m，复合衬砌，全包防水。

⑥番禺广场折返线隧道：有单线、喇叭口、双联拱和渡线大跨隧道等 14 种断面形式，最大开挖跨度达 21.37m，复合衬砌，全包防水。

（二）天河客运站折返线至岗顶站——石牌桥站区间隧道

①天河客运站折返线：双线马蹄形断面，最大开挖跨度 13m，复合衬砌，全包防水。

②天河客运站——华师站区间北段矿山法：单洞双线隧道，分 A、B 型断面形式，最大开挖跨度 14. 7m，复合衬砌，全包防水。

③岗顶站——石牌桥站区间：共有双联拱三线、双线和单线等 15 种断面形式，最大开挖跨度 21. 7m，复合衬砌，全包防水。

第九章　暗挖大跨断面及联拱隧道施工技术

三号线矿山法大跨断面及联拱隧道在大部分明暗结合车站站台隧道及区间折返线、渡线隧道中采用，对于大跨断面，这里主要是指净开挖宽度在20m以上的单洞断面；对于联拱隧道，主要是指双联拱、三联拱断面。本章是对普通地层条件下的矿山法大跨断面及联拱隧道的施工总结，主要包括：①大跨断面隧道施工技术；②联拱隧道施工技术；③双联拱改单洞施工技术等3部分。

大跨及联拱隧道断面跨度大，结构复杂，加之有些地层条件较差，周边建（构）筑物多且保护困难，施工难度及安全风险大。大跨度及联拱接口也给初支背后注浆、二衬砼浇注和防水板铺设增加了难度，防水质量的控制也存在风险。再加之施工工期紧张，如何加快施工进度，并处理好安全、质量与进度的关系，是施工的难点，也是重点。

第一节　大跨断面隧道施工技术

一、大跨断面隧道施工摘要

三号线净开挖宽度超过20m的大断面有林和西站——体育西路站区间、岗顶站——石牌桥站区间、客村站——大塘站暗挖区间、体育西折返线及番禺广场折返线等隧道，这些隧道不仅断面跨度大，并且大都位于市政道路及民房等建（构）筑物下方，隧道埋深深浅不一、地质条件比较复杂，如林和西站——体育西路站区间隧道埋深只有十多米，拱顶及部分洞身位于〈5－1〉、〈5－2〉地层中，其他隧道埋深在20～30m之间，大部分位于〈7〉至〈9〉号地层，但局部岩层破碎，软弱夹层多且裂隙发育，地下水较丰富。

从这些隧道的施工情况来看，由于施工准备充分，选择的开挖与支护工法合理，安全风险防范措施到位，遇到困难或险情时采取的施工技术措施及时得当，施工中没有发生隧道塌方及人员伤亡的责任安全事故及重大险情，周边地面沉降控制在允许范围内，周边建（构）筑物整体安全可控，隧道防水质量较好。

二、大跨断面隧道施工难点及风险

（一）三号线大跨断面隧道施工的主要难点

（1）开挖难。主要体现在多导洞开挖时，由于地质条件变化大，爆破方式难以适应或爆破效果不够理想，进度较缓慢。

（2）支护难。主要体现在地层的预注浆效果不理想，由于地层变化的原因，导致预注浆措施难以达到预期目的。此外，初期支护及临时型钢支撑的质量控制及保护难度也较大。

（3）地面建（构）筑物保护难度大。主要体现在隧道爆破振速和失水沉降控制较难，造成房屋、桥梁、道路及管线沉降开裂，施工对地面周边环境的干扰大。

（4）二衬及防水质量控制难。主要体现在大断面二衬分部作业工序多，施工缝多，接口多，二衬砼浇筑及防水作业质量难以控制。

（二）施工的主要风险点

（1）隧道开挖中易出现洞内掉块塌方、地面坍塌、建（构）筑物损毁等安全事故。

（2）防水质量差引起的后期运营安全风险及质量事故。

（3）施工进度缓慢，造成土建移交滞后的工期风险。

三、针对施工难点及风险采取的主要施工技术措施

（一）开挖方面措施

（1）选择合理的开挖工法。大跨隧道一般采用双侧壁导洞法、中墙+CRD（台阶）法及CRD法等工法，例如，体育西折返线大跨隧道采用双侧壁导洞法，林和西站——体育西路站区间大断面采用CRD法，岗顶站——石牌桥站区间大断面采用中墙+CRD法（台阶法）等。

（2）选择合适的爆破方法。大跨隧道一般采用微震松动爆破技术，严格控制爆破装药量及爆破振速，以确保洞内及地面安全。例如，体育西折返线、岗顶站——石牌桥站区间、客村站——大塘站暗挖区间大跨隧道均采用此法。

（3）采用机械开挖与人工机具辅助开挖相结合的措施，加强对隧道上方建（构）筑物保护，加快开挖进度。例如，体育西折返线、岗顶站——石牌桥站区间等大跨隧道均采用此法。

（二）支护方面措施

（1）根据隧道拱顶上方地层条件及地面环境，选择洞内大管棚+小导管预注浆支护或全断面超前注浆支护，或在地面具备条件时采用地面旋喷桩注浆等形式进行预加固。例如，体育西折返线大断面采用大管棚+小导管预注浆支护。

（2）根据隧道所处地层条件，洞内采用不同形式的初期支护+临时支护方式，一般采用喷砼钢格栅初期支护再加型钢临时支撑。例如，体育西折返线、岗顶站——石牌桥站区间等大断面隧道。

（三）监测及信息化施工技术措施

（1）隧道内加强水平收敛、拱顶下沉监测，地面则加强建（构）筑物地基及基础的沉降变形监测，以及地下水位、爆破振速监测等。

（2）采用信息化施工技术，监测信息及时反馈指导设计和施工。所有大跨断面隧道均采用了信息化施工技术，对于保护地面建（构）筑物及保证洞内施工安全起到了良好效果。

（四）二衬及防水方面措施

（1）根据不同的断面形式，选择不同的衬砌方式，一般采用简易模板台车衬砌法及整体模板台车衬砌法。例如，体育西折返线、岗顶站——石牌桥站区间、客村站——大塘站暗挖区间等大跨隧道均采用简易模板台车衬砌法。

（2）防水采用三号线通用防水设计，专业队伍施作。对于大跨断面，尤其重视初支背后注浆和二衬背后注浆，为加强大断面防水质量控制，每隔20～30m设置施工缝不锈钢接水槽。例如，体育西折返线、岗顶站——石牌桥站区间等大断面隧道。图9－1所示为接水槽施工。

图9－1　接水槽施工

（五）周边建（构）筑物安全保护措施

（1）施工前要求承包商对隧道施工影响范围房屋桥梁等建（构）筑物进行安全鉴定。

（2）施工开始即对周边建（构）筑物结构及地面进行施工监测。

（3）根据监测结果随时调整施工措施，例如，爆破装药量、注浆支护方式等。

（4）对出现地面及房屋基础下沉过大处进行补偿注浆，并对结构裂缝进行修复。

四、工程实例

（一）工程概况

在里程ZDK2+855.161～ZDK2+878.661与ZDK2+886.661～ZDK2　+910.161两处折返线与左线间

设置了交叉渡线，在渡线区形成了一个宽 20.5m、高 14.9m 的超大断面隧道。该段隧道位于体育西路与黄埔大道交汇处下方，该处客流集中，交通繁忙，房屋建筑较多。图 9－2 所示为体育西折返线大跨断面隧道施工，图 9－3 所示为大跨侧壁导洞初支。

图 9－2 体育西折返线大跨断面隧道施工

图 9－3 大跨侧壁导洞初支

（二）工程地质及水文地质

根据地质资料显示，该段隧道拱部位于〈5－2〉硬塑状残积土层以及全、强风化岩层中，洞身位于中、微风化岩层中。隧道围岩上软下硬，且拱部土体强度低。

（三）施工步序

施工时采用双侧壁导洞法施工，将大断面划分为若干个小洞分步开挖，同时对其拱部采用 Φ108mm 大管棚注浆等多种措施加固地层，确保隧道施工时安全。

1. 大断面隧道开挖初支

大断面隧道开挖时采用了双侧壁导洞法进行施工，将大断面隧道（含二衬）分成 14 个分部进行施工，开挖分部如图 9－4 所示，其二衬施工顺序如图 9－5 所示。

各个导洞施工时，严格控制了开挖进尺，每一循环进尺为 0.5～0.6m，即进行一榀格栅钢架的施工，采用短台阶、微台阶进行施工，确保了上下导洞的及时跟进，克服了上软下硬及台阶长引起的隧道沉降问题。

9 部导洞施工时，现场根据 9、10 部导洞围岩均为 Ⅰ、Ⅱ类围岩的情况，将 9 部开挖高度由 4.5m 改为 3m，使工人施工时便于操作，核心土便于保留，每一循环的出土量减少，加快了循环，保证了在土质围岩下隧道施工的安全，确保了大跨隧道开挖初支顺利地完成。

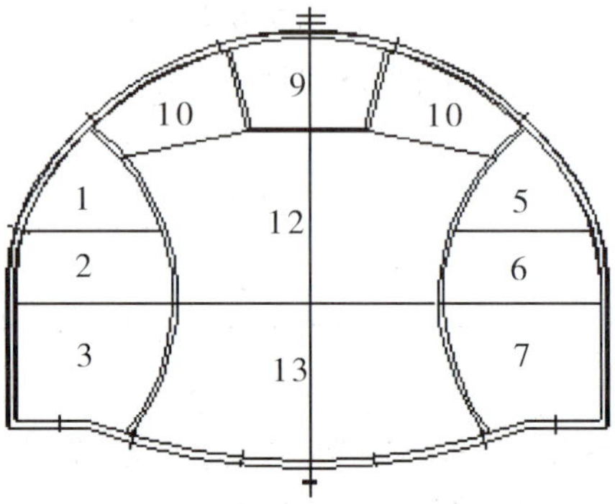

图 9－4 大跨隧道开挖分部示意图

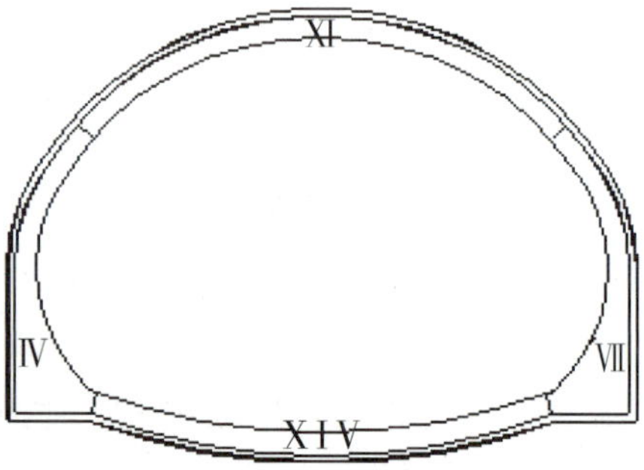

图 9－5 大跨隧道二衬施工顺序示意图

2. 大断面隧道衬砌

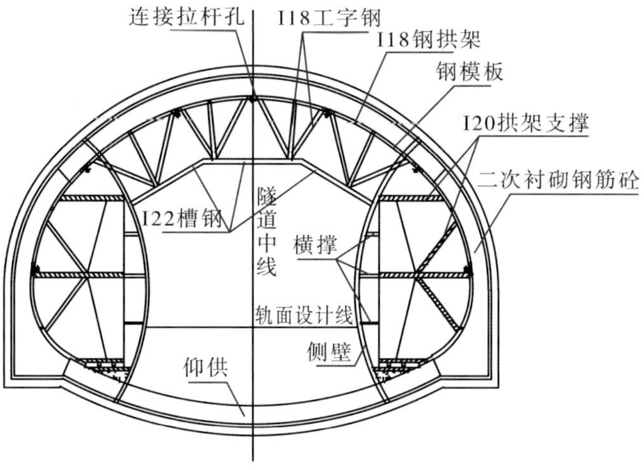

图9-6 大跨隧道二衬立模示意图

渡线大跨度隧道采用双侧壁导洞、先墙后拱的施工方法。在双侧导洞开挖支护完成后拆除横联，施工侧墙二次衬砌，然后开挖支护拱顶，施工拱部钢筋砼二衬，最后拆除顶撑，开挖隧道核心土至拱底，加设横撑，施工仰拱二次衬砌。衬砌立模如图9-6所示。

（四）技术措施

渡线大跨度隧道施工时主要采取以下措施：

（1）采用双侧壁导洞，先墙后拱法开挖。将大跨分解为中跨或小跨施工，边开挖边支护，步步为营。

（2）在施工条件允许的情况下尽量采用人工开挖或机械开挖；必须采用爆破开挖时，选择爆力、爆速、猛度较低的炸药，采用微爆，控制爆破振速。

（3）在隧道的拱部设 Φ108mm 大管棚和 Φ42mm 的超前小导管注浆加固地层。

（4）严格控制开挖循环进尺和台阶长度。采用垫槽钢、设锁脚注浆锚管等加固钢架拱脚。

（5）每一步骤开挖后立即初喷 40mm 砼、挂网、架立钢架、打锚杆（管），钢架与喷层间隙应楔紧后，立即续喷至设计厚度。

（6）施工期间加强施工排水，必要时在掌子面下设超前钻孔局部排水，以保证开挖面处于无水状态，提高地层自稳能力。

（7）施工时加强监测，随时掌握洞内外的变化情况，发现地面沉降量、洞内拱顶下沉量等超过警戒值时，及时采取处理措施。

（五）信息化施工

本工程主要监测项目有地表沉降、建筑物沉降、隧道拱顶沉降、水平收敛、爆破振速等。实测地表最大沉降值为26.2mm，未超过控制值，其他各监测项目也均控制在设计允许范围内，周边建（构）筑物处于稳定状态。

五、经验教训总结

（一）大跨隧道施工安全及地面建（构）筑物安全得到有效保证，地面及基础沉降控制在允许值范围内，主要取决于：

（1）开挖工法选择合理。例如，体育西路站折返线大断面隧道采用双侧壁导洞法取得了较好效果。

（2）微震爆破技术得到科学采用。爆破方式及装药量适当，爆破振速得到了有效控制。

（3）洞内大管棚及小导管预注浆技术加固地层取得较好效果，控制了洞内及地面的失水沉降。同时，隧道的初期支护及临时型钢支撑的采用对于保证隧道施工安全成效显著。

（4）“短进尺、弱爆破、强支护、早封闭、勤量测、速反馈”暗挖十八字方针得到科学合理的综合运用。尤其是信息化施工技术得到采用，及时反馈，有效指导了设计和施工。

（二）大跨隧道二衬及防水质量得到有效保证

（1）针对不同地层的初支背后及二衬背后注浆较到位。

（2）二衬砼浇筑质量较好。

（3）大断面每隔 20～30m 对施工缝采用不锈钢板接水槽防排水效果良好。

第二节　双联拱及三联拱隧道施工技术

一、双联拱及三联拱隧道施工摘要

三号线双联拱及三联拱隧道在车站站台隧道、区间折返线、渡线和喇叭口隧道断面中采用，如林和西站双联拱、体育西路站三联拱站台隧道、番禺广场折返线不对称双联拱隧道、体育西折返线双联拱及三联拱隧道、岗顶站——石牌桥站区间、林和西站——体育西路站区间、客村站——大塘站暗挖区间的双联拱隧道等。

这些隧道施工的特点是：①结构较复杂，开挖和支护工法也相对复杂；②隧道所处地层条件各有不同，有部分隧道地层条件较差；③隧道上方多为市政道路或居民住宅区；④施工难度及安全风险较大，防水质量控制较难。

从这些隧道的施工情况看，总体良好，均没有发生塌方及人员伤亡等重大安全事故，隧道上方地面沉降控制在允许范围内，建（构）筑物安全保护良好，防水质量总体较好，但个别隧道施工造成地面房屋轻微开裂及个别联拱隧道接口变形缝出现渗漏现象。

二、双联拱及三联拱隧道施工难点及风险

（一）施工难点

（1）工序转换频繁，施工难度较大。

（2）隧道失水变形及地面沉降控制较难。

（3）爆破开挖振动对周边建（构）筑物影响较大。

（4）联拱隧道接口及变断面接缝防水质量控制较难。

（二）施工风险

（1）隧道开挖时，洞内存在涌水涌泥、冒顶塌方安全风险。

（2）地面建（构）筑物基础沉降变形过大甚至有严重损坏的风险。

（3）道路塌方及交通中断风险。

三、采取的主要施工技术措施

联拱隧道与大跨断面施工类似，在开挖、支护、监测、二衬及防水施工措施上大同小异，同样遵循“短进尺、弱爆破、强支护、早封闭、勤量测、速反馈”的暗挖十八字方针，在地面建（构）筑物保护上采取了一系列施工措施，这里不再重复，仅就不同特点的施工技术措施作如下阐述：

（1）采用多导洞分部开挖组合工法来加快施工进度，如林和西站双联拱采用了 5 个导洞、体育西路站三联拱采用 7 个导洞开挖，取得明显效果。

（2）针对不同地层，采用不同的注浆预加固技术。例如，林和西站——体育西路站区间采用超前小导管注浆，体育西折返线采用大管棚注浆及小导管注浆相结合的方式等。

（3）严格按设计要求进行开挖和支护，并在爆破开挖中认真做好对已作二衬的保护，同时加强对联拱接口处的夹层注浆，以及对初支及二衬背后的注浆，处理好施工缝的防水，这些措施对保证林和西站、体育西折返线等联拱隧道施工的安全及防水质量起到显著成效。

四、工程实例

［工程实例1］　林和西站过天河北路站双联拱施工技术

（一）工程概况

广州市轨道交通三号线林和西站主体暗挖隧道工程为双联拱隧道，起止里程为YDK1+539～YDK1+589.8，隧道全长50.8m。隧道横穿天河北路，连接林和西站南、北站厅。

隧道断面开挖尺寸为20.2m×9.37m，采用复合式衬砌，衬砌后断面尺寸为18.3m×7.27m。初期支护为厚350mm的格栅钢架+网喷C20（S6）早强混凝土。二衬为厚600mm的C30（S8）钢筋混凝土结构。设计防水层为PVC卷材全包防水，防水等级为一级。双联拱隧道断面如图9-7所示。

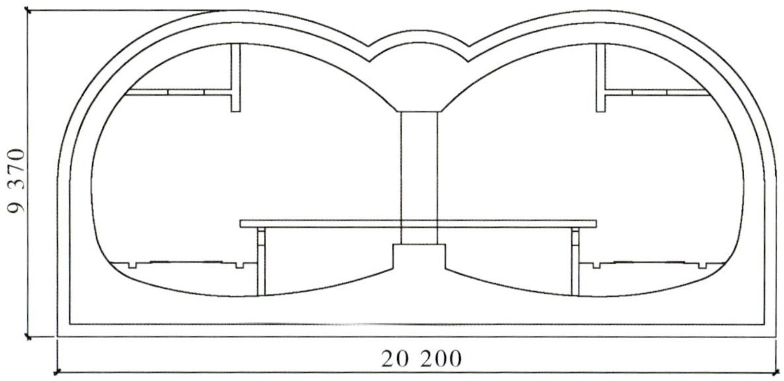

图9-7　林和西路站双联拱隧道断面示意图

（二）工程地质和水文地质

隧道埋深7.5～8m，隧道主要穿越〈5-1〉可塑、稍密残积土层和〈5-2〉硬塑、中密残积土层。

地下水主要为第四系孔隙水和基岩裂隙水，不丰富。主要为〈1〉人工杂填土层地表渗水、〈6〉～〈9〉地层的基岩裂隙水。

（三）断面施工步序

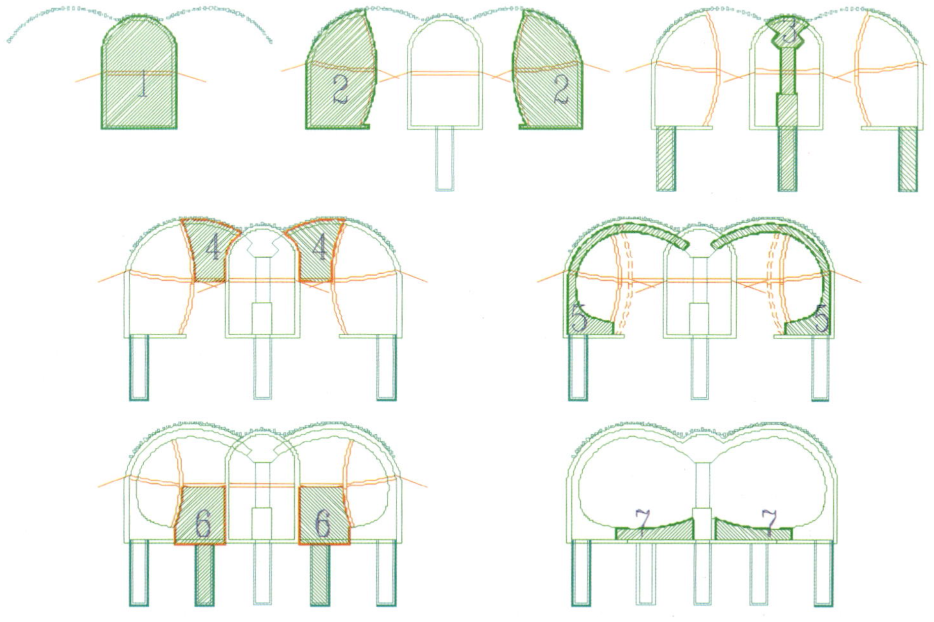

图9-8　暗挖双联拱隧道施工工序图

暗挖双联拱隧道开挖尺寸为20.2m×9.37m，共分为5个导洞施工，每个导洞分为上、下两个断面开挖，每个断面又分上、下台阶支护。断面施工工序如图9－7所示。

施工采用中柱＋台阶＋CRD法施工。开挖采用人工配合风动机具。

每循环的开挖进尺根据设计要求或围岩的实际情况，控制在1.0m之内，做到开挖和支护时间尽可能短。

开挖施工工序为：测量放线→小导管施工→开挖出碴→危岩处理、初喷砼→初期支护→延伸风水管→下一循环。

平行开挖初支中导洞及左右外侧导洞的上断面及下断面→施作位于中导洞隧道轴线的底、顶纵梁、中柱及外侧导洞二衬→待中纵梁及柱达到设计强度并对外侧导洞二衬进行换撑后开挖初支左右内侧导洞→二衬内侧导洞→施工站台内部结构。

（四）施工方法

1. 临时支护

（1）Φ108mm大管棚的施工。根据大管棚孔位中心处在位置，调整机座铺垫物至立轴中心位置与钻孔中心基本处于同一水平高度，同时调整立轴的轴向，使之与设计的钻孔轴向相同（为克服钻头和钻杆的重力影响，可使立轴的轴向略为向上1°左右），钻机安装所在部位周围1m范围内地面硬实、基本平整、无积水浸泡，后将钻机固定好。大管棚为两端对打，各长26.5m。

（2）超前注浆小导管施工。采用Φ42mm、长3.5m花管为注浆小导管进行超前支护。超前小导管在格栅钢架安装后，复喷混凝土之前施作。

2. 二次衬砌

（1）二衬施工概况。二衬砼沿车站轴线方向分作7块浇筑，除两端接口处的两块为1.7m，剩余段长分别为9.5m、9.5m、9.4m、9.5m、9.5m。砼环向分区浇筑，先中纵梁、柱，再浇筑侧墙，后浇筑顶拱及仰拱，最后浇筑轨顶风道及站台板砼。

在中导洞贯通后，从南到北进行底部中纵梁二衬施工，轴线纵向临时支撑分段拆除。顶纵梁施工后，即进行顶拱回填灌浆。顶纵梁超前一块后，进行内侧导洞开挖、初支。

外侧导洞贯通后，进行侧壁二衬砼的浇筑，侧壁二衬砼达到设计强度的80%后，换撑侧导洞临时支撑，二衬内侧导洞剩余部分的顶拱及仰拱，在顶拱浇筑时，预埋回填注浆管。仰拱回填砼与仰拱砼同步施工。最后施工站台板及轨顶风道等内部结构。

（2）几个特殊部位的二衬砼施工。二衬施工采用满堂红脚手架作为支撑体系，木拱架结合胶合板作为模筑系统，由于二衬厚度为600mm，故施工均为人工入仓振捣。几个特殊部位采用了非常规的施工方法，介绍如下：

①中导洞顶纵梁的砼施工时，为了保证砼顺利入仓及砼的振捣密实度，在顶纵梁侧面开窗作为振捣孔及观察孔，间距为2m，采用退管浇筑。为了方便退管，防止普通泵管接头接触钢筋引起退管困难，采用特制泵管Φ127mm（壁厚5mm）丝扣连接，最长的3m一节，最短的1m一节，调节使用。施工中将泵管悬挂于面筋下面，并加设一定的支撑筋。采用该方法在浇筑顶纵梁的过程中取得了成功。

②只有在顶纵梁与顶部初支面紧贴并承受一定荷载后，才能破除中导洞的临时侧壁，进行内侧导洞的开挖初支，故在顶纵梁砼浇筑完成后，即进行回填注浆，由于二衬没有封闭成环，注浆压力无法上升，因此对浆液进行改进，采用双液浆，浆液的水泥与水玻璃的比例为1:1，解决了上述问题。

（五）重难点分析

1. 工期紧

大管棚在基坑开挖过程中先行施工，暗挖隧道的施工必须在南站厅开挖到基底才能进行，由于隧道开挖工序多，地质条件差，要完成2005年底通车目标非常困难。为此，车站施工以南站厅为主，南北站厅两端同时施工；将隧道单洞施工改为根据信息法施工条件下的多导洞平行施工，维持相邻导洞掌子面间距10m，并以中导洞施工为主。

2. 天河北路交通安全

天河北路是广州市交通异常繁忙的交通主干道，任何施工都绝对不能影响交通。必须保证天河北路地面沉降可控，不能过大。由于隧道埋深很浅，拱顶为杂填土和〈5－1〉，隧道洞身处于〈5－1〉和〈5－2〉地层，隧道底部刚刚进入〈7〉地层，为防止大断面隧道的施工过程中引起地面的剧烈沉降，隧道全部采用人工开挖；留核心土；每一步序均设临时仰拱；在中洞增加临时型钢支撑；增加径向注浆。沉降过大时停止侧导洞开挖并封闭掌子面。

3. 周边建筑物及管线安全

除天河北路以外，隧道影响范围还包括中信广场、国贸大厦，以及110千伏电缆、煤气管、供水管、排水管、通信光缆等各种管线，在隧道顶部还有一条箱渠。采取的措施是：对所有管线进行详细摸查，取得其允许最大沉降量，加强监测，一旦达到报警值，立即组织相关单位共同研究处理方案。

（六）信息化施工

隧道施工引起的地表沉降可导致地面建（构）筑物及地下管线的破坏，影响城市交通、居民的正常生活，后果不堪设想，因此必须加强监测，进行结构变形的安全评价，以指导施工。

在开挖初支过程中，由于三洞平行作业引起了一系列监测数据的发散，其中地面沉降最大速率达到了2～3mm/d，根据反馈的信息，采取了如下措施，确保了施工安全：

（1）当地面沉降速率大于顶拱沉降速率，且两者的变形不同步时，对隧道周边打设Φ32mm、壁厚3.5mm的注浆小导管。

（2）洞内加设竖向临时型钢支撑。

（3）上下台阶施工时，上台阶超前时拱脚加临时槽钢垫板。

（4）对临时仰拱进行注浆加固。

（七）经验教训总结

通过一系列施工措施，林和西双联拱暗挖隧道于2005年4月竣工，地面沉降累计140mm，对天河北路的交通、周边建（构）筑物及地下管线没有造成明显影响。对于本工程的成功实施，说明双侧壁导洞＋中洞法在软弱围岩中具有可实施性。对于在〈5－1〉、〈5－2〉地层中开挖隧道，隧道本身的施工不难，困难的是地处市中心，必须保证周边建（构）筑物及地下管线不受太大的影响，因此地面沉降控制成为本工程的重点。

1. 降低地面沉降速率作用的措施

（1）严格控制进尺。每一进尺不能超过一榀格栅钢架，左右侧交错落后中墙。

（2）尽快闭合成环。在开挖的每一步序均设置了仰拱或临时仰拱使得初支闭合成环，它有效地减小了初支的变形与下沉。临时仰拱随下一步开挖一并拆除，并使得新旧初支重新闭合成环。

（3）拱脚设槽钢垫板。由于在整个隧道的底部除有少量〈6〉地层出现，隧道的大部分处于〈5－2〉地层中，锁脚锚杆受力后将有较大的变形，且开挖过程中难免有超欠挖，为了使格栅钢架准确就位及减少沉降，在每榀格栅钢架下均支垫槽钢及钢板。

（4）加强注浆。除大管棚加固隧道顶部、超前小导管预注浆加固顶部围岩外，在完成初支后，及时对围岩及初支背后进行注浆，分别起加固围岩和填充注浆的作用。

（5）加强监测。洞内及地表监测在正常情况下两天一次，但在紧急的情况下可加密到一天测量两次，且测量时间均保持相等的时间间隔，以保证能分析沉降规律。

2. 影响地面沉降的因素

（1）由于型钢支撑架设不规范，顶部和底部没有与格栅钢架焊接起来，而且临时仰拱与拱部沉降不同步，一段时间后发现型钢支撑顶部与初支格栅钢架脱离几厘米，而且没有及时打入楔块，因此没有发挥应有的支撑作用。

（2）工期紧导致抢工，不得已采用多导洞同步施工，中洞超前旁洞10m，在发现地面剧烈沉降后立即封闭旁洞掌子面，待中洞多超前旁洞几米后逐渐恢复左右侧旁洞开挖。

（3）施工单位对于在〈5－1〉、〈5－2〉地层中施工的认识不足，部分措施不到位或者不够及时，缺乏一定的预见性，问题较严重时才开始补救。例如，格栅钢架间距人为加大，开挖进尺过大，拱脚土体松软、泡水，注浆不及时等，事后发现时虽然进行了补救但是沉降已经产生。

（4）为预留九号线施工条件，在隧道底部设置了五排人工挖孔桩，使得隧道不能及时施工仰拱，施工时间及隧道变形时间延长。

［工程实例 2］ 体育西折返线三联拱施工技术

（一）工程概况

广州地铁三号线体育西折返线为体育西路站站后折返线，其结构形式复杂。在 DK3 +016.047 ~ DK3 +037.157 分别设置了不等跨双联拱结构、三联拱结构等隧道群。三联拱隧道开挖跨度为 19.9m，开挖高度为 7.885m，跨矢比为 1∶0.1。

（二）工程地质及水文地质

隧道所处地质为泥质粉砂岩、粉砂质泥岩和砾岩，隧道拱顶覆盖层厚度 5.5 ~ 18m，其中大部分拱顶位于Ⅳ类围岩中，覆盖层厚度为 5.6 ~ 7.6m。本标段地下水位埋深 2.28 ~ 4.1m，第四系松散层中存在孔隙水，岩石中存在裂隙水，富水性和透水性较差，区间隧道均在地下水位以下。

（三）联拱隧道断面结构

三联拱隧道断面结构如图 9 - 9 所示。

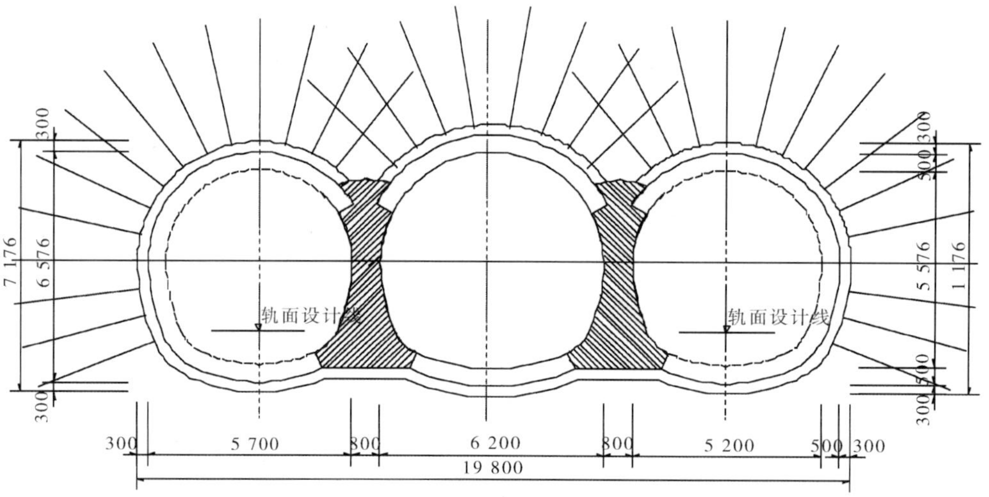

图 9 - 9 三联拱隧道断面结构图

（四）联拱隧道段施工步骤

常规联拱隧道施工工序转换多，各步序间干扰大，施工进展缓慢。为加快施工进度，对联拱隧道施工工序进行了调整，将不等跨双联拱隧道改为单洞施工，通过采取一系列技术措施，成功实现了“0”距离隧道开挖；三联拱隧道则暂不施工中墙，按照单线工况先通过两侧隧道。

联拱隧道施工步骤如图 9 - 10 所示。

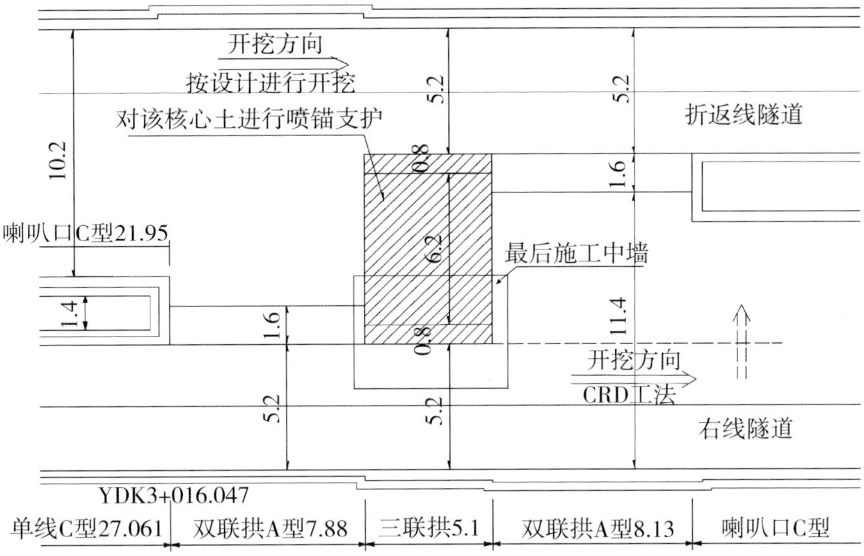

图 9－10　联拱隧道段施工示意图

右线施工至双联拱小洞时，将不等跨双联拱隧道改为两个单洞，不设中墙，先从右线单线隧道往前施工；施工至三联拱隧道时，先不施工中墙衬砌，按照单线工况通过；施工至双联拱大洞时，按照 CRD 工法侧壁通过。

折返线施工至双联拱大洞时，按照 CRD 工法侧壁通过；施工至三联拱隧道时，先不施工中墙衬砌，按照单线工况通过；施工至双联拱小洞时，将不等跨双联拱隧道改为两个单洞，不设中墙，先从折返线单线隧道往前施工。

采用该方案实际就是按照两条单线的施工方法进行，将不进行初期支护和二次衬砌相互间的转换，减少了施工工序的转换、施工投入及人员的闲置，加快施工进度。双联拱的中墙取消后对结构的防水将更有利。由于施工顺序的改变，三联拱隧道中洞后施工，相当于大跨度隧道预留了该核心岩体，有利于两侧双联拱隧道施工安全。

（五）三联拱隧道断面施工步序

三联拱隧道调整工序后施工步序如下：

（1）先施工两侧单洞，开挖上台阶，砂浆锚杆施作，并进行初期支护，如图 9－11 所示。

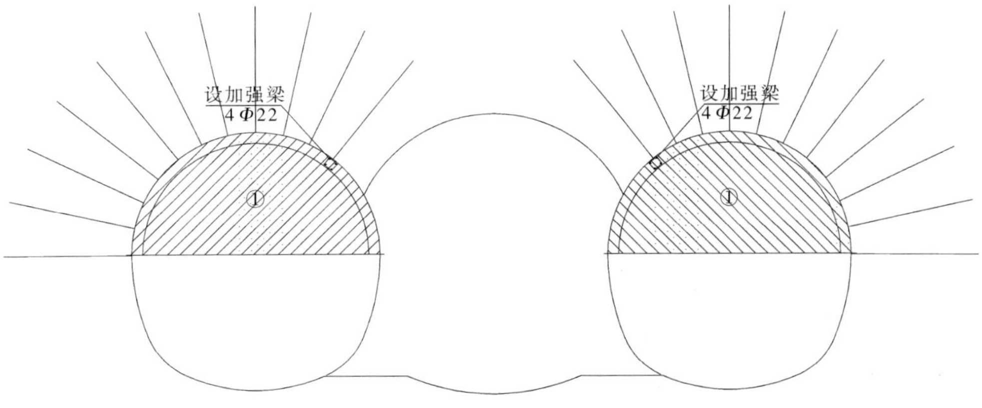

图 9－11　开挖两侧单洞上台阶并进行初期支护

（2）施工两侧单洞，开挖下台阶，砂浆锚杆施作，并进行初期支护，如图 9－12 所示。

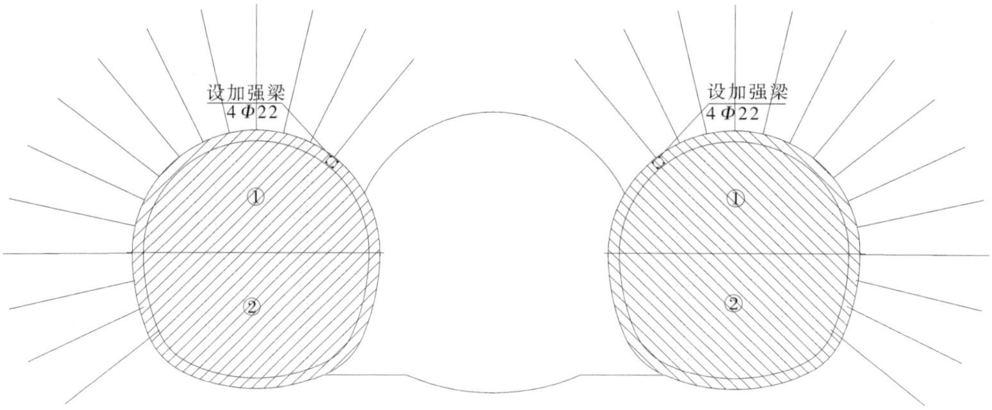

图9-12　开挖两侧单洞下台阶并进行初期支护

（3）架设临时支撑，破除中墙部位初支混凝土，开挖中墙部位剩余土体，每循环0.6m，中墙拱顶支护时做到密实，预防沉降，如图9-13所示。

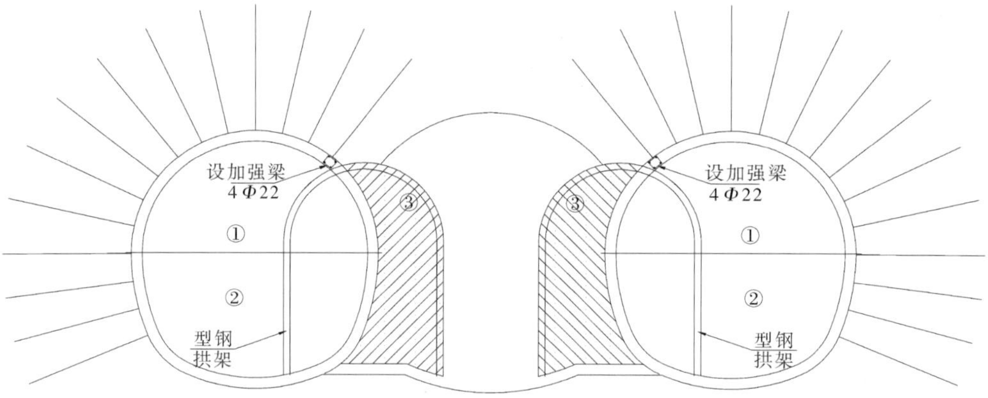

图9-13　架设临时支撑，开挖中墙部位土体

（4）开挖完成后立即进行中墙的衬砌，中墙衬砌时拱顶模筑混凝土很难灌注满，采用喷射混凝土把空隙喷满，防止架空空隙造成的沉降。中墙衬砌施工时，防水板用土工布进行双面保护，防止施工破坏，一侧中墙施工完成后才施工另一侧中墙，如图9-14所示。

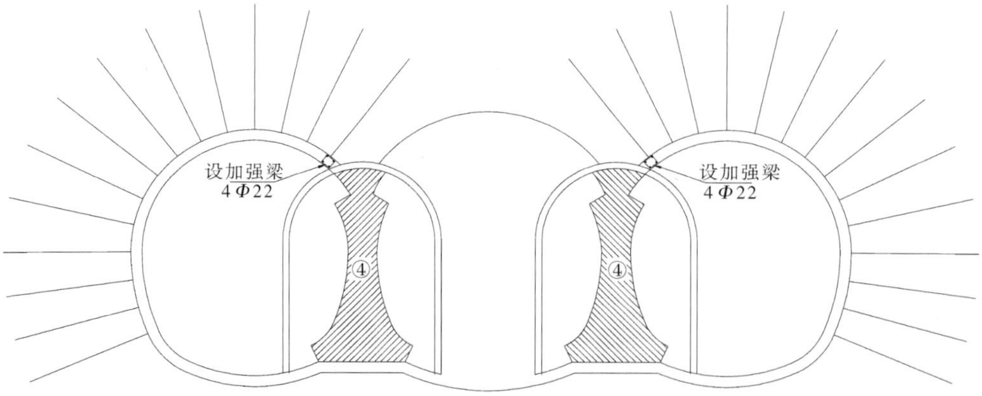

图9-14　中墙衬砌示意图

（5）施工两侧单洞仰拱和拱墙二衬，为防止成型隧道产生偏压，在中墙与临时拱架支护之间设置千

斤顶，如图 9 – 15 所示。

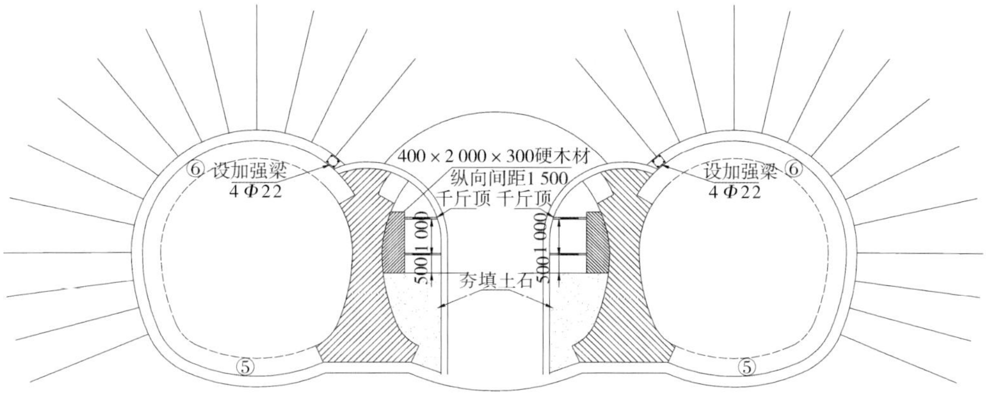

图 9 – 15　进行两侧单洞二衬施工

（6）开挖中洞上台阶，初期支护，并架设横联，防止两侧隧道产生偏压，如图 9 – 16 所示。

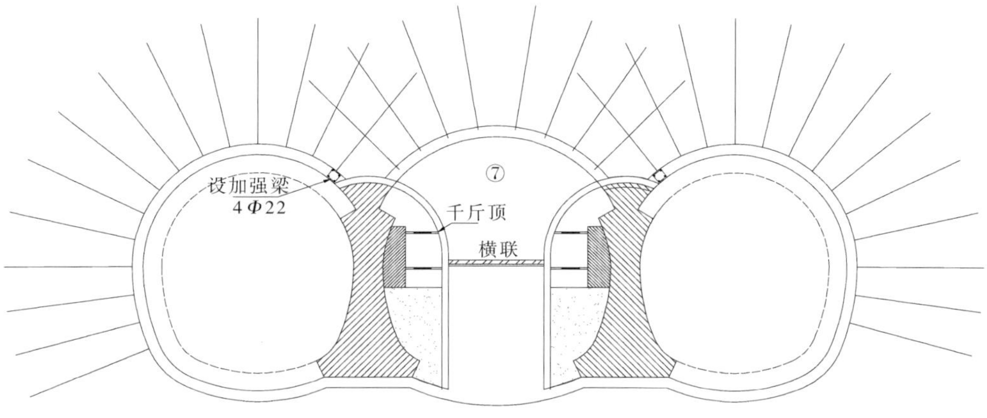

图 9 – 16　开挖中洞上台阶并进行初期支护

（7）开挖中洞下台阶并进行初期支护，如图 9 – 17 所示。

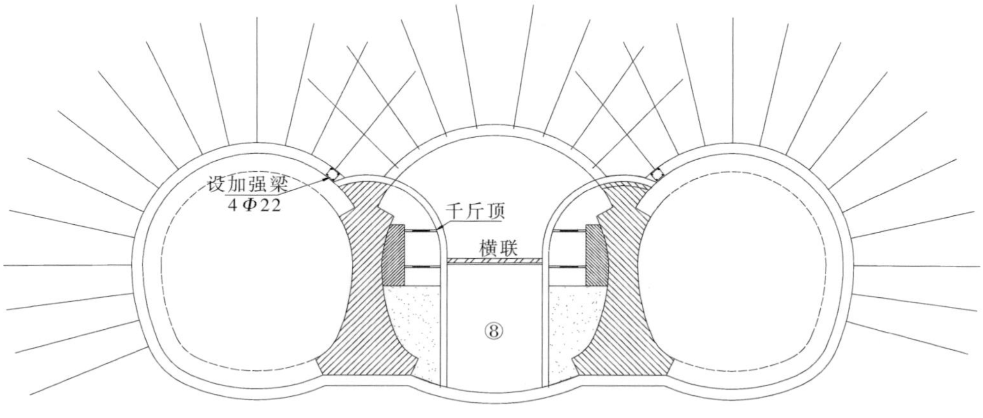

图 9 – 17　开挖中洞下台阶并进行初期支护

（8）拆除临时支撑，施工中洞仰拱及拱部二衬，三联拱隧道成型，如图 9 – 18 所示。

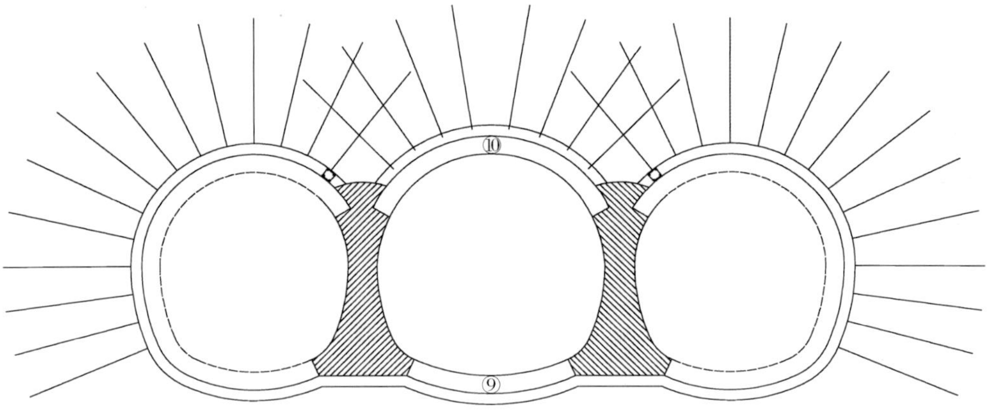

图 9－18　拆除临时支撑、施工中洞仰拱及拱部二衬

［工程实例 3］　番禺广场折返线不对称大跨双联拱施工技术

（一）工程概况

广州地铁三号线番禺广场折返线隧道西起番禺广场站，沿清河东路向东，穿过东环路跨线桥，止于外经贸中心大楼。左线长 354.5m，右线长 354.5m。两条线路的隧道净距为 1.75～8.10m。隧道埋深为 14.0～17.5m。

区间线路相互交错，断面类型较多，变化频繁，断面跨度大，结构较复杂。其中，大跨度不对称双联拱地段位于 DK28＋546.05～DK28＋566.5，其开挖跨度为 21.7m，开挖高度为 10.21m，隧道拱顶埋深 15.2m。双联拱段基岩为燕山三期花岗岩。隧道洞身位于一条宽度达 15m 的断层破碎带上，该破碎带岩石多为全风化花岗岩，岩石呈碎粒、碎块状，地下裂隙水丰富，岩石黏结力差，开挖易坍塌。

（二）结构设计

结构设计如图 9－19 所示。

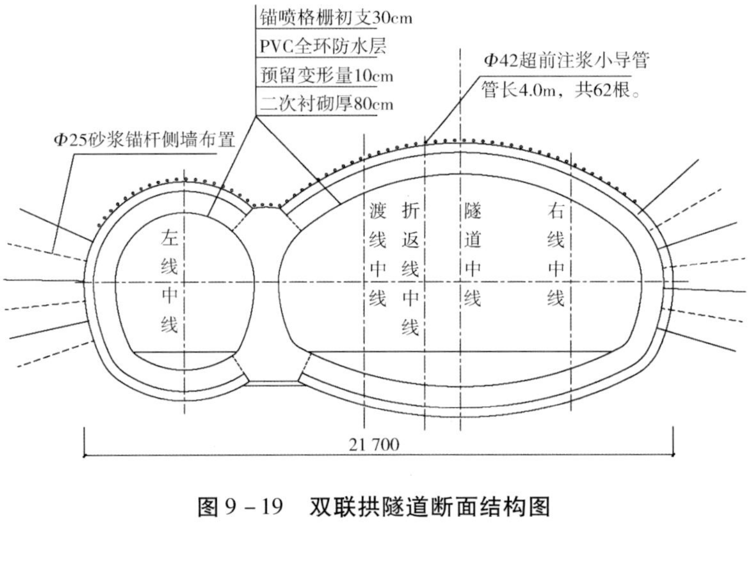

图 9－19　双联拱隧道断面结构图

（三）施工方法

结合单线断面、双线断面的施工方法，该大跨度不对称双联拱的施工采取中墙法＋台阶法＋CRD 法施工，先施工中导洞，浇筑中墙混凝土，然后进行单线断面施工，最后施工双线断面。图 9－20 所示为台阶法施工，图 9－21 所示为 CRD 法施工。各部施工方法如下：

1. 中导洞施工

中导洞按短台阶法施工，上下台阶拉开步距为 3～5m，每循环进尺 0.5～1.2m。根据现场围岩情况，开挖前沿中导洞开挖轮廓外侧拱部环向布置超前注浆小导管，导管采用 Φ42mm 热扎无缝钢管，壁厚 3.5mm，单根长度为 4.0m，环向间距 0.35m，纵向间距 2.4m，外插角约为 10°。

开挖完成后及时对掌子面初喷厚约 5cm 的 C20 混凝土，临时封闭掌子面，以防止掌子面失稳坍塌。依次立设格栅钢架，间距为 50cm，挂设钢筋网喷射混凝土至设计厚度。钢筋网采用 Φ6.5mm 钢筋，单层铺设于格栅外侧，网距为 150mm×150mm，喷射混凝土厚度不小于 20mm。

上导喷砼完成后进行下导施工，依次进行开挖—立设格栅钢架—挂设钢筋网—喷设 C20 早强混凝土。上下台阶保持步距为 3～5m。

中导洞挖支完成后，及时进行中墙衬砌施工，处理基面—铺设 PVC 防水板—浇筑 C25 防水混凝土，抗渗等级 S8。

图 9－20　台阶法施工

图 9－21　CRD 法施工

2. 单线断面台阶法施工

中导洞施工完成后，及时对中墙顶进行注浆，回填拱部空隙。待中墙混凝土达到设计强度的 70% 后进行单线断面施工。单线断面开挖前，对中导洞右侧进行支撑，以防止中墙受偏压产生位移。单线断面仍按短台阶法施工，上半断面环形开挖留核心土，上下台阶拉开步距为 3～5m；每循环进尺 0.5～1.2m。考虑到围岩为Ⅱ类围岩，全风化花岗岩，遇水溶解成泥状，按设计要求依次进行掌子面临时喷砼封闭，超前小导管注浆加固围岩，注浆浆液采用 42.5 级普通硅酸盐水泥浆，水灰比为 1∶0.5～1∶0.8，注浆压力为 0.5MPa，浆液强度等级为 20MPa。

单线断面的初期支护为格栅钢架喷锚支护，格栅钢架间距为 0.5m，喷射混凝土厚度为 30cm。

单线断面开挖支护完成后及时进行二次衬砌施作。二次衬砌施作前先拆除中导洞侧墙格栅钢架及喷射混凝土。格栅钢架拆除采用微差松动爆破技术施工，施工中注意保护中墙混凝土面以及中墙顶预留的 PVC 防水板不被损坏；爆破中除严格控制钻孔及装药量之外，爆破时还需对防水板采用薄铁皮包裹进行防护，对中墙混凝土表面还需用木板或竹耙进行遮挡。

3. 双线断面 CRD 法施工

双线断面采用 CRD 法施工，先施工右半侧上下导，即先施工③、④步，③、④步与①、②步错开距离为 5m 左右。根据围岩情况并考虑到施工方便，③步施工前钻设超前小导管对围岩进行注浆加固，开挖时预留核心土呈环形开挖，及时支立格栅钢架、临时隔壁及仰拱型钢，挂设钢筋网，喷射 C20 早强混凝土，喷射混凝土厚度分别为：格栅钢架为 30cm，临时隔壁及仰拱喷砼为 20cm。③步施工完成后进行④步施工，③步与④步拉开步距为 3～5m。④步施工仍按开挖土体—立设格栅钢架及临时隔壁型钢—钻设侧墙锚杆—喷射格栅及隔壁混凝土顺序依次进行。

单线断面二次衬砌完成后方可进行双线断面⑩、⑪步的施工，⑩与⑪步施工仍采取短台阶法施工，施工中需拆除中导洞侧墙及拱部部分格栅。格栅拆除完成后应及时将临时仰拱型钢延伸至中墙混凝土面，并采用膨胀螺栓进行连接固定。仰拱格栅应及时封闭成环。

根据“新奥法”原理，双线断面挖支完成后，及时布设沉降观测点进行拱顶沉降及收敛观测，根据监测数据确定二衬施工时间。双线断面二衬施工时先进行⑫步施工，再进行⑬步，即先施工仰拱混凝土进行轨底回填后施工拱墙混凝土。仰拱混凝土施工前需拆除临时隔壁竖向型钢至轨底回填面，仰拱型钢拆除每次不大于5m，待仰拱回填完成后竖撑即可恢复。仰拱施工完成后进行⑬步施工，⑬步施工前拆除临时隔壁及仰拱支撑，每次拆除长度不大于4.8m，然后施作拱墙二衬混凝土。

双联拱隧道开挖顺序如图9－22所示各开挖掌子面最小错开距离见表9－1。

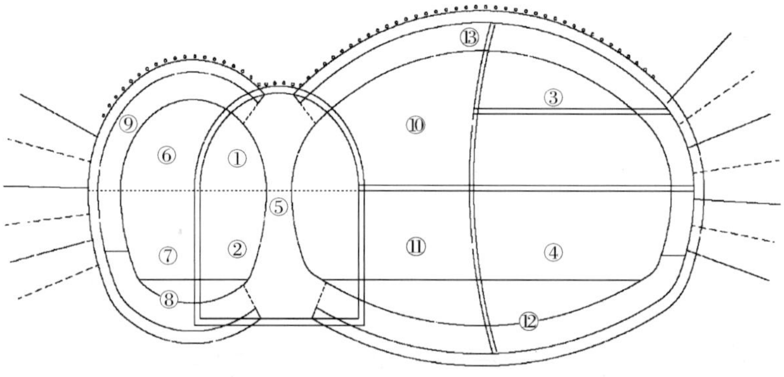

图9－22　大跨度不对称双联拱开挖顺序图

①中导洞上导挖支；②中导洞下导挖支；③双线断面右半侧上导挖支；④双线断面右半侧下导挖支；⑤中墙衬砌；⑥单线断面上导挖支；⑦单线断面下导挖支；⑧单线断面仰拱衬砌及回填；⑨单线断面拱墙衬砌；⑩双线断面左半侧上导挖支；⑪双线断面左半侧下导挖支；⑫双线断面仰拱衬砌及回填；⑬双线断面拱墙衬砌

表9－1　双联拱各步开挖的相邻掌子面最小错开距离

开挖步骤	前后错距（m）	开挖步骤	前后错距（m）
①与②	3	①与③	15
③与④	3	③与⑩	15
②与⑤	15	⑤与⑥	15
⑥与⑦	3	⑨与⑩	15
⑩与⑪	3		

4. 双联拱防水施工技术

由于双联拱段纵环向施工缝较多，结构复杂，因此，双联拱防水是防水施工的薄弱环节。防水施工应遵循“以防为主、防排结合、因地制宜、综合治理”的原则进行。对双联拱段的防水采用外贴式PVC防水板实现全包防水，防水板外侧设置单层无纺布作缓冲层。

双联拱纵环向施工缝中部埋设镀锌钢板止水，每条环向施工缝外侧设置一道平蹼式止水带，以实现分区防水的目的。

双联拱防水施工如图9－23所示。

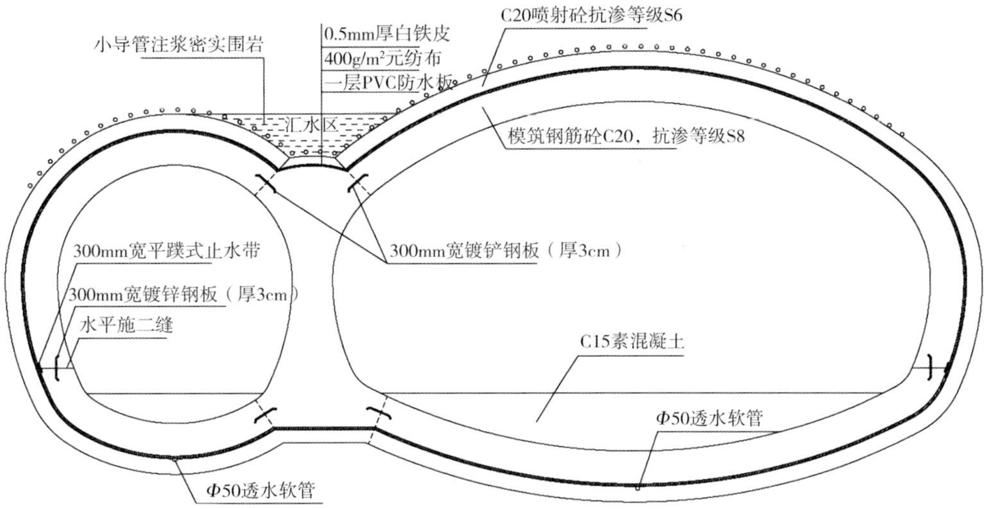

图 9－23　双联拱全包防水施工图

（四）监控量测

根据本工程的施工特点及施工方案，在双联拱施工过程中，需对隧道结构以及周围受影响的地面进行沉降、收敛监测以及爆破振动监测，以确保隧道结构及其周围环境安全。对监测到的各项数据及时反馈、分析，各项数据互相验证，确保监测结果的可靠性。根据监测数据预测发展趋势，及时掌握施工过程中结构的受力状况以及对周围环境的影响情况，以便及时调整施工参数和施工方案，为现场施工安全提供服务。

现场采用 WRM－3 收敛仪进行拱顶位移以及内净空位移量测，挖支完成后即布设量测点，每个测量断面共设置拱顶沉降量测点 3 个（中导洞、单线断面、双线断面拱顶各一个），收敛量测点 4 个（单线断面、双线断面最大跨度处各一个，中导洞起拱线位置左右侧各一个）。双联拱段按 10m 左右设置一个断面，共设置 2 个测量断面，根据测量结果进行数据处理。断面开挖完成后围岩一般在 12 天内趋于稳定，所有临时支撑体系在半月内不应拆除，以防拱顶变形过大造成破坏。

（五）工程实施重难点

1. 隧道断面类型多，施工方法及工序转换频繁

为满足正线、渡线、存车线等线路功能的需要，番禺广场折返线有各类断面共 14 种，各断面洞室组合复杂。隧道断面有单线、双线、大跨双联拱，各断面交错分布，采用的施工方法有台阶法、CRD 法、中墙法＋台阶法＋CRD 法及中墙法＋CRD 法等。各种施工方法和施工工序频繁转换，施工技术和施工组织管理十分复杂。

2. 断面跨度大，相邻净距小

本区段隧道最大开挖跨度为 21. 7m，施工难度大。左右正线隧道的净距较小，净距小于 4. 0m 段共 251. 80m，其中最小净距仅 2. 48m。施工中洞室相互影响大，施工工序繁杂。

3. 地层结构复杂，地质变化大

本区段隧道穿过地层有冲洪积、残积层和全风化、强风化、中风化、微风化花岗岩层。隧道开挖土体上软下硬，拱顶部开挖需要超前支护，仰拱开挖还需要爆破，然而爆破又会对拱顶部围岩造成很大扰动，给施工带来很大的难度。

（六）工程实施效果评价

①通过对结构进行受力模拟分析，确定合理的施工方法，实现了工程的顺利进行，确保了施工安全，实践证明中墙法＋台阶法＋CRD 法对大跨度不对称双联拱的施工是合理可行的。

②通过对现场地面、拱顶下沉和隧道的收敛监测结果分析，该施工方法确保了大跨度双联拱的结构安全，有效地控制了地表沉降和隧道结构变形。另外，超前注浆小导管、预留核心土环型开挖等辅助施

工措施也为开挖施工安全提供了有力的保障。

③对于大跨度不对称双联拱的施工，要注意采取合理的施工方法，特别是在复杂地质条件下还要采取合理的辅助措施，在施工过程中还应做好监控量测，并及时反馈各种信息以便指导施工，从而确保施工顺利进行。

五、经验教训总结

（一）经验总结

（1）在工序转换多、地质条件差、施工工期紧的条件下施工双联拱、三联拱，采用多导洞错开一定距离平行作业，对于加快施工进度有明显效果，如林和西站双联拱、体育西路站三联拱等隧道。

（2）在地质条件差的情况下，加强对地层的预注浆加固，如超前大管棚及小导管注浆，并采用与地层相适应的单液或双液浆，以及在初支完成后对初支背后松动围岩进行注浆加固，确实起到了保证开挖安全及有效控制隧道变形的作用。如林和西站——体育西路站区间、林和西站双联拱、体育西折返线等。

（3）在贯彻暗挖十八字方针方面，尤其在信息化施工技术应用方面，大部分工点在原则性和灵活性上把握恰当，洞内开挖安全及地面房屋道路安全得到了有效保证，开挖及二衬进度快，防水质量较好，比较典型的有林和西站双联拱、体育西折返线双联拱和三联拱、岗顶站——石牌桥站区间及客村站——大塘站暗挖区间双联拱等。

（二）不足方面

（1）个别隧道爆破开挖振动过大，对地面居民区房屋造成了一些影响，甚至出现裂纹损坏。例如，客村站——大塘站暗挖区间施工对珠影小区的影响。主要原因是针对不同岩层，爆破参数控制不够好，导致爆破振速超标。

（2）个别隧道防水质量处理不够好，导致运营后出现渗漏。例如，体育西折返线及林和西站——体育西路站区间隧道。主要原因是联拱接口注浆不够到位，施工缝处理不够好，以及为抢进度而造成初支及二衬背后注浆不饱满。

第三节　双联拱改单洞施工技术

一、双联拱改单洞施工摘要

三号线双联拱改单洞施工的区间隧道主要有体育西折返线和岗顶站——石牌桥站区间两处，两者的共同特点是：①隧道所处地质为强风化、中风化层，大部分拱顶位于Ⅳ类围岩中，岩石中存在裂隙水，富水性和透水性较差；②隧道上方均为市政道路，人流车流量大、管线多；③施工工期紧张，按双联拱施工难以满足工期需要。

两处双联拱改单洞施工均成功实施，洞内施工安全及地面道路房屋安全得到有效保证，地面沉降控制在有效范围内，工期缩短 3 个月以上，二衬及防水质量满足设计要求。

二、双联拱改单洞施工难点及风险

（一）施工难点

（1）后洞爆破开挖对前洞及夹岩体的影响大。

（2）洞内失水变形及地面沉降控制难。

（3）由于对夹岩体注浆效果的不确定性，工序转换多、接口多，初支背后注浆效果难以控制，二衬及防水质量难以保证。

（二）施工风险

（1）爆破开挖，特别是后洞爆破开挖易造成前洞塌方及夹岩体开裂。

（2）洞内失水沉降易造成地面沉陷塌方，导致道路中断及管线损坏。

（3）两个单洞之间夹岩体注浆难以密实，防水质量难以保证，导致隧道运营后存在渗漏现象。

三、采取的主要施工技术措施

与大跨及联拱隧道类似的施工技术措施不再详述，现仅将体育西折返线和岗顶站——石牌桥站区间双联拱改单洞的主要施工技术措施作以下介绍。

1. 微差微震爆破技术

隧道开挖全部采用钻爆法施工，由于两个单洞间采用“0”间距开挖，爆破时采用了微差微震爆破技术。对于联拱隧道所处Ⅲ、Ⅳ类围岩采取以下爆破措施：

①爆破器材采用低震速乳化炸药和非电毫秒雷管。

②联拱段控制每循环进尺为0.6~0.8m，周边炮眼间距为0.4m，控制光面爆破效果，减少装药量。

③每次爆破使用多种段位雷管起爆，采用非电毫秒雷管不对称起爆网路微震技术。

④中墙处二次开挖时，先预留1m光面层，掏槽眼布置在远离中墙的一侧，对预留的光面层进行二次爆破时多布置空眼或少装药，局部开挖采用人工风镐开挖。

2. 中墙夹岩柱体加固注浆

采用在中墙拱顶、墙、仰拱预埋Φ42mm、长2m的注浆钢管，对松动夹岩体围岩进行注浆。注浆材料为超细水泥浆，注浆压力为0.2~1.0MPa。

3. 设对拉锚杆及加强锚杆

根据中墙的厚度变化设置Φ22mm对拉锚杆，加强锚杆设于中墙两仰拱和侧墙处，采用Φ22mm钢筋，间距为0.6m×0.8m。

4. 辅助剪刀撑

为确保小断面隧道安全，通过ANSTS模拟分析，必须对小断面隧道进行辅助支撑加固，抵御爆破瞬间产生的瞬时冲击和朝小隧道方向的偏压，支撑材料采用I20型钢。

四、工程实例

（一）工程概况

广州地铁三号线体育西折返线为体育西路站站后折返线，结构形式复杂。在DK3+016.047~DK3+037.157设置了不等跨双联拱结构、三联拱结构等隧道群。不等跨双联拱隧道开挖跨度为20.1m，开挖高度为10.076m，跨矢比为1:0.5，小洞衬砌后跨度为5.2m，大洞衬砌后跨度为11.4m，中墙厚度为1.6m。图9-24所示为体育西路站折返线联拱隧道改单洞施工。

图9-24　体育西折返线联拱隧道改单洞施工图

（二）工程地质及水文地质

隧道所处地质为泥质粉砂岩、粉砂质泥岩、砾岩，隧道拱顶覆盖层厚度为15.5~18m，其中大部分拱顶位于Ⅳ类围岩中。本标段地下水位埋深为2.28~4.1m，第四系松散层中存在孔隙水，岩石中存在裂隙水，富水性和透水性较差，区间隧道均在地下水位以下。

（三）联拱隧道断面结构

双联拱隧道断面结构如图9-25所示。

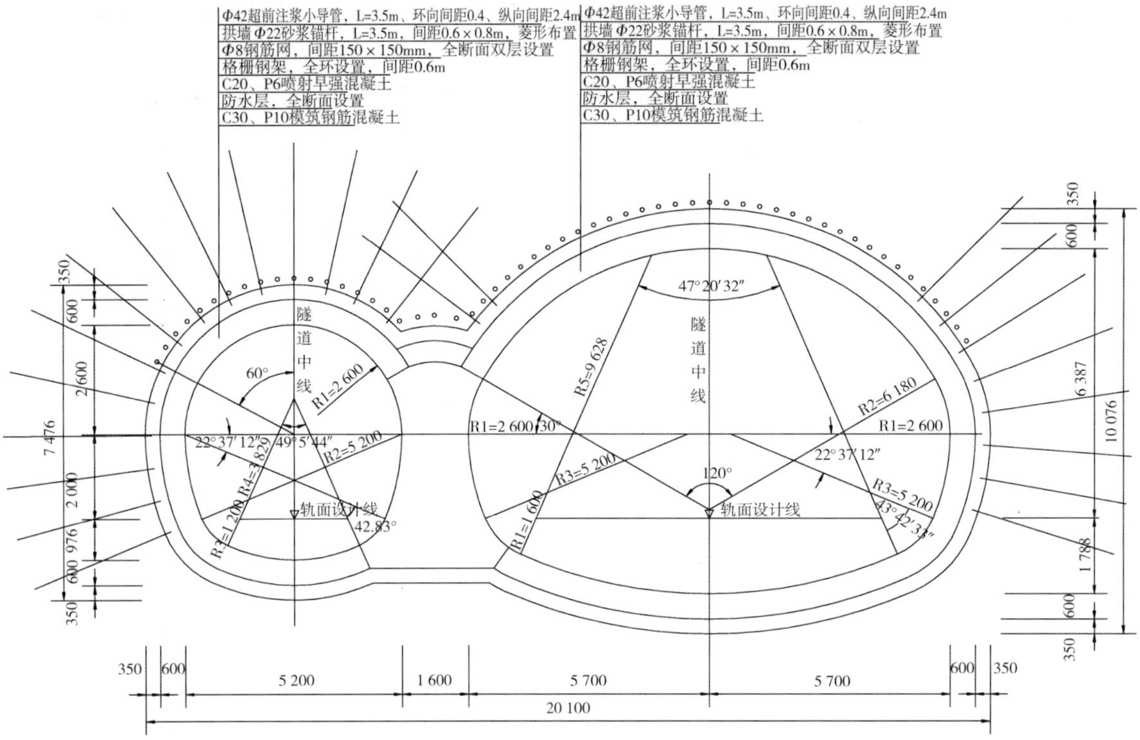

图 9－25　双联拱隧道断面结构图

（四）联拱隧道段施工步骤

常规联拱隧道施工工序转换多，各步序间干扰大，施工进展缓慢。为加快施工进度，对联拱隧道施工工序进行了调整，将不等跨双联拱隧道改为单洞施工，通过采取一系列技术措施，成功实现了“0”距离隧道开挖。

连拱段隧道施工步骤如图 9－26 所示。

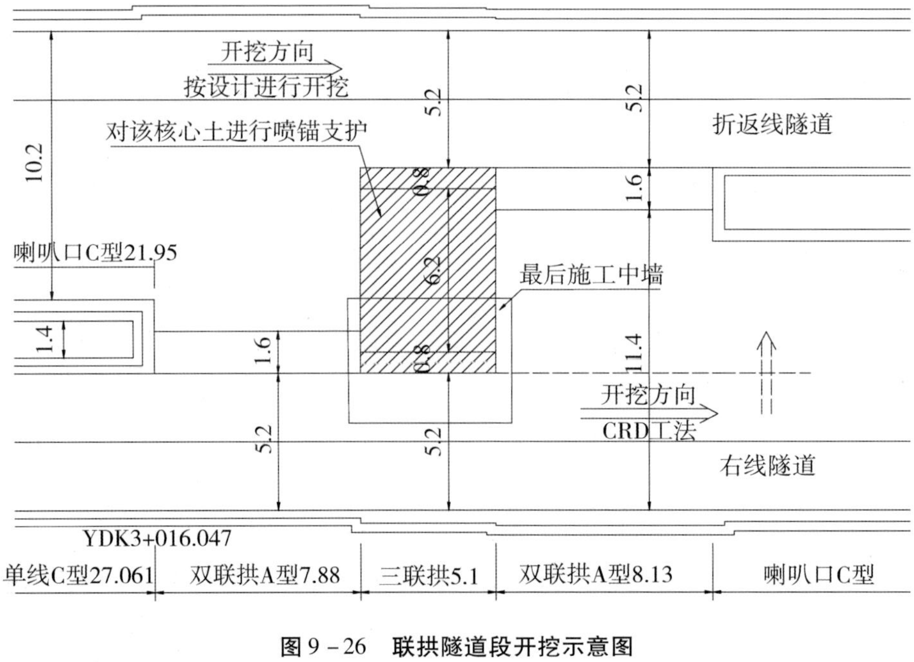

图 9－26　联拱隧道段开挖示意图

右线施工至双联拱小洞时，将不等跨双联拱隧道改为两个单洞，不设中墙，先从右线单线隧道往前施工，施工至三联拱隧道时，先不施工中墙衬砌，按照单线工况通过；施工至双联拱大洞时，按照 CRD 工法侧壁通过。

折返线施工至双联拱大洞时，按照 CRD 工法侧壁通过；施工至三联拱隧道时，先不施工中墙衬砌，按照单线工况通过；施工至双联拱小洞时，将不等跨双联拱隧道改为两个单洞，不设中墙，先从折返线单线隧道往前施工。

采用该方案实际就是按照两条单线的施工方法进行，将不进行初期支护和二次衬砌相互间进行转换，减少了施工工序的转换、施工投入及人员的闲置，缩短了工期，且双联拱的中墙取消后对结构的防水将更有利。由于施工顺序的改变，三联拱隧道中洞后施工，相当于大跨度隧道预留了该核心岩体，有利于两侧双联拱隧道施工安全。

（五）联拱隧道断面施工步序

不等跨双联拱隧道该为单洞后断面结构如图 9－27 所示。

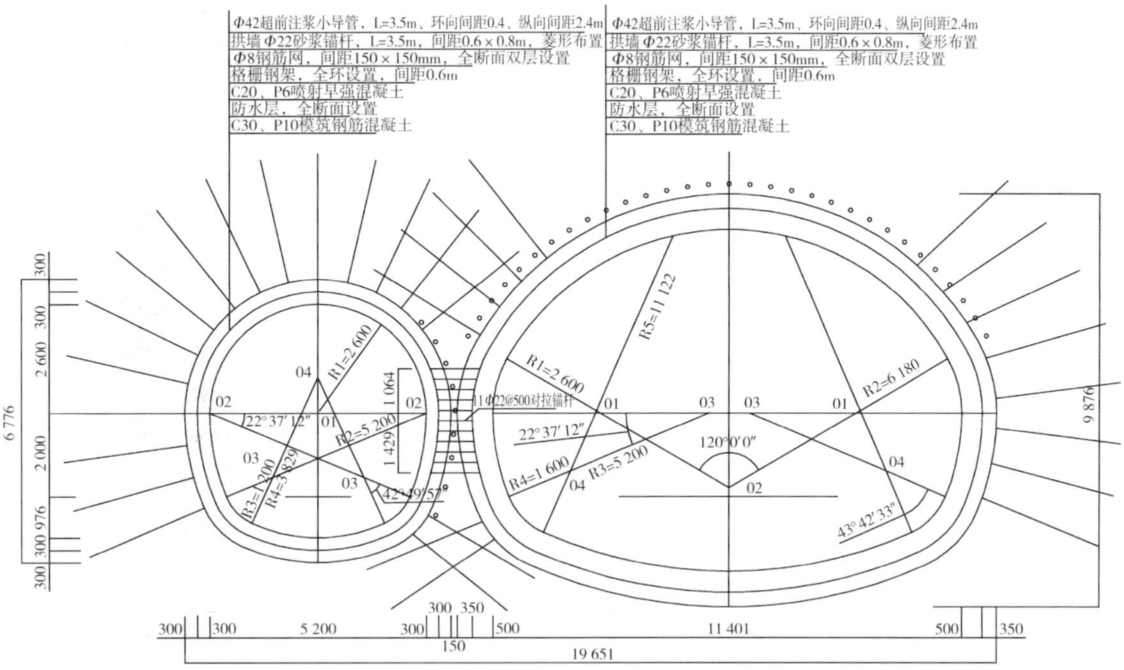

图 9－27　双联拱隧道改单洞后断面结构图

改单洞后断面施工步序如图 9－28 所示。

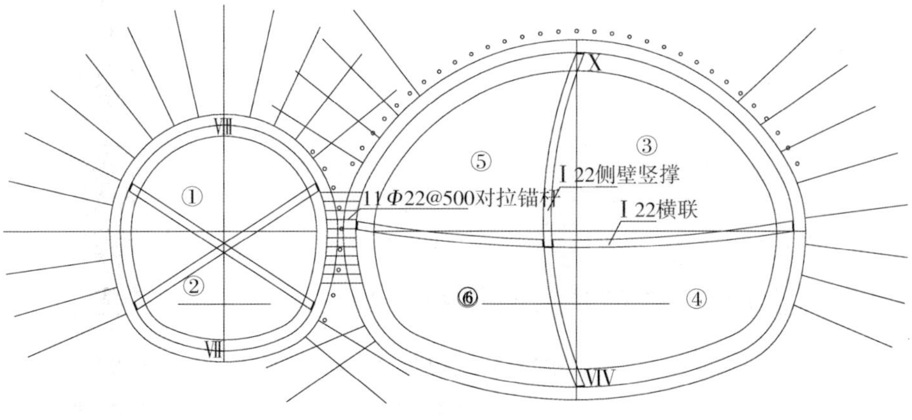

图 9－28　双联拱隧道改单洞后施工步序图

（六）实施效果

体育西折返线联拱隧道施工监测成果如下：小断面隧道最大沉降为 4.6mm，大断面隧道最大沉降为 7.2mm，结构收敛最大值为 3.2mm，地面最大沉降为 10mm。

五、经验教训总结

（1）根据实际地质条件判断具备改为两个单洞的条件，类似常规的超小间距隧道施工，摒弃了双联拱隧道必须先施工中墙的常规方法，对最终衬砌结构受力影响较小，对结构防水更有利，省掉了中墙施工过程的繁复，大大缩短了工期。

（2）施工过程中的关键是减少围岩的破坏和扰动，以及避免对已成型隧道结构造成破坏和扰动。实际施工中在双联拱薄弱的中墙处采取微差爆破，较好地做到了这一点。

（3）对薄弱的中墙加强支护也是施工取得成功的关键。实际施工中，首先，在仰拱与侧墙连接处加密了纵向钢筋和钢筋网，确保了初期格栅架设和焊接质量；其次，加强了对夹岩柱体的注浆加固，对其采用了对拉锚杆、加长锚杆和注浆加固。

（4）合理安排了施工工序，将转换施工时的相互影响降到最小。

第十章　特殊地层矿山法隧道施工技术

三号线沿线地质复杂，线路3次过珠江，多次过河涌，7次过断层，其中，矿山法隧道穿越的特殊不良地层有富水砂层、花岗岩残积土层及断裂带等。富水砂层厚且侵入隧道洞身易发生流砂、突水坍方，花岗岩残积土层遇水软化崩解极易造成隧道变形失稳坍塌，断裂带岩层破碎、裂隙水丰富易发生爆破开挖崩顶坍方等事故。如何在设计阶段充分掌握不良地质特性并采取相应的防范预控措施，以及如何在施工阶段防治安全隐患并对出现的问题或险情采取有针对性的处理措施，以避免影响施工进度和工程质量，成为特殊地层隧道施工的关键。本章分两节介绍三号线特殊地层矿山法隧道施工技术。

第一节　矿山法隧道穿越砂层施工技术

一、矿山法隧道穿越砂层施工摘要

三号线矿山法隧道从砂层下方穿越的较多，个别隧道拱顶距离砂层非常近或拱部就位于砂层中。由于部分砂层较厚、富水性强，而且有的地域缺失〈5－1〉隔水层，在隧道岩层裂隙发育破碎的条件下，若隧道开挖不当，极有可能发生洞内涌水涌砂两引起塌方的险情。

以岗顶站——石牌桥站区间等隧道过砂层的施工情况看，洞内没有发生突水流砂险情，地面道路最大沉降70mm，属稳定可控，没有影响道路交通和管线安全，隧道二衬及防水质量良好，工期进度满足了2006年开通需要。

二、矿山法隧道过砂层难点及风险

（一）施工难点

（1）隧道爆破开挖对拱顶上方薄岩层安全影响难以控制。

（2）隧道内失水沉降变形难以控制，地面及洞内注浆效果难以保证。

（3）隧道内地层条件复杂，变化较大，原有地质钻孔揭示的地质条件与实际出入较大，难以掌握前方地质动态。

（4）隧道上方道路，特别是重要管线多，失水沉降对它的影响大。

（二）施工风险

（1）隧道内涌水涌砂、突水造成的塌方冒顶安全风险。

（2）隧道塌方造成市政道路中断、房屋管线损坏、人员伤亡事故等风险。

三、针对施工难点及风险采取的施工技术措施

（1）通过地质补钻包括洞内超前水平钻进一步探明前方砂层的详细分布以及与隧道的关系。岗顶站——石牌桥站区间采取了有条件地段地面补充钻孔及洞内超前水平钻方式。

（2）针对砂层分布的实际情况，立足以洞内治理为主，充分利用拱顶〈5－2〉隔水层，采取双排小导管超前注浆，谨慎通过。并准备好应急预案，洞内储备充足的抢险物资，做好地表处理的准备工作，包括地面主动注浆加固及被动补偿注浆加固两种方式。

（3）一般地段隧道上半断面采用双排小导管注浆支护，危险地段隧道上半断面采取全封闭预注浆加固止水，拱顶周边采用大管棚及小导管超前支护，及时跟进初支背后注浆。

（4）严格遵循“短进尺、弱爆破、强支护、早封闭、勤量测、速反馈”的暗挖十八字方针，局部地段采用非爆破机械或人工辅助开挖，加强型钢喷砼临时支撑及初期支护，及时封闭成环。

（5）做好洞内及地面监测，及时反馈信息以调整施工措施。包括注浆支护方式、注浆材料及注浆参

数调整，以及根据地质变化调整格栅间距及格栅钢筋布置，加强型钢临时支撑等。

（6）利用左右线危险地段里程的差异，倒边安排一线适当超前，以起到探明前方地质条件及部分降水引水作用，及时处理安全隐患及险情。

四、工程实例

（一）工程概述

广州市轨道交通三号线岗顶站——石牌桥站区间，东接岗顶站，西连石牌桥站，整个隧道在交通繁忙的天河路下穿过。隧道左线全长 645.444m，右线全长 641.400m。隧道平均埋深 10.45m。图 10－1 所示为岗顶站——石牌桥站区间矿山法隧道施工情景。隧道平面图如图 10－2 所示。

图 10－1　岗顶站——石牌桥站区间矿山法隧道施工情景

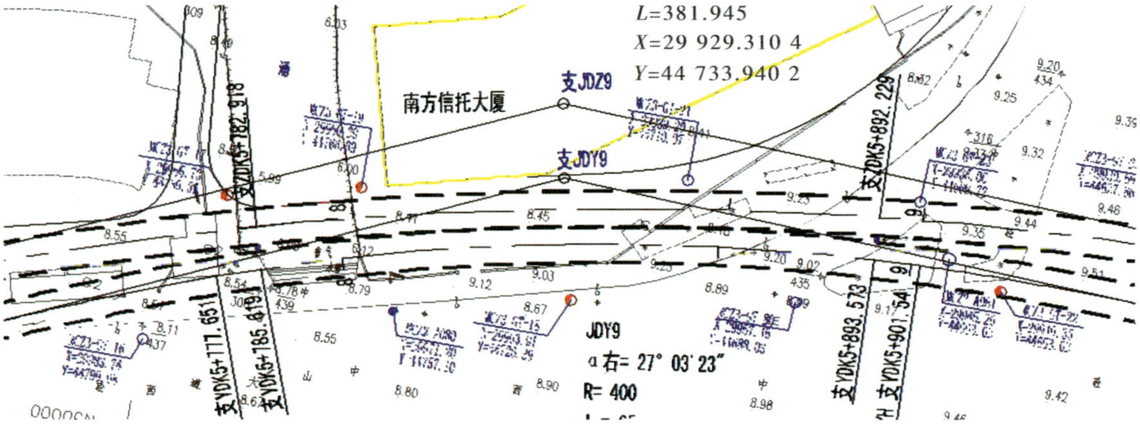

图 10－2　隧道平面图

（二）地质情况及工程难点

本工程地质情况复杂多变，施工难度大。隧道底板围岩主要为Ⅲ、Ⅳ类围岩，强风化、中风化岩层裂隙比较发育，具有较强的富水性。在隧道左右线各有约 100 多米拱顶距砂层较近，为 0～3.2m，砂层厚 1.5～5.45m，砂层富水性强，稳定性差，易发生流砂、突涌现象。该段隧道洞身主要在〈5－2〉、〈6〉、〈7〉地层中通过，隧道顶部分布围岩主要是〈5－1〉、〈5－2〉地层。隧道左右线地质纵断面图如图 10－3 和图 10－4 所示。

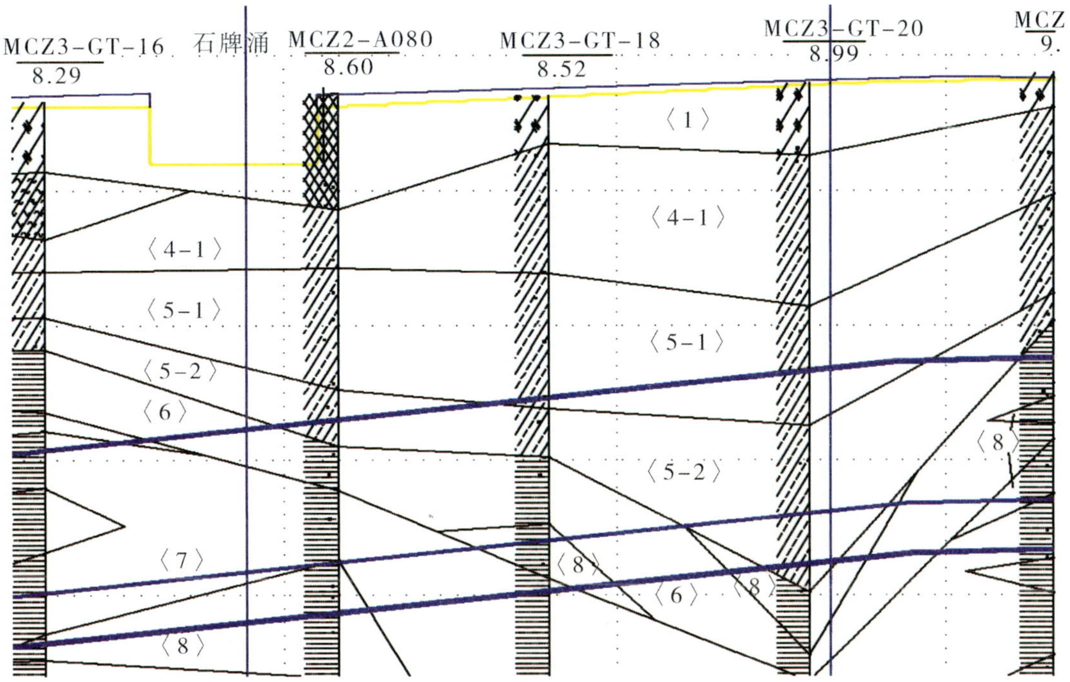

图 10-3　隧道右线纵断面图

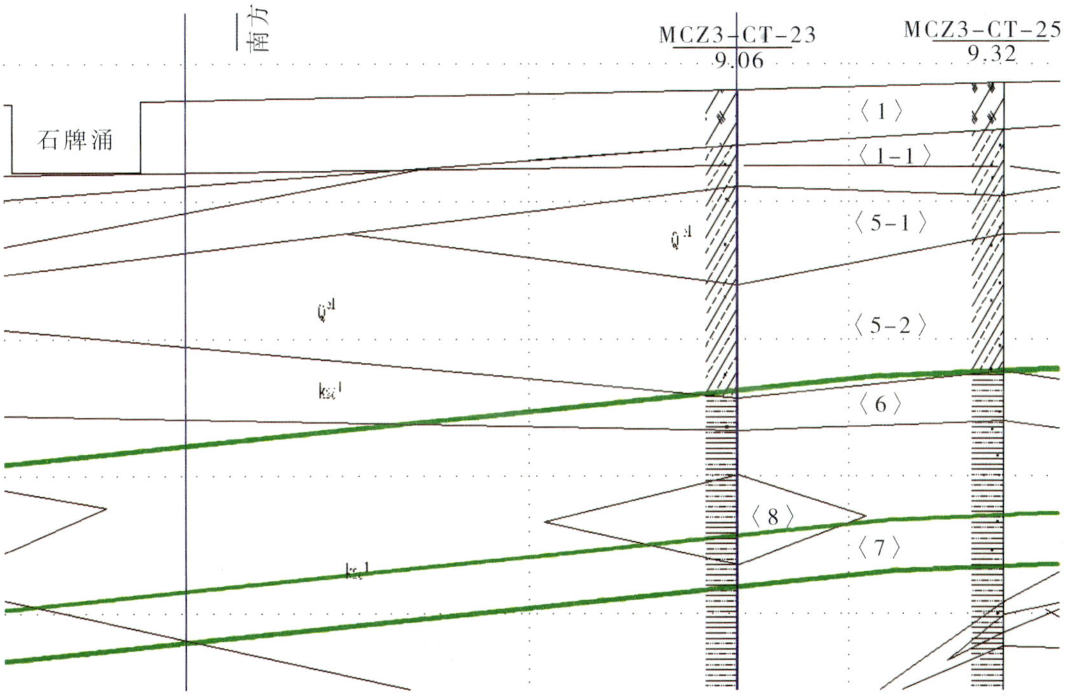

图 10-4　隧道左线纵断面图

如何解决该段隧道地层的止水问题，保证隧顶砂层的稳定是该工程的难点。整个过富水砂层的方案主要围绕这两个方面进行设计。

（三）过富水砂层段设计与施工

为固结隧顶的砂层，以便对隧道起棚护作用，过富水砂层的设计方案采用 Φ89mm、L12m 的大管棚超前预注浆支护。同时，为了减少、消除隧道在开挖过程中的渗漏水，在施工过程中视围岩及渗水情况，每隔 3m 打设 L3. 5m、Φ42mm 的小导管进行注浆止水。

如果砂层进入拱顶开挖范围，则采用降低拱底的办法，临时通过，待砂层段的前、后、侧向3个工作面都具备施工条件时，再行处理。先对3个方向注浆固结，然后小进尺开挖，利用钢插板等支护手段辅助一点点掘进，进尺控制在0.30～0.40m。

通过采取一系列技术措施，岗顶站——石牌桥站区间左线顺利通过ZDK5+529.332～ZDK5+552.154处距拱顶小于2m的砂层段。在总结左线成功经验的基础上，右线也顺利通过了YDK5+474.693～YDK5+498.820的危险段。

五、经验教训总结

（一）经验方面

（1）通过地质补勘包括洞内水平超前钻，以及一线超前施工，有效地探明了前方砂层分布及其与隧道的关系，为采取有针对性的施工措施创造了有利条件。

（2）采取的设计和施工措施得当，尤其是洞内一般地段和危险地段分别采取的注浆加固措施得当，初支背后注浆及时到位。

（3）立足洞内处理为主，辅助地面处理，加强应急预案的思路证明是正确的。

（4）暗挖十八字方针运用好，监测布点、监测频率、监测反馈到位，同时，采用信息化施工技术指导设计和施工做得较好。根据实际地质条件及监测数据调整的初期支护措施及开挖措施符合实际情况，洞内失水沉降变形控制较好。

（二）不足方面

（1）部分地段初支完成后，渗水量仍较大，同时，地面沉降达到70mm，洞内达到50mm，虽然道路及管线仍处于安全状态，但整体沉降偏大。这说明掌子面预注浆及初支背后注浆的及时性和有效性还需进一步加强。

（2）砂层地段超前小导管施工工艺水平有待进一步提高。

第二节　矿山法隧道穿越花岗岩残积土层

一、矿山法隧道穿越花岗岩残积土层施工摘要

三号线矿山法隧道穿越花岗岩残积土层的主要有天河客运站折返线及天河客运站——华师站区间南北段矿山法隧道。由于花岗岩残积土层遇水软化崩解，极易造成隧道坍塌和地面沉陷，导致中断道路交通，因此，从设计招标阶段开始，业主对该段线路采用何种工法施工有过多种方案必选论证。但由于广汕路交通流量大，管线众多，难以疏解交通，不能采取明挖法，同时，由于天河客运站采取侧式站台等原因，天河客运站折返线及天河客运站——华师站区间南北段隧道均选择了矿山法。

天河客运站折返线及天河客运站——华师站区间北段矿山法隧道部分拱顶位于砂层，侧墙及仰拱位于花岗岩残积土层，隧道上方为广汕路，周边有元岗村及汽配城等众多建筑，还有天河客运站及北环元岗特大桥，周边环境非常复杂，安全风险及保护难度非常大，再加上施工工期紧张，采用何种地层预加固及开挖支护方式，以保证隧道施工安全和周边环境安全，成为非常关键的问题。经过多方论证，施工阶段天河客运站折返线隧道选择了冷冻法加固花岗岩残积土层并采用CRD工法及非爆破悬臂掘进机开挖方式；天河客运站——华师站区间北段矿山法隧道最终选用了格构式地表旋喷桩加固及洞内双层超前小导管注浆相结合，局部掌子面小导管注浆，无法进行旋喷桩加固的位置（元岗桥下）在地表做钢花管注浆，掌子面预案为全断面深孔注浆的施工方案。同时，加强施工监测及业主委托的第三方监测，监测信息及时反馈指导设计和施工。

经过近4年的艰难施工，天河客运站——华师站区间北段及天河客运站折返线隧道分别于2006年8月及10月移交机电铺轨施工，保证了2006年底三号线全线开通。施工过程中，天河客运站折返线隧道由于冷冻效果较好，采用非爆破掘进机开挖得当，地面道路沉降及隆起处于可控范围，周边房屋安全得到

有效保证。天河客运站——华师站区间北段矿山法隧道地层预注浆加固方案虽几经反复，但最终取得成功，地面沉降稳定可控，未发生大的洞内塌方事故或险情，广汕路交通和北环元岗桥的安全得到有效保证。

二、矿山法隧道穿越花岗岩残积土层施工难点及风险

（一）施工难点

（1）花岗岩残积土层预加固冻结壁厚度及冻结时间较难掌握。

（2）天河客运站折返线冷冻法中冻结壁厚度及冻结时间较难掌握，引起前期地面隆起或后期融沉沉降变形较难掌握。

（3）天河客运站——华师站区间北段矿山法隧道地表及洞内注浆方案难以稳定，导致洞内失水沉降控制较难。

（4）天河客运站折返线及天河客运站——华师站北段矿山法隧道上方广汕路地面变化（沉降或隆起）及周边房屋、管线、道路及桥梁安全保护较难。

（二）安全风险

（1）隧道冻结过程中，由于冻结壁厚度过大，可能造成地面隆起过大，导致管线断裂、周边房屋损坏、道路交通中断。

（2）隧道开挖过程中，由于洞内失水沉降导致隧道变形失稳，造成塌方事故。

三、针对施工难点及风险采取的施工技术措施

（一）针对天河客运站折返线施工难点及风险采取的主要施工技术措施

（1）针对花岗岩残积土层遇水极易软化崩解的特性，在折返线147m长隧道范围采取了75m长距离水平钻孔冷冻法预加固隧道洞身及周边地层。

（2）针对隧道地层冻结后不宜采取爆破开挖的特点，首次在广州地铁引进了煤矿行业采用的非爆破悬臂掘进机进行隧道开挖。

（3）针对隧道为双线，断面较大，上方广汕路交通流量大，管线众多，地面沉降及保护要求高等特点，采用了CRD法分4部进行开挖，并加强初期支护及临时支撑，严控隧道变形。

（4）在对隧道施工及周边建（构）筑物的保护方面，加强了施工中的施工监测及业主委托的第三方监测，从隧道水平收敛、拱顶下沉、地下水位、地面沉降及房屋桥梁基础沉降变形等项目实施全过程监测，一旦发现监测信息异常即组织有关各方分析原因，制定有针对性的调整施工措施。

（5）加强对广汕路、管线、周边房屋及桥梁的初始安全鉴定，施工过程加强监测，若发现沉降或隆起过大，及时启动应急预案，做好险情处理和监测信息反馈，以调整洞内施工措施，做好道路管线等建（构）筑物的及时修复工作。

（二）针对天河客运站——华师站区间北段矿山法隧道施工难点及风险采取的施工技术措施

（1）针对华师站——岗顶站岩残积土层的特点，先后采取了地表旋喷桩止水帷幕、端头袖阀管注浆及大管棚注浆等加固措施，并选取B断面作为试验段，在试挖过程中，洞内多次出现喷水喷砂现象，表面注浆效果并不理想，在总结试验教训的基础上，经多方论证，在隧道地表上采用了格构式的旋喷桩对地层进行预加固，具体方案前文已叙述，在此就不再赘述。

（2）采用多导洞分部开挖工法，采用机械辅助人工风镐开挖，开挖过程中严格遵循“短进尺、弱爆破、强支护、早封闭、勤量测、速反馈”方针，重点加强初期支护的及时性和刚度，加强初支背后注浆及临时型钢支撑来控制隧道失水变形。

（3）加强施工监测和业主委托的第三方监测，根据反馈的监测信息来及时调整洞内的施工措施，确保施工安全和周边建（构）筑物安全。

（4）做好隧道上方广汕路和附近北环元岗特大桥的初始安全鉴定，施工前制订应急预案，施工过程中若发现异常，及时做好应急处理。

四、工程实例

［工程实例1］　天河客运站折返线隧道过花岗岩残积土层施工技术

（一）工程概况及技术难点

广州市轨道交通三号线天河客运站折返线及风道位于广州市天河区广汕公路。折返线斜穿广汕公路和沙河立交桥，风道在折返线北端。首先，该区段道路两侧地下管线纵横交错，数量较多；其次，广汕公路是连接广州与汕头、增城之间的重要交通干道，交通繁忙，不能封路施工，因此采用暗挖法施工。折返线长为147.8m，折返线北端暗挖风道长24m，折返线隧道坡度为2‰，隧道顶面距离地面最小距离约为8m，隧道最大开挖跨度约为13.0m。

隧道拱顶位于砂层，侧墙及仰拱位于花岗岩残积层及〈5〉砂质黏性土层，该土层在自然条件下结构致密，自稳能力高，但在开挖过程中遇水易软化、坍塌。在明挖过程中，在无水情况下，该土层自稳能力高，开挖亦十分方便。由于冷冻法将隧道周围一定范围的地下水及土层冻结，既增加了围岩的强度，又能起到止水帷幕的作用，经充分论证，决定采用水平冷冻法进行隧道止水及围岩加固。

（二）冷冻法简介

冷冻法是通过在地层中钻孔，埋入钢管，在钢管中加盐水或液氮，通过循环，使周围地层制冷、冻结，形成保护层（冻结壁），地下工程在保护层下施工。保护层能保证地层稳定，同时还能起隔水作用，保证施工安全。冷冻一般分为垂直冷冻和水平冷冻。隧道在冷冻后采用矿山法施工技术进行开挖支护，并进行二衬施工。由于冻土中不能爆破，人工开挖非常困难，因此广州地铁首次引进了原煤矿行业采用的悬臂式掘进机进行隧道开挖，总体效果较好。

（三）冷冻法施工设计

冷冻法施工设计主要分两部分，即冷冻施工方案设计和冷冻施工工艺设计。下面结合广州地铁三号线天河客运站站后折返线工程对冷冻法施工设计作简要介绍。

1. 冷冻施工方案设计

（1）冷冻施工方案概述。

根据天河客运站折返线及风道工程所处环境、交通、管线及地质等条件，结合其他地铁隧道施工经验，确定采用“水平冻结加固土体、矿山法开挖构筑”的施工方案，即在隧道周围布置水平冻结孔，并在冻结孔中循环低温盐水，使冻结孔附近的含水地层结冰，形成强度高、封闭性好的冻结壁（冻土帷幕），然后在冻结壁的保护下运用矿山法进行隧道开挖与构筑施工。水平地层冻结加固和开挖构筑的主要施工顺序为：施工准备—冻结孔施工和安装冻结制冷系统—安装冻结盐水系统和检测系统—积极冻结—试挖—隧道掘进与初衬施工，维护冻结—停止冻结。其关键工序是冻结孔施工和冻结过程中的检测与控制。

（2）冷冻施工方案技术要点。

① 冷冻施工范围及施工顺序。

第一，将风道的端头井作为隧道水平冻结施工的北端工作井，由此端由北向南对隧道实施冻结施工；在车站的北端同样设置了隧道的冷冻工作井，由此端由南往北实施冻结水平打钻。隧道冷冻平面布置如图10－5所示。

第二，隧道冻结拟从折返线南北两端工作井相向而形。钻孔长度约71.9m（冻结搭接5m）。

② 冻结壁设计。

第一，隧道顶板大部分在冲积—洪积砂层中且含水，是冻结加固的主要对象。另外，花岗岩残积层、〈5〉砂质黏性土层也是加固对象。

第二，隧道冻结壁设计成与开挖区相似形状，以利于冻结壁承载且能均匀进入开挖区。冻结孔呈放射状布置。

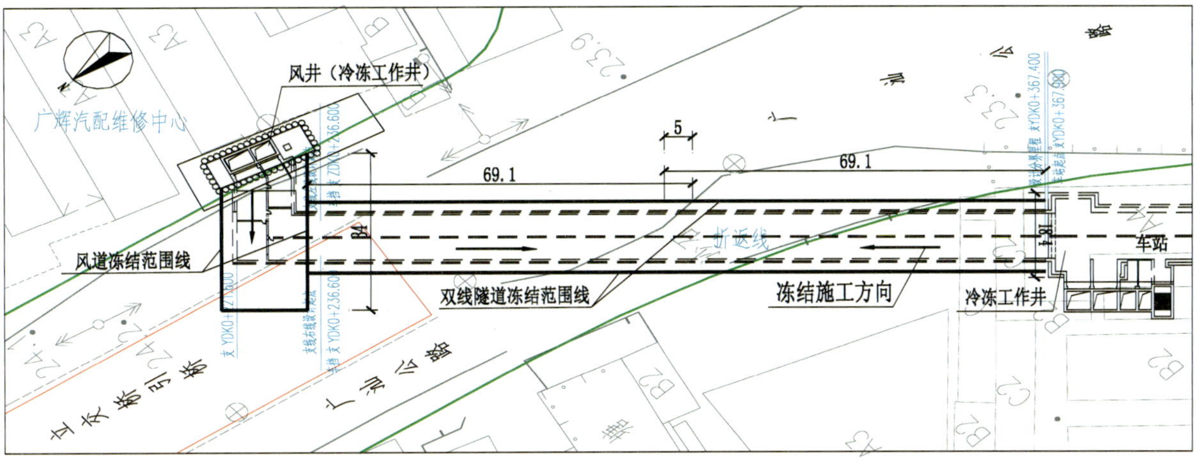

图 10－5　折返线冷冻平面布置图

③冻结壁形成的控制与检测。

第一，冻结制冷系统采用新型氟利昂盐水螺杆冷冻机组。

第二，在冻结系统管路上安装测量温度、流量与压力等状态参数的检测仪表，并设置控制阀门，以实时监控冻结系统的运行。

第三，根据冻结孔的偏斜情况，在适当的位置布设测温孔，通过测量地层温度变化并结合冻结温度场的模拟计算，预报、判断冻结壁的扩展情况。

第四，在封闭冻结壁的内侧设水文观测与泄压孔，通过测量冻结壁内侧地层的水压变化可以正确判断冻结壁是否交圈（即冷冻壁形成）。

④ 冻结孔施工。

第一，采用大扭矩、大推力专用水平孔钻机钻进，高精度水平孔陀螺测斜仪测斜。图 10－6 所示为冻结孔开孔，图 10－7 所示为陀螺测斜仪测斜。

第二，钻进冻结孔时要先安装孔口管，以防止地下水涌出和塌孔。在松软地层中用冻结管作钻杆，冻结管下放和钻孔同时完成，以免钻孔坍塌。

图 10－6　冻结孔开孔示意图

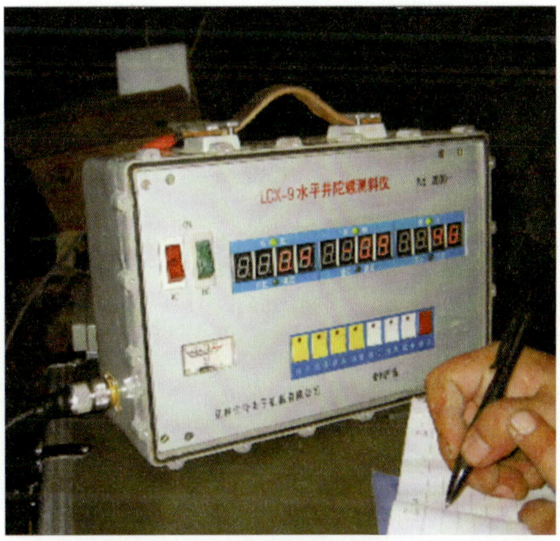

图 10－7　陀螺测斜仪测斜示意图

⑤ 冻结施工与掘砌施工的配合。

第一，经冻结辅助加固的隧道开挖一般不采用爆破开挖，仅采用人工加风镐开挖。但本工程由于施工过程中延长积极冻结时间来施工，导致有效冻结壁厚度比原设计增加 0.5m，冻结壁内扩 2m，在隧道内形成高强冻土，因此引用了煤炭系统采煤所用的 EBZ－120 型掘进机掘进辅以人工修边的方式开挖，每循环进尺为 2m。

第二，在喷射混凝土中添加抗冻剂，同时控制冻结壁的表面温度，以便于掘进和喷射混凝土施工。

第三，冻结壁暴露时间不应大于 48 小时。

⑥ 环境保护。

根据试验研究及工程经验，在砂层与花岗岩残积层中冻结施工时，地层几乎不会冻胀和融沉。但为进一步提高施工的可靠性，对隧道的冻结壁变形和地表变形进行量测，以便发现问题，及时处理。

2. 冻结孔布置与冻结壁形成预计

冻结孔布置如图 10－8 所示，设计取冻结孔允许偏斜率为 10‰。双线隧道冻结孔开孔间距为 830mm（上部）/915mm（下部），成孔最大控制间距为 2.7m。冻结孔沿隧道线路呈放射状钻进，开孔位置与开挖区轮廓线的距离为 1 000mm，钻孔与隧道中心线的夹角（钻孔偏角）大约为 0.7°。设计冻结壁交圈时间为 90 天。冷冻壁厚度约 2 000mm。

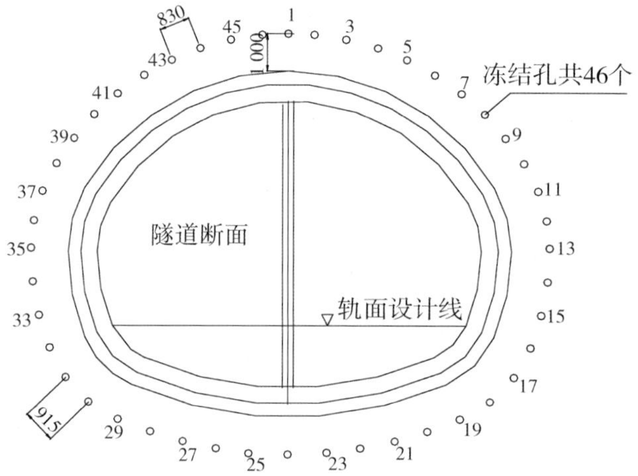

图 10－8　折返线冷冻孔横断面布置图

3. 其他设计参数

（1）设计最低盐水温度为 －28℃ ～ －30℃，并要求冻结 7 天盐水温度达到 －20℃。维持冻结盐水温度不高于 －24℃。

（2）冻结壁平均温度不高于 －8℃。开挖时冻结壁表面温度低于 －3℃。

（3）冻结孔单孔盐水流量为 7～10 m^3/h。

（4）冻结管外径为 108mm。

（5）双线隧道两端各设测温孔 4 个，深度比冻结孔小 2m。测温孔内根据地层情况沿管的纵向长度每 3m 布置一个测温点。双线隧道同时设水文孔 2 个。

（三）冷冻法施工工艺

1. 冷冻孔施工

（1）冻结管、测温管和水文管均选用壁厚不小于 7mm 的 Φ108mm 低碳无缝钢管，单根管材长度 2～4m，采用丝扣连接。供液管选用内径为 50mm 的聚乙烯增强塑料管或钢管。

（2）钻机、钻杆的选用。钻机至少能打 80m 长的钻孔并容易控制钻孔偏斜度。用冷冻管作钻杆。

（3）冻结孔质量要求。孔位偏差不大于 50mm，钻孔的偏斜应控制在 10‰以内。

（4）冻结孔钻进。按冻结孔设计方位要求固定钻机，随钻进放入冻结管，开孔段钻进是关键。钻进前 10～20m 时，要反复校核钻杆方向，调整钻机位置，并用经纬仪或陀螺仪检测偏斜无问题后方可继续钻进。

（5）冻结管安装完毕，在冻结管内安置供液管，然后安装去、回路羊角和冻结管端盖。

2. 冷冻制冷系统选用

冷冻制冷系统设备主要有：

YSKF220 型冷冻机组、YSKF216 型冷冻机组、8Sh－13A 盐水循环泵、IS150－125－250 冷却水循环泵、DBN3－200 型冷却塔、盐水箱、盐水干管及集配液管等设备。

3. 积极冻结及维护冻结

（1）冻结系统运转正常后进入积极冻结。要求在两周左右的时间内盐水温度降至－20℃以下。

（2）冻结壁交圈达到设计厚度后，进行隧道开挖。正式开挖后，进入维护冻结。在开挖过程中，定期检测冻结壁暴露面的温度与变形，发现问题及时处理。

（3）隧道开挖及初衬施工完成后，结束冷冻。在冻结壁自然解冻过程中，测量地表的融沉情况，必要时可进行补偿注浆。

4. 冻结方案的实施及优化

天河客运站折返线冷冻施工在积极冷冻期满进行开挖前，对现场冻土取样做冻土强度试验，发现实际冻土的强度相对原设计采用的冻土强度经验值有较大程度的削弱，冻土有效厚度无法满足实际开挖的需要。为此，建设各方召开会议对方案进行研究优化，讨论如何增加冻土有效厚度以确保隧道开挖的安全。一种方案是冷冻布孔向隧道外侧外放，重新布设冻结孔，以达到更大的冻结范围，同时避免冻土侵入开挖面给开挖造成困难，该方案需重新布置冻结孔再进行冻结，这样造价和工期增加较大；另一种方案就是维持冷冻布孔不变，延长冷冻期，增加有效冻土的厚度，但这会造成冻土进入开挖范围，增加开挖难度。由于该折返线工期较紧，权衡工期及造价等因素后选择了第二种方案。

（四）悬臂式掘进机开挖隧道

由于折返线冻结设计取值参数较后期现场试验实际值有较大折减，为确保隧道开挖的安全，延长了冻结期，冻结壁侵入隧道内较多。经对人工、机械、爆破等工法进行比选，综合考虑功效和安全的因素后，决定采用人工配合悬臂式掘进机进行隧道的掘进。

图 10－9　EBJ－120 型掘进机扫边作业示意图

本项目引进了 EBJ－120 型掘进机，它是通过前端可摆动的旋转钻头将围岩切割破碎后，再由下部扒碴铲板和机身中部的传输链将破碎岩石和碴土传输至机身尾部来实现掘进的。机身总重 36t，平直长 8.6m，高 1.55m，履带外缘宽 2.1m，转臂长 3.25m，切割钻头直径 700mm，最大工作仰角 42°，最大开挖高度 3.75m，最大开挖宽度 5m，最大向下开挖深度停机平面下 0.25m，爬坡能力 16°，机械工作过程中行走速度为 3m/min，停止作业时行走部的行走速度为 8m/min。图 10－9 所示为 EBJ－120 型掘进机扫边作业。

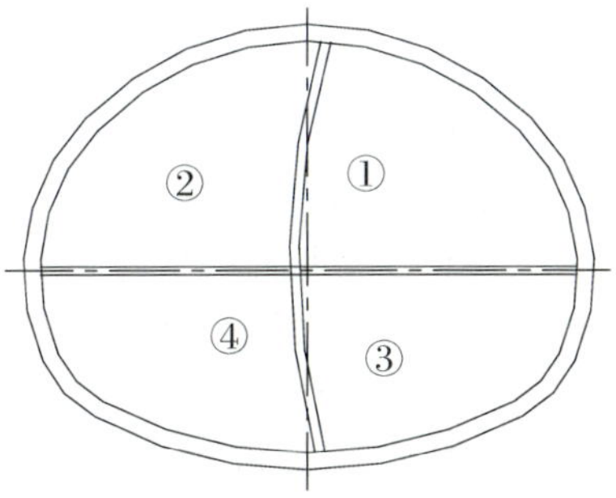

图 10－10　隧道开挖工序图

由于试挖证实了冻结效果理想，隧道开挖由原设计的 6 部开挖变更为 4 部开挖，如图 10－10 所示。施工中充分考虑了施工场地、机械设备的特点和地面提升能力大小等，采取了由南端单头开挖掘进，先行开挖支护①部，然后开挖支护②部，①、②部开挖面保持 12～15m 间距，①、②部贯通后掘进机转入下台阶进行③、④部开挖支护，③、④部开挖面同样保持 12～15m 间距。

［工程实例 2］　天河客运站——华师站区间北段矿山法隧道过花岗岩残积土层施工技术

（一）工程概况及技术难点

天河客运站至华师站区间北段矿山法隧道位于天河客运站东侧，横穿广汕公路以及北环高速公路元岗特大桥 51 号桥基，地面交通繁忙，人流量大。隧道范围的地面下方管线较多。隧道长 83.618m，马蹄形断面，分 A、B 型两种，A 断面内净空宽 11.2m，高 7.608m；B 断面内净空宽 12.8m，高 8.107m。天河客运站——华师站区间北段平面如图 10－11 所示。

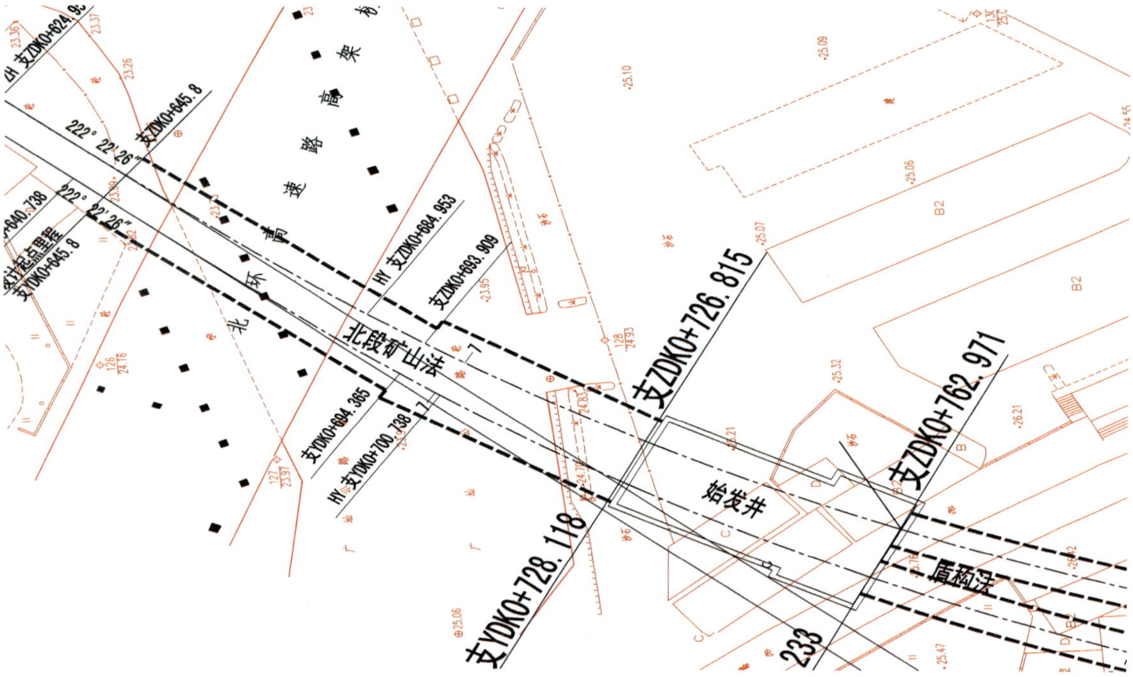

图 10－11　天河客运站——华师站区间北段矿山法平面图

北段矿山法隧道穿过花岗岩残积土层，隧道顶部为淤泥质土和砂层。砂层为主要含水层，透水性强，在Ⅶ度地震作用下会发生轻微至中等液化。隧道拱顶约 1m 进入冲积—洪积砂层。

据地质钻孔资料揭露，该段地层的花岗岩和花岗片麻岩区存在深厚的花岗岩深槽，花岗岩残积土厚度大，土质均匀性差。从地铁隧道穿过的地层分析，主要为可塑、硬塑状的花岗岩风化残积土、砾质黏性土和砂质黏性土，含砂量多，为相对含水层且透水性好，尤其是残积土遇水易软化崩解，甚至塌方，隧道围岩整体上稳定性较差。

（二）隧道过花岗岩残积土层方案的选型

天河客运站——华师站区间北段矿山法隧道过花岗岩残积土层的方案选型是在实践中摸索前进的，先后进行了旋喷桩止水帷幕、端头袖阀管注浆及大管棚等加固措施。采取以上措施后，选取 B 断面左上导洞作为试验段，通过判定涌水、涌砂、地表沉降、水位观测等，及时调整施工方案，为隧道其他导洞施工提供依据和参数。在试挖过程中，洞内多次出现涌水涌砂现象，循环周期长，且施工难度大。这些都反映了以上所述的隧道地层加固方案及降水方案均不能从根本上解决在砂层以及花岗岩残积层和全风化地层中施工的需要，造成大小险情不断，施工安全难以保证。为了使本工程顺利开展，对隧道拱部的砂层以及花岗岩全风化带进行有效固结已迫在眉睫。为此，总结了上述方案的各种弊端之后，在原设计参数的基础上，在隧道地表采用格栅式的旋喷桩对地层进行加固。天河客运站——华师站区间北段地表旋喷桩加固平面如图 10－12 所示。

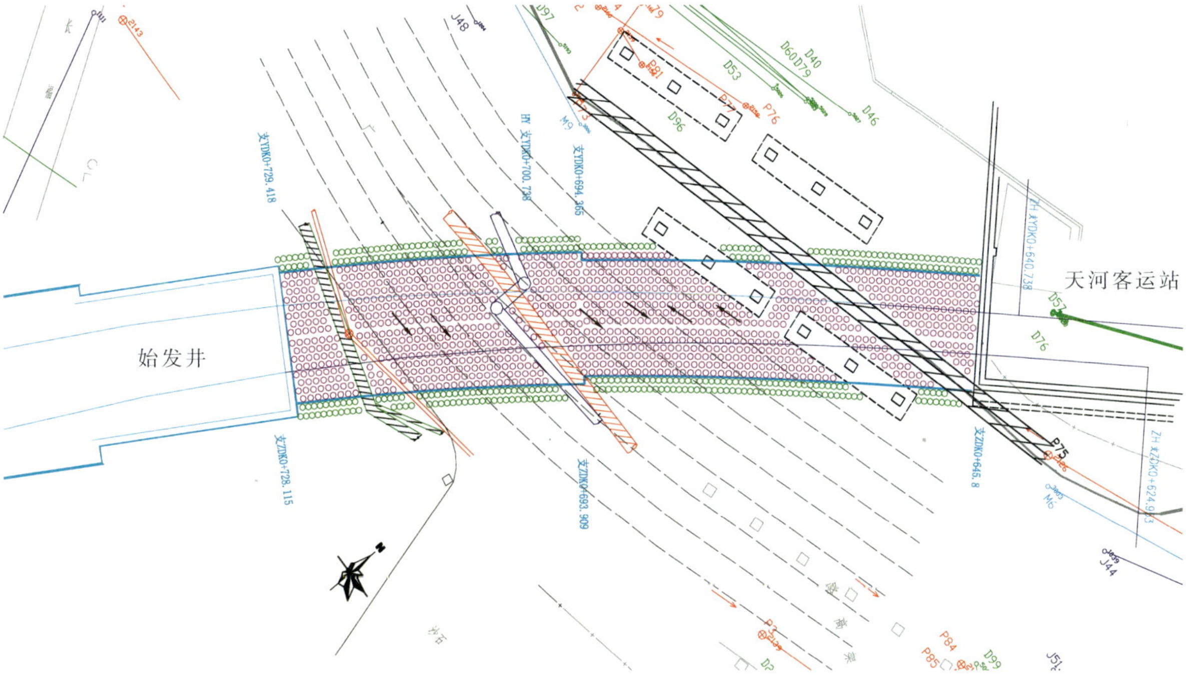

图 10－12　天河客运站——华师站区间北段矿山法旋喷桩施工平面布置图

（三）地表旋喷桩加固方案的选用及实施效果

1. 旋喷桩加固方案

地表旋喷桩加固（结合管线布孔加固）与洞内双层超前小导管相结合，局部掌子面小导管注浆；无法进行旋喷桩加固的位置（元岗桥下）则在地表做钢花管注浆，掌子面预案为全断面做深孔预注浆的施工方案。

根据前期试验段出现十余次涌水涌砂情况，结合已施工钢花管加固现状，为防止掌子面再次出现涌水涌砂导致崩塌的情况，在地表设置旋喷桩固结隧道轮廓线部位的砂层，旋喷桩桩径为 Φ1 000mm，旋喷范围为自隧道轮廓线上 4m 到隧道拱顶下 1.5m，避开管线加固。沿隧道开挖轮廓线两侧各设二排间距 700mm 的旋喷桩，桩长到隧道仰拱下 1m；在隧道轮廓线内设间距纵 900mm 横 900mm 的旋喷桩，梅花型布置，每纵向 3m 向下打设 6 根，在左右导洞的 2 根深度伸到仰拱下 1m，在中导洞的 4 根深度伸到临时仰拱下 1m。

2. 实施的效果

经过近 9 个月的实施，地表旋喷桩 B 断面第二期施工完毕，到 2004 年 5 月 31 日，隧道洞内已施工左上导洞 21m，左下导洞 16m，右上导洞 16m，右下导洞 14m，中上导洞 10m，中下导洞 4m。旋喷桩成桩情况良好，土体受到旋喷挤压，置换后，掌子面稳定，隧道施工情况非常好。旋喷桩加固效果如图 10－13 所示。

图 10－13　旋喷桩施工效果图

完成旋喷桩施工后，隧道开挖比较顺利，上导洞每天开挖平均 1 榀，下导洞也达到 2 天 1 榀。从开挖断面揭露隧道拱部砂层位置的旋喷桩加固已连成整体，达到设计止水、固砂的要求，〈5H－2〉地层中旋喷加固体也达到 60～80cm，起到了加固的作用。在隧道掘进过程中，旋喷桩加固区开挖未发生任何塌方事故，施工进度是本方案实施前的 6 倍，最终北段矿山法隧道于 2005 年 12 月 21 日顺利贯通，证明变更后的方案是合理可行的。

五、经验教训总结

（一）天河客运站折返线隧道施工经验教训

1. 经验总结

（1）在国内率先成功应用全断面隧道长距离水平冻结技术，冷冻质量好、速度快（比非冻结的同类地层同断面隧道掘进速度快1倍以上）、综合经济效益高（同比天河客运站——华师站区间北段矿山法隧道所花的工期和成本，在无法明挖及采用盾构工法的条件下，冷冻隧道施工技术是最经济、最安全的工法）。

（2）水平冻结法加固地层施工，不受地表场地及深度限制，且不污染环境，对周边建构（筑）物保护总体效果良好，为城市地下建设，特别是繁华市区内地下工程建设提供了新的施工方法。冷冻法在隧道施工中的成功应用，为松软含水地层等复杂条件下的地下工程施工提供了一条实用、可靠的新途径。

（3）在冻结设计上，结合广州地区的气候特点对以往的冻结设计进行了较大的改进，使冻结法能够满足南方高温、高湿的气候条件。

（4）地表沉降的监测数据表明，用水平冻结法施工所引起的地表变化远远小于常规的施工方法。随着冻结技术的进步，对于冻结法施工所引起的环境变化将得到进一步的控制。

（5）本次工程施工中应用了大量新研制的设备及装置，如水平测斜仪、冷冻施工的自动监测系统、冻结孔钻进密封止水与终孔注浆装置等，为本次水平冻结施工的成功提供了设备保障。

（6）本工点成功应用了非爆破悬臂式掘进机，并积累了宝贵的实践经验。

2. 不足之处及建议

（1）由于对花岗岩残积土层认识不足，冷冻设计参数取值不尽合理，造成初期冷冻效果不太好，延长冷冻期后，冻结壁侵入开挖面，人工开挖功效极低。

（2）冻结法在黏土层及花岗岩残积土层的应用过程中，在广汕路地面发生了因冻胀导致地面及管线隆起的现象，解冻融沉时，地面又出现了一些不均匀沉降。建议以后类似的施工在冻结孔外围增加一圈泄压孔和解冻孔，在冻结期对冻胀起防治作用，解冻期可配合原冻结孔循环温水进行积极解冻，同时持续注浆对融沉起防治作用。

（3）悬臂式掘进机自重大，灵活性差，在隧道下部开挖时对已完成的初支有一定的影响，而且大臂回转范围有限，隧道开挖轮廓不易控制，同时掘齿耐磨损性能差，在新线应用中需有针对性地加以改进。

（二）天河客运站——华师站区间北段矿山法隧道施工经验教训

1. 经验总结

（1）在隧道地表采用格栅式的旋喷桩加固地层，能对隧道拱部的砂层以及花岗岩全风化带进行有效固结。

（2）下导洞开挖过程中存在渗水、涌砂情况，开挖仍存在一定的难度，可用洞内注浆导管予以解决。

（3）地表旋喷桩加固的效果较好，隧道内施工效率大大提高，旋喷桩不但加固了砂层，还加固了一部分砂质黏性土层，洞内渗水、涌砂情况大大减少。

2. 不足总结

（1）设计对地层认识不足，未采取有效的加固措施以及足够强的支护参数，而是采用常规的矿山法支护参数，致使在招投标过程中，业主的概算价及承包商的投标价都偏低，不足以完成此工程。

（2）在加固措施选用上，由于工程合同价偏低，加固措施选择从一开始就未采用造价较高的旋喷桩加固，而是采用了摆喷桩止水帷幕、大管棚以及袖阀管注浆等局部加固措施或者降水措施，在所选工法都无法适用后，才考虑采用格栅式旋喷桩进行加固。该措施导致地层加固方案比预定时间长，造成实际工期大大超过原计划工期。原计划施工工期为198天，而实际工期为1 106天。

（3）大管棚钻孔过程中，破坏了原有砂层的结构，造成大量渗水、涌砂，单日涌砂达到80m^3，形成了大量空洞，给此后的施工带来较大的困难。因此，在富水砂层中，应谨慎采用大管棚进行加固。

第十一章　矿山法隧道穿越既有线及重要建（构）筑物施工技术

由于受既有地铁线、铁路、市政道路及重要建（构）筑物的限制，新建线路在不能调线避开的情况下，如果施工场地不具备明挖和盾构施工条件，便只能采用矿山法隧道形式穿越，这在三号线矿山法车站站台隧道及区间隧道中较普遍。

由于各个隧道所处地质条件及埋深、周边建（构）筑物环境条件、结构断面形式各有不同，而且既有地铁线及重要建（构）筑物基础距隧道较近，有的基础甚至侵入新建隧道，因此，隧道施工采取的开挖与支护、监测与保护措施也各有特点。

从矿山法隧道穿越既有地铁线及重要建（构）筑物总的施工情况看，实施总体效果良好，未发生洞内塌方等安全事故及地面交通中断、房屋管线损毁的安全事故，地面沉降控制在允许范围内。

第一节　矿山法隧道穿越既有地铁线施工技术

一、矿山法隧道穿越既有地铁线施工摘要

三号线矿山法隧道穿越既有地铁线，既是工程难点，也是工程重点，穿越一号线车站的有三号线广州东站及体育西路站站台隧道、石牌桥站——体育西路站区间隧道，穿越二号线车站的有三号线客村站。由于一号线广州东站部分挖孔桩桩基础侵入三号线广州东站隧道，采用了套拱式托换一号线桩基础后截除侵入隧道桩基，然后采用微震爆破综合开挖技术进行隧道施工。三号线体育西路站隧道拱顶距一号线车站底板夹层厚度仅有0.84m，采用注浆充填加固一、三号线之间夹层，同时采用粘贴碳纤维加固一号线底纵梁，然后采用多导洞微震爆破结合机械凿除的施工技术进行隧道施工。三号线客村站隧道则是从二号线车站底板下方通过，以梁柱二期托换二号线基础后采用矿山法施工三号线站台隧道。

从这几个下穿隧道施工的情况来看，穿越既有线施工取得很大成功。首先是既有线安全得到有效保障，最大限度地减少了对运营的干扰，其次是隧道施工安全和进度得到保障，隧道防水质量总体效果良好。

二、矿山法隧道穿越既有地铁线施工难点及风险

（一）施工难点

（1）既有线结构基础托换施工中对既有结构沉降及变形的控制难。

（2）既有线结构基础加固的自身质量控制难。

（3）既有线与新建结构之间夹层岩体注浆的效果控制难。

（4）新建隧道爆破开挖对运营的影响以及失水对既有结构沉降变形的影响。

（二）安全风险

（1）既有线结构基础托换的安全风险。

（2）隧道爆破开挖及失水沉降对既有线结构安全的影响。

（3）隧道施工自身的变形失稳、塌方安全风险。

三、针对施工难点及风险采取的施工技术措施

矿山法隧道穿越既有线施工中，隧道施工自身采取的施工技术措施与第九、十章类似，这里不再详述。这里仅就穿越既有线采取的基础托换、注浆加固，对既有线结构的监测、保护，以及为减少对运营的影响而采取的相关措施作重点介绍。

（一）对既有线结构基础采取了基础托换或基础加固措施

由于既有基础桩基侵入新建隧道，或新建隧道与既有线底板较近，为保证既有线安全，需采取基础

托换措施，如一号线广州东站采取套拱式托换、二号线客村站采取梁柱二期托换，托换完成后实施受力体系转换及截桩处理。同时，对既有线与新建结构之间较薄夹岩体采取了注浆加固，对既有线底板、底纵梁等采用了粘贴碳纤维加固的施工措施，如一号线体育西路站。

（二）隧道开挖施工采取的措施

（1）选用适合于隧道特点的分部开挖工法，如广州东站、客村站、石牌桥站——体育西路站区间选择了 CRD 法，体育西路站选择了多导洞分部开挖工法。

（2）选择微震控制爆破技术，由于距离既有线太近，穿越既有线的几个隧道都采用了此技术。

（3）为尽可能减少爆破振速对运营的影响，个别工点在微震控爆之外还选择了非爆破机械凿岩辅助开挖，如体育西路站三联拱隧道。

（三）对既有线结构加强监测及保护措施

（1）除常规的施工监测外，业主委托专业公司对既有线结构进行了第三方监测，重点对既有线轨道沉降及变形、隧道裂缝及位移、地下水位、爆破振速等项目进行了监测。

（2）采用信息化施工技术，对穿越既有线结构部分加密了监测布点及频率，做到监测信息及时反馈，指导设计和施工，调整好施工措施，发现超预警或控制值立即组织各方分析原因，想办法改进。

（3）对既有线结构施工前组织相关人员对结构进行现场鉴定，施工中根据监测结果来分析和决策是否需要对结构采取进一步的加固保护措施，施工后有关各方对结构再次验收确认，如发现损坏开裂，立即组织修复。

（四）加强与运营总部有关部门人员的协调管理力度

（1）穿越既有线施工方案在经建设总部审批后报运营总部备案。

（2）施工单位与运营有关部门签订安全施工协议，服从运营安全部门的统一协调。

（3）建设、运营有关人员成立联合协调小组，现场协调配合，若出现紧急情况，现场及时开会协调处理。

（4）爆破施工需向运营总部申请，并利用列车间隙爆破，施工单位向车控室派驻专职联络防护人员，做好安全防护，运营部门做好配合，提前通知并疏导旅客。

四、工程实例

［工程实例 1］　三号线广州东站穿越一号线广州东站施工技术

地铁三号线车站站台层主体隧道下穿一号线底板，需对 F 区侵入右线隧道的 4 根基础桩进行托换处理，采用主动托换方式，如图 11－1 所示。另有部分桩基距施工隧道结构较近，最近的距拱顶 1.2m，开挖时需采用微震爆破，以减小影响。桩基托换及主体隧道施工时，地铁一号线底板变形和应力必须控制在一定范围内，以保证一号线的正常运营。

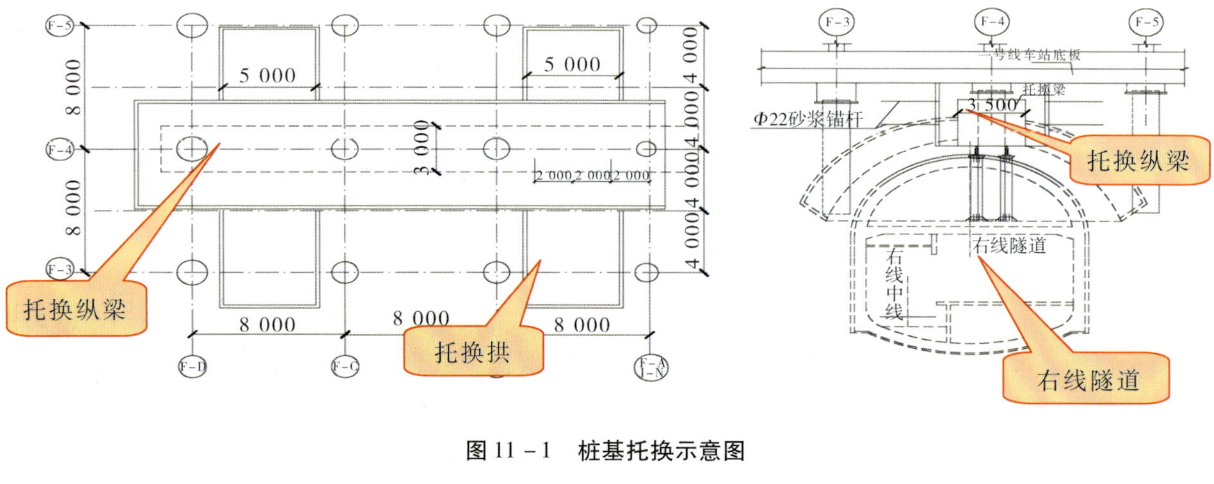

图 11－1　桩基托换示意图

（一）工艺流程

桩基托换施工主要包括施工准备、竖井第一开挖区开挖、工作隧道施工、托换纵梁施工、工作隧道回填、主线隧道上台阶施工、临时立柱支撑及支顶、双套拱施工、破除被托换桩基、拆除临时支撑及全方位施工监测等。其工艺流程见表 11－1。

表 11－1 桩基托换工艺流程

序 号	图 示	施工步骤及技术措施
1	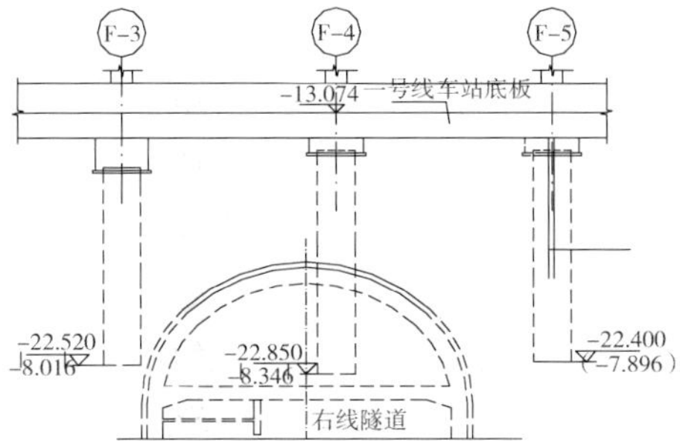	（1）测量、放线； （2）竖井第一次开挖区域开挖深 6.0m。
2	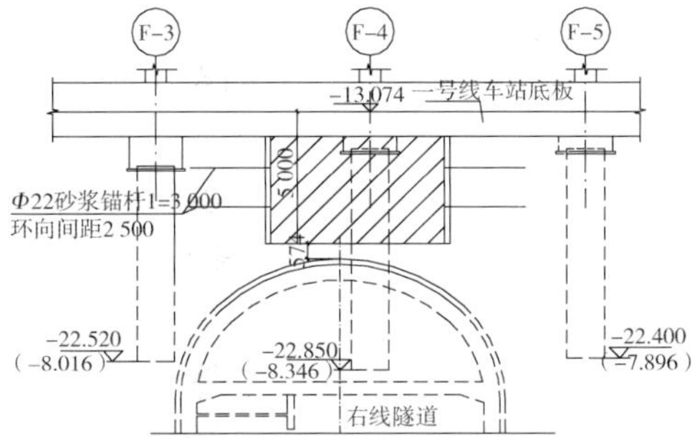	（1）进行工作隧道爆破开挖； （2）初喷 5cm 砼，打设锚杆，挂网、喷砼至设计厚度； （3）完成工作隧道开挖施工。
3	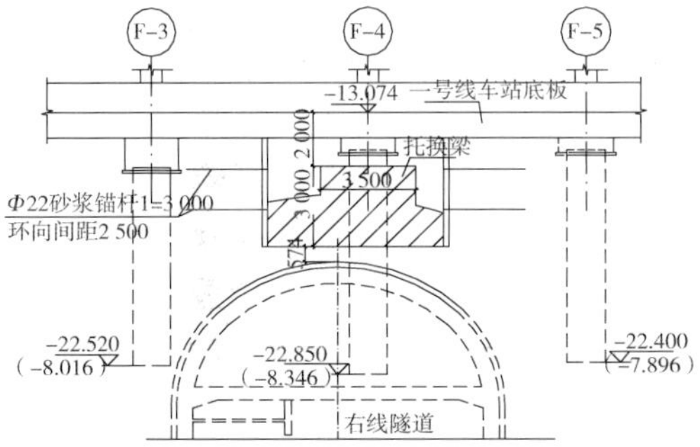	（1）找平托换梁垫层，旧桩界面处理，植筋； （2）绑扎纵梁及部分托换拱钢筋，端头面钢筋预留，支设模板； （3）浇注纵梁及部分托换拱混凝土，养护。
4	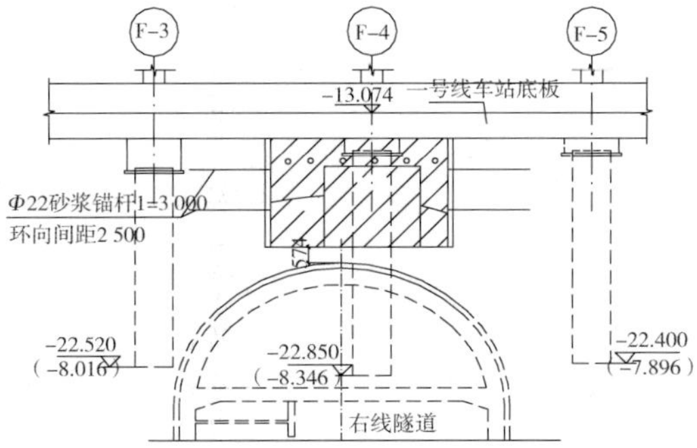	（1）采用 M10 砂浆砌 MU30 片石将工作隧道回填密实； （2）采用水泥砂浆将工作隧道作回填注浆。

（续上表）

序　号	图　示	施工步骤及技术措施
5	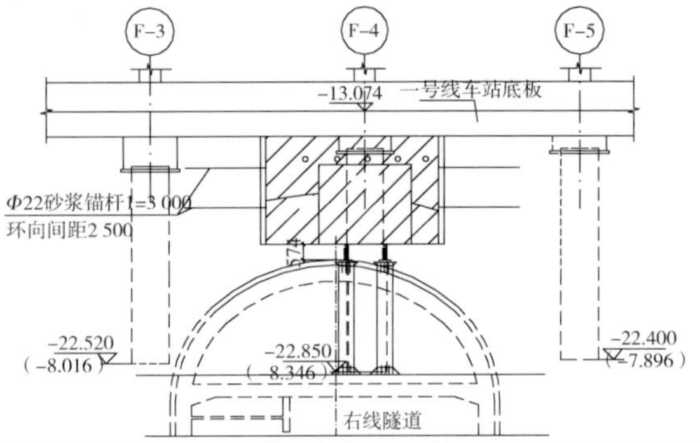	（1）继续开挖竖井第一区域托换梁位置至主线隧道上台阶； （2）安设第一个临时立柱，并用千斤顶进行预顶顶紧。
6	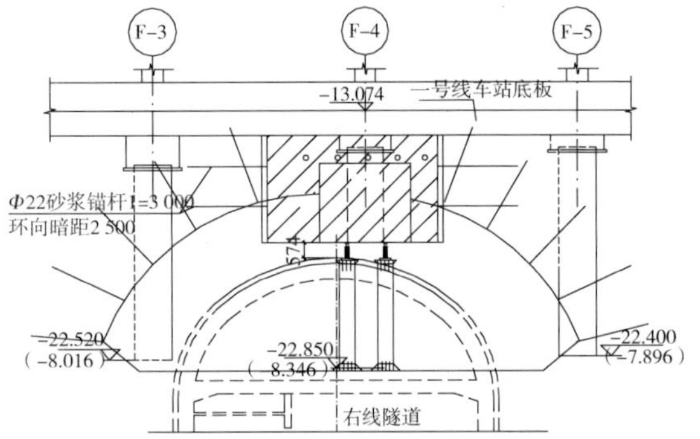	（1）开挖主线隧道上台阶，初喷5.0cm，打设锚杆，挂网，喷混凝土至设计厚度； （2）开挖达到3.0m可架设临时立柱时，架设临时立柱，并安设千斤顶进行预顶； （3）通过分步开挖分布架设临时立柱直至开挖至套拱位置，放大开挖套拱断面，停止向前掘进。
7	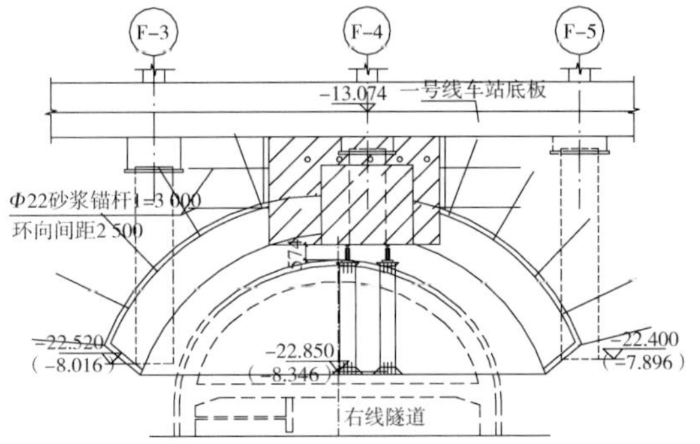	（1）支设第一个套拱拱架； （2）绑扎套拱钢筋，安设套拱模板，浇注套拱混凝土并进行养护。
8	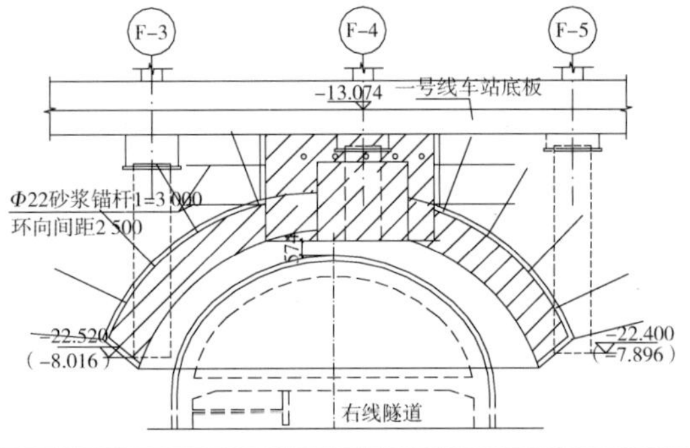	（1）待第一个套拱混凝土达到要求时，继续开挖掘进主线隧道上台阶，采用同样方法施工第二个套拱； （2）采用人工手持风镐截断旧桩，拆除临时立柱。

（二）施工工艺

1. 工作隧道及套拱隧道微震动控制爆破施工工艺

（1）施工要点。

① 坚持“短进尺、弱爆破”原则，炮孔深度控制在0.6～1.0m之间。

② 起爆顺序。将开挖分成掏槽区、剥离区及周边区，采用先爆破掏槽区，掏槽区选在距地铁一号线较远的左下角；爆破后，清碴完成后再沿其空腔向外采用薄层剥离爆破，分一次或多次爆破到光爆层；最后进行弱扰动光面爆破。

③ 加强爆破振动监测，及时调整爆破参数。地铁底板和桩基均为钢筋混凝土结构，为确保安全，确定其允许振速为 $v \leq 2.5\text{cm/s}$，根据监测情况调整爆破参数。图 11－2 所示为振动爆破监测。

图 11－2　震动爆破监测示意图

④ 加强地面沉降及变形位移等监测工作，做到信息化施工。通过监测及时进行信息反馈，以修正设计和指导施工，保证爆破开挖及托换施工过程的安全。

（2）炮孔布置。

① 工作隧道炮孔布置如图 11－3 所示。

② 套拱隧道炮孔布置如图 11－4 所示。

（3）爆破参数。

工作隧道钻爆破参数见表 11－2，套拱隧道主要技术指标见表 11－3。

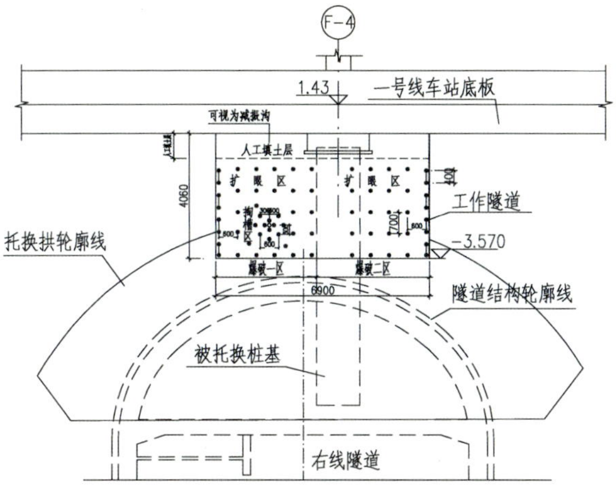

图 11－3　工作隧道爆破开挖炮孔布置

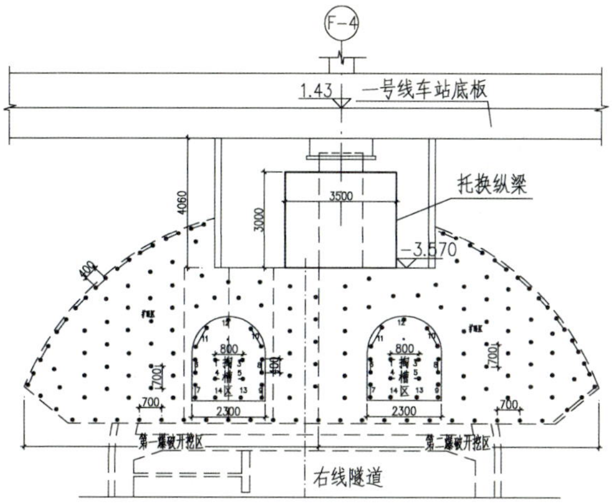

图 11－4　托换梁套拱部位炮孔布置

表 11－2　钻爆参数表

参数名称			爆眼类别			
			掏槽眼	掘进眼	周边眼	底眼
循环进尺（m）	0.8	钻眼深度（m）	1.0	0.9	0.9	0.9
		装药量（kg）	0.15～0.2	0.15	0.08～0.1	0.15～0.2
		孔间距（m）	0.7	0.7	0.4	0.7
	0.5	钻眼深度（m）	0.7	0.6	0.6	0.6
		装药量（kg）	0.10～0.15	0.12	0.08	0.10～0.15
		孔间距（m）	0.5	0.5	0.4	0.5
周边眼线装药密度（kg/m）			0.15			
炸药单耗（kg/m^3）			0.4～0.7			

表 11－3　托换梁套拱部位开挖主要技术指标

炮孔类别	炮孔深度	炮孔数目	单孔装药量	药量小计	雷管个数
掏槽眼	1.0	8	0.20	1.6	8
掘进眼	0.9	83	0.15	12.5	83
周边眼	0.9	61	0.10	6.1	61
底眼	0.9	30	0.20	6.0	30
共计		182		26.2	182
开挖面积		79.77			
循环进尺		0.80			
每立方炮孔个数（个/m^3）		3.02			
单位耗药量（kg/m^3）		0.417			

2. 双套拱桩基托换施工工艺

（1）利用明挖站厅基坑开挖所提供作业面，在地铁一号线底板下方爆破开挖托换工作隧道，并喷锚支护，形成托换纵梁的作业空间。

（2）铺设托换纵梁垫层，对 4 根被托换桩表面进行凿毛、凿抗滑槽和植筋，绑扎钢筋，浇筑托换纵梁及托换拱上段部分混凝土，采用 M10 砂浆砌 MU30 片石将工作隧道回填密实，并注浆。

（3）沿托换纵梁方向依次架设 Φ600mm 钢管临时立柱，千斤顶按施工设计图布置，顶升装置采用 500 吨级的机械自锁千斤顶，逐级施加预顶力，使被托换桩基荷载初步转移至托换纵梁，然后爆破开挖托换拱工作隧道，同时，通过监测和预加载将位移、变形控制在允许范围内。图 11－5 所示为托换梁顶升作业。

图 11－5　托换梁顶升作业示意图

（4）爆破开挖托换拱岩石，绑扎安设钢筋并浇筑托换拱混凝土，拱内预留注浆管，对拱脚、拱背后进行注浆。

（5）待托换拱混凝土达到设计强度后逐步卸载临时立柱的支顶力，人工手持风镐实施截桩，并拆除临时立柱。

（6）用 C15 砼按主体右线隧道二次衬砌外轮廓实施回填，转入隧道开挖。

（三）实施效果

从桩基托换工作隧道开始开挖到托换完成及车站暗挖隧道施工完成，均进行了爆破振动和沉降位移的跟踪监测。从监测结果来看，地铁一号线车站内底板及托换梁本身沉降变化在 0～3mm 之间，变化速率小于 0.1mm/d，裂缝宽度在 2mm 以内。三号线桩基托换施工基本没有给地铁一号线带来不良影响，一号线运营安全、结构稳定。

传统桩基托换按主动托换和受力独立于拟建隧道主体结构外的原则进行设计，一般采用梁柱式托换，新的托换结构在托换过程中完成托换柱预变形，力转换后引起原结构变形较小，但要求梁、柱的截面大。梁、柱体积增大，使得底板下开挖空间要足够大，挖孔桩（托换柱）施工难度大，托换完成后悬臂受力，使用阶段的长期变形相对会大些。采用梁拱结构托换方式，托换梁与拱截面较小，开挖面积小，与上述传统托换方案相比，节省了直接费用 44.3 万元，工期缩短 15 天。

[工程实例 2]　三号线体育西路站穿越一号线体育西路站施工技术

广州地铁三号线体育西路站位于天河区体育西路与天河南一路所在的“T”字路口，与已建的地铁一号线体育西路站形成“十”字交叉。一号线体育西路站已于 1997 年 9 月竣工，原设计未考虑新建的三号线车站施工对其的影响。一号线车站为地下二层、双柱三跨钢筋混凝土框架结构，站台宽度 13m，全长约 267m，底板埋深 14m，车站顶板覆土约 1.8m，底纵梁为全上翻形式。三号线体育西路站全长 180.7m，基坑宽 34.7m，基坑深 24.3m，车站采用明暗挖结合的施工方法，车站被一号线车站分为南北两个明挖基坑，其中，车站北侧基坑长 65.85m，南侧基坑长 90.35m，车站节点段一号线车站宽度为 33.5m，采用暗挖法施工。一号线、三号线体育西路站平面位置如图 11－6 所示。

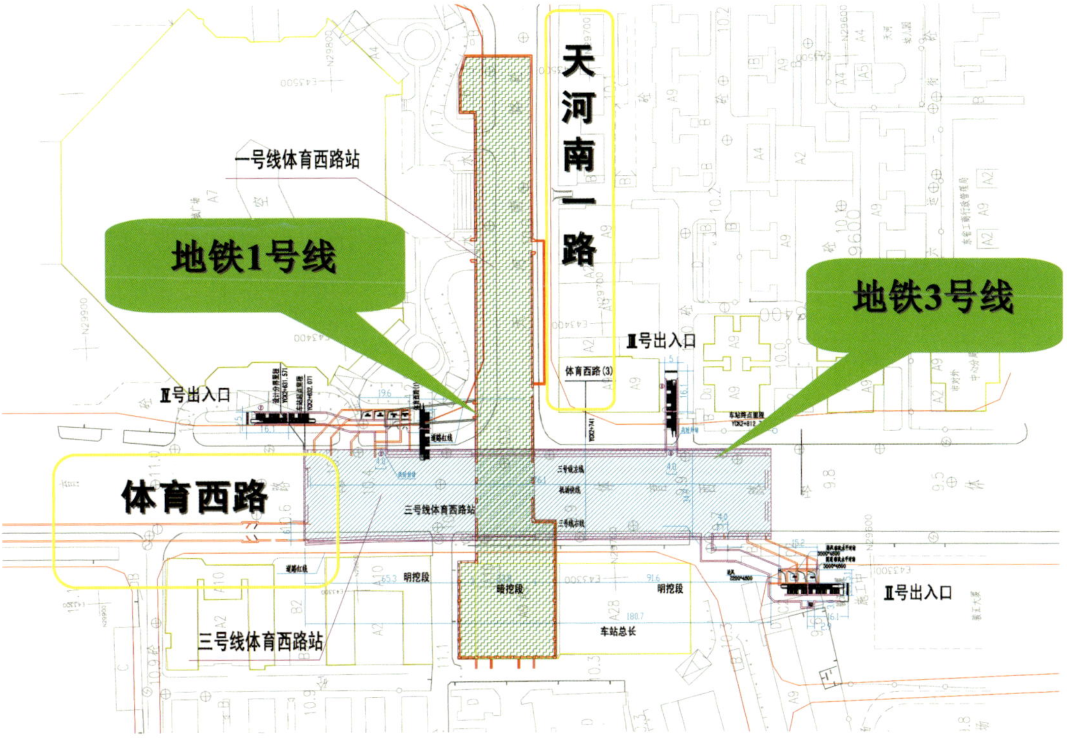

图 11－6　一号线、三号线体育西路站平面位置

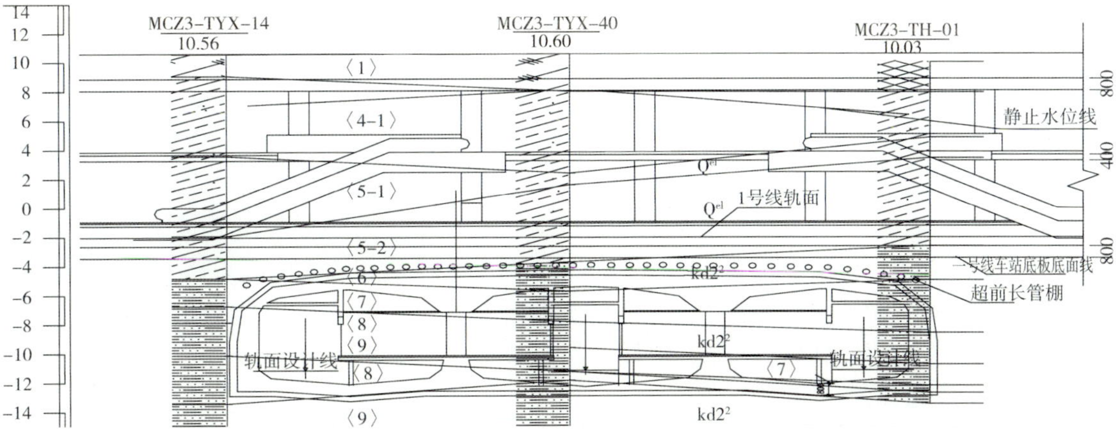

图 11－7　一号线车站纵剖面图

三号线体育西路站与一号线车站通过站厅换乘，在三号线车站施工过程中，需要对一号线车站侧墙进行局部破除并采用壁框连通。节点处的结构地质纵剖面及与一号线、三号线体育西路站位置关系如图 11－7 所示。三号线车站纵剖面如图 11－8 所示。

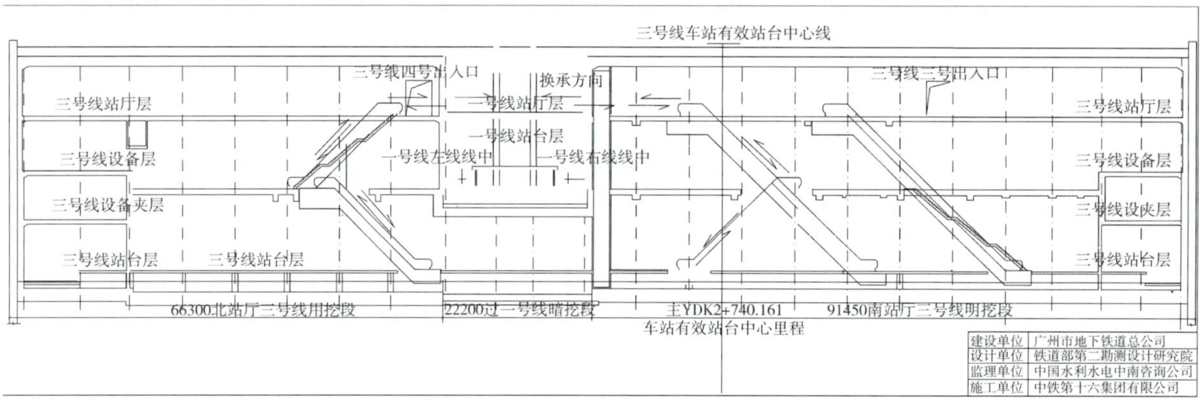

图 11－8　三号线车站纵剖面图

在三号线体育西路站施工时，如何绝对保证一号线车站的正常运营和结构安全，是暗挖节点工程的关键。根据一号线车站的结构形式、受力特点和一号线车站底板下的地质情况，设计采用了暗挖三联拱隧道方案作为节点段三号线车站结构形式，三号线暗挖隧道拱顶距一号线结构底板之间仅存有 67cm 厚的夹土体。

为控制一号线车站的结构沉降与变形，暗挖施工方案原设计为 7 个导洞开挖方案，每个导洞开挖的宽度为 4m 左右，后来在实施过程中根据开挖中一号线底板下实际地质情况，结合工期目标，经设计检算复核及各方讨论研究后，对暗挖施工方案进行了局部调整，取消了原隧道拱顶的大管棚支护，增加了隧道的初支和临时支撑的刚度，由 7 洞开挖调整为 5 洞开挖的方案，缩短暗挖工程 4 个月左右的工期，顺利完成暗挖节点这一关键工期线路，为整个车站主体结构的早日完成创造了条件。在工程实施中，为加强对一号线运营和结构的安全保护，采取了各种技术措施。

（一）施工方法

（1）为控制暗挖节点施工中一号线车站的受力和沉降变形，提前对一号线底纵梁进行加固；对一号线顶板进行卸载（卸掉一号线顶板上 1.5m 厚的覆土），以及限制一号线顶板上方疏解道路的行车。

（2）为防止对一号线结构造成偏压，一号线车站两侧明挖基坑土体对称开挖卸载，一号线底板以上 2m 预留反压土体，并对反压土体进行加固。

（3）为防止一号线结构的侧移，在三号线围护桩与一号线结构之间设置附加斜支撑。

（4）为防止爆破振动对一号线结构的影响，在暗挖隧道导洞开挖中上导洞采用炮机配合人工凿除施工，下导洞采用微震松动爆破施工；在换乘接口工程中，一号线结构外悬空的所有围护桩及车站结构侧墙破口施工全部采用人工破除。图 11－9 所示为爆破前非电毫秒雷管布设。

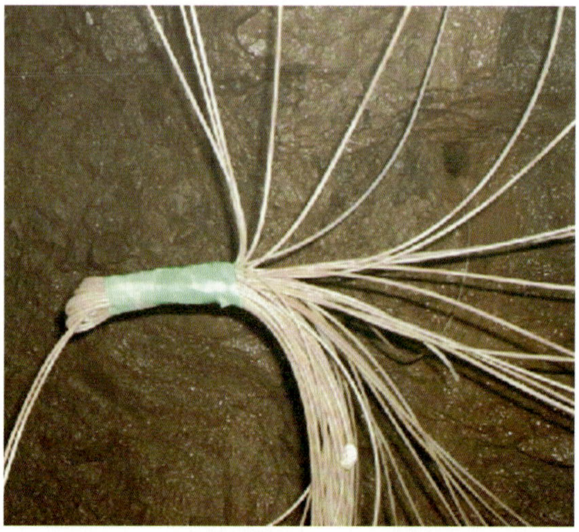

图 11－9　爆破前非电毫秒雷管布设

（5）为了最大限度地减小隧道施工对一号线结构的影响，优化、细化了施工工序。中导洞和远侧的边导洞作为一组，从一号线南北两侧错开对挖，完成两组中导洞和边导洞后，最后进行中洞的开挖。开挖隧道核心部分时，二衬应及时跟进、封闭成环，由于设有中间临时支撑，每次拆除临时支撑和施作二衬的长度应加强控制。施工中严格遵循“短进尺、弱爆破、强支护、早封闭、勤量测”的原则，加强对初支和二衬背后的注浆。

（二）施工步序

（1）破除东侧边洞及西侧中洞位置的原一号线围护桩，架设加强环。施工东侧边洞及西侧中洞上方的超前小导管，钢架支撑，砂浆锚杆施作，挂网喷锚。采用超短台阶法施工，严格控制上下台阶掌子面距离，如图 11－10 所示。

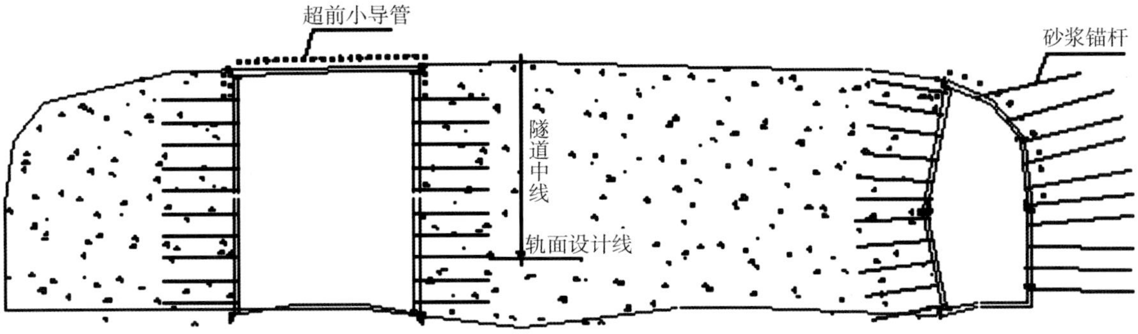

图 11－10　采用超短台阶法施工东侧边洞及西侧中洞

（2）铺设中墙顶防水层（并浇注边墙）及中墙钢筋混凝土（并预埋支撑钢板），待混凝土达到强度后，拆除模板并在墙腰范围设置横撑，如图 11－11 所示。

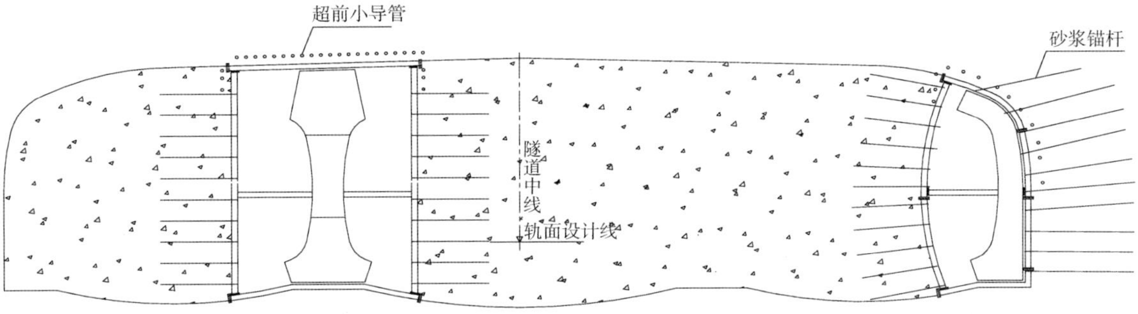

图 11－11　浇注东侧边洞边墙及西侧中洞中墙混凝土

（3）破除西侧边洞及东侧中洞位置的原一号线围护桩，并架设加强环。施工西侧边洞及东侧中洞上方的超前小导管，钢架支撑，砂浆锚杆施作，挂网喷锚。采用超短台阶法施工，严格控制上下台阶掌子面距离，如图 11－12 所示。

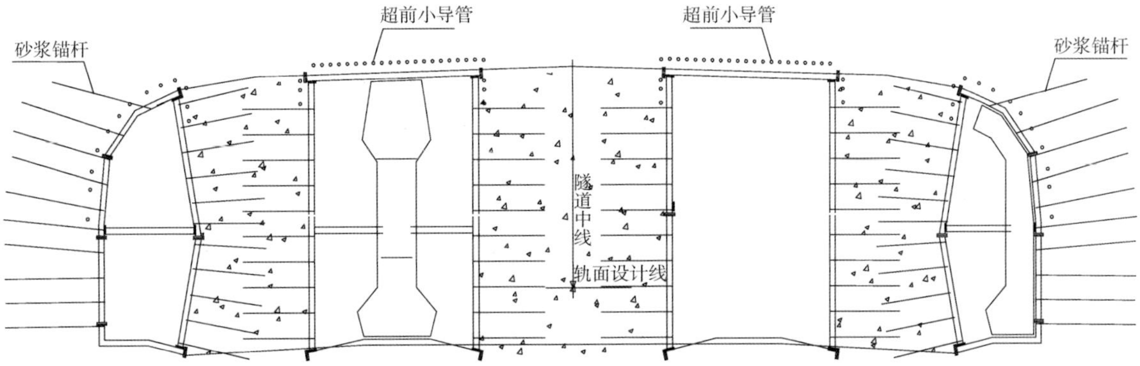

图 11－12　采用超短台阶法施工西侧边洞及东侧中洞

（4）逐段拆除横撑，铺设中墙顶防水层并浇注边墙及中墙钢筋混凝土，待混凝土达到强度后，拆除模板并在墙腰范围设置横撑，如图 11－13 所示。

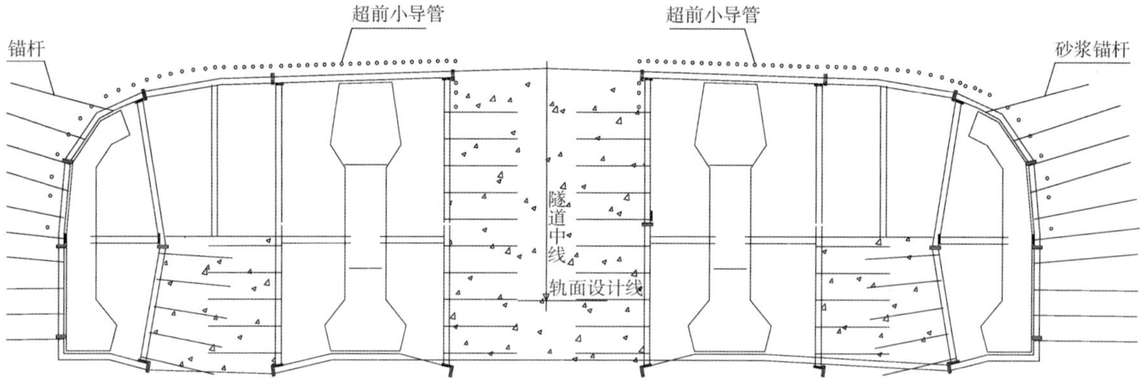

图 11－13　逐段拆除横撑，浇注边墙及中墙钢筋混凝土

（5）进行隧道两边跨中部超前支护施作，上台阶开挖，顶撑顶紧拱顶，钢架喷锚。

（6）分段破除上台阶临时支撑，铺设边跨中部顶防水层并浇注其拱部钢筋混凝土衬砌，如图 11－14 所示。

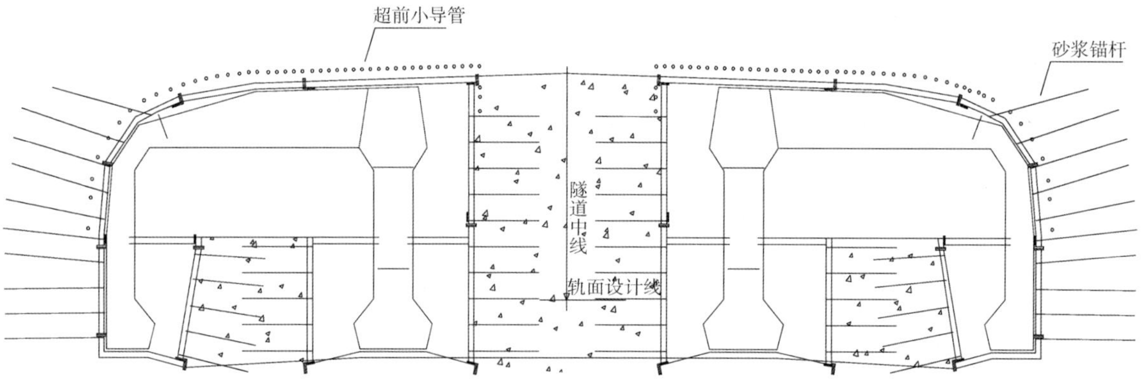

图 11－14　施作隧道两边中拱部钢筋混凝土衬砌

（7）隧道两边跨中部下台阶开挖及支护，拆除隧道两边的临时支护。铺设边跨中部底防水层并浇注其仰拱部钢筋混凝土衬砌，如图 11－15 所示。

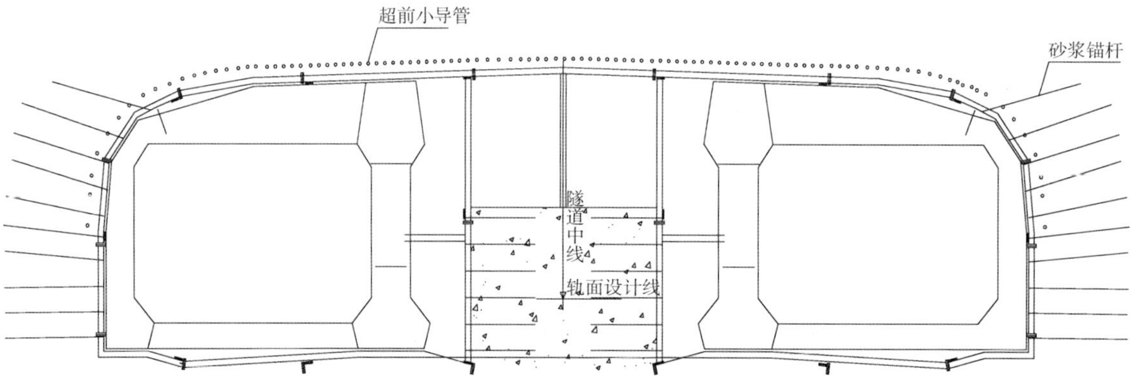

图 11－15　施作隧道两边跨仰拱部钢筋混凝土衬砌

（8）施作隧道中部超前支护，隧道中部上台阶开挖及支护，及时设置顶撑。

（9）分段拆除顶撑，铺设隧道中部拱顶防水层并浇注其拱部钢筋混凝土衬砌，如图 11－16 所示。

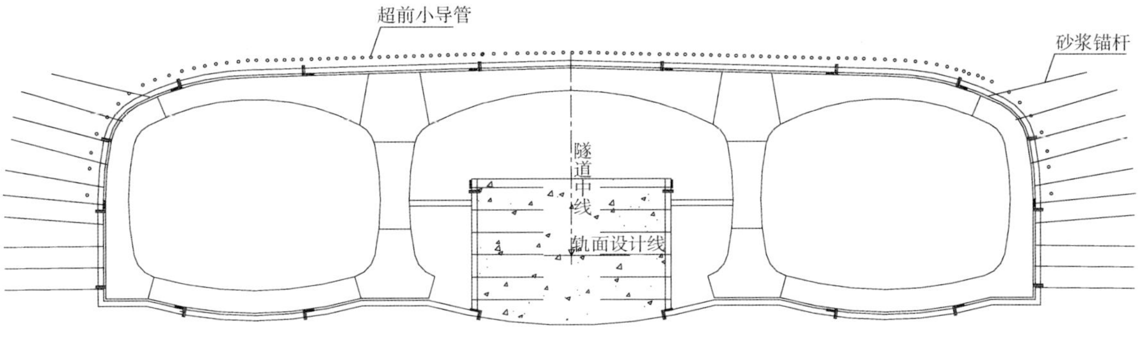

图 11－16　施作隧道中部拱顶钢筋混凝土衬砌

（10）隧道中部下台阶开挖及支护。铺设隧道中部仰拱防水层并浇注其仰拱部钢筋混凝土衬砌，隧道衬砌成环并拆除临时型钢支撑，如图 11－17 所示。

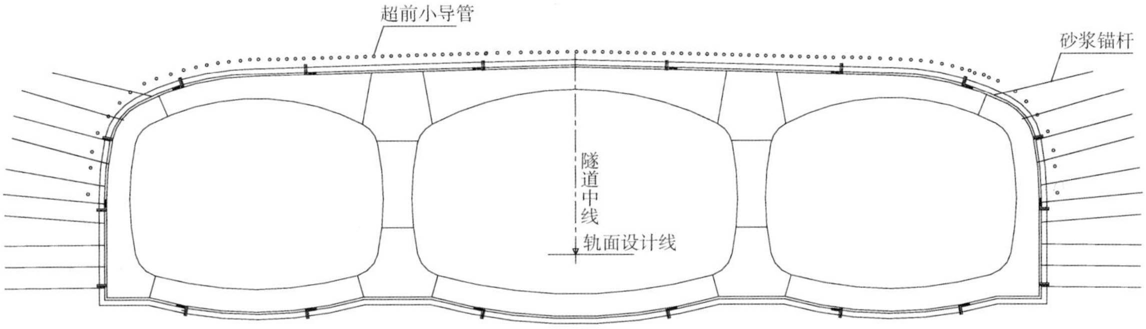

图 11－17　隧道衬砌分段成环

（三）工程实施效果

施工中加强监控量测，做到信息化指导施工，是保证安全穿越运营中的既有线非常关键的环节。承包商在施工过程中进行了隧道各导洞拱顶沉降和收敛变形监测，一号线车站底板、侧墙、柱的沉降变形监测，以及爆破振速监测。同时，还委托第三方监测单位对一号线车站结构进行暗挖节点施工期间长达半年多的重点监测（包括对一号线车站的轨道、底板、底纵梁、立柱、侧墙的变形和应力—应变等项目），并且与承包商的监测数据相互校核，加强分析，指导施工。

原设计三联拱隧道由 7 个导洞变更为 5 个导洞后，工期缩短了 4 个月。工程各工况实施中对一号线车站的各项监测数据与原设计计算分析结果基本吻合，一号线车站底板的沉降基本控制在设计要求的 5mm 之内。

［工程实例 3］　三号线客村站穿越二号线客村站施工技术

广州市轨道交通三号线客村站是广州市轨道交通网中二号线与三号线的换乘车站，为地下四层车站，总体呈南北走向，与轨道交通二号线客村站“十”字交叉。轨道交通二号线客村站为地下二层车站，二号线客村站施工时在其以下部位预留了与三号线的换乘转换平台（原转换层），原转换层长度 18m，宽度为 19.1m，净高 4.1m，底板厚 1.2m，底纵梁下翻 1.4m。由于受车站形式的布置，为了二、三号线换乘客流的顺畅，三号线施工时，要将已施工的二、三号线原转换层底板全部凿除，重新施作二、三号线换乘转换平台（三号线地下三层位置）。又由于三号线线路的调整和车站站台的控制，造成二号线在节点段的中柱与三号线的中柱错位（两柱中心距为 1.25m）；为了将二号线中柱的荷载转移到三号线中柱上，必须在现二、三号线转换层进行荷载转移（结构转换），在结构转换完成后，重新施作新的转换层。本工程的特点是施工场地狭小，材料运输困难，工期紧，对既有的二号线变形控制要求高。图 11－18 所示为南基坑下翻梁施工，图 11－19 所示为转换层施工。

图 11－18　南基坑下翻梁施工

图 11－19　转换层施工

（一）结构转换形式的确定

结构转换的形式有板式、梁板式、梁式、拱式及桁架式等，其中，梁式转换结构具有结构合理、受力明确、可靠、造价较低、布置灵活、施工方便等优点，可以通过结构柱在柱上设置大梁直接进行结构托换，而且在托换结构体系完工后，进行原柱与底板的分离比较方便，易于施工，非常符合本工程的施工条件。因此，本工程结构转换选择梁式转换结构，为保证承载力的要求，桩型采用易于保证质量的人工挖孔桩，桩身采用钢筋砼型钢柱。整个结构托换的主要施工工序为：首先，在三号线新柱位进行人工挖孔桩及三号线型钢柱的施工；其次，在型钢柱进行转换大梁的施工；最后，截断节点段中柱，将二号线中柱的荷载通过转换大梁转移到三号线中柱上。人工挖孔桩进入三号线底板以下 8.1m（中风化）或 9.6m（强风化），在转换层底板和转换层底纵梁以上采用 1 000mm×1 000mm 的方桩，在转换层底板和转换层底纵梁附近扩大为 Φ1 500mm 的圆孔，在端头附近扩大为 Φ3 000mm 的圆孔；型钢柱采用 2I50C 工字钢，砼强度等级为 C45；转换大梁长度为 10.6m，结构采取变截面，尺寸为（1 200～1 400）mm×3 000mm，转换梁与老柱采用植筋、齿槽和黏结剂并以水平预应力索箍抱紧进行连接。节点托换施工图如图 11－20 和图 11－21 所示。

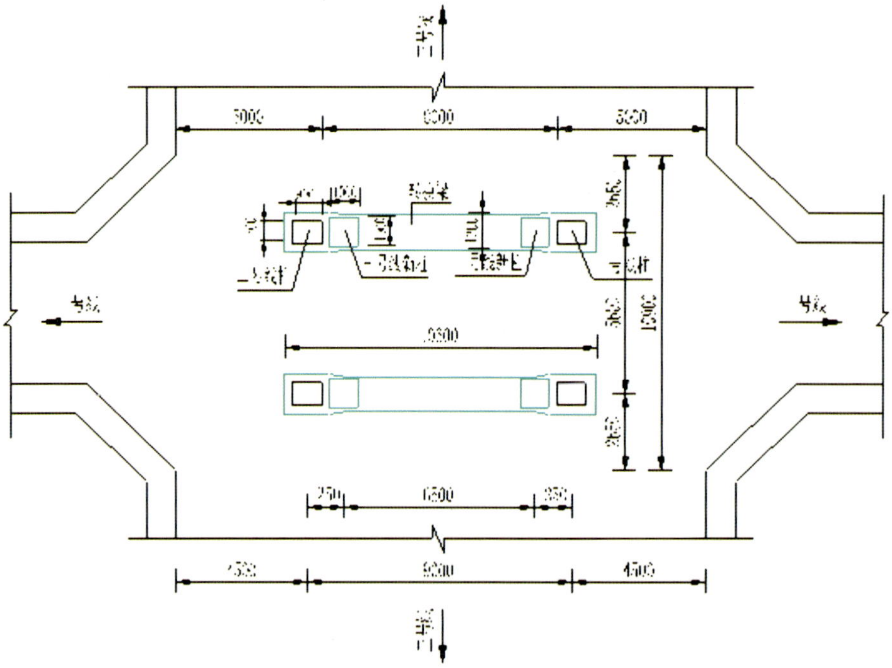

图 11－20　节点托换平面图

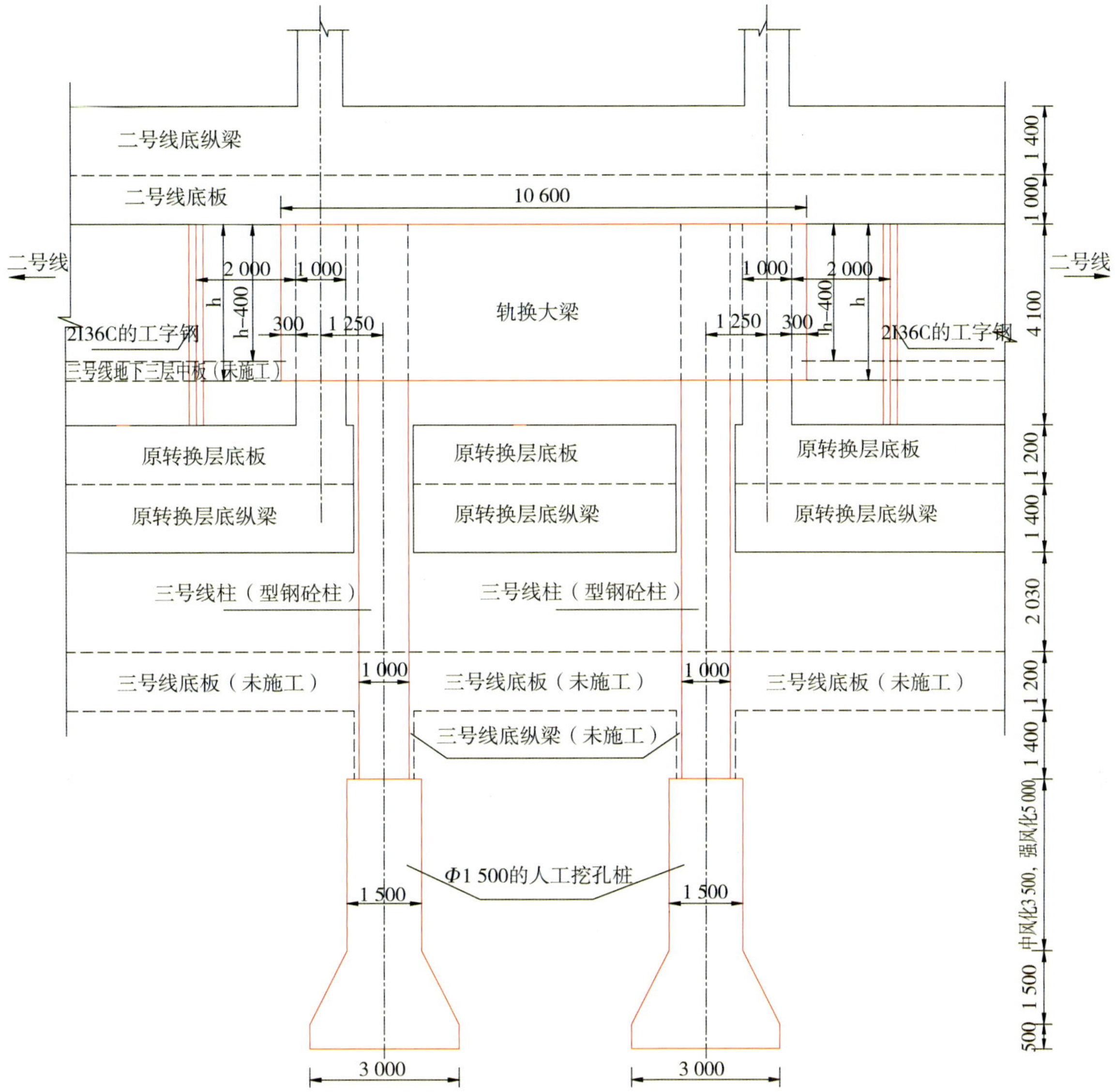

图 11－21　节点托换立面图

（二）施工中控制变形的主要技术措施

对已建的建筑物进行基础托换和转换层施工，上部结构将产生一定程度的不均匀沉降；又由于钢筋混凝土结构在长期荷载作用下具有徐变性，托换结构既要考虑原建筑物荷载转移到托换结构阶段产生的短期变形，又必须考虑托换完成后，使用阶段的长期变形。因此，整个托换结构施工的重点就在被托换工程建筑物的沉降变形控制上。托换后建筑物的沉降变形容许值见表 11－4。

表 11－4　托换后建筑物的沉降变形容许值

结构类型	短期差异沉降		长期差异沉降		短期最大相对沉降量
	相对沉降（‰）	沉降差（mm）	相对沉降（‰）	沉降差（mm）	（mm）
砼框架结构	1.0	5	1.5	10	10

在整个结构托换施工过程中，为控制被托换工程建筑物的沉降变形，除按设计的要求采取人工凿除砼、人工挖孔桩对角施工等外，主要采取了以下技术措施，以确保被托换工程建筑物的沉降变形得以控制。

1. 对被托换柱进行临时支撑加固

由于施工新的三号线中柱时，必须对新柱部位的原转换层底板和底纵梁进行凿除，造成其结构受力状态遭到破坏，为了控制上部结构的变形，必须对被托换柱进行临时支撑加固。每条被托换柱采用4条临时支撑加固，临时支撑采用2I36C工字钢焊接组合，为使支撑能密贴二号线底板，在整个施工过程中必须对支撑施加预应力。预应力的张拉过程不是一个单纯的自由反拱过程，而是一个在复杂条件下的微变形反拱过程，同时也是一个被托换桩基向转换桩基转移部分荷载的过程，因此，临时支撑必须一直贯穿于整个托换施工过程。

2. 转换层降水的处理

根据设计文件的要求，在施工前，必须打设降水孔进行降水，防止积水对基坑的浸泡，造成基岩软化，使桩基承载力受损。根据地质勘察资料，在转换层以下岩层为强风化和中风化带，虽然在岩层中含有基岩裂隙水，但基岩为泥质、铁质胶结，风化裂隙和构造裂隙不甚发育，且距离补给源珠江水较远，基岩裂隙水的赋存和运动条件差，含水量较小，渗透系数小，仅为0.013 ~ 0.037m/d，为弱透水层。因此，我们认为，人工挖孔桩的施工过程实际上也就是一个降水过程，人工挖孔桩内的积水及时排走，桩基的承载力也不会减少，因此取消了降水孔降水，而采用人工挖孔桩间接降水。

3. 托换桩的沉降量控制

虽然桩型采取的是人工挖孔桩，桩底比较容易清理干净，质量容易保证，但考虑到如果桩的沉降量控制不好，整个被托换工程建筑物的沉降变形也将难以控制，因此，在桩底预埋两根注浆管，在严格控制孔底岩层和孔底沉渣的基础上，待桩身终凝后，对桩底可能存在的少量沉渣作补救性压浆。

4. 托换结构新旧砼的联结处理

新旧砼联结处理的好坏，直接关系到结构托换的成败，为确保被托换柱与转换梁的新旧砼结合紧密，首先，在被托换柱与转换梁交接的柱体表面设置齿槽，齿槽为倒梯形凹槽，深35mm，底宽35mm，面宽105mm，间距105mm。齿槽通过人工开凿，开凿时将柱上的砼棱角打掉，并将二号线底板与转换梁结合面进行凿毛。其次，在界面四周增设箍筋并用“TN黏结剂”对被托换柱和转换梁顶及二号线底板进行植筋以加强连接。最后，在浇筑新砼前45分钟内在界面喷涂“LB界面处理剂”。为保证转换梁结合面的黏接，在砼浇筑过程中对转换梁上方道路实行交通封闭，待转换梁浇筑完成并达到一定强度后才恢复地面交通。

5. 转换梁顶的空洞处理

由于转换梁与二号线底板相接，虽然在施工过程中采取了结合面凿毛等措施，但由于结构所处的特殊位置等原因，造成梁顶新旧混凝土相联结处出现较严重的空洞和裂缝缺陷。采取的处理方法是先通过预埋的管道注入水泥砂浆（1∶0.5 ~ 1∶1）充塞空洞，然后将环氧树脂通过一定的压力注入混凝土裂缝中，经渗透、固化达到修补裂缝的目的。

6. 托换基础与建筑物分离的施工

按设计文件要求，在托换结构施工完成后，必须将原转换层柱与建筑物进行分离，将二号线中柱的荷载转移到三号线中柱上，原转换层柱与建筑物进行分离是对整个托换结构的决定性考验，分离过程须进行严格监控，并制定相应的报警值：柱位沉降小于8mm，转换梁挠度小于5mm。在分离过程中，对柱一根根进行截断，先凿除钢筋保护层，然后截断钢筋。

（三）信息化施工

信息化施工已经是现代化施工中的重要组成部分，通过对施工状况的监测，在取得监测数据后及时进行整理和分析，并对监测结果进行回归分析，预测结构的安全状况，以信息反馈的形式来指导施工，改进施工方案，采取必要的技术措施以确保施工安全。

针对本次结构托换的施工特点和二号线客村站的结构特点，认为结构沉降及平面变形为主要观测项目，在二号线站厅层、站台层、转换层分别布置了监测点。其中，转换层监测点布置在4条被托换柱、转换层底板、转换层侧墙、二号线底板（纵梁）底上，二号线站厅层、站台层监测点分别布置在底（中）板及柱位上，监测点共布置约50个，在施工期间每天监测一次。在被托换柱与建筑物分离时，在转换梁上做了应变监测。

（四）结语

（1）结构托换完成后，最大沉降量仅为7mm，说明在施工过程中采取的技术措施是有效的，既保证了托换桩的质量，又有效地控制了建筑物的变形。

（2）二号线、三号线首通段开通至今，转换层没有发生沉降和裂缝，说明结构托换是成功的。

（3）人工挖孔桩在地质条件允许的条件下，应用于工作面小、材料运输困难的托换工程中较其他桩型有明显的优势。

（4）加大监控量测在施工中的力度，务必通过监测反馈的信息来指导施工。

五、经验教训总结

（1）选择合理的基础托换、注浆加固设计方案和施工方案，实施过程中做到严格按设计图纸施工，施工措施到位，是保证既有线安全的关键。如广州东站的套拱托换、客村站的梁柱二期托换，体育西路站的夹层注浆及一号线底纵梁的粘贴碳纤维加固等。

（2）暗挖十八字方针“短进尺，弱爆破，强支护，早封闭，勤量测，速反馈”运用得当。如广州东站体育西路站过一号线、客村站过二号线等。

（3）微震爆破技术较为成功，主要归结为：①对地质条件的掌握符合工程实际，为爆破开挖提供了有效依据；②爆破钻孔布置、装药量控制、雷管设计及安全防护等一系列措施非常到位；③爆破震速监测到位，为及时控制爆破震速提供了良好条件；④信息化施工技术运用得当，尤其是业主委托第三方监测工作到位，监测信息真正做到了真实客观、及时反馈；⑤建设、运营、设计、施工、监理相互配合、协调良好。

第二节　矿山法隧道穿越重要建（构）筑物施工技术

一、矿山法隧道穿越重要建（构）筑物施工摘要

三号线矿山法隧道穿越重要建（构）筑物的例子较多，比较有代表性的有广州东站穿越广深准高速铁路南站房及站场、广园路高架桥，石牌桥站——体育西路站区间穿越体育中心游泳馆，岗顶站——石牌桥站区间穿越天河电脑城，客村站——大塘站区间穿越珠影及金影花园等。和穿越既有地铁线类似，有的建筑物基础侵入隧道需要采取托换截桩措施，有的建筑物桩基础距离隧道非常近，需要采取加固保护措施，隧道施工同样也需遵循暗挖十八字方针，严格控制洞内失水沉降及爆破过振对既有建（构）筑物的影响。

二、矿山法隧道穿越重要建（构）筑物施工难点及风险

矿山法隧道穿越重要建（构）筑物施工难点及风险与穿越既有地铁线类似，这里不再详述。

三、针对施工难点及风险采取的施工技术措施

矿山法隧道穿越重要建（构）筑物采取的施工技术措施与穿越既有地铁线类似，这里仅简单介绍一些比较重要的措施。

（一）对重要建（构）筑物基础侵入隧道的采取基础托换及截桩措施，对桩基础距离隧道较近的采取加固保护措施

（1）岗顶站——石牌桥站区间过天河电脑城、客村站——大塘站暗挖区间左右线穿越珠影30#、31#楼，由于桩基侵入隧道，故采取桩基托换及截桩措施。

（2）广州东站折返线穿越广园路高架桥，其桩基距离隧道拱顶最短距离仅2.53m，除在地面对广园路高架桥梁、柱及承台基础加强监测外，洞内采取了加强超前小导管注浆支护，以及按暗挖十八字方针

进行隧道开挖及支护，若发现监测数据超标即马上调整施工措施。

（3）石牌桥站——体育西路站区间下穿一号线体育中心游泳馆、外经贸大楼，由于石牌桥站——体育西路站区间隧道距体育中心游泳馆桩基仅有4m左右，距离外经贸大楼桩基仅为1.96m，而且该地段岩石软化，地下水很大，控制地表及基础沉降是施工的一大难点，因此，隧道开挖采用了微震微差爆破技术，短进尺开挖，及时支护，加强了超前小导管注浆支护、初支背后注浆及二衬背后注浆，注浆材料采用双液浆居多。根据地层较差的实际情况，将原来无格栅的D断面加强为有格栅的B断面，并缩小了格栅间距，同时加强了施工监测及超前地质预报工作，有效控制了洞内失水沉降及地面房屋基础沉降，并大大降低了爆破震动的影响。

（4）石牌桥站——体育西路站区间下穿在建林和西站——体育西路站区间约330m小间距交叉重叠段，由于上下洞之间最小净距约1.43m，为确保安全，施工过程中严格遵循“短循环、强支护、快封闭、勤量测”的原则，并相互错开一定距离进行开挖支护。同时，严格控制爆破装药量，加强该地段的支护强度，并在隧道内对已喷射初支砼的结构进行临时支撑后再进行林和西路站——体育西路站区间隧道施工。

（二）对重要建（构）筑物加强监测及采取信息化施工技术

（1）所有隧道过重要建（构）筑物前，均制订了详细的洞内及地面施工监测方案，在穿越建（构）筑物过程中，加大了监测频率，监测数据及时反馈指导施工。

（2）对于施工安全风险较大的工点，业主委托专业公司进行第三方监测，对地基及基础沉降、结构裂缝及变形、地下水位、爆破振速等项目进行监测，若监测数据超标，则及时组织分析原因，调整施工措施。如广州东站穿越广深准高速铁路南站房、岗顶站——石牌桥站区间过天河电脑城等。

（3）下穿施工前，承包商及监理负责对所穿越的建（构）筑物进行初始安全鉴定及现状拍照后，由有关各方予以确认。施工过程中，加强与建（构）筑物业主的沟通，监测数据及时反馈给对方。若发现监测数据超标或出现建（构）筑物受损现象，及时向对方解释并给予合理的处理。施工完成后，监理组织有关各方进行建（构）筑物现状验收，若发现建（构）筑物受损，及时给予鉴定、评估、理赔或修复。除客村站——大塘站暗挖区间过珠影花园引起部分房屋出现裂纹受损外，其余隧道穿越既有建（构）筑物均未出现大的损坏问题，地面及基础沉降控制在允许范围内。

四、工程实例

［工程实例1］　三号线广州东站穿越广深准高速铁路站场及南站房施工技术

广州市轨道交通三号线广州东站及站后折返线土建工程位于十分繁华的广州火车东站站区和瘦狗岭军事要地。工程包括南站厅、北站厅、风厅风道等明挖基坑及明挖竖井；车站主体、出入口通道及站后折返线等暗挖隧道。隧道穿过地铁一号线车站、广州火车东站站房大厅、铁路站场、广园东路、广园东路高架桥、天天食品厂一栋五层楼房、省军区瘦狗岭军事坑道等重要建（构）筑物。地下通信、电力、热力、煤气、供水管线纵横交错，环境极其复杂。图11－22所示为北站厅广铁材料场铁路专用线。

图11－22　北站厅广铁材料场铁路专用线

暗挖隧道不仅环境和地质条件复杂，而且其本身结构也复杂多变。暗挖隧道有39种断面形式，隧道开挖断面大（最大跨度为15.3m，高15.5m），出入口为斜通道，进入一号线东站内。铁路站场与三号线车站左线隧道之间距离不足1m，左右线隧道之间岩柱体局部仅2.5m。

车站暗挖隧道与铁路站场关系如图11－23所示。

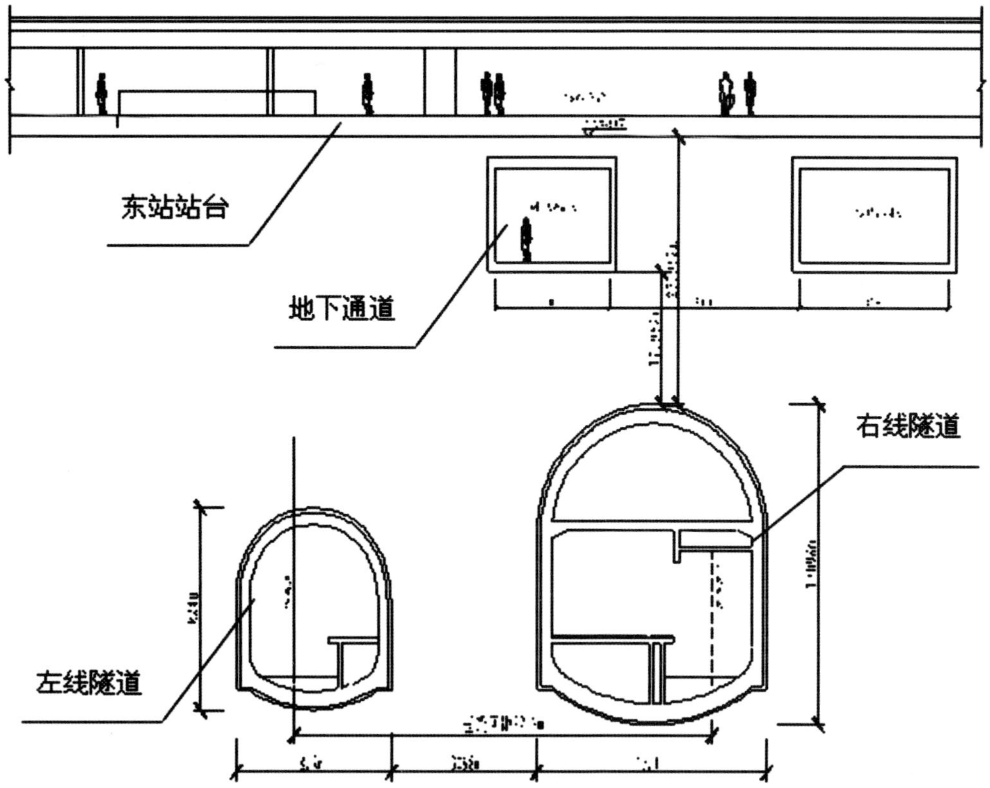

图 11－23　车站暗挖隧道与铁路站场关系

本车站暗挖隧道位于微风化岩层中，隧道埋深 25.0m 左右，其上为火车东站站场，隧道开挖过程中需采用爆破法开挖，为避免振动对地面建筑物及站场造成危害，采用微震、光面爆破开挖。左右线隧道同时施工时，左线隧道先行。右线隧道爆破开挖时，严格控制光爆层的厚度、炮眼间距和装药量，尽可能减少对左线已完成结构的扰动。主要风险如下：

（1）钻爆开挖时，要防止爆破振动引起上方软弱地层的坍塌，危及施工安全和地面安全。

（2）由于暗挖隧道左、右线间距较小，隧道之间岩墙体厚度最小间距为 2.5m，因此，先行开挖的隧道易受后开挖隧道爆破振动的影响，甚至损坏。

（3）隧道埋深浅，在一号线车站底板 J 区最浅处 5.0m，钻爆施工易对地面建筑物及地下构筑物产生振动影响，甚至损坏。

（一）施工方法

车站隧道工程采用暗挖法施工，隧道穿过较硬的〈9〉微风化岩层（Ⅳ类围岩），隧道具有断面形式多、工序多、所处环境复杂等特点。针对上述工程特点，在进行总体施工部署时须遵从以下原则：

（1）按照矿山法的基本原理组织施工，严格遵循“管超前、严注浆、短开挖、弱爆破、强支护、早闭合、勤量测、速反馈”的原则，控制围岩变形和地表沉降。

（2）选择合理的施工顺序，处理好不同断面的过渡，尽量避免由小断面向大断面的突变。

（3）采用微震控制爆破技术，短进尺开挖，爆破振速控制在允许范围内，以保证地表建筑物和相邻隧道间岩柱体的安全。

（4）多创造工作面，组织多工作面各工序平行流水作业，必要时利用南站厅竖井和折返线竖井进行抢工期。

（二）微震控制爆破主要技术措施

爆破振动强度主要与爆破器材、岩石波阻抗、地形地貌条件、爆破方式、爆源、振动测点等因素有关，因此，降低爆破振动应从以下 5 方面入手：

1. 选择合理的炸药品种

炸药品种与炸药的爆破振速有直接关系，根据工程地质和水文地质条件，本工程施工中，在掏槽眼和辅助眼部位选用防水效果好的乳化炸药，在周边眼部位选用小直径、低爆速的光爆炸药。

2. 选择合理的雷管起爆时差

爆破振动度的大小与同时起爆的炸药量有关，设计中要使每段雷管的起爆时差适当加大，防止前后段振动波的叠加，并严格控制单段爆破的装药量，以达到降振的目的。本工程采用国产Ⅱ系列非电毫秒雷管爆破，低段跳段使用，并在实际施工中，根据爆破试验效果逐步调整段别，以保证合理的起爆时差。

3. 选择合理的掏槽形式

掏槽是隧道爆破成败的关键，也是产生最大爆破振动度的主要震源，本工程采用直眼掏槽形式。

4. 选择合理的钻爆参数

根据开挖断面的大小、部位、工程地质情况、周边环境条件等，选择合理的炮眼深度、间距、掏槽形式、装药量、起爆顺序等钻爆参数。炮眼采用线形布孔、线形起爆，注意提高装药质量和炮口堵塞质量，以达到减振、提效的预期目的。本工程钻爆参数见表 11－5。

表 11－5　钻爆参数表

参数名称			爆眼类别			
			掏槽眼	掘进眼	周边眼	底眼
钻眼深度（m）	循环进尺（m）	1.0	1.2	1.1	1.1	1.1
		0.7	1.0	0.8	0.8	0.8
		0.5	0.7	0.6	0.6	0.6
间（孔）距（m）			1.0～1.4	0.5～0.7	0.4～0.5	0.6～0.7
周边眼线装药密度（kg/m）			0.2～0.3			
炸药单耗（kg/m^3）			0.8～1.2			

5. 确定单段最大装药量

单段最大装药量根据爆破振速的大小确定。

（1）控制基准按对地面建筑爆破垂直振速允许值控制，针对本隧道的实际情况，制定的爆破震速基准为：火车站站场的爆破振速为 2.0cm/s；后开挖隧道爆破引起的先开挖隧道衬砌内的爆破震速为 5.0cm/s。

（2）单段最大装药量计算：

$Q=3\ [R\ (V/K)\ 1/\alpha]$

根据计算出的值和施工经验确定单段最大装药量为 3.43kg。

（三）光面爆破参数设计

（1）炮孔直径（d）。

$d=38\sim40$mm，本工程取 $d=38$mm。

（2）最小抵抗线（w）。

$w=16\times38=608$mm，取 $w=600$mm。

（3）周边眼间距（α）。

$\alpha=\ (0.6\sim0.8)\ w=0.67\times600\approx400$mm。

（4）炮孔深度（L）。

取循环进尺 L_0 为 1.0m，炮孔利用率按 0.9 计，则

$L=L_0/0.9\approx1.1$m

（5）炮孔布置。本工程所涉及的暗挖隧道断面形式较多，爆破设计针对不同断面和不同的岩石地质

情况，施工方法有所不同。现就不同断面和不同开挖方法，分别阐述如下：

① 折返线 A 型断面（类似断面有 C、D、E、L、K 型）爆破设计与施工。

A 型断面为一般断面，其里程为 YDK0 + 036 ~ YDK0 + 90. 5、YDK0 + 105. 5 ~ YDK0 + 115、ZDK0 + 036 ~ ZDK0 + 90. 5、ZDK0 + 105. 5 ~ ZDK0 + 135，断面尺寸为 6. 4m × 6. 95m（宽 × 高）。本段岩石较硬，为 IV、V 类围岩。爆破采用上下台阶法，周边采用光面爆破，循环进尺为 1. 5m。对于断面 A 上台阶（每延米 16. 60m^3），跨度 6. 37m，高度 2. 95m，掏槽眼 10 个，眼深 1. 7m，辅助眼 24 个，周边眼 20 个，底眼 11 个，眼深均为 1. 5m。爆破先中部掏槽，分 3 排掏槽眼，由内向外分别采用 1 段非电毫秒雷管起爆，辅助眼由内向外分 3、5 段起爆，周边眼用 7 段起爆，底部眼用 9 段最后起爆。为了保证爆破轮廓的平整和圆顺，杜绝超欠挖现象，周边眼进行不耦合装药，采用导爆索连接。爆破施工的炮眼布置如图 11 – 24 所示。

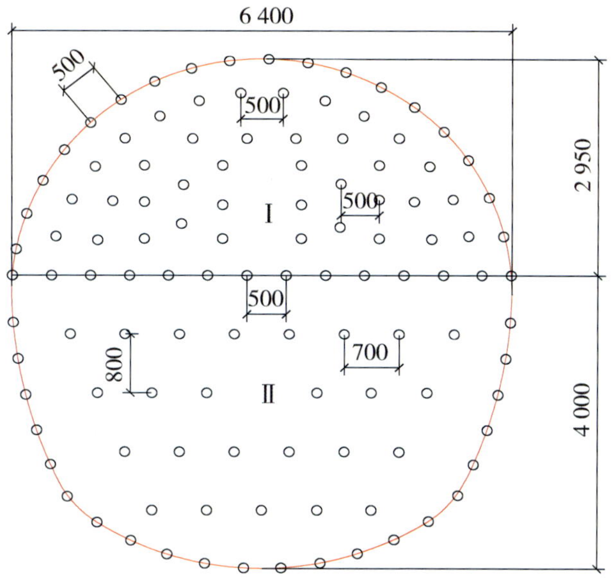

图 11 – 24　折返线 A 型断面爆破炮孔布置图

② 折返线 G 型断面（类似断面有 I、J 型）爆破设计与施工。

G 型断面穿过广园东路高架桥，隧道里程为 YDK0 + 256. 4 ~ YDK0 + 272. 34，埋深 31. 0m，断面尺寸为 9. 7m × 8. 117m（宽 × 高），围岩较硬，属微风化Ⅳ、Ⅴ类围岩，设计开挖方法为 CD 法，分为 4 次短台阶光面爆破，循环进尺为 1. 0m，依爆破图表设计最大段发药量为 0. 6kg。G 型断面 CD 法爆破施工隧道炮眼布置如图 11 – 25 所示。

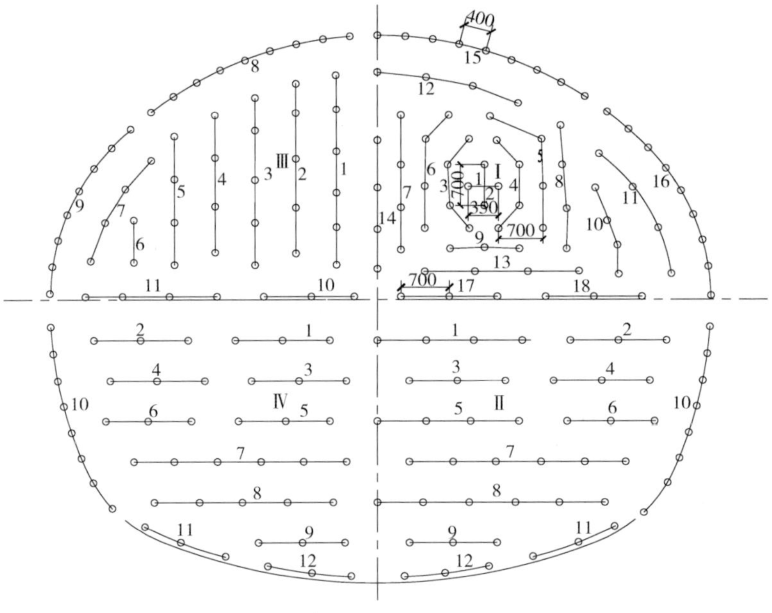

图 11－25　G 型断面 CD 法爆破施工炮眼布置图

③ 车站右线 A 型断面爆破设计与施工。

车站主体右线隧道 A 型断面位于广州火车东站南站房和铁路站场下 30～35m 不等，在左线通过 5 号、7 号横通道进入右线时即要进行 A 型断面的挑高和扩大断面施工。A 型断面为车站右线的主要断面，跨度达 12.3m，高度为 13m。岩石为中风化块状砂泥岩、泥质粉砂岩，属Ⅲ类围岩。裂隙较发育，不规则延伸，宽度为 5～60cm 不等，局部裂隙宽度（夹层厚度）达到 80～150cm，内充填有褐黄色土泥层，含少量裂隙水。

根据岩石情况，采用的爆破开挖方法主要为台阶法，整个断面分上中下 3 个台阶，其中，上台阶从起拱线向上，高度为 5.158m，断面面积为 32m^2，爆破循环 1.5～2.5m，平均循环进尺 2.0m。根据围岩及其裂隙情况，采用格珊钢架、喷锚进行初期支护，厚度 20～30cm。中台阶高度为 4.5m，面积为 55m^2，在上台阶进尺达 5～6m 时，即上台阶爆破 2～3 个循环，并进行完初期支护后，方便出渣，中台阶开挖紧跟，每循环进尺可达 3～4m。

上台阶炮眼数量共 108 个，其中掏槽眼 18 个、周边眼 34 个、辅助眼（掘进眼）43 个、底部眼 13 个。爆破先中下部掏槽，分 4 排掏槽眼，由内向外分别采用 1、3 段非电毫秒雷管起爆，再辅助眼由内向外分 3 段起爆，然后周边眼从中线向两边分 11、13 段依次起爆，底部眼用 15 段最后起爆。

周边眼分 3 段进行不耦合装药，采用导爆索联结，底部 150g、中部 150g、外部 100g，实施光面爆破，从而保证了爆破轮廓的平整和圆顺，杜绝了超欠挖现象。A 型断面的上台阶炮眼布置如图 11－26 所示。

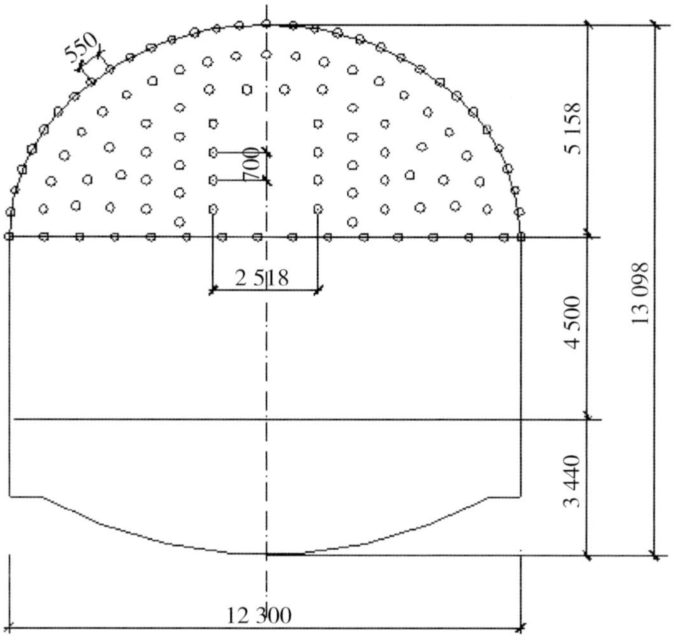

图 11－26　车站右线隧道 A 型断面上台阶钻爆孔位布置图

（6）单孔装药量（g）（按体积公式计算）。

$g = k\alpha wL$

$g = 0.5 \times 0.4 \times 0.6 \times 1.1 = 0.13\text{kg}$

（7）装药结构。

周边眼采用不耦合空气间隔装药，孔底 120g，孔口 80g。

（8）起爆网路。

采用非电导爆管分段起爆网路。

（四）钻爆作业超欠挖控制技术措施

（1）严格执行周边眼小药卷不耦合装药结构，减少对围岩的扰动，达到缩减超挖量的目的。

（2）严格控制周边眼起爆顺序，在满足爆破振动度要求的前提下，周边眼尽可能安排少段次起爆，以减少由于起爆不同步而引起的超欠挖。

（3）严格控制周边眼的施工精度，施钻前必须在工作面按设计开挖轮廓放线，误差不得大于 5cm，并按爆破设计标出周边孔位置，检查合格后方可施钻，钻孔过程中要严格控制周边孔外插角度，防止由于外插失控而引起的超欠挖。

（4）提高装药质量，杜绝施工中不按设计装药、不按要求堵塞等不良现象。

（5）做好超前地质预报工作和爆破效果检查工作，以便及时快速地调整爆破参数，达到控制超欠挖的目的。

（五）施工步序

车站暗挖隧道开挖施工主要是通过位于广园路上的车站竖井进行的。竖井开挖到底部后先向右线大小里程施工，该段需通过折返线部分 D 型断面，然后进入车站右线隧道施工。在右线隧道向前掘进超过 2 号通道 20m 时，同时通过 2 号通道转入左线施工，左右线同时向南站厅方向掘进。左线贯通后分别开挖施工至 5 号、7 号横通道，打开横通道通过 5 号、7 号通道转换进入右线隧道施工，增加多个工作面，以利于右线大断面的贯通。通过 7 号通道向大里程右线施工，到达地铁一号线时进行第二个套拱的施工。南站厅由第二开挖区进行第一个套拱的施工，两方向同时进行地铁一号线的桩基托换施工，利用中间岩柱加强，减少施工风险，加快施工进度。计划右线在 3 个接点处贯通，里程分别为 YDK0＋412、YDK0＋490、YDK0＋600。车站暗挖隧道施工部署如图 11－27 所示。

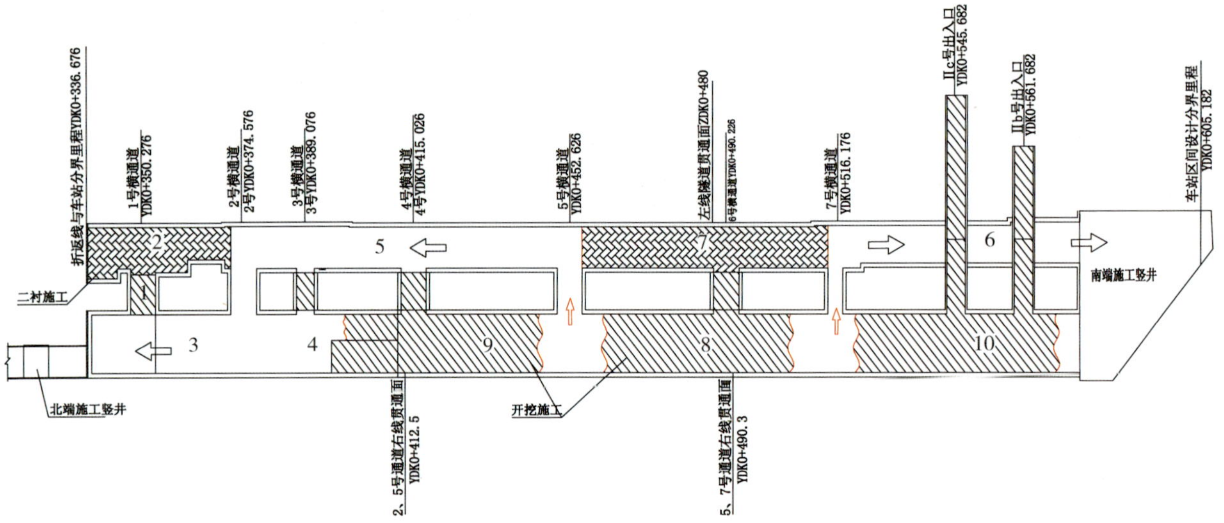

图 11－27　车站暗挖隧道总体开挖施工部署图

二衬从里程 YDK0＋336.676 开始向大里程方向进行施工，南站厅左线由南站厅向小里程方向对向二衬施工。从对应 2 号通道位置开始向右线隧道小里程方向进行右线二衬施工，在施工Ⅱb、Ⅱc 斜通道出入口前，先进行其下方的左线二衬施工，以减少重叠施工造成的施工风险，确保施工安全。展开多工作面施工，折返线二衬和车站左线二衬施工与北站厅基坑开挖施工同时进行。

（六）重难点分析

1. 制约条件多、施工组织难度大

工程类型多，作业面多，工序多，制约因素多，分项工程间相互干扰多，主要为：

（1）施工Ⅱb、Ⅱc 换乘通道时，要从车站右线隧道跨过左线隧道，且换乘通道底板距离左线隧道拱顶不足 1m，施工中既不能影响一号线的正常运营又要避免对自身结构造成不良影响，施工较困难。

（2）施工北站厅斜通道时，通道上部地层较差，但要保证上方铁路的正常运行，施工难度大。

（3）南站厅由于施工场地限制，出渣进料和机械设备使用困难，施工组织管理较为困难。因此，在施工过程中必须加大施工组织的力度，合理安排施工工序，正确选择施工工艺，稍有不慎就可能出现重大安全事故。

2. 重要建（构）筑物多，施工难度大

由于本工程暗挖隧道工程和明挖基坑工程下穿铁城地下车库、地铁一号线、火车东站南站房、火车东站铁路站场、广园路和广园路高架桥、天天食品厂 5 层楼房、广州军区军事重地等重要建（构）筑物，给施工造成很大的难度。

（1）南站厅施工因在铁城车库预留场地内，又相邻地铁一号线和车站南站房，爆破控制难度大。

（2）Ⅱb、Ⅱc 出入口通道位于一号线站厅内，施工不能影响广州火车东站及广州地铁一号线的正常运营，施工产生的噪音必须控制在一定的标准之内，施工废水的排放及现场环境保护必须满足城市管理的要求。

（3）穿过广州火车东站铁路站场时，地面沉降必须控制在 10mm 以内，相邻两股钢轨水平高差不得超过 4mm，12.5m 轨长范围内三角坑高差不得超过 4mm。

（4）广园东路高架桥为连续梁结构，有 4 个 Φ1 800mm 桩基分布于左右线隧道两侧，桩底距隧道顶距离为 5.072～8.484m，因该段为微风化围岩，隧道施工时需采用微震爆破施工，特别是对变形控制要求高。

（5）天天食品厂车间 5 层楼房位于折返线上方，且在山坡上，施工时需加强监控量测和爆破控制。

（6）广州军事基地为军事重地，对爆破振动较为敏感，爆破振动必须控制在很高的标准之内，施工技术要求较高。

（7）广州火车东站铁路专用线跨过北站厅明挖基坑纵向方向，跨度达71m，且位于基坑内的专用线为“Y”形交叉股道，基坑开挖时需采用扣轨梁形式对其进行悬吊保护，以保证专用线的正常运营。

3. 明、暗挖结合，类型多样，结构复杂

车站南、北站厅及北端风道、Ⅰ出入口采用明挖施工。车站主体、折返线、北站厅的斜扶梯通道和Ⅱb、Ⅱc号出入口均为暗挖施工，暗挖部分采用全断面法、台阶法、CD法和CRD工法施工，复合式衬砌。其中车站隧道穿过北站厅，造成上明下暗。

基坑围护、支撑结构多样，南站厅为锚喷支护，北站厅基坑南北方向采用人工挖孔桩围护，东西方向采用放坡开挖，局部采用土钉墙加固，基坑内设两道钢支撑。

结构形式多，主要有：

（1）车站主体暗挖隧道为两单洞拱形结构，断面类型多，车站主体和横通道共计15种断面。折返线为单洞和双洞拱形结构的有12种断面类型。

（2）北站厅为地下一层的框架结构，南站厅为地面两层、地下五层的框架结构。

（3）北端车站风道为双层暗挖矩形结构。

（4）北站厅扶梯通道及Ⅱb、Ⅱc出入口通道为斜向单洞拱形结构。

4. 施工接头多

本工程接头共有15处，南站厅明挖部分与车站主体结构及暗挖隧道接头，北站厅明挖与暗挖隧道及风道接头，车站主体暗挖隧道与站后折返线暗挖隧道接头，扶梯通道及Ⅱb、Ⅱc出入口与车站主体暗挖隧道接头等。

5. 明、暗挖施工均需采用爆破开挖

开挖大部分为Ⅳ类围岩，基本全部需爆破施工，而地铁一号线、火车东站要保持运营，且南站厅为商业楼，需严格控制噪音及振动，因此，在施工中要采用微震爆破、松动爆破、光面爆破及预裂爆破等控制爆破手段。

6. 地质条件复杂，施工难度大

折返线隧道在ZDK0 + 140 ~ ZDK0 + 185、YDK0 + 120 ~ YDK0 + 165里程处位于断裂破碎带内，该断裂带宽40 ~ 80m，据观测目前仍在活动，给施工造成一定的难度。部分地段基岩存在软弱夹层分布，造成同一剖面上下岩层强度差异较大，风化不均，增大了施工中不确定的风险因素。

（七）工程实施效果与主要体会

1. 施工效果

在隧道开挖施工中，由于采用微震控制爆破技术，施工组织得当，技术措施严密，在极为复杂的施工条件下，完成了安全、质量、工期、效益的目标，保证了周围建（构）筑物的安全及火车东站、地铁一号线的正常运营，实现了在高大楼群复杂环境条件下采用控制爆破开挖地下铁道的技术突破。

2. 主要体会

（1）选择采用隧道微震控制爆破施工技术，短进尺，弱爆破，通过试验爆破，选择合理的掏槽形式、雷管起爆时差和钻爆参数。针对本工程对爆破振动要求高的特点，采用毫秒延时爆破和光面爆破，控制单段最大装药量，在特殊地段采用空气不耦合装药结构，取得了良好的效果。针对本工程中出现的软弱围岩大断面隧道、与既有隧道近距离斜向垂直交叉隧道、隧道变断面多、岩性变化多及高架桥下大跨度隧道开挖等多种复杂条件，因地制宜地优化微震爆破参数，并辅以其他技术保障措施，如初喷C20混凝土5.0cm、初期支护紧跟工作面等措施，有效地保证了围岩稳定和邻近建（构）筑物的安全。

（2）坚持动态施工的先进理念，对爆破振动的敏感问题不仅采取技术措施，按现有标准科学控制，而且由施工单位及委托第三方进行爆破振动监测。根据隧道施工建筑测量规范及相关规范规定，对工程范围内的建（构）筑物进行了地面及铁路轨面沉降、地下管线位移、建筑物倾斜、围岩应力及支护间应力等多项施工监测，组织信息化施工，实行动态管理，确保了周围建（构）筑物及工程施工的安全。

（3）充分考虑城市施工的特点，合理安排施工工序，突出重点、难点，组织多工作面平行作业，既尽量减少了对周围居民的正常生活和城市卫生、环境的影响，组织文明施工，又确保了工期。

[工程实例2] 三号线石牌桥站——体育西路站区间与林和西路站——体育西路站区间交叉重叠段施工技术

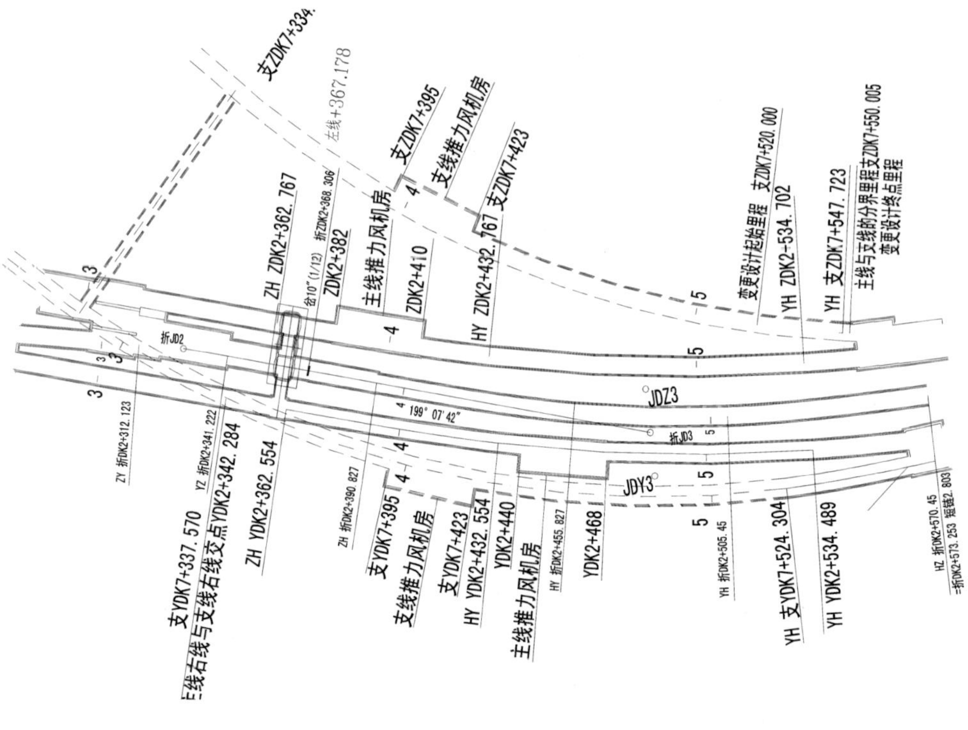

图11-28 交叉重叠段平面图

广州市轨道交通三号线呈南北“Y”字形走向，“Y”字形分叉口位于繁华的天河路与林和西路交叉口，路面交通繁忙，周边建筑物密集，由于受城市建筑物的限制和地下空间综合开发利用的需要，加上线路的“Y”字形走向因素决定，叉口段林和西站——体育西路站与石牌桥站——体育西路站区间隧道发生交叉重叠，其平面、典型竖面情况如图11-28和图11-29所示。

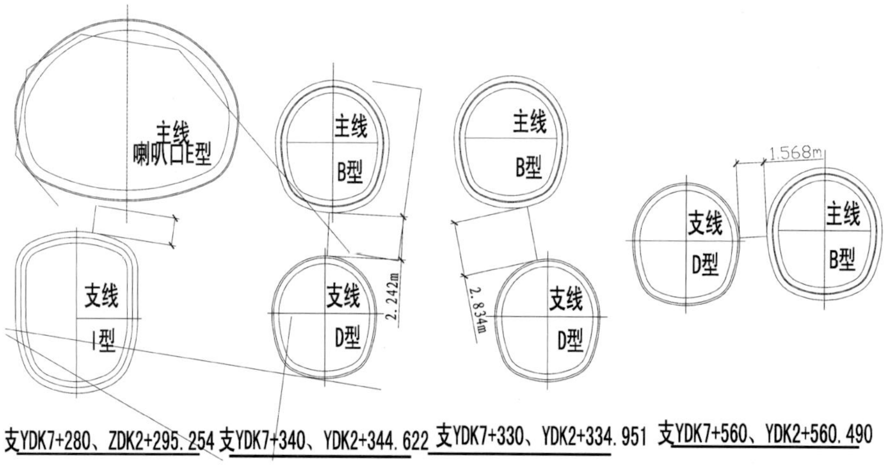

图11-29 交叉重叠段典型竖面图

该段围岩以微风化岩层为主，上洞个别地段隧道顶部夹有强风化岩层，石质坚硬，适宜钻爆法开挖。

（一）林和西路站——体育西路站、石牌桥站——体育西路站交叉重叠段施工技术难点

林和西站——体育西路站、石牌桥站——体育西路站交叉重叠段是一个渐变的过程，图 11－29 所示为重叠的渐变点情况。交叉重叠隧道施工的核心问题是两个隧道施工相互影响，对围岩扰动相互叠加。施工应当首先解决的难点为：①先开挖上洞还是先开挖下洞；②下洞开挖上台阶爆破及上洞开挖下台阶爆破的控制；③如何克服上洞开挖时对下洞结构的影响；④下洞、上洞支护参数的确定；⑤如何设置监测点，如何分析应用监测数据；⑥待上、下洞开挖及初支完成后，二衬的施工顺序如何。

（二）施工技术难点的解决

1. 先开挖上洞还是先开挖下洞

若先开挖上洞，则上洞开挖后，开挖下洞时易造成上洞整体下沉，且下沉量难以控制；若先开挖下洞，则上洞整体下沉相对较小，且可以通过加强下洞的支护来限制上洞开挖时的下沉。因此，林和西站——体育西路站、石牌桥站——体育西路站区间交叉重叠段隧道开挖采用先施工下洞，后施工上洞。

2. 下洞开挖上台阶爆破及上洞开挖下台阶爆破的控制

两隧道间土体是扰动最大的部位，上洞和下洞开挖都将大幅扰动这一部位，如何保持这一土体的稳定是这类隧道施工的难点。总体原则是，当两线隧道间距在 3.5m 以内时，采取加强控制措施：①开挖前进行超前注浆加固，防止土体坍塌；②施工爆破采用弱爆破，并加强爆破振速监测，及时反馈信息，随时调整爆破参数。爆破参数见表 11－6。

3. 如何克服上洞开挖对下洞结构的影响

在下洞初支施工完成后，上洞施工对下洞将产生影响。为了减小影响，施工时主要采取了以下措施：

（1）拉开上、下洞工作面的距离，把重叠隧道尽量简化为单洞施工。施工中，采用上洞上台阶落后下洞下台阶 50m 的安全距离。

（2）开挖采用弱爆破。

（3）下洞施工时，及时跟进初支背填注浆，特别是拱顶，注浆压力控制在 0.2～0.5MPa，确保初支与围岩间没有空隙。

（4）对上、下洞间距小于等于 3m 的重叠段，下洞开挖、初支完成后，对下洞进行型钢支撑加固（如图 11－30 所示），待上洞隧道二衬施工完成后再拆除下洞钢支撑施作二衬。

4. 下洞、上洞支护参数的确定

考虑交叉重叠的影响，上洞、下洞初支采用超前小导管注浆、格栅加钢筋网喷砼支护。在拱部 150°范围内，设置 Φ42mm，长 3 000mm，环向间距 350mm，纵向搭接长度 1.0m 的注浆小导管；喷砼厚 300mm，格栅钢架为 Φ22mm 四肢格栅钢架，钢筋网为 Φ8mm × Φ8mm 钢筋网片，格栅间距根据具体情况进行控制，如表 11－7。

表 11－6　隧道爆破参数

部位			爆眼布置	单耗（kg/m^3）	进尺控制（m）	单位体积打孔率（m/m^3）
下洞开挖上台阶爆破			水平	0.52	0.5	6.64
下洞开挖下台阶爆破			水平	0.48	1.0	4.26
上洞开挖上部爆破			水平	0.52	0.5	6.64
上洞开挖下部爆破	重叠隧道间距（2～3.5m）	第一台阶	水平	0.45	1.0	4.26
		第二台阶	竖直	0.45	1.0	4.26
	重叠隧道间距（＜2m）	第一台阶	水平	0.4	0.5	4.8
		第二台阶	竖直	0.4	0.5	4.8
		第三台阶	采用静态破碎剂进行			

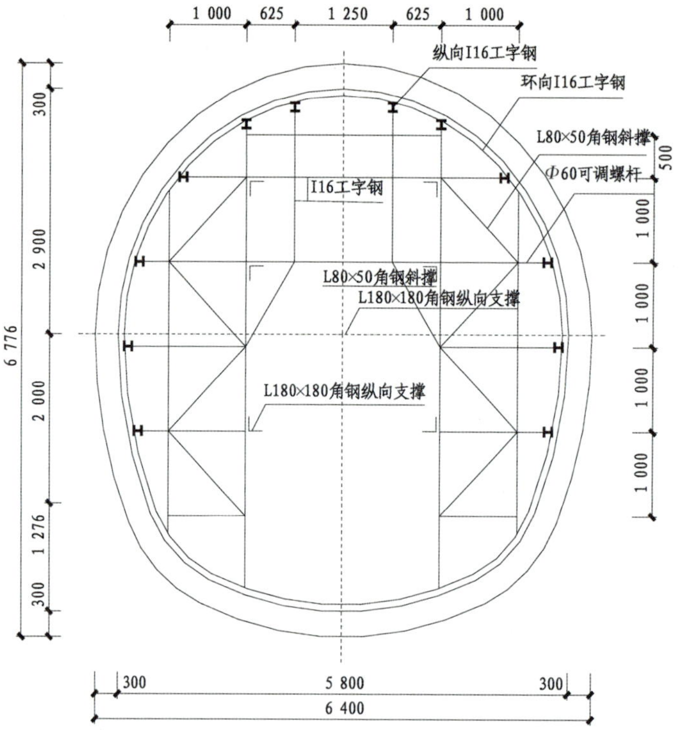

图 11－30　型钢临时支撑图

表 11－7　格栅支护参数表

隧道间距 / 格栅间距（m）	下　洞				上　洞
	L＜3	3≤L＜4	4≤L＜5	5≤L	整个上洞
0.5	√	—	—	—	—
0.667	—	√	—	—	√
0.8	—	—	√	—	—
双层 Φ8 钢筋网	—	—	—	√	—

5. 加强监测，并对监测情况进行分析

在地表沿主线、支线隧道中心线每隔 10m 布置一组测点，测量地表下沉情况。在主线、支线隧道每隔 10m 各布置 4 个测点，主要监测隧道拱顶的下沉、拱腰收敛及底臌情况。监测点布置如图 11－31 所示。

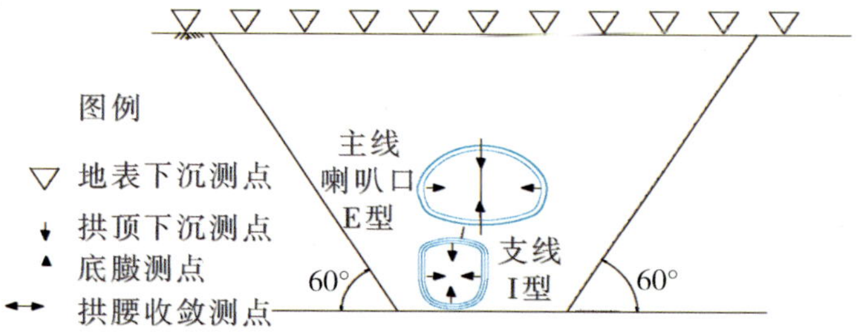

图 11－31　监测点布置图

对监测数据的分析结论见表 11－8，从监测情况看，满足设计要求。

表 11－8　监测数据分析结论表

项　目	开挖方式及支护			
	下洞上台阶开挖	下洞支护完毕	上洞上台阶开挖	上洞支护完毕
地表下沉（平均）	6	8	13	20
拱顶下沉	5.3	6.7	10	16
底膨	0	4	0	11
左侧拱腰收敛	4.04	5.48	6.56	6.56
右侧拱腰收敛	0	0	8.82	8.82

6. 二衬施工的顺序

为了保证结构的绝对安全，尽量减少上洞二衬施工对下洞的影响，依照砼凝固特点，施工中采用下洞二衬先行施工，上洞二衬施工待相应部位下洞二衬施工完成15天后再施工。

（三）工程施工效果评价

重叠隧道施工，其受力结构复杂，相互影响较大，在对开挖顺序的确定、重叠隧道间土体的加固以及施工监控量测方面均有特殊的要求，也需采取很多相应的措施。通过确定在隧道开挖过程中特别需要控制的几个要点，解决好了开挖顺序的选择、加强支护、爆破措施的控制以及在施工过程中加强测量控制方面的工作，广州市轨道交通三号线主、支线交叉重叠段隧道施工中取得了较好的效果，安全、优质地解决了上述施工难题，总结了一些经验，希望能在今后更多的重叠隧道暗挖施工中得到运用。

五、经验教训总结

（一）经验总结

（1）选择了合理的基础托换或注浆加固设计方案和施工方案，实施过程中做到严格按设计图纸施工，施工措施到位，施工工艺及质量控制良好，对保证重要建（构）筑物安全起到了关键的基础作用。例如，广州东站穿越广深准高速铁路南站房及站场、石牌桥站——体育西路站区间与林和西站——体育西路站区间交叉重叠段的施工等。

（2）暗挖十八字方针“短进尺、弱爆破、强支护、早封闭、勤量测、速反馈”运用得当。微震爆破技术较为成功，主要归结为：①对地质条件的掌握较为符合工程实际，为爆破开挖提供了有效依据；②爆破钻孔布置、装药量控制、雷管设计及安全防护等一系列措施非常到位；③爆破振速监测到位，为及时控制爆破振速提供了良好条件。

（3）信息化施工技术运用得当，尤其是业主委托第三方监测工作到位，监测信息真正做到了真实客观、及时反馈。

（二）不足总结（以客村站——大塘站暗挖区间为例）

不足之处主要是：①洞内失水沉降控制不够好；②爆破振速控制不够好。

第十二章　矿山法施工技术总结

第一节　经验总结

（1）针对不同地质条件、不同地面环境及不同结构形式的隧道，分别采用了安全适用的开挖与支护措施。如CRD工法开挖、CRD法+中墙导洞法、微震爆破、超前大管棚或小导管预注浆支护、喷锚与钢架联合支护、型钢支撑临时支护等技术措施。

（2）施工过程中严格执行“短进尺、弱爆破、强支护、早封闭、勤量测、速反馈”的暗挖十八字方针。

（3）加强对洞内与地面建（构）筑物的施工监测，监测信息及时反馈指导调整设计和施工措施。

（4）通过采用一些新技术和新设备，加快了施工进度，保证了工程质量，尽可能减少了施工对周边环境的影响，并有效控制了工程安全风险。如超长距离冷冻技术、非爆破悬臂式掘进技术、套拱托换技术等。

（5）克服了花岗岩残积土层和富水砂层等不良地质所造成的施工难题。例如，天河客运站折返线隧道和天河客运站——华师站区间北段矿山法隧道过花岗岩残积土层、岗顶站——石牌桥站区间左右线过砂层等。

（6）通过合理选择托换方式及加固措施，三号线矿山法隧道穿越既有线路及重要建（构）筑物施工总体来说取得了成功。例如，广州东站过一号线采用了套拱托换技术，体育西路站过一号线采用了碳纤维加固一号线底纵梁及注浆加固84cm厚夹层岩体的技术，客村站采用了梁柱二期托换方式过二号线，岗顶站——石牌桥站区间隧道采用了桩梁托换技术及截除既有桩基础措施穿越天河电脑城等。

第二节　不足与教训

（1）个别工点由于设计对线路穿越地段房屋基础资料收集不全，引起设计措施考虑不周和施工措施不够合理，洞内失水沉降和爆破振动控制较差，导致部分房屋地基及基础结构出现下沉开裂。

（2）个别工点由于详勘不能满足实际施工需要，实际地质条件的快速变化掌握不准，引起设计和施工开挖与支护措施不够合理，导致工程返工或停工，造成施工进度缓慢或出现安全风险。

（3）个别工点爆破振速控制不够好，引起隧道上方部分房屋出现裂纹。

（4）个别工点对特殊地层的特性认识不足，或设计考虑不周，引起隧道失水沉降过大及涌水涌砂险情。

（5）个别工点由于工期紧张，赶工引起初支背后注浆不足，个别大跨施工缝，变断面连接缝及道床表面防水处理不到位，运营后较长时间出现渗漏较难整治的情况。此外，防水设计和二衬防水施工工艺也出现一些问题，有待改进。

第三节　改进建议

（1）承包商必须严格按审定后的设计和施工方案施工，监理适时掌握掌子面地质状况，如需调整施工方法，必须拿出可信的勘探记录及监测数据并经专家审查认定后才能变更，不能擅自弱化设计和施工措施。

（2）重视对线路穿越建（构）筑物地段基础资料的收集，重视线路范围的地质详勘和补勘，务必采取措施保证设计措施合理可行，尤其是要做好房屋管线的加固保护设计，从源头上预防地面建（构）筑物坍塌开裂的风险。

（3）在施工过程中，要重视做到文明施工及对周边建（构）筑物进行有效保护，建议从合同上开项建（构）筑物风险保护费，明确风险责任由承包商承担，并负责周边建（构）筑物的基础摸查、房屋鉴定、监测、加固保护及损坏修复。

（4）科学合理地运用信息法施工技术，不搞“一刀切”，根据不同地层不同结构不同周边地面环境的工程实际结合监测经验值，审慎地确定地面沉降及房屋桥梁管线基础沉降报警值，重视日变形沉降速率的控制，遇有安全隐患，及时研究处理。

（5）在线路穿越既有重要建（构）筑物或特殊地层地段时，综合运用爆破开挖与支护施工技术，尤其是微差控制爆破、分部开挖与强支护技术，加强施工监测与第三方监测，尤其是爆破振速、地下水位、地基与基础沉降变形等项目的监测，建议科学合理地采用一些成熟的地层加固技术和基础托换技术，以及非爆破掘进设备。

（6）进一步优化和完善防水设计，同时要求承包商保证隧道初支背后注浆到位，不能因抢工而忽视防水质量，并对大跨断面施工缝、变断面及连拱接缝、含水量丰富地段因地制宜加强防水设计和施工工艺质量的把关。

（7）加强对特殊地层尤其是岗顶站——石牌桥站残积土层、含水砂岩（缺失隔水层）、断裂带等不良地层特性的研究，总结经验并指导新线建设。

（8）加强对矿山法隧道施工风险的综合防治，从设计阶段开始，应慎重论证，包括对前期房屋管线迁改方案的论证，避免设计失误，影响工程的安全、质量进度和投资，有效规避风险，同时，施工阶段避免擅自变更设计和施工方案。建议成立专门的地质安全风险管理咨询机构指导设计和施工。

第 四 篇

明挖法施工技术

第十三章　明挖法工程概述

第一节　工程概况

一、采用明挖法的车站及区间

三号线18座车站基坑全部采用了明挖工法，其中，广州东站、林和西站、体育西站、客村站采用了明暗结合的工法，其余车站均采用全明挖或局部盖挖的工法，区间中有厦滘站——大石站和汉溪长隆站——市桥站两个区间采用明挖工法。

二、采用明挖法的主要原因

由于明挖施工技术在广州地铁一、二号线普遍采用，其技术成熟且造价较低，在具备明挖施工场地和施工条件的工点，均采用了明挖工法。

第二节　工程地质与水文地质

一、工程地质

大部分基坑位于普通地层，基坑深度在20～40m之间，随着场地和基坑深度的不同，各基坑地质条件也各有不同，埋深浅的基坑基底大都处于〈5〉、〈6〉、〈7〉地层，埋深深的基坑基底大都处于〈7〉、〈8〉、〈9〉地层，一般需爆破开挖。部分基坑位于特殊不良地层，主要是位于花岗岩残积土层、富水砂层、巨厚淤泥层，比较典型的有天河客运站、五山站、厦滘站等。

二、水文地质

由于基坑所处条件的不同，地下水位各有差别，邻近珠江的基坑普遍地下水位较高，地下水丰富，尤其是富水砂层较厚，基坑开挖时易发生涌水涌砂险情。位于普通地层内的基坑有的岩层裂隙水较发育，有的岩层整体性较好。有些基坑位于特殊不良地层，如天河客运站，基坑大部位于花岗岩残积土层地段，该地层含砂量较多，透水性较好，遇水极易软化崩解；厦滘站基坑位于巨厚淤泥层及砂层地段，由于淤泥层厚3.6～10.4m，淤泥质砂层厚6m，粉细砂层厚1.1～8.5m，地下水非常丰富，地基承载力较低，给地下连续墙成墙及基坑开挖带来很大难度。

第三节　基坑周边地理环境

一、主线广州东站——番禺广场站周边地理环境

（一）广州东站

广州东站周边地理环境复杂，南站厅周边有铁路东站南站房、地铁一号线及铁城地下车库，来往客流量大；北站厅周边有广铁材料厂和专用线铁路、广深铁路站场、广园东快速路等，交通运输繁忙。

（二）林和西路站

林和西站位于林和西路与天河北路交汇处，南站厅周边有天河体育中心，北站厅周边有中信大厦、国贸大厦、耀中商业城等，天河北路交通流量大，管线多。

（三）体育西路站

体育西路站位于体育西路与天河南一路交汇处，南、北站厅位于体育西路下方，周边高楼较多，主要有天河城、骏汇大厦、华信大厦等，基坑周边管线较多。

（四）客村站

客村站位于新港中路珠影路段，周边主要有珠影厂、电子工业部七所、丽影大厦等建筑物，并与地铁二号线交叉换乘。

（五）市桥站

市桥站位于光明路北段与桥光大道交汇处，东面有北越广场，西南有农业银行番禺分行，南面有光明大厦以及康乐园和怡乐园等两个密集型住宅区，交通繁忙，周边管线较多。

（六）番禺广场站

番禺广场站位于番禺区东环路和清河东路交叉处，周边有番禺区政府、番禺广场、罗家湾电脑城等建筑物，清河东路交通繁忙。

二、支线天河客运站——石牌桥站周边地理环境

（一）天河客运站

天河客运站位于天河区广汕路天河客运站旁，周边环境复杂，主要有北环高速元岗特大桥、华南快线匝道桥、元岗商贸城等建筑物，广汕路及天河客运站交通繁忙，客流量大，管线密集。

（二）五山站

五山站位于粤汉路下方，北端为华南农业大学正门，南端为粤汉路与五山路交界处，周边住宅楼较多，有A9楼、A7楼等。

（三）华师站

华师站位于天河北路与五山路交叉口和五山路与天科路交叉口之间的五山路下方，周边房屋建筑较多，主要有信源大厦、高科大厦、华师科技楼等房屋，五山路交通流量大，管线多。

（四）岗顶站

岗顶站位于中山大道岗顶路段，周边高楼林立，主要有大河娱乐城、广武酒店、广虹大厦、中大附属第三医院等，中山大道交通流量大，管线较多。

（五）石牌桥站

石牌桥站位于天河东路与体育东路之间的天河路下方，施工场地狭窄，周边主要有名雅苑、丰顺广场、国际大厦及在建的报业广场等建筑物，天河路交通流量大，管线多。

第四节　工程结构形式

一、主线广州东站——番禺广场站工程结构形式

（一）广州东站

南站厅为地上两层、地下五层的框架结构，基坑围护结构形式为喷锚支护 + 预应力锚索，基坑开挖深度17m；北站厅为地下两层的框架结构，基坑围护结构形式为人工挖孔桩 + 钢管内支撑，外设两排搅拌桩止水，基坑开挖深度30.5～39m。

（二）林和西站

南站厅为地下两层多柱多跨结构，基坑围护结构形式为人工挖孔桩 + 预应力锚杆 + 局部钢支撑 + 局部土钉墙；北站厅为地下两层双柱三跨结构，基坑围护结构形式为人工挖孔桩 + 钢管内支撑。车站底板平均埋深18m。

（三）体育西路站

南北站厅均为地下三层（局部四层）多柱多跨框架结构，基坑围护结构形式为人工挖孔桩 + 钢管内

支撑，基坑平均开挖深度约 30m。

（四）客村站

客村站为地下四层现浇框架结构，基坑围护结构形式为疏排人工挖孔桩 + 钢管内支撑，开挖侧桩间设 200mm 厚双层钢筋砼挡板挡土。

（五）厦滘站

南北站厅为地下两层三跨箱形框架结构，基坑围护结构形式为地下连续墙 + 钢管内支撑，平均开挖深度 17.6m。

（六）市桥站

市桥站为地下二层框架结构，基坑围护结构形式为人工挖孔桩 + 钢管（砼）内支撑，以及地下连续墙 + 钢管（砼）支撑形式，平均开挖深度 19m。

（七）番禺广场站

东西站厅均为地下三层单柱双跨框架结构，基坑围护结构形式为冲孔桩 + 桩间摆喷桩止水，车站底板平均埋深 24.37m。

二、支线天河客运站——石牌桥站工程结构形式

（一）天河客运站

天河客运站为地下两层框架结构，基坑围护结构形式为 Φ800mm 钻孔桩 + 桩间旋喷桩止水 + 钢支撑，平均开挖深度 16.8m。

（二）五山站

五山站为地下二层双跨箱形框架结构，基坑围护结构形式为地下连续墙 + 钢支撑，平均开挖深度约 18m。

（三）华师站

华师站为地下二层无柱单跨框架结构，基坑围护结构形式为圆形疏排人工挖孔桩 + 钢支撑，车站底板平均埋深为 15.97 ~ 17.23m。

（四）岗顶站

岗顶站为地下二层框架结构，基坑围护结构形式为 Φ1200mm 圆形人工挖孔桩 + 钢支撑，车站底板平均埋深 18.7m。

（五）石牌桥站

石牌桥站为地下两层三跨框架结构，基坑围护结构形式为人工挖孔桩 + 钢支撑，车站底板平均埋深 15.64m。

第十四章　普通地层明挖结构施工技术

三号线全部车站及个别施工场地具备明挖条件的区间，所有盾构始发井均采用了明挖工法，其中普通地层（即非特殊不良地层）明挖结构占绝大多数。本章是对普通地层明挖施工的总结，重点是对明挖基坑开挖中围护结构及周边建（构）筑物沉降变形控制的总结，主要包括：①多形式围护结构在普通地层明挖基坑的应用；②普通地层明挖基坑围护结构及周边建（构）筑物沉降变形的控制。

普通地层明挖基坑围护结构的形式多种多样，如何根据实际地质条件、地层埋深、周边环境条件及结构功能需要选择合理的围护结构形式，对于施工安全及周边建（构）筑物安全来讲非常重要，同时也将直接影响到施工进度。基坑开挖施工最难控制的难点问题是围护结构及周边建（构）筑物沉降变形的控制，也就是对基坑开挖中失水沉降的控制，以及爆破振动造成房屋等建（构）筑物变形损坏的控制。如何在确保安全的前提下，加快施工进度，是明挖结构施工的关键。

第一节　多形式围护结构在普通地层明挖基坑的应用

一、多形式围护结构施工摘要

三号线明挖基坑围护结构形式多种多样，主要有钻（挖）孔桩＋钢管（砼）内支撑、地下连续墙＋钢管（砼）内支撑、预应力锚索（杆）＋局部钢管内支撑、土钉墙等多种形式。止水帷幕有搅拌桩、旋喷桩、摆喷桩等多种形式。各基坑深度、面积不一，周边环境条件和地质条件也各有不同，但共同的特点都是基坑开挖中围护结构及周边建（构）筑物沉降变形较难控制，其中的难点就是围护结构止水质量和爆破振速的控制。林和西站南站厅等明挖基坑合理选择围护结构形式，施工过程中采取有针对性的措施，较好地控制了围护结构及周边建（构）筑物沉降变形，加快了基坑开挖施工进度。

二、多形式围护结构设计特点与施工难点

（一）设计特点

（1）挖孔桩围护结构一般适用于桩基础深度25m以内，不含3m厚以上的砂层；钻孔桩或地下连续墙的适用条件比挖孔桩更广，在复杂的地质条件尤其是在砂层、淤泥层、花岗岩残积土等不良地层中多采用地下连续墙。

（2）基坑外围止水帷幕主要根据基坑范围地质条件及周边环境条件来选择深层搅拌桩、旋喷桩及摆喷桩等形式。

（3）三号线基坑内支撑一般采用Φ600mm钢管支撑，少部分基坑第一道支撑采用砼支撑，钢管和砼支撑适用于所有地层，但有时支撑水平间距较小，不利于基坑土石方开挖出土。预应力锚索作为围护结构拉锚在部分基坑中采用。

（4）其他围护结构形式还有土钉墙，适用于施工场地较宽裕及周边建（构）筑物较少的情况，此外，小型基坑如施工竖井、风井、风道边有喷锚支护形式等。

（5）按照基坑地质条件、周边环境、结构埋深、基坑土石方开挖运输等不同条件的特点，明挖基坑既有单一形式的围护体系，也有多种形式并存的围护体系。

（二）施工难点

（1）富水流砂地层中挖孔桩开挖护壁困难，安全风险较大。

（2）富水砂层中施工预应力锚索易发生涌水涌砂，影响周边环境安全，基坑施工安全风险大。

（3）砂层中止水帷幕旋喷桩成桩困难，难以达到预期的止水效果。

（4）在基坑开挖中，围护结构水平位移及周边地基沉降变形控制较难，关键是围护结构止水困难，

易发生涌水涌沙及基坑变形失稳等险情。

（5）在基坑开挖中，邻近的周边建筑物沉降开裂控制较难，关键是基坑失水和爆破振速控制较难。

三、针对多形式围护结构施工难点及出现的问题采取的主要施工技术措施

（1）针对富水砂层中挖孔桩开挖困难的问题，施工中采取缩短护壁高度（减少为每节0.5m）、加强注浆止水（必要时注双浆液）、护壁砼材料中加速凝剂等措施。

（2）针对富水砂层中预应力锚索施工困难的问题，采取了地表预注浆、锚索钻孔套管不拔除等措施。

（3）在基坑开挖中，采取了按设计要求随挖随撑、发现桩间漏水及时注浆封堵的措施。同时，严格按设计要求施工预应力锚索，在防止涌水涌砂的条件下，争取快速开挖及加快结构施工，防止应力松弛后基坑出现过大变形及失稳。

（4）加强基坑开挖过程中的施工监测，包括对钢支撑、桩顶位移、地基沉降、地下水位、爆破振速等项目的监测，发现监测超标，立即分析原因，改进调整施工措施。

（5）采取微震松动爆破，加强对飞石的覆盖防护，减少装药量，严控爆破振速，有效控制了爆破施工对周边建（构）筑物的影响。

四、工程实例

（一）工程概况

广州市轨道交通三号线林和西站位于天河区天河北路与林和西路形成的丁字路口处，是一个明暗挖结合的地下两层车站，线路纵向北高南低，坡度为3‰。车站两端分别位于林和西路和天河体育中心街边花园内的主体均为地下双层框架结构，采用明挖法施工，其中，北端主体结构为单柱双跨结构，平面尺寸为93.8m×18.5m；南端主体为多柱多跨结构，平面尺寸为46.9m×50.2m。中间跨天河北路段采用暗挖法施工，暗挖主体为梁柱式双联拱结构，长50.8m，横向跨度20.2m。此外，南北两侧站厅通过一个宽7.25米的暗挖通道连接起来。同时，根据规划要求，三号线与九号线将在此站进行“十”字形换乘，换乘节点位于中间的暗挖段。因此，本站在进行设计时不仅要考虑近期车站的施工与运营，还要兼顾远期九号线的施工与运营。

（二）工程地质与水文地质

1. 工程地质

本站所处地形较平坦，地貌单元属山前冲积平原。本站处在天河向斜的北翼，无断层通过，构造简单。上覆土层为第四系，下卧基岩为白垩系上统大朗山组三元里段砾岩、含砾粉砂岩、泥质粉砂岩。

本站地层和岩层自上而下依次为：人工填土层，粉质黏土，可塑状态以及呈稍密状的粉土，硬塑—坚硬状的粉质黏土，全风化—微风化的泥质粉砂岩和含砾砂岩。

2. 水文地质

本区段的地下水补给来源主要是大气降水。稳定地下水位埋深为0.70～5.15m，平均埋深为4.31m。地下水为第四系松散层和全风化带潜水型孔隙水及基岩强、中风化带的裂隙水。

区域内地下水对混凝土结构具有侵蚀性，对钢筋混凝土结构中的钢筋无腐蚀性。

（三）南端基坑支护结构设计

（1）基坑南侧、北侧及西侧均采用人工挖孔桩+拉锚结构。

（2）基坑西侧风道处形成一个面积不大的凹角，具备采用钢管作内支撑的条件。同时，该处若采用拉锚结构，则凹角北侧拉锚与相邻处长边拉锚空间上形成叠加，土体受力不利；再则，车站北端基坑采用的是钢管内支撑形式，无须另外备料。故对该凹角采用人工挖孔桩+钢管内支撑形式。

（3）基坑东侧，基坑连续挖深相对较浅，该侧施工时作为整个基坑的出土通道。由于整个工程开工晚，本工程工期压力相当大，该侧采用人工挖孔桩施工干扰太大。经多方研究决定，基坑东侧采用土钉墙支护，加快了施工进度。

（4）基坑在地下二层处结构底板基本位于硬塑状残积土——全风化、强风化泥质粉砂岩地层。故对

结构内部底板下沉段采用锚喷支护。而在结构靠近围护桩下沉时，根据计算，适当增加一排拉锚支护。

（5）整个南端基坑的支护平面如图 14－1 所示。图 14－2 所示为预应力锚索，图 14－3 所示为人工挖孔桩。

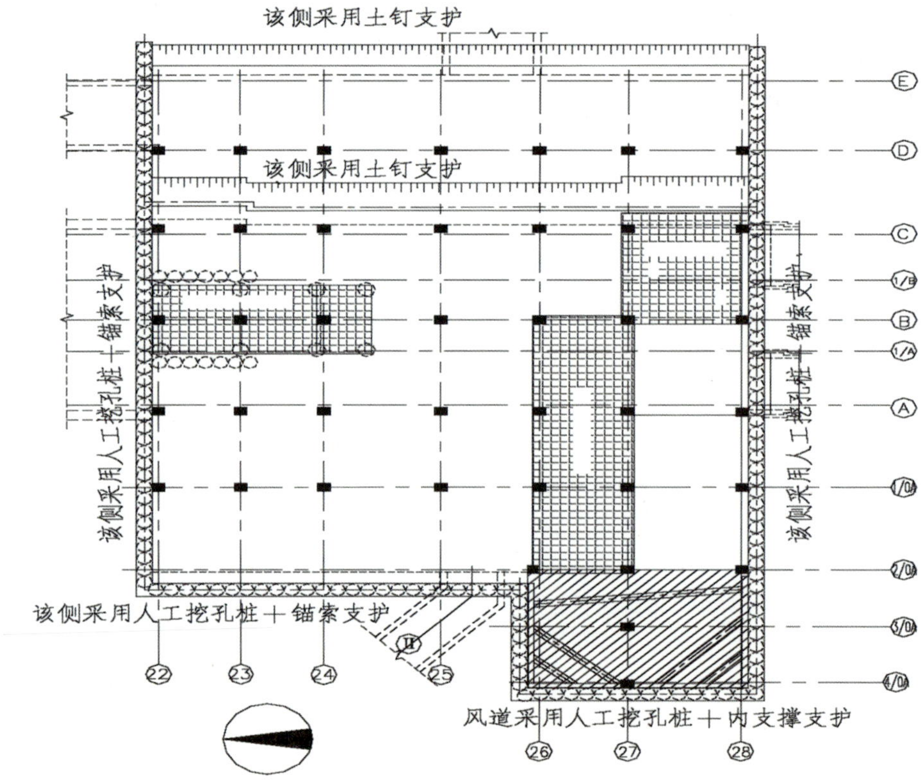

图 14－1　南端基坑支护平面图

图 14－2　预应力锚索图

图 14－3　人工挖孔桩图

（四）有关基坑支护设计的其他说明

（1）结构计算采用弹性支点法，即基坑外侧土体对围护桩作用主动土压力，基坑内侧土体抗力及拉锚均以弹性支点模拟。

（2）经过结构计算，围护结构采用 Φ1.2m 的人工挖孔桩，桩芯相切布置。

（3）钢管内支撑采用 Φ600mm、壁厚 12mm 钢管，基坑风道处竖向共设 3 道，预加力为 400～700kN。图 14－4 所示为钢管支撑施加预应力。

（4）拉锚结构采用预应力锚索，锚索根据结构计算用4束或5束，强度标准值为1 860MPa的钢绞线。锚索成孔直径150mm，采用二次高压注浆工艺。一般地下两层段（深16～17m）竖向共设3道锚索支撑，自由段长度为5m，锚索总长20～28m，预拉张力为100～300kN。

（5）土钉采用Φ25～32mm的Ⅱ级螺纹钢筋，钻孔直径100～130mm。网喷150mm厚C20混凝土。

图14－4　钢管支撑施加预应力示意图

（五）小结

监测结果表明，地面位移、桩身位移及锚索应力等均满足设计要求。在工程实施过程中有以下5点体会：

（1）锚索施工简单快捷，基坑形成后作业空间大，无干扰，便于在施工时合理地安排各工序，从而使得基坑较深、平面较复杂、支护形式多的车站南端基坑施工进度反而明显快于基坑深度较小、平面简单、支护形式单一的北端基坑。

（2）基坑同时使用内支撑及锚索支护时应注意考虑两者相邻时相互间的内力影响。现场监测结果显示，南端基坑风道处支撑内力出现异常，明显大于设计计算结果。其中，竖向第二道对撑的支撑内力监测值为1 680kN，远大于结构计算的1 100kN，也大于广州地区类似基坑的经验值1 200～1 300kN。而挖孔桩的施工记录表明该处地层与设计基本一致，同时离该处较远的锚索内力监测值也显示锚索内力与设计值接近（该支撑临近处锚索事先未布设监测点）。经过认真分析，得出结论：为减少桩身位移，锚索施加了预应力，该预应力将基坑外侧土体拉向基坑，从而造成相邻的内支撑应力增大。

（3）基坑采用锚索支护时应充分考虑其对周边环境及工程的影响。本站南端基坑南侧采用了人工挖孔桩＋锚索的支护形式，在与林和西站——体育西路站区间隧道接口处有部分锚索伸入隧道范围内，按原设计进度，待车站已施作结构底板后，再施工接口处区间隧道。但由于种种原因，车站施工滞后了6个月，造成车站基坑刚开挖到底时，区间隧道施工已达接口处。后经协调，接口处区间隧道滞后到车站中板完成后再施工，解决了该问题。虽然对本站而言，采用锚索是不得已而为之，但若有类似工程拟采用锚索支护时，应尽可能地考虑到可能出现的一切不利因素，尤其是基坑周边建筑物地下部分是否允许设锚索；同时还要考虑不良地层中锚索钻孔施工过程中防止涌水流沙、塌孔及地层扰动后引起的地表不均匀沉降。

（4）基坑采用锚索支护时，其桩顶位移及地面变形通常比采用钢管内支撑时大。但通过对锚索合理地施加预应力，可以大大减小桩顶位移及地面变形。

（5）考虑到随着时间的推移引起的锚索应力松弛，应加强应力监测，并快速进行基坑开挖及结构施工，防止应力松弛后基坑出现过大变形及失稳。

五、经验教训总结

（一）经验总结

（1）三号线全线明挖基坑围护结构形式的选择基本是合理的，选择的原则是根据不同的地质条件及周边环境、结构埋深及结构布置的工程实际，选择不同形式的围护结构，包括同一座基坑选择不同形式的围护结构。例如，林和西路站南站厅基坑等。

（2）预应力锚索施工简单快捷、基坑形成后作业空间大，无干扰，便于各工序交叉作业，从而使得基坑较深、平面较复杂、支护形式多的车站基坑及结构施工进度大大加快。

（二）不足总结

（1）三号线挖孔桩施工作业环境较差，安全风险较大，建议今后新线慎用。

（2）围护结构内支撑多采用钢支撑，但个别工地钢支撑围檩加工及现场安装质量较差，引起了围护结构变形过大的情况，建议今后新线尽可能多采用砼内支撑。

第二节　普通地层明挖基坑围护结构及周边建（构）筑物沉降变形的控制

一、普通地层明挖基坑围护结构及周边建（构）筑物沉降变形控制摘要

三号线大多数明挖基坑位于普通地层，采用的围护结构形式见本章第一节介绍，由于各基坑地质条件、周边环境、结构埋深及结构布置有所不同，因此选择了不同形式的围护结构。绝大部分基坑能做到严格按设计要求施工，注浆止水和爆破振速控制较好，未发生大的基坑变形失稳及垮塌事故或中断道路交通和损毁房屋管线的事件，围护结构及周边建（构）筑物沉降变形控制在允许值范围内。个别基坑也发生了基坑围护结构变形过大及涌水涌砂引起的险情，但应急抢险及时，未造成进一步的影响。

二、普通地层明挖基坑施工难点及风险

（一）施工难点

（1）围护结构桩间或地下连续墙间接缝止水质量的控制，包括外围止水帷幕施工质量的控制。

（2）基坑开挖阶段围护结构变形的控制及周边建（构）筑物沉降的控制。

（3）爆破开挖中，爆破振速的控制与周边建（构）筑物的保护。

（4）基坑开挖中涌水涌砂险情与基坑变形的处理与控制。

（二）安全风险

（1）围护结构桩基或地下连续墙施工发生的塌孔及人员设备事故风险。

（2）基坑开挖中涌水涌泥造成的基坑变形失稳垮塌、中断道路交通、建（构）筑物坍塌损坏和人员设备安全风险，以及爆破振动或飞石造成的周边建（构）筑物安全风险。

三、针对施工难点及风险采取的主要施工技术措施

（1）针对围护结构桩间或地下连续墙间止水质量，包括外围止水帷幕质量控制的难点问题，施工采取的主要措施有：①加强围护结构钻（挖）孔桩或地下连续墙的成孔成槽及砼浇注质量控制，以及桩间咬合或连续墙接口质量的控制；②根据地质条件选择合适的外围止水帷幕桩基，同时严格控制其施工质量，通过抽芯检测保证桩基效果。

（2）针对基坑开挖过程中，围护结构变形及周边建（构）筑物沉降控制的难点问题，施工采取的主要措施有：①严格控制钢（砼）支撑的加工安装质量，包括钢围檩、腰梁的质量；②严格控制土石方超挖，做到按设计要求随挖随撑；③发现桩间或连续墙间接缝渗漏，及时由专业队伍注浆封堵；④采用微震松动爆破技术，加强安全防护，严格控制爆破振速和飞石；⑤加强施工监测，尤其是加强对围护结构水平位移，周边房屋桥梁道路管线等建（构）筑物的沉降变形监测，发现监测信息异常，及时组织分析查找原因，改进调整施工措施，消除安全隐患。

（3）加强对基坑施工的日常安全监管，尤其是雨季或暴雨前后的基坑巡查，及时处理基坑围护结构接缝漏水、基坑底部涌水。

（4）对可能受影响的周边建（构）筑物采取施工前安全鉴定，施工过程中加密监测，发现沉降变形异常后要及时分析原因并进行加固修复处理，如跟踪补偿注浆。

四、工程实例

［工程实例 1］　五山站深基坑施工技术

（一）工程概况

五山站位于广州市粤汉路东侧，北端为华南农业大学正门，南端为粤汉路、五山路、岳洲路的交界处，呈南北向。车站周围建筑物较多，东侧建筑有一幢 3 层学生宿舍楼、一幢 7 层和一幢 9 层民居楼，西侧紧贴的建筑物有一幢 6 层和一幢 8 层住宅楼。车站为地下两层钢筋砼框架结构，平均埋深 17.67m，长

度为132m，最大宽度为41.6m，最小宽度为21.3m，高度为15.37m，主体建筑面积为7 910.04m²。一般挖深约19m，局部挖深20.77m。主体结构部分的基坑开挖方量为73 407m³。该站采用明挖顺作法施工，主体结构围护结构为700mm厚地下连续墙，车站钢支撑布置及周边建筑图如图14－5所示。

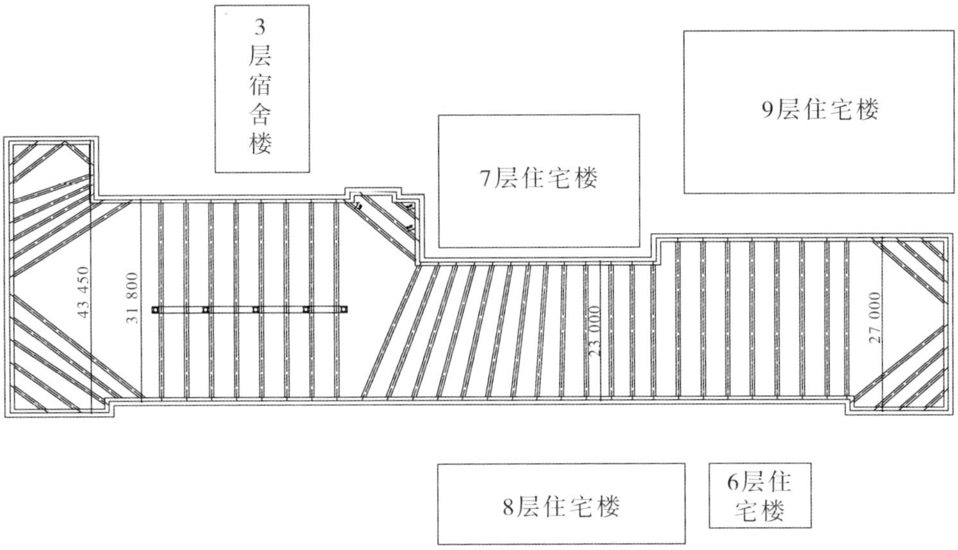

图14－5　车站钢支撑布置及周边建筑图

（二）工程地质条件

该站场地范围内的地层自上而下分别为：①人工填土层，厚0.60～3.90m；②冲—洪积砂层，厚0.60～3.70m；③冲—洪积土层，多可塑状，厚1.10～7.30m；④河湖相沉积土层，淤泥质土，厚0.80～8.00m；⑤坡积土层，以可塑状粉质黏土为主，厚1.00～10.00m；⑥花岗岩残积土层，以砂质黏性土为主，局部夹有砾质黏性土，厚2.10～14.50m，透水性较强，而富水性较弱；⑦花岗岩全～微风化带，整个车站的结构均设在全、强风化花岗片麻岩岩层上，该岩层遇水极易崩解，中等富水层，透水性一般。地下水位为1.15～3.80m，车站基坑总涌水量为2 553.5m³，出水量较大。底板位于全风化、强风化花岗岩中。

（三）围护结构及支撑体系

主体结构围护结构采用连续墙和内支撑支护体系，连续墙厚700mm，嵌固深度为5.5m。钢支撑采用Φ600mm、$\delta=12$mm的钢管作支撑，其水平间距主要为3.0m与3.5m两种，在端部采用斜撑。竖向共设4层，其中一层为换撑层。在车站做完底板和站台层侧墙，中板尚未施工时，在其侧墙架设换撑层钢支撑，待中板完成后再将换撑层钢支撑拆除（换撑层钢支撑如图14－6所示）。图14－7所示为连续墙浇注砼后拔起两边钢管，图14－8所示为抓斗机开挖连续墙。

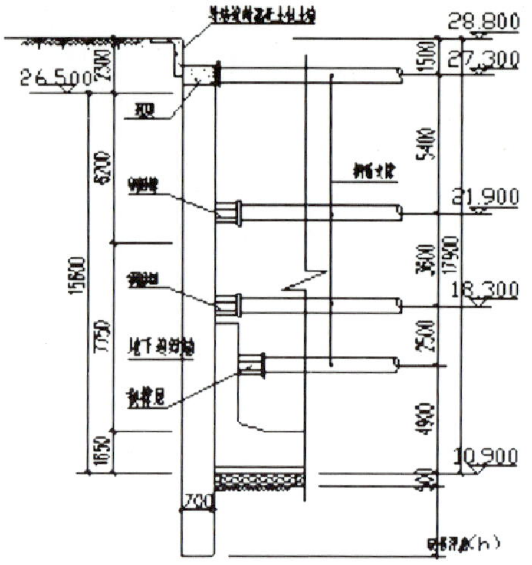

图 14－6　换撑层钢支撑架设图

图 14－7　连续墙浇注砼后拔起两边钢管

图 14－8　抓斗机开挖连续墙

（四）基坑土方开挖中出现的问题及采取的措施

该工程主体结构部分依据现场的实际情况，共分 9 个板块，从北往南依次施工。基坑采用纵向分层分台阶进行开挖，结合槽式开挖法，即先挖中间的土方，预留两侧反压土，最后再挖两侧的土方。土层开挖厚度结合钢支撑架设的位置和设计工况确定。图 14－9 所示为基坑土方开挖施工。

2003 年 12 月 8 日，在该站第一板块土方开挖过程中，车站北端墙的第二道撑和第三道撑之间出现漏水，承包商采用防水堵漏方法施工。但由于华南农业大学抢修水管导致停水两天，直至 12 日方堵漏完毕。由于失水较多，基坑变形严重，周围一建筑物出现不均匀沉降而开裂。

抢险措施主要是：

（1）疏散华农大门楼值班人员并支撑加固华农大门楼，防止倒塌。

（2）在基坑斜向钢支撑外侧架设两根对撑，防止钢围檩滑移，并增加 7 根斜向钢支撑对变形连续墙加强支撑。

（3）在加强支撑的同时，对连续墙渗漏处进行堵漏止水。

（4）重新优化了基坑支撑形式，将 A7 楼前的斜撑变更为直撑，南端支撑增加一道钢立柱。

（5）对距基坑较近的 A7 楼进行微型钢管桩基础加固。通过采取以上措施，基坑变形收敛在 37.65mm 处，地面下沉收敛在 93.85mm，保证了基坑和周边 A7 楼房的安全。

图 14－9　主体土方分级开挖施工

2004 年 10 月底，基坑土体出现大量冒水，由于基底股水点位置不明朗（疑与地质钻孔有关），承包商采用连续墙外注浆止水失败，但未及时实施其他措施，致使该楼一基础以每天 1mm 的速度下沉，楼房边墙下沉开裂达 8mm。后经过增设两道钢支撑和重新调整预加力，并对区域土体双液注浆止水后，有效控制了险情。

（五）体会

（1）动态设计信息化施工是深大基坑工程快速安全施工的基础。由于地铁工程所处周边环境和地质情况复杂多变，施工中须根据监测和基坑开挖情况，不断调整优化设计方案。

（2）设计宜将斜向钢支撑改为钢筋砼支撑，防止斜向钢支撑滑动、失效。地下连续墙接头宜采用工字钢接头，尽量不用锁口管接头形式，防止锁口管接头连接薄弱处渗漏水。

（3）施工中应及时架设支撑和封堵围护结构及基底处漏水点。基坑开挖后，应对围护结构出现的漏点和土体涌水及时跟踪封堵，对大量出水的漏点进行封堵宜控制在 4 小时内，降低地下水大量流失给基坑和周边建筑安全带来的风险。

［工程实例 2］　番禺广场站深基坑施工技术

（一）工程概况

番禺广场站为广州地铁三号线的终点站，位于番禺区东环路和清河东路的交叉处，车站呈东西向平行布置于清河东路地下，车站为两端明挖（三层）、中间暗挖（单层）的明暗挖结合车站，主要由东、西两地下三层明挖主体与中部过罗家涌涵洞的暗挖车站站台层组成，暗挖站台层中间设横通道联系，同时用一暗挖车站站厅层联络通道将东西两个站厅联系起来。车站全长 157.2m，设 4 个出入口，4 个活塞风井，2 个排风道。西端主体结构为单柱双跨 3 层框架结构，东端主体结构为单跨 3 层框架结构。出入口为单层箱形结构，排风道为两层箱形结构。车站主体基坑平面图如图 14－10 所示，车站为明挖顺作法施工。工程主要特征见表 14－1。

表 14－1　番禺广场站工程主要特征表

序　号	工程内容	单　位	数　量	备　注
1	车站起讫里程	m	YDK28＋272.1～YDK28＋431.3	车站总长 157.2m，暗挖段为 21.6m
2	线路纵坡		3‰	
3	线间距	m	14.2	
4	车站总建筑面积	m^2	12 900.7	
5	车站主体建筑面积	m^2	9 367.9	
6	车站标准段外包总宽	m	20.1	
7	车站标准段外包总高	m	20.48	
8	车站顶板平均覆土厚度	m	3.85	
9	车站底板板底埋深	m	24.37	基底为中微风化花岗岩

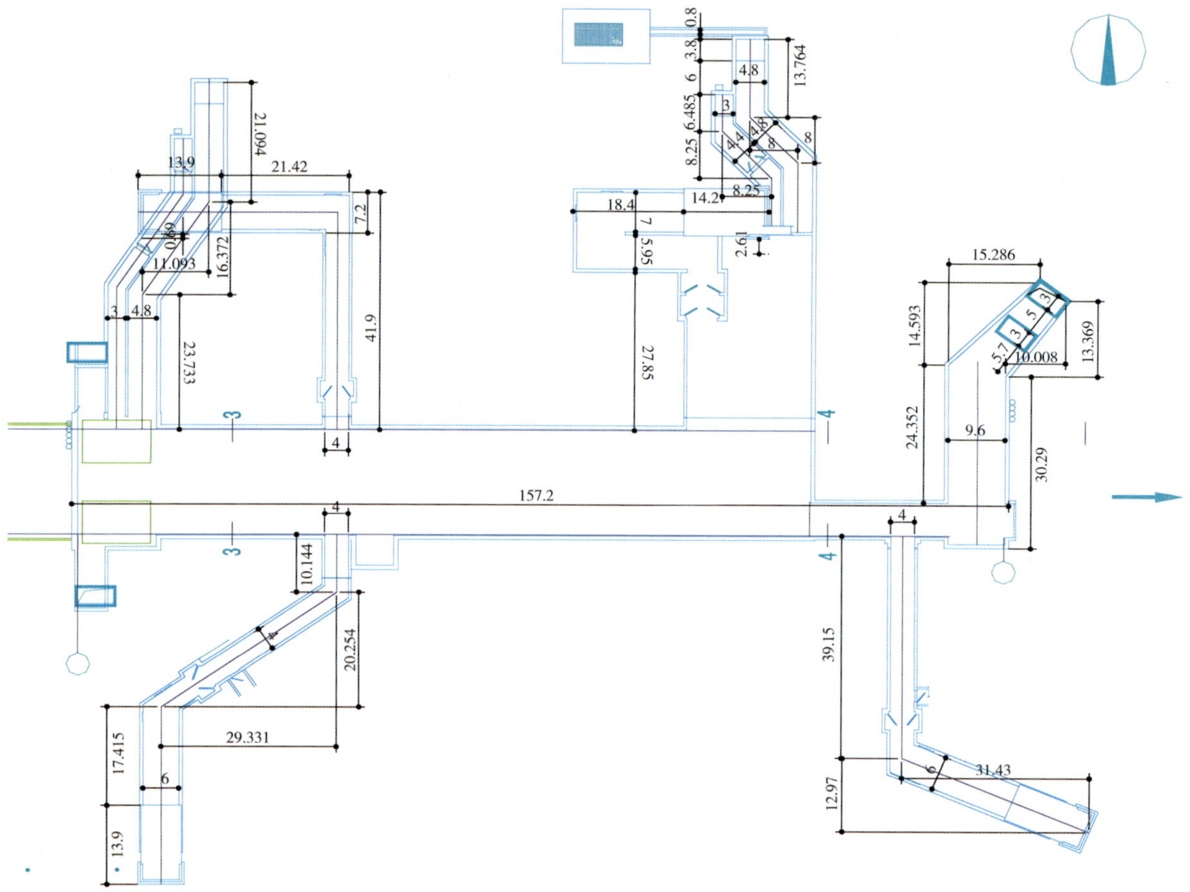

图 14－10　番禺广场站主体基坑平面图

（二）工程地质及水文地质

地层自上而下依次为：人工填土层〈1〉、海陆交互淤泥〈2－1〉、淤泥质黏土和淤泥质砂〈2－2〉，上更新统陆相冲洪积砂土层〈3－1〉与〈3－2〉，上更新统洪积粉质黏土〈4－1〉，局部夹黏土、可塑状花岗岩残积土〈5H－1〉，硬塑状花岗岩残积土〈5H－2〉，花岗岩全风化带〈6H〉，花岗岩强风化带〈7H〉，花岗岩中风化带〈8H〉，花岗岩微风化带〈9H〉。根据本站详勘报告，站址范围内未发现断裂构造，岩石裂隙发育，地基稳定性较好。本站范围内燕山三期花岗岩残积土、全风化、强风化具有遇水软化崩解的特点。

车站范围内地下水位平均埋深为3.0m，地下水按赋存方式分为第四系孔隙水及基岩裂隙水；按地下水介质的不同，可划分为冲洪积粉质黏土、花岗岩残积土和全风化带孔隙含水层，花岗岩裂隙含水层，均属弱透水层。第四系孔隙地下水主要接受大气降水、地表水体及含水层侧向补给，站场附近无较大型地表水体。

（三）围护结构及支撑体系

两端明挖主体均采用 Φ800mm 间距为 1 150mm 的冲孔桩，平均桩长 28.5m，桩间采用 Φ250mm，摆喷角度为 120°的摆喷桩（如图 14－11 所示）作为围护结构，摆喷桩深度进入强风化层 1.0m。钢支撑采用 Φ600mm、$\delta=14$mm 的钢管作支撑，其水平间距为 3.5m，在端部采用斜撑，主体基坑标准段竖向设 4 道钢支撑，东端盾构吊出加深段设 5 道钢支撑，钢腰梁围檩为 2I45c 工字钢焊接，两侧加焊通长钢封板。出入口及风井、风道均采用 Φ800mm、间距为 950mm 的冲孔桩，桩间采用 Φ250mm、摆喷角度为 120°的摆喷桩作为围护结构。围护结构与主体结构采用重合墙形式连接。图 14－12 所示为主体结构钢支撑。

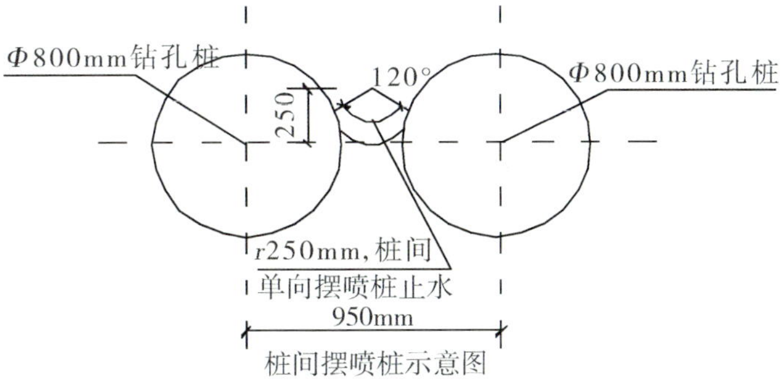

图 14－11　桩间摆喷桩示意图

图 14－12　主体结构钢支撑

（四）施工过程中的险情及其处理

1. 2003 年 9 月 24 日钢围檩变形险情及其处理

2003 年 9 月 24 日上午，基坑北端中部第一道钢围檩约 26m 长发生扭曲变形，危及基坑安全。当时发生变形部位的下部基坑已开挖到底部，正准备基坑垫层施工。经加固处理，基坑转危为安。

2. 2004 年 8 月 31 日至 9 月 2 日连续 3 次的罗家涌涌水险情及其处理

2004 年 8 月 31 日至 9 月 2 日，东北端的排风道与主体相接的附属基坑下部，与距基坑边 1.5m 处的罗家涌底部连通，连续 3 次出现罗家涌涌水险情，当时排风道基坑开挖深度已达到 15.3m，罗家涌箱涵埋深为 3.5m。在参建各方的共同努力下，险情得到及时处理，避免了事故的发生。

（五）体会

1. 围护结构设计的合理性、施工质量的好坏与土方开挖后的基坑安全密切相关

（1）本站围护结构总体设计是合理的，但在罗家涌涌水处的设计变更有所欠缺。

（2）本站冲孔桩与摆喷桩的施工质量优良，杜绝了桩间涌水的现象发生。

（3）摆喷桩止水帷幕的效果与冲孔桩的垂直度密切相关。在垂直度方面，冲孔桩比钻孔桩容易控制，本车站的附属工程采用钻孔桩外加摆喷桩作为围护结构，但渗漏水点多，效果较差，主要原因是钻孔桩垂直度控制不好。因此，建议摆喷桩作为桩间止水帷幕时，最好与冲孔桩联合使用，尽量避免与钻孔桩联合使用。

（4）本站主体基坑部分钢围檩没有按设计要求及时加设通长封板，钢围檩背后与围护桩间的空隙没有及时全部用砼填充密实。

2. 监控量测对基坑安全的动态监控非常重要

本站对监控量测工作一直非常重视并落实到位，9 月 24 日钢围檩变形险情发生后，监控量测为制定抢险措施提供了非常关键的数据。据了解，有部分承包商对监控量测不太重视，建议新线建设引入第三方监测。

3. 制订有针对性的应急预案能够较好地处理突发险情，避免险情酿成事故

本站对施工过程中存在的工程风险进行了认真的分析和评估，并制订了有针对性的应急预案。因此，两次险情发生后均能快速启动应急预案，及时处理险情，使险情能够较快得到控制和解除，避免了事故发生。

五、经验教训总结

（一）经验总结

（1）动态设计信息化施工是深大基坑工程快速安全施工的基础。由于地铁工程所处周边环境和地质情况复杂多变，施工中须根据监测和基坑开挖情况不断调整优化设计方案和施工措施。

（2）番禺广场站冲孔桩与摆喷桩的施工质量优良，杜绝了桩间涌水的现象发生。摆喷桩止水帷幕实施后，在基坑的开挖过程中，发现桩间漏水点比较少，只在局部发现过漏水点，在发现的漏水点处通过注水玻璃双液浆的方式进行处理，能比较迅速地堵住漏水点。

（3）摆喷桩止水帷幕的效果与冲孔桩的垂直度密切相关。在垂直度方面，冲孔桩比钻孔桩容易控制。因此，建议将摆喷桩作为桩间止水帷幕时，最好与冲孔桩结合使用，尽量避免与钻孔桩结合使用。

（4）绝大部分基坑开挖中对围护结构渗水变形反应敏感，基本做到了及时监测和反馈指导施工，同时对围护结构渗水进行了注浆止水封堵，尽可能防止了基坑涌水涌泥险情的发生。

（5）大多数基坑施工都有应急抢险预案，应急抢险材料与设备现场准备到位。

（二）不足总结

（1）设计上普遍采用钢支撑较多，砼支撑较少，个别基坑由于围护结构钢支撑加工安装质量不到位或基坑超挖、架设支撑不及时，容易引起基坑变形过大而发生险情。宜将钢支撑改为钢筋砼支撑，以防止钢支撑滑动、失效。地下连续墙接头宜采用工字钢接头，尽量不用锁口管接头形式，防止锁口管接头连接薄弱处渗漏水。

（2）个别基坑开挖漏水处理不够及时，导致基坑变形过大或出现险情。施工中应及时架设支撑和封堵围护结构及基底处漏水点。基坑开挖后，应对围护结构出现的漏点和土体涌水及时跟踪封堵，对大量出水的漏点进行封堵宜控制在 4 小时内，降低地下水大量流失给基坑和周边建（构）筑物安全带来的风险。

（3）个别基坑开挖爆破震速控制不够好，安全防护不够到位，对周边房屋安全和正常使用造成了一些影响。

第十五章　特殊地层明挖法施工技术

特殊地层与普通地层基坑施工的主要不同点在于基坑所处地层特性的差别，三号线基坑所处的特殊地层主要有花岗岩残积土层、巨厚淤泥层、富水砂层及断裂带等。由于特殊地层的特殊不良性，极易造成围护结构施工困难和基坑开挖中基坑的变形过大失稳，引起基坑坍塌及周边建（构）筑沉陷损坏。因此，充分认识特殊不良地层的特性，并在设计上采取预防措施防范安全风险非常重要。在施工过程中常出现各种难题，如连续墙成槽困难、基坑开挖滴水滴砂、基坑变形过大、周边地基沉陷、基底软化承载力达不到设计要求等，需要在施工技术措施上科学应对，及时处理。

本章主要介绍花岗岩残积土层及巨厚淤泥层明挖结构的施工，为今后处理这两类特殊地层明挖基坑施工难题提供参考。

第一节　花岗岩残积土层明挖基坑施工技术

一、花岗岩残积土层明挖基坑施工摘要

三号线天河客运站、五山站及天河客运站——华师站盾构始发井基坑主要位于花岗岩残积土层和花岗岩风化带范围，由于花岗岩残积土和花岗岩风化带遇水易软化崩解，极易造成基坑涌水涌砂导致基坑变形过大，以及土石方开挖时软化成泥浆导致机械无法施工。

由于有关各方对花岗岩残积土的这种特殊不良特性有从未知到掌握的过程，因此，在基坑围护结构支撑体系的选择上，在土石方开挖方式上，以及在基坑变形及基底承载力不足的处理上，也有一个不断认识和优化调整设计施工措施的过程。但通过加强地质补勘和分析以及加强施工监测和信息反馈，并在设计和施工措施上采取了一系列有针对性的措施，不仅成功处理了基坑变形和涌水涌砂险性，而且解决了基坑土石方开挖方式和基底承载力不足的问题，使围护结构变形及周边建（构）筑物沉降控制在允许值范围，有效地保护了周边环境。本节通过天河客运站基坑的工程实例予以具体说明。

二、花岗岩残积土层明挖基坑施工难点及安全风险

（一）施工难点

（1）由于对花岗岩残积土层的特殊不良特性认识不足，与之相适应的设计和施工措施较难把握。

（2）由于该地层遇水发生软化崩解，机械开挖土石方陷入泥潭，难以进行。

（3）地下连续墙接头渗水的处理、地下连续墙水平位移和周边地基沉陷的控制。

（4）基底冒水和开挖面汇流积水，基底软化承载力达不到设计要求，人工清底困难。

（5）集水坑开挖困难，四周易塌陷。

（二）安全风险

（1）由于地下连续墙接头渗水，造成围护结构变形过大及周边地基沉陷，可能引起基坑坍塌及周边建（构）筑物下沉破坏的安全风险。

（2）由于土石方开挖过程中花岗岩残积土层遇水软化崩解，易造成机械被埋等人员设备安全风险。

三、针对施工难点及风险采取的施工技术措施

（1）针对花岗岩残积土特性认识不足，采取的措施不够到位的问题，业主组织有关各方进一步加强了该地段的补勘，并进行认真分析，结合工程特点进行研究，从设计和施工措施上进行改进完善。

（2）针对机械开挖困难，采取了机械开挖至一定标高后，改用人工开挖，在靠近开挖面处设横向挡土墙支挡，并设排水沟集水井进行有序排水和抽水，有效避免了土石方软化成泥潭、机械难以开挖的

状况。

（3）针对地下连续墙接头渗水，地下连续墙变形过大，周边地基沉陷较大的问题，采取了严格按设计及时架设钢支撑及局部增设钢支撑的措施控制地下连续墙继续变形，同时采取了在基坑内侧墙处注浆止水措施和在地表沉陷处采用袖阀管补充注浆方式填充加固地基及封堵止水的措施。

（4）针对基底地层遇水软化，承载力达不到设计要求的问题，采取了换填为砂夹碎石或片石挤淤的措施，并在基坑底四周设排水沟，有序排水和抽水。

（5）针对集水坑壁四周易坍塌，难以开挖的问题，采取了双排 Φ500mm 单管旋喷桩护壁，旋喷桩之间咬合为 10cm，嵌入基底以下 2m 的类似措施，同时快速开挖及早封闭。

（6）加强对基坑及周边建（构）筑物的施工监测，对重要建筑物，如北环元岗特大桥，采取业主委托第三方进行监测，监测信息及时分析并反馈指导设计和施工的措施。

四、工程实例

近年来随着城市建设的大发展，广州地铁基坑建设也随之向“宽、深、大”的方向发展，故地铁车站深基坑施工的安全技术问题愈显突出，风险控制要求也越来越具体，难度剧增。本节就广州地铁三号线天河客运站车站建设中所出现的影响工程安全的诸多问题进行探讨。

（一）工程概况

广州市地铁三号线天河客运站及站后折返线土建工程位于广州市天河区天河汽车客运站旁，广汕公路 E 匝道桥西侧、新天河商贸城下，西南侧为天河汽车客运站。车站的总长度为 276.4m，车站标准段宽 18.8m。本车站主体围护结构采用地下连续墙，主体结构采用明挖顺作法施工，车站基坑开挖平均深度为 17m。如图 15－1 所示。

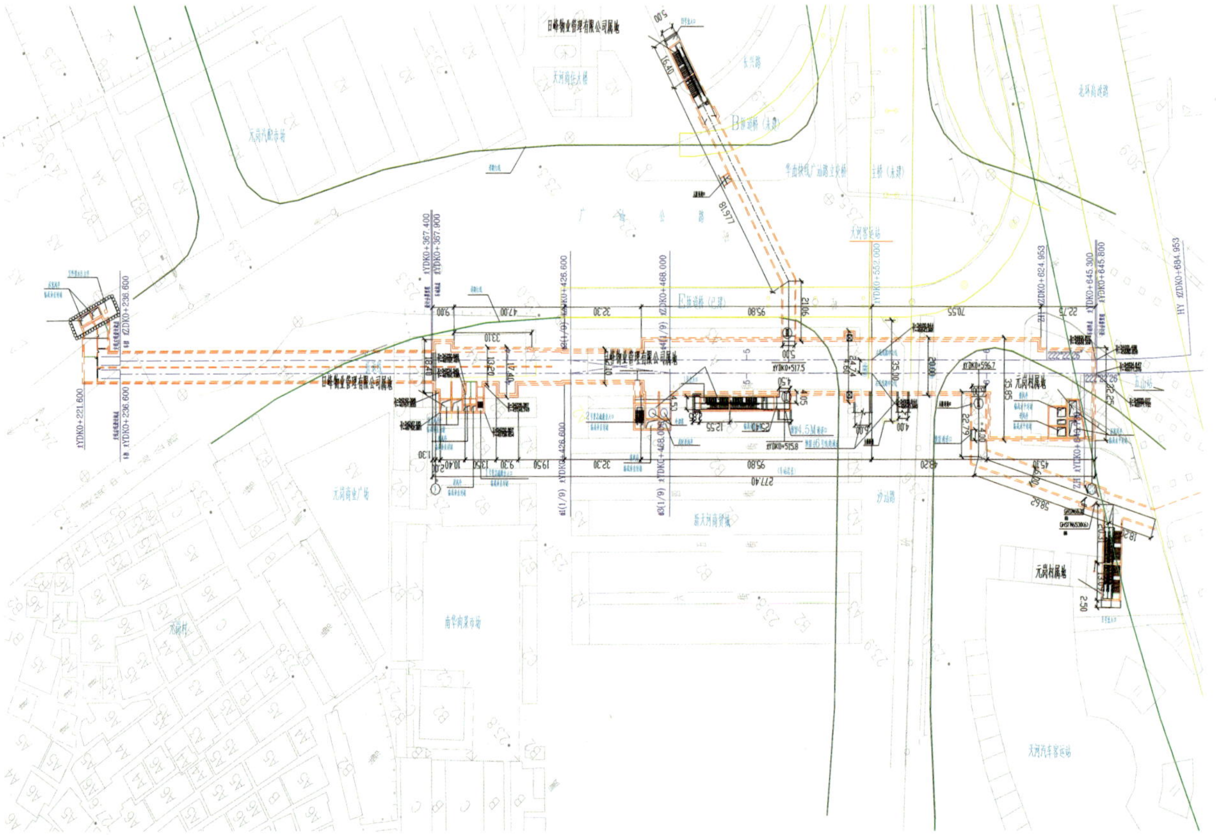

图 15－1　天河客运站基坑图

（二）工程地质

本车站岩土层自上而下共有 10 种类型，分别为：〈1〉人工填土层，〈3－2〉冲—洪积砂层，〈4－1〉冲—洪积土层，〈4－2〉河湖相沉积土层，〈5H－1〉花岗岩可塑状砾质黏性土层，〈5H－2〉花岗岩硬塑—坚塑状砾质黏性土层，〈6H〉花岗岩全风化带，〈7H〉花岗岩强风化带，〈8H〉花岗岩中风化带，〈9H〉花岗岩微风化带。

车站范围内分布有较广的淤泥质土，呈层分布，为流塑状，厚度为 0.4～3.9m，平均厚度为 1.63m；还分布有较广的厚层砂层，车站范围内厚度为 0.50～6.50m，平均厚度为 2.21m，以及花岗岩全风化带。

（三）施工过程中的技术措施

在初始基坑开挖时，地质变化情况比岩土勘察报告所说的更严重，花岗岩风化残积土较厚，应急措施没做到位，开挖面连续墙变形，出现裂纹，出现抢险状态，随后停止开挖，分析原因，查找不足。在后来的施工中，一步一步地总结施工经验，采取适当的技术措施，确保了基坑安全。技术措施如下：

1. 做好地质勘察与分析

该工点属于花岗岩残积层区，其主要地层为花岗岩风化残积土和花岗岩风化带。本车站花岗岩残积土的分布厚度大，且为砂质黏土及砾质黏性土，土质的均匀性较差。花岗岩风化残积土因含砂量较多，遇水易软化崩解，水浸泡易发生崩解和流砂，甚至塌方。花岗岩全风化带和强风化带的组织结构多已破坏，风化裂隙发育，长石多已高岭土化，风化系数≤0.4，遇水后易发生崩解。

2. 加强施工监测，合理确定基坑每次开挖深度并及时进行钢支撑架设

过多过早地进行基坑支护虽然可以保证基坑安全，但是盲目增加安全系数则会造成大量的材料浪费，提高施工成本，所以要保障施工过程中的基坑安全，必须在基坑施工同时对基坑进行监测。及时取得监测数据，通过对监测数据的分析，了解基坑安全程度，指导现场施工，达到信息化施工，成为天河客运站基坑安全施工的一个重要前提。

在基坑开挖期间，由于施工监测的及时性和准确性，多次及时预测了险情：

（1）2004 年 3 月 10 日上午，准备施工三区中板，开始倒换该部位第三道支撑，由于是第一次倒换，施工人员在倒换过程中进行了监测，撤除一根支撑后监测数据表明，连续墙在支撑撤除后变形较大，变形速率达到 3mm/h，累计变形 32mm，变形速率很大；此外，该部位第二道支撑的轴力由原来的 865kN 猛然增大到 954kN，增大了 89kN。施工人员立即停止了钢支撑的撤除，严密监测连续墙以及钢支撑的动态，并且在该部位第二道钢支撑以上 1m 位置安装好 2 根钢支撑托架，准备随时架设钢支撑，中午该部位第二道钢支撑开始明显弯曲变形，施工人员立即在该位置架设了 2 道钢支撑，支撑架设后连续墙以及钢支撑逐渐趋于稳定，阻止了一场可能出现的险情。

（2）车站六区处于断面变化处，在进行六区土方开挖时，开挖到第二道钢支撑下 5m 位置，还未开始架设第三道钢支撑，从监测数据看出，该处连续墙变形连续两天变形速率达到 5mm/d，于是立即停止了现场土方开挖，并且要求施工现场准备好堵水材料，同时开始进行第三道钢支撑的架设。第三天连续墙接头缝开裂，并且从接头缝位置基坑外部地下水开始内渗，由于监测数据到位，现场施工紧凑，阻止了险情的发生。

3. 机械结合人工土方开挖

车站基坑地面 8m 以下为砂层和全风化花岗岩，且该地层地下水丰富，如开挖北端工作井，地下水将顺势流入工作井开挖基坑内，并将带出大量泥沙，引起前方已经成型的基坑面虚空、坍塌，给施工安全和基底质量带来较大的隐患。如果直接开挖，将引起连续墙周围槽段区段（工作井以外区域）基坑标高的降低，将造成连续墙嵌入深度严重不足，可能引起连续墙变形。

在确保基坑安全的前提下，根据地质水文条件和场地特点，车站基坑开挖按“从北到南、从上到下”的分区段台阶式开挖，从地面至机械开挖面共设 3 个台阶，长度为 5～7m，上面 3 个台阶各布设一台 PC200 反挖，底部台阶布设一台 PC150 反挖，各台阶平行推进。为了避免花岗岩受机械开挖的扰动，机械开挖至设计基底面以上 4～3m 处。为防止开挖面坍塌或地下水汇流形成泥石流威胁后方基底，每完成机械开挖一个区段即在靠近开挖面设横向挡土墙，挡土墙采用 I16 型钢插入基底，横向用方木绑扎在型钢

上，安设潜水泵，分段抽水。基底面以上4～3m的土，改为塔吊辅助人工开挖，由于土方开挖出来后已成流塑状，需倒运到指定地点进行石灰拌和，再用自卸车运出。车站基坑钢支撑采用地面拼装，桁吊吊装就位的方法。图15－2所示为PC200开挖花岗岩残积土，图15－3所示为人工开挖花岗岩残积土。

图15－2　PC200开挖花岗岩残积土

图15－3　人工开挖花岗岩残积土

4. 基底综合抽排水及换填处理

施工过程中，针对基坑开挖深度内各土层含水量高、透水性强、自稳性差的特点，采取多种方式综合治水，确保成型地基基础的质量安全。图15－4所示为基底换填片石、碎石。

（1）为保证换填层厚度，人工清底要比设计基底标高深60cm，由于基面上有泥水，量测时要以行走踩到硬地面为准。

（2）由于基底冒水和开挖面汇流积水，人工捡底很难彻底清除被浸水扰动软化崩解的残积土，对此，在抛填片石的过程中要不断把被片石积压出来的泥土清除干净。

（3）为防止地基基面大面积浸水，在基坑两侧、中部开挖排水沟槽，在开挖面设置集水坑并安放抽水机，抛填片石前在沟槽中布设Φ100mm的PVC盲管并覆以碎石，确保排水流畅。

图15－4　基底换填片石、碎石

经换填处理过的地基，在施工垫层混凝土后没有渗漏水、冒浆等现象发生，保证了基底承载力。

5. 集水坑、下翻梁处理

在六区开挖集水坑（深2.5m、宽3m、长4m）和下翻梁（深1.4m、宽1.1m）时，采用钢筋混凝土护壁很不成功，造成周边土体塌陷，用了一个月的时间才开挖完成。主要原因为：①由于地下水非常丰富，开挖时基底冒水且开挖面渗水；②钢筋混凝土护壁需要一段时间才能达到强度，没能及时对土体封闭；③由于钢筋刚性不够，对土体支撑作用很小，造成护壁大量变形和开裂。

借鉴了六区的经验，十三、十四区的集水坑、下翻梁和北端风井开挖非常顺利，缩短了工期，使主体结构在2004年年底成功封底。集水坑采用双排Φ500mm单管旋喷桩护壁，旋喷桩之间咬合为10cm，嵌入基底2m以下，待旋喷桩达到强度后，再进行开挖；北端风井（深4m、宽11.8m）采用3排Φ500mm单管旋喷桩护壁，旋喷桩之间咬合为10cm，嵌入基底2.5m以下，头两排内插Φ50mm的钢管增加刚度，待旋喷桩达到强度后，再进行开挖；下翻梁开挖采用PC50机械开挖，一次挖到位，护壁用Φ48mm的钢管，I16的型钢配合，及时灌注早强混凝土，做到速度快、早封闭。

五、设计及施工方面的经验教训总结

（一）经验总结

（1）在进行车站施工前受相邻天河客运站——华师站盾构始发井施工出险的警示，重新认识花岗岩残积土的特性，对车站的连续墙坎入深度和支撑的道数进行了调整。增加连续墙坎入深度2m，增加一道钢支撑，确保了基坑开挖的安全，没有出现类似天河客运站——华师站盾构始发井开挖时出现的险情。

（2）基坑开挖施工中监测工作到位，并且及时反馈调整了设计和施工措施。

（3）基坑开挖过程中对连续墙接缝漏水注浆封堵及时有效，应急抢险预案及材料设备准备充分，抢险工作富有成效。

（二）不足之处

（1）对基坑所在的花岗岩残积土层的特性没有全面的认识，一直以来都认为花岗岩残积土层是致密而不透水的。在天河客运站开挖过程中发现，基坑所在的花岗岩残积土层含砂量比较大，渗透性较好，并非不透水层。在此地层设计连续墙必须考虑该土层软化崩解的特性，在连续墙厚度的选取上必须考虑开挖平面以下一定范围内的花岗岩残积土已经受到扰动发生软化，对连续墙不起支撑作用。连续墙自身强度须足以抵抗扰动面以上的基坑外围土压力，而并非仅仅是开挖面以上。天河客运站设计采用的是600mm厚的连续墙，在开挖过程中发生了较大位移，给工程施工安全带来了极大的威胁。除了支撑间距过大的原因外，连续墙厚度过薄也是主要因素。究其根本是设计方案在计算连续墙厚度的时候没有考虑到开挖面以下部分花岗岩残积土层扰动软化的特性。

（2）基底埋深位于花岗岩残积土层中，设计连续墙嵌入深度必须考虑该土层的渗水率及残积土层受扰动软化的特性，适当加大连续墙嵌入基底的深度。天河客运站明挖基坑在开挖过程中一直发现基底连续墙脚有冒水的现象，经试验分析是基坑外地下水经连续墙底绕流进入基坑。证明原设计连续墙嵌入基底6m仍然是不够的。

（3）在基坑开挖过程中，为避免机械扰动导致花岗岩残积土软化崩解，基底以上6m基本采用人工开挖。不但开挖的效率非常低，挖到基底时仍然无法满足设计承载力而必须进行基底加固，可谓费时又费钱。建议在今后类似工程基坑开挖前便对该部分花岗岩残积土进行预加固，这有利于及早封闭基底，给工程进度及安全都带来保障。

（4）对基底花岗岩残积土的加固措施未尽人意，直至车站投入使用，车站沉降才稳定，最大沉降达20cm。若在结构施工时预埋基底注浆管，在结构施工过程中连续注浆加固应可减少车站的总体沉降量。

第二节　巨厚淤泥层深基坑施工技术

一、巨厚淤泥层深基坑施工摘要

三号线深基坑位于巨厚淤泥层最典型的是厦滘站。厦滘站地下连续墙穿过的主要地层为巨厚淤泥层和砂层，淤泥层厚8～10m，砂层厚4～6m。由于淤泥层和砂层较厚，导致导墙施工易塌孔，连续墙施工成槽困难，同时容易造成连续墙成墙误差而侵入主体结构限界，统称侵限。巨厚淤泥层及砂层同属特殊不良地层，基于和花岗岩残积土层相同的认识原因，巨厚淤泥层及砂层范围基坑围护结构支撑体系，包括止水帷幕的选择同样也是有一个逐步认识掌握的过程。

通过对巨厚淤泥层、砂层的深入分析研究，施工中对导墙成孔、连续墙成槽及接缝止水、连续墙侵限处理等方面采取了一系列有针对性的措施。在处理和控制地下连续墙接缝漏水漏砂险情方面取得了一些经验教训，同时在处理地下连续墙侵限方面做了一些尝试，这对今后基坑施工避免类似事件提供了借鉴。

二、巨厚淤泥砂层明挖基坑施工难点及安全风险

（一）施工难点

（1）导墙成孔困难，易塌孔。

（2）连续墙成槽困难，易发生偏差和塌孔。

（3）地下连续墙接头易渗水造成涌水涌砂险情，并引起地下连续墙变形过大而造成侵限。

（4）周边地基沉陷造成周边建（构）筑物沉降过大及保护困难。

（5）侵限地下连续墙凿除困难，易造成新的大的险情。

（二）安全风险

（1）导墙及连续墙成孔成槽困难和塌孔造成人员设备安全风险及周边环境破坏风险。

（2）地下连续墙接头易渗水造成涌水涌砂险情，引起周边地基沉陷，地下连续墙变形过大侵限，甚至失稳坍塌。

（3）周边地基失水沉陷对周边建（构）筑物安全造成威胁。

（4）侵限地下连续墙处理不慎，易造成新的安全风险。

三、针对地下连续墙接头渗水及连续墙变形侵限问题采取的施工技术措施

（1）针对地下连续墙接头易渗水造成涌水涌砂险情，施工上采取了在基坑内注浆止水及堆码编织土袋反压护墙止水等措施，地表上采取了袖阀管注浆加固等措施，起到了较好的效果。

（2）针对地下连续墙变形侵限的问题，通过分析查找原因、现场量测掌握最新资料后，采取了分段凿除及原结构内衬墙厚度调整等措施。

（3）在凿除侵限连续墙处理过程中，及时处理了新的涌水涌砂险情，同时，在地面采取了静压注浆方法对墙后土体进行加固。

（4）加强基坑开挖及地下连续墙侵限处理过程中的施工监测，包括周边建（构）筑物和地基的监测，一旦发现监测异常，及时反馈调整施工措施。

四、工程实例

（一）工程概况

厦滘站是广州市轨道交通三号线主线第 9 个车站，位于沙滘岛厦滘村南侧，施工分界里程为 YCK13 +115. 8 ~ YCK13 +318. 55 ，车站总长度为 202. 75m，线中距为 13m，车站采用两层三跨箱形框架结构，车站南北两端共设置 4 个出入口，其中 4 号出入口为预留出入口，风亭在北侧设置两组，南侧设置一组。车站围护结构平面图如图 15 –5 所示。

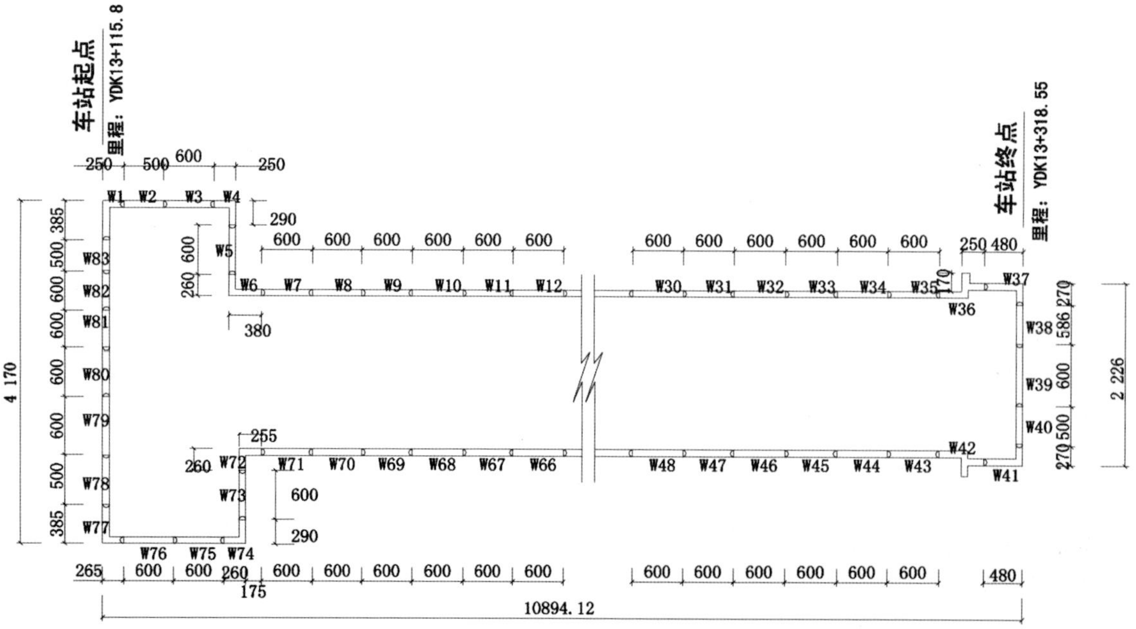

图 15 –5　厦滘车站围护结构平面图

车站北端头宽41.5m，南端头宽22.06m，车站中部标准段宽20.1m，主体结构施工工期为19个月，竣工验收时间：主体结构工程为2004年8月30日，附属结构工程为2004年11月30日，其中，北端盾构施工场地移交时间（含车站北端100m结构及土方回填）为2004年1月15日。

围护结构设计采用800mm厚地下连续墙，内置双层Φ28mm@100mm钢筋网，墙深约20m。施工分段共83幅墙，采用拔管接头；每幅墙标准槽段长度为6m，每槽分3抓施工，每抓2.5m。施工成槽设备采用德国进口挖槽机，型号HS843HD，重70t，抓斗长7m，成槽设备停放在基坑外侧专修的施工道路上作业。

（二）地质条件

工程主要特点是地下连续墙施工穿过的主要地层为巨厚淤泥地层和砂层，淤泥地层厚8～10m，砂层厚4～6m。

（1）淤泥层：局部含粉细砂及夹薄层粉细砂，厚8.00～10.40m。

（2）淤泥质砂层：呈深灰色，以粉砂为主，约含20%～30%淤泥或淤泥质成分，松散、饱水，含贝壳碎片，厚6.00m。

（3）粉细砂层：局部为松散，中粗、粉细砂均有分布，车站北端分布多粗砂，车站南端以粉细砂为主，砂质成分杂，含少量泥质，厚1.10～8.50m。

（三）围护结构工程概况、施工成槽设备简介

厦滘站长202.75m，地下2层，直线标准段基坑深14.3m，北端盾构井深15.8m。围护结构采用地下连续墙，设计墙厚0.8m，共83幅墙，采用拔管接头；标准槽段长6m，每槽分3抓施工，每抓2.5m。施工成槽设备采用德国挖槽机，型号HS843HD，重70t，抓斗长7m，具有自动纠偏功能。按照《建筑地基基础工程施工质量验收规范》（GB50202－2002）地下连续墙垂直度检查有两种方法，即超声波测槽仪和成槽机上的监测系统。地下连续墙嵌入残积土或全风化土层4.5～5.5m，因成槽开始阶段发生塌槽或不能成槽的情况，在导墙施工前就在槽段两侧各打一排（局部多排）咬合的搅拌桩，深度约8～10m，并制作了陆基箱，以减少设备附加荷载引起的附加应力。图15－6所示为搅拌桩施工。

图15－6　搅拌桩施工

（四）侵限情况描述及原因分析

基坑首先从车站北端开挖盾构井至基底后，检查发现：W80和W81槽段接缝处、基坑基底位置立面5m×8m范围围护结构突入主体结构10～101cm，在底板顶面处围护结构突入主体结构84cm。位于车站北端，两盾构隧道之间，负2层主体侧墙位置。其中冠梁位置没有侵限，中板面位置（绝对标高－0.65m）侵限10cm，底板面位置侵限88cm，底板底位置侵限101cm。

经现场察看，钢筋笼发生底角部局部折向变形，主要变形应在钢筋笼入槽之后发生。经过分析，发生该事故的原因有：

（1）基坑北端墙外侧为施工便道，来往的重型车辆较多，将加固地基的搅拌桩挤压倾斜，导致在挖W80槽段第二抓和W81槽段第一抓过程中抓斗顺着搅拌桩的偏移方向侵入基坑。虽然在施工过程中已经发现并采取了纠偏措施，但下钢筋笼时可能仍然顺着搅拌桩偏斜。

（2）地质条件差。成槽及检查验收时都未发生偏斜，下钢筋笼及浇筑砼过程中由于成槽设备产生的荷载大，形成附加应力大，对地下连续墙挤压产生位移。

（3）可能该部位在地下连续墙外侧碰到硬块或岩面倾斜，导致成槽偏斜。

（4）其他槽段地下连续墙侵限一般在10～20cm之间，大部分在底部向基坑内侵入，主要原因是地质条件差，受地面附加应力影响造成的。

（五）侵限主要处理办法

侵限事件发生后，经专题会议，综合分析当前施工、设计和基坑安全情况，形成下列认识（图 15 – 7 所示为围护结构侵限凿除）：

（1）站台层内衬墙在地下连续墙侵限严重的位置将墙厚由原来的 600mm 减小至 500mm，同时加强侧墙配筋。

（2）改变广告灯箱原来的固定方式，由背后支托改为两侧支托，将原 130mm 厚的支架空间减小至 30mm，由此，原设计图中内衬墙内侧至轨道中心线 2 150mm 的距离可缩小为 2 050mm。

图 15 – 7　围护结构侵限凿除

（3）已浇筑完砼的地下连续墙（北端盾构井范围）侵限的处理方案：① 对地下连续墙侵限 100mm 以内的部位，把内衬墙往车站内移 100mm，保证内衬墙 600mm 的厚度，内侧钢筋在已浇筑底板砼上采用植筋方法进行处理；② 对地下连续墙侵限 200mm 以内的部位，同样把内衬墙往车站内移 100mm，保证内衬墙的厚度不小于 500mm，但这种情况需对内衬墙的配筋进行加强。

（4）未浇筑砼（但已开挖揭露的部分直线段）部分地下连续墙侵限的处理方案：① 对地下连续墙侵限 100mm 以内的部位要保证内衬墙截面尺寸以及配筋与原设计相同，这样内衬墙内边线将往车站内偏移 100mm；② 对地下连续墙侵限 200mm 的部位要保证内衬墙 500mm 的厚度，但这种情况内衬墙配筋需加强和调整，内衬墙部分钢筋需调整为Ⅲ级钢。

（5）W80 和 W81 槽段处理方案。

工程现状为：北端需凿穿的地下连续墙位于 W80 与 W81 两槽段之间接缝处往东 2.5m 宽，从结构底板底（盾构排水沟）起 4m 高，面积约 $10m^2$，而且靠接缝处现仍有最后一块约 1m × 5m 的底板未施工。

① 明确以下前提：施工底板所需凿穿地下连续墙背后的土层是残积层，80#、81#地下连续墙后施工的钻孔桩情况与原设计工况变化不大，5 根钻孔桩的挡土效果可以满足要求，短期内能确保整个结构安全。

② 先对 $10m^2$ 范围的地下连续墙采取增加支撑等安全措施，把施工底板作业面内的侵限地下连续墙凿除后尽快完成底板主体结构。

③ $10m^2$ 外的主体结构加快施工进度，在确保安全和质量的前提下 24 小时倒班作业，确保不影响盾构施工单位进场施工。

④ 站台层及中板施工完后，在施工站厅层结构同时对 $10m^2$ 内地下连续墙背后进行注浆处理，完全止水后再凿除侵限地下连续墙，施工主体结构。

⑤ 承包商在施工过程中必须对 W80、W81 地下连续墙进行密切的监测，出现异常情况及时上报；同时，对周边环境进行细致观察，防止地面塌陷引发安全事故。

⑥ 制订了完善的应急措施，24 小时有人在基坑内值班，并准备好方木、沙包、棉被和设备等抢险物资，凿除 $10m^2$ 侵限墙体前，不仅在基坑内对墙背注浆，还应努力找出涌水的源头，从地面采用静压注浆的方法对墙后土体进行加固止水。

（6）注意事项。

① 由于负二层内衬墙内移 100mm，而负一层内衬墙位置不变，造成负二层与负一层内衬墙内边线不在同一位置，错位 100mm，结构设计修改中将在侧墙找坡加以解决，受其影响的地方（如上下管线、墙边孔洞等）也将进行调整。

② 对地下连续墙侵限在 250mm 以内的，除按设计提出的方案处理外，还需将地下连续墙钢筋保护层凿除掉。

③ 上述处理方案仅针对地下连续墙侵限在 250mm 以内的情况，若后续开挖出现地下连续墙侵限 250mm 以上情况，对地下连续墙进行加固处理后再凿除侵限部分。

④ 在未确定最终设计方案和图纸前，应减缓开挖速度，加强支护措施和监测力度；尽量加快主体结构施工速度，避免开挖后地下连续墙变形加剧。

⑤ W71、W72 槽段位置已浇筑侧墙的加强筋位置与设计有偏差，必须把已浇筑的砼凿除，重新布置钢筋后再浇筑砼。

（六）侵限处理过程中 3 次涌砂的处理

（1）2004 年 7 月 4 日，厦滘站北端 W80、W81 地下连续墙突然发生第一次涌水涌砂事件后，采取紧急措施抢险，用砂包、棉絮对涌水处进行封堵；基坑内地下连续墙接缝处的涌水基本控制好后，地下连续墙北边地面有两处发生塌陷（一处在 5 根钻孔桩背后，直径约 3m，深度约 9m；另一处在盾构端头加固体东侧，直径约 5m，深度约 1.5m），采用商品砼和黏土填埋 5 根钻孔桩背后的空洞，采用黏土填埋东侧塌陷处，并紧急调运注浆设备进场注浆，在钻孔桩与地下连续墙之间钻孔注浆完成后，地下连续墙的漏水止住。

（2）2004 年 7 月 6 日出现第二次险情。W80、W81 地下连续墙北端地面加固体外围（北端）出现塌陷，引起北端一栋一层民房倾斜、开裂，水沟边挡墙下沉，严重影响基坑及周边环境的安全。当天中午开始在倾斜民房的南侧打了两个孔注浆，注浆后情况得到控制；晚上在钻孔灌注桩的背后打了 3 个孔，并对其中一个孔进行注浆。7 月 7 日上午 9：00 观测结果表明，倾斜民房在注浆后倾斜一侧向上抬起 3cm，往北侧的两栋厂房均没有沉降；地下连续墙的观测共设 3 个点，5 天最大位移 2mm。

（3）7 月 7 日发生第三次险情。当日上午在对钻孔灌注桩后背钻孔注浆时，突然再次发生涌水涌砂事件，导致 W80、W81 地下连续墙北端地面加固体东北角的硬化路面发生沉陷，沉陷面积约 $30m^2$，深度约 2m，立即组织人力用黏土进行回填。19：00 左右，在 5 根钻孔灌注桩后侧原来沉陷的地方的西北角再次发生沉陷，空洞直径约 1m，深度约 5m，同样进行人工黏土回填。同时，在钻孔桩与地下连续墙之间打一个孔进行注浆，注浆后完成堵水。本次在基坑外侧涌进基坑内的泥砂共约 $300m^3$。

（七）不足之处和改进建议

（1）针对巨厚流塑状淤泥的特点，为使槽壁稳定，应首先优化设计方案：在导墙施工前先在两侧槽壁各增加施工一排 Φ550mm@500mm（局部多排）咬合的搅拌桩，深度约 8～10m，如图 15－8 所示。

（2）在流塑状淤泥地层完成导墙施工过程后，导墙拆模后应及时沿导墙纵向每隔一米设两道临时支撑，防止导墙向槽内变形；在导墙混凝土没有达到设计强度以前，禁止重型机械在导墙侧面行驶。如导墙发生变形，采取锁口管强行插入，撑开足够空间下放钢筋笼。导墙中心线与地下连续墙轴线应重合，内外导墙面的净距应等于地下连续墙的设计宽度加 50mm，净距误差小于 5mm，导墙内外墙面垂直，以次偏差进行控制，确保偏差符合设计要求。

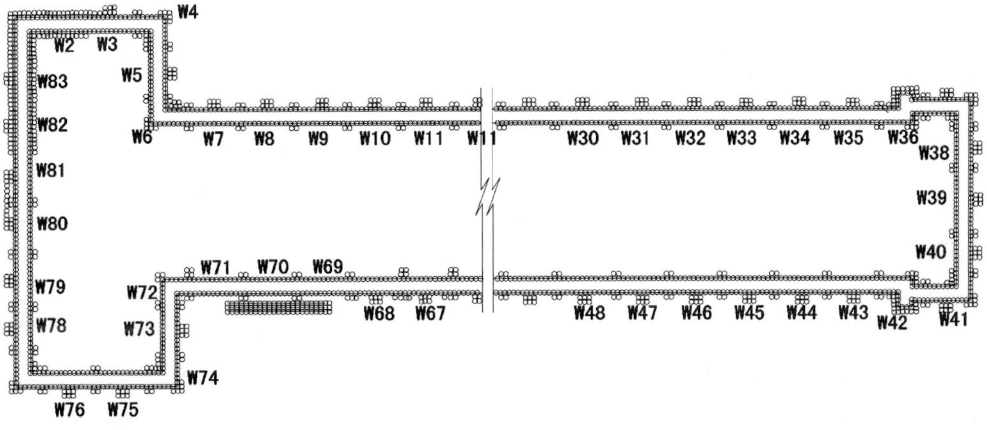

图 15－8　厦滘站维护结构搅拌桩平面布置图

说明：① 图中单位均以米计；

② W1～W83 表示地连墙槽段，每个 6 米长的槽段有搅拌桩（不包括加密桩）12 个，其他尺寸槽段搅拌桩的数量见图中所示，搅拌桩共计 3 024 个。

（3）由于地下连续墙成槽机的自重较大，达到70t左右，在场地允许的情况下，建议今后成槽机在基坑内进行开挖施工，这样能最大限度地避免地下连续墙向基坑内侵限。

（4）适当加大导墙外放值，对防止地下连续墙侵限有明显效果。

（5）虽然施工底板凿穿地下连续墙最后取得了成功，且控制了风险发生，但该措施风险极大，建议今后不使用。

第十六章　关于基坑支护结构在开挖过程中变形控制与周边建（构）筑物保护的研究与建议

近年来，随着城市建设的大发展，广州地铁基坑建设也随之向“宽、深、大”的方向发展，基坑施工安全重要性日益显著，它不仅要保证基坑施工中的结构稳定、基坑内作业人员的施工安全，而且要严格控制周边地层的变形与位移，确保周边建（构）筑物、道路、管线的安全。本章主要就三号线深基坑支护结构在开挖过程中变形控制及对周边建（构）筑物的保护等问题进行探讨。

一、影响深基坑支护结构变形控制及周边建（构）筑物保护的主要因素

（一）合理、可靠的支护结构体系设计

合理、可靠的支护结构体系设计是做好深基坑围护结构变形控制的前提，若支护结构体系的任何部位存在设计缺陷或考虑不周，则围护结构变形将难以控制在允许值范围内，甚至变形严重超限导致基坑失稳或发生坍塌等事故。支护结构设计合理性主要体现在：围护结构的选型、围护结构的嵌固深度、围护结构的刚度、支撑结构的选型、支撑结构布设方式及强度、基底处理以及施工监测布置等。

实践证明，三号线各明挖基坑支护体系设计总体合理，工程施工处于可控状态，但仍有一些经验和教训值得借鉴和总结。

1. 应深入认识和理解工程地质水文条件

工程地质水文条件是工程设计的基础，参建各方必须深入了解场区的岩土类型、性质、参数以及水文条件；有些岩土特性在实验室不能准确地测试和揭露，就需要设计单位借鉴类似工程的经验和教训。例如，广州地区花岗岩残积土、强风化花岗岩遇水易软化、易崩解的物理特性，因当初对该岩土特性认识不足，在二号线越秀公园站及纪越区间施工中遇到很大的困难。三号线天河客运站、天河客运站——华师站区间同样遇到这个问题，参建各方对该地层没有全面、准确的认识，在围护结构嵌固深度、刚度以及基底处理等方面考虑不周，导致基坑开挖期间支护结构变形过大、周边建筑物沉降、基底涌水以及后续主体结构沉降等一系列问题。

2. 内支撑体系设计问题

（1）支撑节点承载力既要满足轴力还应满足支撑和腰梁之间传递剪力要求，支撑和腰梁连接部位的翼缘和腹板均应加焊加劲板。基坑平面形状有向内凸出的阳角时，阳角两侧围檩应封闭，而且同时布设支撑点，该部位如有斜撑，可设置抗剪键或水平方向牛腿，并进行抗剪验算。

（2）控制支护结构位移和周边地表沉降量，第一道支撑点的位置和支撑及时架设是关键。另外，第一道支撑采用砼支撑，可以有效提高支护体系的整体稳定性。

（3）支撑水平、竖向间距应综合考虑地质条件、施工方法及结构形式后再予以布置，必须保证土方开挖、结构施工作业有效空间，否则易造成土方开挖与支撑架设工序衔接不好。另外，要考虑结构柱、侧墙钢筋不应在同一水平面断开。

（4）支撑布置尽量不采用换撑设计，换撑不但施工困难，而且会导致基坑暴露时间长，不利于基坑变形控制。

（5）砼支撑与钢支撑体系相比，整体刚度大、稳定好，但施工周期长，往往在砼支撑体系施工完成达到龄期后，该时段支护结构变形已完成，变形量难以满足该设计工况下的变形值，设计工况验算时应考虑该问题。

（6）钢支撑内力设计应考虑构件安装误差产生的偏心影响以及温差附加应力引起的不利影响。

3. 设计总体所提供的支护结构嵌入深度应用问题

设计总体所提供支护结构炭入深度是按照两层车站、3 道支撑的支护结构进行模拟验算归纳出的经验值，一些设计单位没有理解该经验值的适用性，没有根据本工程地质特点、周边环境进行独立计算，照

搬套用，造成围护结构嵌入深度不够导致基底隆起、围护结构底部渗流、周边建筑物沉降等问题；但若嵌入深度过深，又会导致工程投资增加，造成浪费。

（二）支护结构体系施工质量

支护结构体系变形过大导致基坑失稳的一个主要原因是支护结构体系构件施工质量没有达到设计要求，导致构件作用减小或失效。常见的施工质量问题如下：

1. 围护结构质量问题

墙（桩）体垂直度不够甚至严重侵限、墙（桩）体砼灌注不密实出现孔洞甚至断墙（桩）、墙体接缝施工不规范等，这些问题造成围护结构经常渗漏水、涌水涌砂泥甚至墙体强度不够开裂，导致围护结构变形过大甚至失稳。

2. 支撑体系质量问题

包括钢支撑、围檩年久失修刚度下降，钢支撑安装后偏心率过大，支撑与围檩、围檩与墙体间焊接质量差或支座安装不规范，围檩与围护结构间充填不密实，钢支撑预应力施加不够或损失过大。

3. 止水帷幕质量问题

（1）止水帷幕桩体垂直度偏差太大，使搭接失败，出现“开衩口”。

（2）围护结构桩本身垂直度偏差与旋喷桩垂直度偏差的叠加效应，出现“开衩口”。

（3）不良地层桩体成桩效果差，形成较多的缝隙、空洞。

（4）止水帷幕由于施工或后期基坑土方开挖产生的变形而未能紧贴支护结构，一旦止水帷幕与密排桩之间的土颗粒流失，止水帷幕变成支挡结构，不堪负荷，必然破坏止水帷幕。

（5）桩体施工中遇到地下障碍物，止水帷幕未能有效地形成。

（三）土方开挖与支撑体系架设工序衔接

控制支护结构变形的核心是保证基坑内外的水土压力的平衡，严格控制水土的流失，不少基坑出现失稳、倒塌实质上都是上述两方面出现问题。例如，基坑超挖、不及时加撑，导致基坑外水土压力大于基坑内的支撑力，使围护结构变形过大甚至失稳。造成基坑超挖、不及时加撑的主要原因有：①承包商为抢进度主观忽视加撑的必要性；②支撑设置不合理导致机械开挖空间不足，难以实现随挖随撑；③土方开挖与支撑体系架设工序间安排不合理，没有有效衔接。

（四）支护结构体系监测工作

及时、准确的基坑变形监测数据是支护结构设计优化和变形控制的依据，是参建各方深基坑安全管理的眼睛。有个别承包商不重视施工监测工作、监测点布设不规范、监测频率过低、监测点不注意保护，导致无法及时掌握基坑变形情况，贻误处理险情的最佳时机。

（五）周边建（构）筑物鉴定和保护

做好基坑周边建（构）筑物保护工作的关键是掌握建（构）筑物的现状，控制基坑围护结构变形，严格控制水土的流失。三号线明挖法施工中除个别基坑及周边地表变形过大造成房屋出现裂缝外，总体未对周边环境造成大的不良影响。但有两点不足值得改进：

（1）做好周边建（构）筑物的调查和鉴定工作。设计单位应在工程招标前的各设计阶段会同建设单位逐步摸查并掌握周边建（构）筑物的类别、重要性、基础以及结构形式等资料。但受种种因素影响，个别项目该项工作开展不够细致，支护结构设计时还没有掌握相关必需资料，导致设计阶段对部分建构筑物保护认识不充分和考虑不周全。另外，施工单位基于成本考虑或重视不够，施工前对基坑周边建筑物鉴定范围和深度不够，现状鉴定资料不翔实，导致后期施工出现投诉时维权证据不足和相互扯皮现象，甚至升级为上访事件和法律案件。

（2）针对基坑周边重要或危旧的建筑物，设计单位应在设计图中提出有针对性的保护方案和要求，在招标设计中单独开项由承包商投标报价。

二、工程实例

（一）五山站基坑漏水险情处理及分析

1. 事件经过

2003 年 12 月 8 日，五山站北端第一板块土方开挖时，北端墙第二道撑和第三道撑之间连续墙接缝出现漏水，承包商迅速组织人员、设备进行堵漏处理和支护体系加固，同时对支护结构体系和周边建（构）筑物进行加密监测。但受华农大因抢修水管而停水两天的影响，直至 12 日方堵漏完毕。因失水较多，基坑变形严重，周围建（构）筑物出现沉降开裂。

2. 总结

（1）该车站受场地条件限制，端头最大宽度为 41.6m，围护结构斜撑设计比较长，抗剪设计考虑不周，应将斜向钢支撑改为钢筋砼支撑，防止斜向钢支撑滑动、失效。

（2）本站地下连续墙接头采用锁口管接头形式，接头防水质量较难控制，易出现渗漏，建议尽量采用工字钢接头。

（3）基坑开挖中应严格控制超挖，及时架设支撑，根据基坑监测变形情况，及时优化设计方案。

（4）基坑开挖前应制订基坑渗漏处理等应急预案，现场应配备足够的应急设备和材料。

（二）番禺广场站钢围檩变形险情及其处理

1. 事件经过

2003 年 9 月 24 日上午，基坑北端中部第一道钢围檩约 26 米长发生扭曲变形，危及基坑安全。当时发生变形部位的下部基坑已开挖到底部，正准备基坑垫层施工。经加固处理，基坑转危为安。

2. 险情原因

（1）钢围檩两侧只是局部加焊钢封板，没有按设计要求及时加设通长封板，钢围檩刚度不足。

（2）钢围檩是二号线曾经使用过的旧围檩，围檩表面已有锈蚀，刚度也有所降低。

（3）钢围檩背后与围护桩间的空隙没有及时全部用砼填充密实，钢围檩局部集中受力，造成钢围檩变形。

3. 处理过程

（1）根据加密监控量测数据，在围护桩变形最大的第三、四道钢支撑中间加设一道钢支撑，防止围护桩变形继续加大。

（2）钢围檩两边加设钢封板，增加钢围檩刚度。

（3）钢围檩背后与围护桩间的空隙用砼填充，使钢围檩趋向均匀受力。

（三）天河客运站基坑险情预测及处理

天河客运站基坑开挖期间，通过各方及时分析基坑监测数据，有效杜绝了数次险情。

（四）市桥站调整开挖方法控制基坑变形，及时分析监测数据，有效处理基坑险情

市桥站地质条件差，淤泥层、粉细砂层、花岗岩残积土层等不良地层厚度大，分布范围广，周边重要建筑物多，西北侧 A8 弧形楼距基坑最近处距离约 6m，该楼基础为沉管灌注桩，桩深仅为 12～13m，悬于基坑底之上，是基坑开挖中变形控制的重中之重。

1. 调整土方开挖方法，加密钢支撑

基坑开挖原方案为分层接力台阶式开挖法，由南向北退挖，开挖中随挖随撑，但是南端基坑开挖中，支护结构部分断面变形较大，周边建筑物出现轻微沉降、开裂。鉴于 A8 弧形楼的特殊性，参建各方研究决定在 A8 弧形楼范围内采取逐层开挖、逐层安装支撑的开挖方法，增加人员，尽可能缩短钢支撑、围檩安装时间。另外，研究决定调整 A8 弧形楼范围内钢支撑间距为 3 500mm（如壁厚改为 12mm 的钢支撑时，间距为 3 000mm）。通过上述措施，在基坑第三层土方开挖完成后，支护结构位移量与设计工况基本吻合，达到预期效果。图 16－1 所示为加密后的钢支撑。

2. 及时分析监测数据，有效处理基坑险情

A8 弧形楼范围最后一层土方开挖之后，监测发现西侧连续墙（靠 A8 弧形楼一侧）出现了异常情况，

X3 点监测数据显示连续墙侧向变形连续 3 天出现了 3～5mm/d 的增量，连续墙底部出现踢脚变形的现象，若任其发展，将危及基坑及 A8 弧形楼的安全。参建各方立即研究，决定采取以下措施：

（1）A8 弧形楼前后沿基坑纵向 40m 范围增加第 4 排钢支撑。

（2）在设计容许范围内增加钢支撑预加应力，并在加压后约 12～16h 之后进行二次预顶，增加支顶效果。

（3）开挖至基底后，迅速清理，以最快的速度将垫层砼完成，尽量减少对基底岩土扰动。

（4）加密监测连续墙、周边地表和 A8 弧形楼变形、沉降情况，保证监测频率为每天两次。

由于项目部根据基坑开挖阶段预案的要求，在现场储备了一定数量的钢管支撑，使得处理方案在会后当天立即得到实施，于第二天即完成了全部第 4 排撑，经监测数据显示，西侧连续墙的异常变形增量完全稳定下来，险情被排除。

图 16－1　加密后的钢支撑

三、经验教训总结

综合以上所述，做好明挖基坑支护结构变形控制及周边建（构）筑物保护工作，应做到以下 5 个方面：

（1）合理、可靠的支护结构体系设计是做好深基坑围护结构变形控制的前提。设计单位应深入认识和理解工程地质水文条件，尽可能收集并掌握基坑周边建（构）筑物情况，充分借鉴类似工程经验和教训，避免出现设计缺陷。

（2）支护结构体系构件施工质量是深基坑围护结构变形控制的根本。施工单位必须充分重视并按照设计及规范要求做好支护体系施工质量过程控制。

（3）控制支护结构变形的核心是保证基坑内外的水土压力的平衡，严格控制水土的流失。施工单位应根据工程地质和水文状况的特点，按照设计工况研究制订科学合理的基坑开挖方案，保证基坑开挖和支撑体系施作工序间有效衔接。

（4）基坑监测数据是基坑变形控制的依据，施工单位必须重视施工监测工作，严格实施监测方案，及时反馈监测数据，使监理、设计、业主各方准确掌握基坑变形动态，及时调整、改进设计、施工方案，做到信息化施工。

（5）施工单位应做好基坑开挖常见险情应急预案的编制、演练工作，落实到位各项应急设备和物资，出现险情后能够迅速启动预案。

第十七章　明挖法施工技术总结

第一节　经验总结

（1）针对普通地层不同地质条件、不同地面环境及不同结构形式的明挖基坑，采用各种不同形式的围护结构支护体系、地下水和基底处理措施以及周边建（构）筑物保护措施，对周边建（构）筑物及基坑加强了施工监测，做到了监测信息及时反馈指导调整施工措施，有效控制了基坑失水变形及爆破震动对周边建（构）筑物的影响。

①多种形式的围护结构支护体系在同一座基坑或不同基坑中得到广泛应用，如林和西路站南北站厅明挖基坑。

②基坑围护结构施工质量控制较好，如广州东站南北站厅、五山站、番禺广场站、市桥站等。

（2）针对特殊地层不同地质条件、不同地面环境及不同结构形式的明挖基坑，施工中根据对特殊地层特性的逐步认识与掌握，以及施工监测数据，进一步完善了围护结构支护体系及基坑开挖措施、周边地基及建（构）筑物加固保护措施、土石方开挖方式及基底加固处理措施，并对施工中出现的难题及险情及时妥善地进行处理。

①针对花岗岩残积土层遇水极易软化崩解的特性，天河客运站明挖基坑在围护结构支撑、土方开挖方式及基底换填加固处理方面采取了一系列措施。

②针对厦滘站明挖基坑在巨厚淤泥层及含水砂层中连续墙部分侵限的情况，实施了部分凿除、部分调整设计的处理措施，凿除过程中积极处理了3次涌水涌砂险情，同时，通过注浆加固周边民房，保证了基坑及周边房屋安全。

第二节　不足与教训

（1）个别工点未严格按设计要求和施工方案施工，导致涌水涌砂险情及基坑失水变形过大，以及周边地基沉陷与建（构）筑物下沉开裂现象。例如，五山站、番禺广场站等。

（2）由于对花岗岩残积土层特性认识不足，导致设计措施不够合理，施工组织不到位，最终引起周边建（构）筑物地基基础出现失水沉陷。

（3）由于对巨厚淤泥层及含水砂层特性认识不足，导致设计方案不够合理，施工组织不到位，最终引起连续墙侵限，质量难以保证。

第三节　改进建议

（1）严格要求承包商按设计要求和施工方案施工。施工过程中尤其要保证围护结构接缝止水质量及钢支撑加工安装质量，严禁超挖，及时安装内支撑；若发现基坑渗水，必须及时从基坑内侧及外侧注浆封堵。

（2）重视并有效做到加强基坑及周边环境的监测，使监测信息及时反馈并指导设计和施工，且监测预警值和控制值要符合工程实际。

（3）进一步加强对特殊不良地层，如花岗岩残积土层、巨厚淤泥层、富水砂层、断裂带、溶洞等的特性研究，真正做到总结经验，吸取教训，从地质灾害防治的角度出发，从设计源头上予以超前预防安全风险。具体来讲：①对于花岗岩残积土层基坑，地下连续墙的厚度建议在800～1 000mm之间；内支撑建议尽可能采用砼支撑；地下连续墙嵌入深度建议进入微风化岩层0.5m或中风化层2.5m处，以防基底漏水或渗水；做好基坑内的及时降水及排水措施；加强对周边建（构）筑物地基基础监测，并做好跟踪补偿注浆的准备工作。②对于巨厚淤泥层及富水砂层基坑，导墙内外侧建议设搅拌桩止水；重型设备应远离导墙及连续墙施工范围；适当加大连续墙外放值；加强对周边建（构）筑物地基基础和基坑的监测。

附　录

附录1　盾构区间基岩特性

风化带	岩性	区间（最大值/最小值/平均值）	强度指标：天然单轴极限抗压强度（MPa）	强度指标：软化系数	抗剪断强度：凝聚力（MPa）	抗剪断强度：摩擦角（°）	变形指标：弹性模量（MPa）	变形指标：泊松比
强风化带	泥质粉砂岩	天河客运站——华师站	3. 85	0. 22	0. 24	26. 00	120. 87	0. 49
			0. 15	0. 03	0. 24	26. 00	21. 35	0. 30
			1. 55	0. 10				
		珠江新城站——客村站	1					
			0. 2					
			0. 48					
		大塘站——沥滘站	0. 50	0. 24	0. 12	0. 40		
			0. 03	0. 24	0. 12	0. 40		
			0. 18	0. 24	0. 12	0. 40		
		沥滘站——大石站	4. 1	0. 8	8	40. 6	4 220	0. 4
			0. 1	0. 1	0. 27	14. 0	27	0. 2
			0. 97	0. 3	2. 73	27. 86	2 100	0. 4
		大石站——汉溪长隆站	3. 30		0. 33	0. 92	1. 06E +03	0. 13
			0. 10		0. 22	0. 89	3. 30E +02	0. 08
			1. 33		0. 28	0. 91	6. 56E +02	0. 10
	断层角砾	市桥站——番禺广场站	24. 70	0. 58				
			0. 60	0. 58				
			13. 57	0. 58				
	红层	汉溪长隆站——市桥站	1. 38					
			1. 38					
			1. 38					
中风化带	硬质变质岩	大石站——汉溪长隆站			1. 38	0. 871		
					1. 38	0. 871		
					1. 38	0. 871		
		汉溪长隆站——市桥站	46. 10	0. 57			8. 05E +04	0. 31
			10. 90	0. 57			2. 50E +04	0. 20
			26. 72	0. 57			4. 71E +04	0. 26
		市桥站——番禺广场站	46. 10	0. 57			8. 05E +04	0. 31
			10. 90	0. 57			2. 50E +04	0. 20
			26. 72	0. 57			4. 71E +04	0. 26

（续上表）

	岩性	最大值/最小值/平均值 区间 指标	强度指标 天然单轴极限抗压强度（MPa）	强度指标 软化系数	抗剪断强度 凝聚力（MPa）	抗剪断强度 摩擦角（°）	变形指标 弹性模量（MPa）	变形指标 泊松比
中风化带	花岗片麻岩	天河客运站——华师站	64.62	0.94	22.47	40.70	10 850.1	0.25
			13.69	0.34	4.85	35.70	766.25	0.18
			32.80	0.61	13.69	37.68	4 766.35	0.23
		汉溪长隆站——市桥站	50.80	0.38			3.97E+04	0.47
			3.49	0.3			3.11E+03	0.35
			18.19	0.33			2.63E+04	0.41
	泥质粉砂岩	天河客运站——华师站	43.71	0.91	4.51	42.75	4 457.88	0.48
			4.72	0.07	0.24	40.98	228.03	0.19
			21.08	0.42	2.38	41.87	1 724.95	0.39
		珠江新城站——客村站	18.6	0.7	7.2	48.2	1 490	0.45
			8.2	0.3	1.9	43	548	0.29
			13.5	0.5	4.475	45.475	1 025.75	0.36
		大塘站——沥滘站	32.8	0.82	5.9	44.90	1.410	0.32
			7.60	0.46	2.40	30.90	0.7	0.24
			16.33	0.56	3.97	37.83	1.043	0.28
		沥滘站——大石站	13.4	0.8	5	46.4	1.7	0.4
			1.1	0.2	0.27	16.2	0.21	0.3
			5.63	0.47	2.22	32.50	0.68	0.33
		大石站——汉溪长隆站	40.70	0.73	5.29	0.93	13 400	0.30
			0.80	0.19	0.05	0.83	336	0.05
			8.04	0.38	2.22	0.88	3 959.9	0.19
	粉砂质泥岩	珠江新城站——客村站	7.56	0.6	1.8	28.1	5 450	0.49
			4.6	0.4	0.51	17	1 060	0.32
			6.08	0.5	1.155	22.55	3 890	0.40
		大塘站——沥滘站	6.50	0.47				
			2.30	0.26				
			4.65	0.38				
		沥滘站——大石站	9.40	0.8			1 700	0.37
			1.8	0.2			300	0.25
			5.4	0.5			700	0.31
	混合岩	大石站——汉溪长隆站			1.38	0.871		
					1.38	0.871		
					1.38	0.871		
	泥灰岩	沥滘站——大石站		0.46				
				0.46				
				0.46				

（续上表）

	岩性	最大值 / 最小值 / 平均值 —— 指标 / 区间	强度指标：天然单轴极限抗压强度（MPa）	强度指标：软化系数	抗剪断强度：凝聚力（MPa）	抗剪断强度：摩擦角（°）	变形指标：弹性模量（MPa）	变形指标：泊松比
中风化带	红层	汉溪长隆站——市桥站	11. 80				0. 881	1. 44
			1. 75				0. 86	1. 35
			6. 33				0. 87	1. 40
微风化带	硬质变质岩	汉溪长隆站——市桥站	97. 5	0. 94				
			18. 5	0. 51				
			56. 6	0. 76				
		市桥站——番禺广场站	161. 0	0. 92	14. 20	43. 40	7. 06E +04	0. 45
			49. 70	0. 92	5. 20	0. 90	1. 76E +04	0. 17
			84. 28	0. 92	9. 93	25. 9	3. 93E +04	0. 28
	花岗片麻岩	天河客运站——华师站	153. 40	0. 99	25. 12	40. 02	7 6043. 34	0. 23
			47. 65	0. 54	8. 27	34. 76	7 158. 46	0. 11
			106. 49	0. 83	18. 63	37. 17	13 619. 56	0. 16
		市桥站——番禺广场站	157. 00	0. 87	22. 90	43. 60	5. 24E +04	0. 43
			30. 70	0. 60	11. 00	0. 88	4. 79E +03	0. 25
			78. 98	0. 69	6. 10	15. 13	3. 64E +04	0. 33
	泥质粉砂岩	天河客运站——华师站	88. 51	0. 79	4. 58	43. 31	8 237. 01	0. 43
			9. 87	0. 09	1. 97	33. 45	317. 55	0. 10
			41. 49	0. 52	3. 25	40. 97	3 810. 62	0. 34
		珠江新城站——客村站	14. 6	0. 8				
			4. 5	0. 4				
			8. 97	0. 5				
		大塘站——沥滘站	30. 43	0. 93	6. 80	46. 80	2 360	0. 34
			9. 0	0. 40	3. 20	41. 50	730	0. 24
			16. 71	0. 60	4. 62	44. 80	1 650	0. 30
		沥滘站——大石站	31. 6	0. 7	9. 7	46. 3	4. 9	0. 4
			9. 9	0. 4	3. 6	43. 1	0. 3	0. 2
			18. 5	0. 5	5. 7	44. 4	1. 9	0. 3
		大石站——汉溪长隆站	95. 50	0. 91	10. 00	12. 80	31 750	0. 36
			2. 64	0. 45	0. 87	0. 86	10 660	0. 19
			42. 82	0. 69	5. 30	2. 38	25 094. 2	0. 29
	粉砂质泥岩	大塘站——沥滘站	14. 30	0. 59	4. 20	44. 20	2 070	0. 31
			7. 10	0. 42	2. 20	4. 30	818	0. 27
			9. 22	0. 48	2. 97	26. 87	1 543	0. 29

（续上表）

	岩性	最大值 / 最小值 / 平均值 指标 区间	强度指标 天然单轴极限抗压强度（MPa）	强度指标 软化系数	抗剪断强度 凝聚力（MPa）	抗剪断强度 摩擦角（°）	变形指标 弹性模量（MPa）	变形指标 泊松比
微风化带	粉砂质泥岩	沥滘站——大石站	31.6	0.7	9.7	46.3	4 900	0.4
			9.9	0.4	3.6	43.1	300	0.2
			18.5	0.5	5.7	44.4	1 900	0.3
	混合岩	大石站——汉溪长隆站	106.00	0.82			6.53E+04	0.17
			6.00	0.21			2.18E+04	0.17
			69.41	0.41			4.35E+04	0.17
	泥灰岩	沥滘站——大石站		0.46				
				0.46				
				0.46				
	红层	汉溪长隆站——市桥站	133.0				5.43E+03	
			8.1				5.43E+03	
			56.8				5.43E+03	
	砾岩	天河客运站——华师站	138.38	0.89	7.14	42.19	17 112.35	0.42
			26.24	0.33	3.78	36.41	3 493.15	0.15
			63.29	0.67	5.30	39.61	7 227.77	0.30
	断层碎裂岩	天河客运站——华师站	2.14	0.24			29.43	0.47
			1.25	0.24			12.80	0.45
			0.37	0.24			21.12	0.46

附录 2　海瑞克盾构机的基本参数表

项　目	名　称	技术参数	备　注
概　貌	设备总长	75 000 mm	从刀盘至后部设备
	盾壳长度	7 565 mm	—
	总重	520 t	—
	盾构形式	EPB	铰接式
适用管片	外径	6 000 mm	—
	内径	5 400 mm	—
	宽度	1 500 mm	—
	数量	5 + 1	—
	重量	4.5 t	最大块
	整环重量	20.15 t	—
盾　体	外径	Φ6 250 mm	前体
		6 240 mm	中体
		6 230 mm	盾尾
	总长度	7 565 mm	前体 1 700 mm + 中体 2 580 mm + 盾尾外露部分 3 285 mm
	重量	92 t	前体
		31.4 t	中体
		26 t	盾尾
	土压传感器	5	土仓 5 个，螺旋输送器 2 个
	盾尾密封形式	三排钢丝刷型	—
刀盘及驱动	旋转方向	正/反	—
	开口率	29% ~32%	—
	开挖直径	6 280 mm	安装新边缘刮刀时
	超挖刀	1 把	—
	超挖量	50 mm	相对于新刀开挖 Φ6280 位置，其伸缩行程为 −10 mm ~ +50 mm
	驱动液压马达数量	8	双排量马达
	最大扭矩	Range Ⅰ：4 500 kN·m Range Ⅱ：1 970 kN·m	—
	脱困扭矩	5 300 kN·m	—
	刀盘转速	0 ~ 6.1 rpm	—
	工作油压	30 MPa	—
	油泵电机功率	945 kW	3 × 315 kW

(续上表)

项　目	名　称	技术参数	备　注
	主轴承外径	2 600 mm	—
	重量	57 t	刀盘
		6.64 t	主轴承
	主轴承使用寿命	10 000 h	—
人　闸	形式	1 个	双仓型
	外形尺寸	1 800 mm ×2 550 mm ×1 600mm	长×宽×高
	工作压力	0.3 MPa	—
	试验压力	0.45 MPa	—
	容纳人数	3+2	普通仓3人，紧急仓2人
	重量	4 t	—
管片安装器	自由度	6	—
	旋转角度	±200°	与盾构机轴线垂直平面
	举升行程	1 000 mm	与盾构机轴线垂直平面
	举升重量	12 t	—
	举升速度	0~8 mm/min	—
	纵向行程	2 000 mm	沿盾构机轴线
	纵向移动推力	5 t	—
	纵向行走速度	0~8 mm/min	—
	安装头旋转	±2.5°	沿转轴自身轴线
	安装头前后倾角	±2.5°	—
	安装头左右倾角	±2.0°	调节左右举升臂各自的行程来实现
	回转力矩	150 kN·m	—
	驱动功率	55 kW	—
	重量	18.6 t	—
推进系统	千斤顶数量	30 个	单缸与双缸各10组
	总推力	34 210 kN	每个千斤顶1 140 kN,
	工作压力	30 MPa	最大工作压力35 MPa
	最大推力	3 989 t	最大工作压力时
	伸出行程	2 000 mm	—
	最大伸出速度	80 mm/min	无负载时
	最大回缩速度	1 400 mm/min	—
	撑靴	橡胶垫板	弹簧传力 可贴紧管片侧面施力

（续上表）

项 目	名 称	技术参数	备 注
铰接油缸	工作压力	30 MPa	—
	油缸尺寸	Φ180 mm/Φ80 mm	—
	牵引力	7 340 kN	—
	行程	150 mm	—
	数量	14 个	—
螺旋输送器	形式	中心轴式螺旋	一端悬浮
	外径	900 mm	—
	驱动功率	315 kW	—
	最大扭矩	215 kN · m	—
	转速	0 ~ 22.4 rpm	无级调速
	最大出土能力	300 m^3/h	—
	通过最大块度	500 mm × 600 mm	—
	螺旋输送器闸门	液压式	耐压 P = 0.3 MPa
皮带输送机	驱动形式	电机驱动	—
	皮带宽度	800 mm	—
	皮带机长度	45 m	—
	驱动电机功率	30 kW	—
	皮带运行速度	2.5 m/s	—
	最大输送能力	750 m^3/h	—
后部设备	冷却系统	1 套	泵、油冷却器、阀
	注浆设备	KSP – 12 注浆泵	2 台
	发泡系统	1 套	发泡装置、注入管道等
	盾尾注脂泵送系统	1 套	油脂泵 1 台
	控制室	1 个	—
	高压电缆卷筒	1 个	用于前进过程中连续供给高压电
	水管卷盘	1 个	用于前进过程中连续供给冷却循环水
	软风管储存筒	1 个	用于前进过程中连续供给新鲜风
	管片送进系统	1 套	管片送进器、管片吊车
	数据采集系统	1 套	VMT
	自动导向系统	1 套	SLS – T 激光导向系统
	后部拖车	5 辆	1#拖车用于与盾体连接
	通信系统	1 套	含机内电话、数据传输接口

（续上表）

项　目	名　称		技术参数	备　注
供电	初级电压		10 000 V	—
	次级电压		380 V	—
	变压器容量		2 000 kVA	—
	控制电压		24/230 V	—
	照明电压		230 V	—
	电磁阀控制电压		24 V	—
	电源频率		50 Hz	—
	防护等级		IP55	—
功率配置	主电机	刀盘驱动（主泵站）	945 kW	3 台 315 kW
	驱动系统	补油泵	75 kW	—
		冷却油泵	18 kW	—
		控制油泵	5 kW	—
		过滤泵	15 kW	—
		小计	1 058 kW	—
	推进系统	推进油泵	75 kW	—
		冷却油泵	11 kW	—
		过滤泵	4 kW	—
		小计	90 kW	—
	管片安装系统	管片安装机泵站	55 kW	—
		管片吊机	4 kW	—
		小计	63 kW	—
	出渣系统	螺旋输送器泵站	315 kW	—
		皮带输送机	30 kW	—
		小计	345 kW	—
	渣土改良系统	膨润土泵	30 kW	—
		泡沫泵	2. 2 kW	—
		水泵	11 kW	—
		小计	43. 2 kW	—
	注浆系统	注浆系统	30 kW	—
	其他	二次通风	11 KW	—
		空压机	55 kW	—
		水管卷筒	2. 2 kW	—
		电缆卷筒	2. 2 kW	—
		照明与空调	32. 4 kW	—
		小计	157. 8 kW	—
	总装机功率		1 705 kW	—

附录3 维尔特盾构机的基本参数表

序 号	项 目	特 征	参数值
总 体	主机	—	—
	主机总长	9 500 mm	—
	主机总重	320 t	—
	前护盾构件重量（带设备）	91 t	—
	中间护盾构件重量（带设备）	75 t	—
	尾盾构件重量（带设备）	44.5 t	—
1	刀盘	辐条式，开口率：27%，开挖直径：6 280 mm	1
	主体结构	焊接结构	1
	普通刮刀	硬质	104
	片式刮刀	硬质	33
	焊接保护刀	焊接	12
	副刀	—	2
	副刀油缸	行程：85 mm，直径：100 mm/65 mm	2
	搅拌棒	—	2
	泡沫注射喷嘴	—	4
2	驱动装置	—	1
	主轴承	滚轮形式，圆柱：3 排，直径：3.3 m	1
	内层密封保护装置	套	1
	外层密封保护装置	套	1
	密封形式	每套5排	—
	齿轮及齿轮承轴	套	6
	液压马达	容积：350 cc/rev，油压：28/36 MPa	6
	齿轮箱	速比：87.41	6
	旋转接头	4条油管、4条泡沫管	1
	循环油泵	流量：25 L/min	1
	循环油泵电机	功率：1.1 kW ~ 1 440 rpm 电压：410 V	1
	油路过滤器	—	1
	副刀及安全门电力装置	功率：11 kW ~ 1 440 rpm 电压：410 V	1
	副刀泵装置	容量：16 cc/rev	1
3	前体	焊接结构，外径：6 260 mm	1
	主体	密封螺栓联接件	2
	土压传感器	—	4
4	中间盾体	焊接结构，外径：6 255 mm	1
	铰接油缸	行程：200 mm，直径：200 mm/100 mm	8
	推进油缸	行程：2 100 mm，直径：260 mm/210 mm	20
5	尾护盾	焊接钢结构，外径：6 250 mm	1

（续上表）

序　号	项　目	特　征	参数值
	尾盾密封布置	线刷型，3 排	1
	尾盾密封注射系统	4 套双管线包括气动阀和压力传感器	1
6	人闸	—	1
	主人闸室	—	1
	紧急闸室	—	1
	控制室	—	1
7	螺旋输送器	内径：700 mm	1
	壳体	3 段带密封螺栓联接件	1
	叶片	3 焊接件，15 螺距	1
	叶片抗磨板	—	112
	液压马达	容积：4.4 L/rev，工作压力：250 Pa	1
	齿轮箱	速比：4.09	1
	轴承支承组件	—	1
	安全闸门	—	1
	安全闸门油缸	行程：440mm，直径：160/90mm，最大压力：21 MPa	2
	出渣闸门	—	1
	出渣闸门油缸	行程：745 mm，直径：100 mm/50 mm，最大压力：21MPa	1
	延长电缆编码器	—	1
	土压传感器	—	1
	伸缩油缸	行程：1 070 mm，直径：125 mm/80 mm，最大压力：14 MPa	1
	管片安装器	额定能力：40 kN，自由度 220 °，6 自由度	1
	液压马达带安全制动器	容积：63 cc/rev，工作压力：15 MPa	1
	齿轮箱	速比：133	1
	提升油缸	行程：900 mm，直径：100 mm/50 mm，最大压力：21 MPa	2
	称动油缸	行程：800 mm，直径：80 mm/45mm，最大压力：21MPa	2
	管片夹持油缸	行程：60 mm，直径：80 mm/45mm，最大压力：21 MPa	1
	平衡油缸	行程：60 mm，直径：60 mm/40 mm，最大压力：21 MPa	3
	转动油缸	行程：60 mm，直径：60 mm/40 mm，最大压力：21 MPa	1
	电缆卷轴	—	1
	无线电控制器	——	1
	无线电控制器蓄电池	—	1
	蓄电池充电器	—	1
	皮带输送机	长度 56 m，宽度 800 mm	1
	皮带	3 层织物，橡胶厚度 6 + 3 mm	1
	电机	功率：30 kW，转速：1 450rpm，电压：410V	1

（续上表）

序 号	项 目	特 征	参数值
	齿轮箱	速比：10.7	1
	驱动卷筒	直径：425 mm	1
	回返卷筒	直径：334 mm	1
	辊子支承装置	辊子直径：108 mm	30
	卸渣装置	—	1
	刮板组件	—	2

附录4　三菱盾构机的基本参数表

项　目	参　数
盾构机	
盾构外径	Φ6 260 mm
盾尾内径	Φ6 060 mm
盾尾部外板	Φ6 060 mm
间隙	30 mm
盾构总长	约 11 850 mm
盾构机身长度	8 170 mm
盾构主体长度	7 670 mm
机罩部长度	750 mm
环形梁长度	3 528 mm
盾尾部长度	3 392 mm
盾尾密封件	刷型 3 列
主体分区数	环切 2 ＋上下 2 分区
刀盘	
刀头形式	半圆顶式
刀盘支撑方式	中间支承方式（轴承式）
圆盘式刀盘挖掘外径	Φ6 310 mm
刀头挖掘外径	Φ6 280 mm
转数	0. 2 ~ 3. 4 rpm
装配扭矩，最高扭矩	6 327 kN · m（a = 25. 7）
驱动方法	油压马达驱动
回转方向	左、右
仿型刀形式	油压千斤顶形式
仿型刀装配数量	1 台
超挖量	130 mm（以盾构外径为基准）
方向控制装置	
俯仰摇摆计	电动式 / 测锤式
盾构千斤顶速度行程计	NO. 1、NO. 7、NO. 18 千斤顶
中折装置	V 型平面中折方式（最大中折角度 1. 5°）
中折行程计装配部位	NO. 1、NO. 5、NO. 8、NO. 18 千斤顶
管片拼装机	
形式	环形齿轮门形式
转数	0. 78/ 1. 53 rpm
回转角度	左右各 220°
推入力	在 14 MPa 的使用压力下：110 kN × 2
提升力	在 14 MPa 的使用压力下：75 kN × 2

（续上表）

项　目	参　数			
升降行程	700 mm			
回转处理质量	约 60 kN			
有效空间	直径约 3 050 mm			
握柄滑动量	前 400 mm，后 100 mm，油压式			
旋转驱动方式	油压马达驱动			
警报	警示灯			
送排泥装置				
送泥管	尺寸 10B			
排泥管	尺寸 10B			
备用排泥管	尺寸 10B			
旁路管	尺寸 8B			
排空管	尺寸 2B			
挖掘面水压机				
挖掘面水压机安装用法	50A × 装配数量 1			
隔膜式压力机	15A × 装配数量 1			
人孔闸				
形式	2 人用双舱式			
数量	1 台			
千斤顶				
盾构挖掘面面积平均推力	1 169 kN/m^2			
盾构千斤顶伸长速度	6. 7 cm/min（全数运行时）			
名称	推力/ kN	行程/mm	使用压力/MPa	装配数量/支
盾构千斤顶	1 500	1 950	35	24
中折千斤顶	2 000	190	35	16
拼装机升降千斤顶	110	700	14	2
拼装机滑动千斤顶	70	500	14	1
拼装机支护千斤顶（A）	43	150	14	2
拼装机支护千斤顶（B）	43	150	14	2
仿型刀盘千斤顶	200	150	21	1
圆形保持推举千斤顶	200	400	21	2
圆形保持滑动千斤顶	43	1 750	14	2

附录5　参建单位

序　号	标　段		承包商	监理单位
1	车站与折返线	广州东站及折返线	中铁十四局	四川铁科建设监理公司
2		林和西站	水电十四局	
3		体育西路站	中铁十六局	水利水电建设工程咨询中南公司
4		体育西折返线	中铁三局	
5		珠江新城站	广州市政机施	铁一院广州建设监理公司
6		赤岗塔站	广东省基础公司	
7		客村站	西铁工程公司	水利水电建设工程咨询中南公司
8		大塘站	广州市协安公司	铁一院广州建设监理公司
9		沥滘站	广东省源天公司	水利水电建设工程咨询中南公司
10		厦滘站	中港四局二公司	
11		大石站	广东省源天公司	华铁工程咨询有限公司
12		汉溪长隆站	水电二局	
13		市桥站	水电二局	
14		番禺广场站	广东省建工集团	
15		番禺广场折返线	中铁十三局	
16		天河客运站及站后折返线	中铁二局	四川铁科建设监理公司
17		五山站	广州市政三公司	
18		华师站	广州市协安公司	
19		岗顶站	广州市政二公司	中原建设监理咨询公司
20		石牌桥站	广州市二建	
21	盾构区间	珠江新城站——客村站	广东省源天公司	广州地铁设计院监理所
22		客村站——大塘站	中铁一局	
23		大塘站——沥滘站	中铁二局	
24		沥滘站——大石站	广东省基础公司	
25		大石站——汉溪长隆站	中铁隧道局	
26		天河客运站——华师站	盾建公司	
27		汉溪长隆站——市桥站	中铁十四局	华铁工程咨询有限公司
28		市桥站——番禺广场站	盾建公司	
29	明挖区间	厦滘站——大石站	中铁隧道局	水利水电建设工程咨询中南公司
30		汉溪长隆站——市桥站	广州市政二公司	华铁工程咨询有限公司

（续上表）

序　号	标　段		承包商	监理单位
31	暗挖区间	客村站——大塘站	中铁十六局	铁一院广州建设监理公司
32		广州东站——林和西站	西铁工程公司	四川铁科建设监理公司
33		华师站——岗顶站	中铁隧道局	
34		林和西站——体育西路站	中铁一局	水利水电建设工程咨询中南公司
35		体育西路站——珠江新城站	中铁二十局	
36		石牌桥站——体育西路站	中铁十六局	
37		岗顶站——石牌桥站	中铁十九局	中原建设监理咨询公司

参考文献

[1] 广州市轨道交通三号线土建施工技术研究最终成果（内部资料）
[2] 竺维彬，鞠世健，史海欧．广州地铁三号线盾构隧道工程施工技术研究．广州：暨南大学出版社，2007
[3] 竺维彬，鞠世键．复合地层中的盾构施工技术．北京：中国科学技术出版社，2006
[4] 冯涛．武广客运专线韶花段球状风化花岗岩工程特性研究．西南交通大学博士学位论文，2007
[5] 古力．盾构机破碎孤石条件及预处理方法．隧道建设，2005，26（2）：12 ~ 14
[6] 冯涛，吴光等．广东花岗岩地段球状风化地下分布特征分析．铁道建筑，2007（1）：104 ~ 105
[7] 王洋，石升育．盾构过江隧道浅覆土区域施工安全防范措施．建筑安全，2005（6）：14 ~ 16
[8] 宋克志，王本福．常见盾构刀盘型式及选用．隧道机械与施工技术，2007（6）：44 ~ 46
[9] W Burger，卓永军．盾构刀盘设计综述．建筑机械，2006（11）：67 ~ 71
[10] 张洪涛，李钟．关于盾构机刀盘结构设计的几个问题．建筑技术，2009，40（11）：1028 ~ 1029
[11] 李健斌．浅谈盾构刀盘的设计与应用．建筑机械化，2000（6）：31 ~ 35
[12] 何其平．土压平衡盾构刀盘结构探讨．工程机械，2003（11）：10 ~ 16
[13] 刘光波．德国 Φ6. 28m 盾构刀具的工作机理探讨．工程机械，2006，37（10）：24 ~ 26
[14] 赵红军．北京地层地铁盾构选型．山西建筑，2007，33（6）：281 ~ 282
[15] 黄健．盾构机选型的依据．工程机械与维修，2008（12）：130 ~ 131
[16] 付艳斌．上软下硬地层中盾构法隧道施工技术．交通科技与经济，2009，54（4）：80 ~ 81
[17] 朱伟，秦建设，魏康林．土压平衡盾构喷涌发生机理研究．岩土工程学报，2004，26（5）：589 ~ 593
[18] 吴能森．花岗岩残积土的崩解性及软化损伤参数研究．河北建筑科技学院学报，2006，23（3）：58 ~ 62
[19] 吴能森，赵尘，侯伟生．花岗岩残积土的成因、分布及工程特性研究．平顶山工学院学报，2004，13（4）：1 ~ 4
[20] 戴继，高广运，王铁宏．花岗岩残积土的地区差异及对其工程特性的研究．港工技术，2009，46（1）：56 ~ 59
[21] 王清，唐大雄等．中国东部花岗岩残积土物质成分和结构特征的研究．长春地质学院学报，1991，21（1）：70 ~ 81
[22] 张抒．广州地区花岗岩残积土崩解特性研究．中国地质大学硕士学位论文，2009
[23] 赵运臣．盾构始发与到达方法综述．现代隧道技术，2008（2），86 ~ 90
[24] 王吉华．土压平衡盾构始发掘进施工技术．山西建筑，2009，35（9）：335 ~ 336
[25] 林本海．广东岩土地层特点与地层归一性划分方法．建筑监督检测与造价，2009，2（1）：1 ~ 11
[26] 彭卫平，容穗红．广州市水文地质特征分析．城市勘察，2006（3）：59 ~ 63
[27] 谢明．广州地铁沿线岩土分层系统的建立和特征以及在地铁、轻轨勘察规范中增设岩土分层规定的必要性和可行性．地铁与轻轨，2000（1）：17 ~ 24
[28] 谭顺辉．几种土压平衡盾构在功能配置及使用上的区别．隧道建设，2005，25（3）：67 ~ 68，76